KB168290

동경대전 1 – 나는 코리안이다

도올 김용옥 지음

통나무

목 차

Ⅱ. 大先生主文集【큰선생님 문집】 83

Ⅲ. 조선사상사대관朝鮮思想史大觀 247

Ⅳ. 하늘님 천주天主에 관하여 341

개경지축開經之祝

동학은 눈물이다. 세월호의 참변을 지금도 우리가 눈물 없이 바라볼 수 없듯이, 동학의 혁명과정, 그 발생연원으로부터 끝나지 않은 결말에 이르기까지, 눈물 없이 바라볼 수 있는 장면은 하나도 없다. 그 혁명에 최소한 30만 이상의(최대 50만까지 추정) 조선민중이 아낌없이, 두려움 없이 목숨을 던졌다. 이것은 기존체제의 압박에 대한 단순한 항거가 아니라, 그 항거를 필연적인 운명으로 만들고 있는 집단의식, 보국안민輔國安民으로부터 다시개벽에 이르는 인류사적 전환에 대한 확고한 신념이 뒷받침된 의식적 행동이라는 측면에서 단군 이래 그 유례가 없는 체제의 전복이다. 그 전복의 여파가 자유니 평등이니 하는 서구적 이데아의 입조선入朝鮮을 가능케 한 것이다.

동학東學은 동東의 학學이 아니다. 그 동이 서에 대응하는 상대적인 개념으로 등장한 것이 아니다. 서西는 우리민족사의 도도한 흐름의 최근 어느 시점에 끼어든 덧없는 손일 뿐이다. 그러한 꼽사리꾼을 동의 상대역으로 전제할 수는 없는 것이다. 동학의 동은 서의 상대가 아니라, 서의 침략에 자극받아 일어난 조선혼의 총체이다. 동은 해동의 동이며, "이 땅"을 가리키는 것이라고 수운은 말한다. 이 땅에서 태어나서 이 땅에서 깨달음을 얻은 것일 뿐이니 어찌 나의 학이 서학이 될 수 있겠는가? 동학은 해동의 학이요, 그것은 이 땅의 학이요, 우리 조선의 학이다. 다시 말해서 조선인이라면 누구나 알아야 할 배움이다. 그것은 조선역사를 태초로부터 관통하는 학이며 그 학을 수운은 "무극대도無極大道"라고 불렀다. 한계(極)가 없는 보편적(大) 길(道)이라는 뜻이다. 조선의 배움이야말로 인류의 가없는 배움이다.

동학을 근대의 출발이니, 근대성의 구현이니 하는 모든 언설(디스꾸르)은 이제 불식되어야 한다. 우리 역사는 서구가 추구해온 근대라는 이념을 추종해야 할 하등의 이유가 없다. 서구의 근대가 낳은 것은 터무니없는 진보의 신념, 인간의 교만, 서양의 우월성, 환경의 파괴, 불평등의 구조적 확대, 자유의 방종, 과학의 자본주의에로의 예속, 체제(System)의 인간세 지배, 민주의 허상 …… 이런 것들의 안착일 뿐이다. 왕정의 타도는 아직도 진행되고 있는 과제상황일 뿐이며 오직 이것만이 우리에게 주어진 사명일 뿐, 이에 대한 서구적 패턴을 우리가 반복해야 할 의무는 없다. 동학은 혁명인 동시에 개벽이며, 그것은 근대를 맞이하는 운동이 아니라, 인간이 인간다웁게 살아가는 대도大道를 제시한 것일 뿐이다.

이 대도의 실현은 오직 서구적 신관神觀의 파기에서만 가능하다. 이것은 인류 전체의 삶의 개벽이다. 모든 인간이 인간다웁게 살기 위해서는 모든 인간이 하느님이 되지 않으면 안된다. "하느님이 된다"는 것과 "하느님을 모신다"는 것은 궁극적으로 동일한 명제이다. "하느님" 그 자체가 생성적 과정에 있는 조화造化이기 때문이다. 동학의 하느님 속에서는 초월과 내재, 유일신과 범신, 인격과 비인격, 존재와 생성, 우연과 필연, 불연不然과 기연其然의 모든 언어적 간극이 다 해소되어 버린다. 인간의 참다운 평등과 조화는 오로지 황제적인 신이 사라질 때만 가능한 것이다. 신에 관한 모든 존재증명은 결국 손가락이 다섯 개인 이유가 장갑 손가락이 다섯 개이기 때문이라고 하는 식의 논의를 벗어나지 않는다.

동학에 관한 있는 그대로의 진실한 기술 앞에서 눈물을 감지할 줄 아는 사람이라면 이제 기존의 세계문명에 염습되어 있는 모든 유치함으로부터 벗어나야 한다. 우리의 종교도, 우리의 학문도, 우리의 정치도, 우리의 과학도 새로운 정체성을 확립해야 한다. 이 새롭고도 진실된 정체성을 확립하는 길은 바로 동학, 즉 조선의 학을 바르게 아는 것으로부터 출발한다. 동학은 유구한 조선문명의 총화이며 인류의 미래 이상이기 때문이다.

동학혁명은 지금도 진행중이다. 앞으로 닥칠, 수없는 혁명을 위하여 이 한 권의, 더 없이 원전에 충실한 해석이 우리민족의 여여如如한 실력을 다시 깨닫게 하고, 남북통일은 물론, 세계사의 주역으로서 웅비하는 발판이 될 수 있기를 앙망한다.

2021년 3월

뜨락의 매화가 열개쯤 피었을 때

도올 김용옥 쓰다

I

서언緖言

이 책을 쓰게 된 인연들

내가 『동경대전』 역주작업을 감행키로 작심하고 『도올심득 동경대전』을 썼을 때는(2004년), 내가 찾아볼 수 있는 『동경대전』 판본은 계미중하경주개간癸未仲夏慶州開刊(경주판)본과 무자계춘북접중간戊子季春北接重刊(무자판) 두 종밖에 없었다. 그 외의 개간본에 대한 소식은 있으나 그 실물을 찾아볼 수 있는 길이 묘연했다. 나는 그 해에 MBC문화방송에서 26강에 이르는 초대형 강의 "한국사상사특강 – 우리는 누구인가?"를 하고 있었다. 한국사상사의 흐름에 관하여 전체적인 조감을 하는 가운데 동학을 비중 있게 다루었다. 평균 시청률 10%가 넘는 강의였으니까 국민에게 미치는 영향력도 상당했다. 당시 노무현 대통령은 탄핵을 당해 청와대에 외롭게 감금되어 있는 상태였다(국회에서 탄핵이 결정되었으나 헌재의 마지막 결정이 남아있었기 때문에 청와대에서 쫓겨날 이유는 없었다).

사실 나의 "한국사상사특강"은 우리 국민의식에 내재하는 건강한 상식을 일깨웠기 때문에 17대총선에 압도적인 영향을 주었다. 노무현 대통령이 나에게 스스로 그렇게 말했던 것이고, 플레타르키아의 신세계가 과연 구체적으로 어떻게 전개될지 궁금하다 하면서 하루속히 『동경대전』의 역주가 완성되기를 빈다고 하였다. 이와 같이 우리 역사는 정치사적 소음만 있는 것이 아니고 그 배경에 철학적 성찰이 같이 움직이고 있는 것이다. 나는 이 시기에 동학의 마지막 진면眞面(참 얼굴, 참 인품)이라 할 수 있는 표영삼表暎三, 1925~2008 선생님과 줄곧 동학경전 세미나를 해오고 있었다(2003년부터 선생님의 양평댁과 신촌 무정재를 오가면서 경전을 해독하고 또 선생님께서 두 발로 찾아내신 동학의 성지들을 탐방하였다).

【일러두기】

본서 『동경대전—나는 코리안이다』는 본시 통나무에서 2004년에 발간한 『도올심득 동경대전1』이라는 책의 후속 완간본으로 기획된 것이다. 그런데 그간 16년의 세월이 흐르다 보니 새로운 자료를 발견하게 되고, 또 관점의 변화가 생겨 기존의 많은 기술이 변경되지 않을 수 없었다. 그러나 원래의 모습을 지울 수는 없었기에, 치밀한 교정을 보아 논리적인 정합성을 꾀하기 위해 많은 노력을 했다.

그리고 수운의 사상을 말하기 전에 수운의 삶을 가장 원초적 자료에 의거하여 논하는 작업이 가장 바람직하다는 생각이 일어났다. 그러던 중, 『대선생주문집大先生主文集』이라는 자료가 새롭게 아필되었다. 이 자료가 이미 실존하고 있다는 것은 알려져 있었지만, 막상 이 자료가 수운의 바이오그라피(인생기술)의 최초 기록이라는 것을 몇 사람 이외에는 알지를 못했다. 무엇보다도 나 자신이 그러한 주제에 관하여 선명한 의식을 가지고 있질 못하였다. 문제의식이 생기고, 나 스스로 치밀한 문헌비평을 가한 결과로서 나는 규장각도서로 수집되어 있는 『대선생주문집』이야말로 1860년대 후반에 성립한 수운의 최초의 바이오그라피, 즉 행장行狀이라는 확신을 갖게 되었다. 그리고 그 번역작업에 착수하였다. 이 텍스트의 국역에 관해서는 『동학농민혁명국역총서』 제13권에 이이화의 초역이 실려있고, 윤석산의 『초기동학의 역사道源記書』(신서원, 2000)도 간접적 도움을 준다. 그러나 독자들이 검토해보면 알겠지만, 나의 작업은 초역이라 할 수 있는 성격의 것이다. 나의 심도 있는 번역을 가능케 한 것은 나의 부인이며 권위 있는 중국어 언어학자인 최영애 교수(연세대 중어중문학과 퇴임)의 도움이 컸다는 사실도 아울러 적어놓는다.

나와 표영삼 선생님은 강원도 인제 갑둔리에서 간행한 초각본을 얼마나 그리워했는지 모른다. 한학의 정통적 수련을 받은 사람이라면 판본이라는 것이 얼마나 중요한 것인지, 그리고 그 판본들을 통해 교감校勘되는 사실들이 얼마나 많은 가치 있는 상황을 일깨우는지를 숙지하고 있을 것이다. 한문의 고등문헌비평은 판본학으로부터 출발하는 것이다. 나는 동경대학 유학시절부터 판본학에 관하여 치열한 훈련을 받았다.

표영삼 선생님과 나는 무자판의 투박한 모습에 매력을 느끼며, 그것이 초각본과 같은 지역, 즉 강원도 인제에서 중간重刊된 것이라는 사실 때문에 무자판이야말로 8년 전 초각본의 모습을 그대로 전승한 것이라고 생각하고 무자판의 가치를 지고하게 간주했다. 그러나 이것은 단지 추론일 뿐이었다. 표영삼 선생님과 나는 오로지 1880년에 인출되었다는 초각본의 출현을 간절히 소망했다. 당시로서는 경주중하판과 무자계춘판의 두 종의 판본만 구해볼 수 있었고, 그 이전의 초각판과 목천중춘판은 구해볼 수 있는 길이 막막했다. 오로지 기적의 출현만을 고대하는 심정이었다. 인제에서 100부 정도 간출된 것이 불과 한 세기 전의 일일진대 아무리 많은 전란을 거쳤다 할지라도 한 부 정도는 어디 숨어있지 아니할까?

결국 표영삼 선생님은 그러한 고대苦待의 심정을 간직한 채, 2008년 2월 12일, 불귀의 객이 되고 말았다(향년 84세). 그러나 선생이 돌아가시기 전에 꼭 끝내야겠다고 다짐하시던 『동학』3부작(도서출판 통나무 간행)의 완성을 도와드리느라고 나는 분주하게 왔다갔다 하다가 바로 그 시기에 엄청난 사건이 일어나고 있었다는 사실을 새카맣게 인지하지 못하고 있었다.

4차에 걸친 동경대전 세미나

『동경대전』의 역해작업이란 국가대사라고 말해야 옳다. 그것은 나 한 사람의 머리에서 임의적으로 수행해야 할 과업이 아닌 것이다. 학문이란 배움(學)과

물음(問)이다. 반드시 물음을 통하여 배워야 하고, 배움을 통하여 물어야 한다. 내가 동경대학과 하바드대학에 유학하면서 배운 것이 있다면 바로 이 세미나 문화의 개방성에 관한 심오한 인식이다. 바른 지식은 반드시 지식인들 사이의 토론과 지식의 교환을 통하여 생성되어가는 것이다.

나는 『동경대전』을 이해하기 위하여 4차례의 세미나를 거쳤다. 첫째 번 세미나는 1987~88년에 걸쳐 행한 시인 김지하와의 토론이었다. 우리나라에서 동학을 실천적인 가치로서 민중들의 심성에 배양시킨 최초의 사상가는 시인 김지하였다. 김지하는 『동경대전』에 대한 정확한 이해가 있었고, 특히 해월 최시형의 실천적 생애와 사상에 관한 매우 적확하고도 심오한 통찰이 있었다. 그는 "생명사상"이라고 하는 자신의 사상적 틀 속에서 동학을 바라보았고, 그러한 동학의 이해방식은 우리나라 젊은이들의 1970·80년대 반군사독재투쟁의 사상적 토양이 되었다.

나는 현금의 김지하의 모습에 대해서는 한마디도 언급하고 싶지 않다. 그러나 당시의 김지하는 시적 통찰(poetic insight)의 표본이었다. 그리고 나로서는 당시 그와 같은 사상적 틀을 가진 동학의 해석자를 만날 길이 없었다. 당시 김지하는 몸이 불편했기 때문에 나는 그의 목동집으로 찾아가서 단독대면의 세미나를 했다. 그는 66년에 대학을 졸업했고 나는 65년에 대학에 들어갔다. 동시대의 지성으로서 나는 지하 선배에게서 너무도 많은 것을 배웠다. 나는 겸손하게 그의 『동경대전』에 대한 해석의 틀을 수용했다. 그의 한문실력도 매우 훌륭했다. 우리가 세미나를 할 동안 매번 거르지 않고 식사를 제공해주신 고 김영주 선생님(불교미술사학자, 소설가 박경리 선생님의 따님. 2019년 11월 25일 별세. 향년 73세)께 이 자리를 빌어 감사의 마음으로 향불을 피운다.

두 번째 세미나는 2003년 삼암장三菴丈 표영삼表暎三 선생님과 행한 토론이었다. 시인 김지하와의 세미나를 통해 동학을 바라보는 사상적 틀, 민중사적 실천적 시각을 배웠다면, 삼암장과의 세미나를 통해 나는 동학하는 사람들의 삶의 자세, 그리고 역사적 동학(Historical Donghak)의 실상, 그리고 동학의 발생과 확산과정과 관련된 매우 디테일한 역사적 사실(historical facts)에 관해 너무도 많은 것을 배웠다. 삼암장은 철저히 비신화적인 사상가였고, 가학의 심원함에 힘입어 역사적 실상의 디테일에 관한 어느 누구보다도 정확한 지식을 가지고 있었다. 그는 살아있는 동학이었다. 그를 통하여 나는 교조화되기 이전의 발랄한 동학의 모습을 배웠다. 나는 그가 동학과 관련하여 몸에 지닌 우리민족의 생생한 유산을 총체적으로 물려받았다. 그가 평생 수집한 자료들도 나에게 전승되었다.

세 번째 세미나는 내가 작년부터 유사회遺史會에서 행한 『동경대전』강독이었다(2019~2021년). 유사회는 내가 나의 제자들과 함께하는 월례모임인데, 『삼국유사三國遺事』 강독으로부터 시작했기 때문에 "유사회"라는 이름이 붙었다. 단지 "유사遺事"를 "유사遺史"로 고친 뜻은 우리민족의 잃어버린 역사를 복원한다는 의도가 숨어있다. 참가자들은 『임원경제지林園經濟志』 번역팀을 비롯하여 모두 한학의 소양이 깊은 쟁쟁한 석학들이다. 이들과의 담론을 통하여 『동경대전』의 통사론적, 의미론적 맥락을 심도 있게, 그리고 개방적으로 탐색하고 있다. 이 모임에는 신인간사의 대표이사, 천도교중앙총부 교화관장을 역임한 양윤석梁崙錫이 참여하고 있다. 양윤석은 나의 보성중·고교 동기동창생이다. 중3 때 한 반을 했고 서로에게 짙은 추억을 남긴 친구이다. 그는 서울대학교를 나와 보성고등학교 국어교사를 했다. 그는 『용담유사』의 권위 있는 역주자이기도 하다. 강독을 통하여 나는 그로부터 많은 가르침을 얻고 있다.

네 번째 세미나는 올해 일년 동안 진행한(2020년) 윤석산尹錫山 교수와의 토론이다. 표영삼 선생께서 돌아가신 마당에 내가 찾을 수 있는 천도교 교학의 최고의 권위자는 윤석산이었다(존칭 생략). 윤석산은 나이로 보면 나보다 한 살 위이지만 학번으로 치면 나보다 두 해 아래다(나는 엄마가 나를 일찍 학교에 보낸

덕분에 항상 학번으로 기선을 제압한다). 윤석산은 파평 윤씨인데 윤증 집안의 후손이다(윤증의 아버지 윤선거尹宣擧의 사촌형제 윤일거尹一擧의 직계). 윤석산은 서울에서 태어나 서울에서 자랐고 한양대학교 국문과에서 수학, 줄곧 그곳에서 박사학위까지 마쳤다. 서정적이고 토속적인 시인 박목월의 수제자로서 권위 있는 신춘문예를 통해 등단한 시인이기도 하다. 그는 평생 동학의 연구에 힘쓰면서 주요경전을 번역하였다.

그는 『동경대전』, 『용담유사』는 물론, 동학의 역사를 말해주는 권위 있는 사서, 『도원기서道源記書』를 『초기 동학의 역사』(서울: 신서원, 2000년)라는 제명하에 번역하여 연구자들에게 더없는 도움을 주었다. 그가 한양대학교에 제출한 박사학위논문을 확대하여 책으로 만든 『용담유사연구龍潭遺詞硏究』(서울: 민족문화사, 1987)는 내가 일찍이 접한 바 있는데, 한글가사인 『용담유사』의 언어를 통하여 동학에 내재하는 핵심적 이론결구를 적확히 잡아낸 그의 통찰력은 하나도 나의 심기에 어긋남이 없었다. 사계의 명저라 해야 할 것이다. 누구나 동학을 알고 싶어하는 사람이라면 꼭 한번 읽어봐야 될 필독서로서 추천할 만하다.

나는 2020년 벽두에 『동경대전』 역주작업을 새롭게 다시 시작하기로 마음먹고 윤석산 선생에게 전화를 걸었다. 내가 워낙 천도교 사람들과 가깝게 지냈기 때문에 구면이기는 하였으나 사적인 왕래는 없었다. 윤 선생님은 나의 전화를 기다렸다는 듯이 기쁜 마음으로 대해주었다. "동학하는 사람"들은 대체로 개방적이고 온화한 성품의 소유자들이다. 윤석산은 같이 강독 세미나를 하자는 나의 제안을 아주 흔쾌히 받아들였다. 그는 동학과 관련하여 매우 풍부한 문헌적 지식을 가지고 있고, 학문적 엄밀성의 잣대로 치밀하게 자료를 분석하는 성실한 자세를 지니고 있다. 단지 그는 국문학의 석학이지만, 한학의 포괄적인 전문지식체계 면에서는, 특히 한문의 배면에 숨은 언어학적·철학적 해석에 있어서는 나의 통찰을 빌려야만 하는 상황이 종종 있었다. 나는 그에게서 동학 인

사이더로서 지니고 있는 풍요로운 통찰의 세계를 전승받을 수 있었고, 그는 나로부터 보편학문으로서의 철학적·한학적·해석학적 통찰을 수용했다. 우리의 세미나는 매우 생산적이었고, 창조적이었고, 재미로 가득차있었다. 한문을 정확히 읽기 위해서는 고전한어의 문법, 음운, 의미론을 포괄하는 훈고학의 고된 훈련을 받아야 한다. 나는 훈고학의 전문가이다. 동경대학 중국철학과에서 그런 훈련을 치열하게 받았다. 윤석산의 동학지식은 표영삼 선생님의 인식체계와는 또다른 새로운 학구적 지식을 포섭하고 있었다. 그는 표영삼 선생님과 대립되는 입장의 학설을 많이 제기했다(양자가 결코 타협불가능한 주장을 하고 있는 것은 아니다. 내가 보기에 서로가 가지고 있는 깊은 내면의 의도를 파악하지 못하는 측면이 있다).

박맹수와 성주현

내가 동학에 관한 사료를 수집하는데 가장 큰 도움을 준 사람은 원광대학교 총장으로 있는 박맹수朴孟洙 박사인데(1955년 전남 벌교 출생. 원광대학교 원불교학과 졸업. 한국학중앙연구원 『해월 최시형 연구』로 박사, 홋카이도대학에서 『근대 한국과 일본과의 관계』로 박사) 그는 동학연구에 있어서 나의 제자임을 자처한다. 나는 박맹수 총장과 같은 훌륭한 제자를 둔 것을 나의 삶의 기쁨으로 여긴다. 매우 정직하고 열정적인 성격의 소유자로서 자신이 남을 도울 수 있는 일이라면 발벗고 나선다. 그는 동학의 기초자료를 모으는데 혁혁한 공헌을 하였고, 동학기초사료에 관해 누구보다도 정밀한 지식을 소유하고 있어, 나의 집필과정에 많은 도움을 주었다.

『동경대전』 초각판의 입수경위를 밝히기 위해, 동학연구방면에 있어서 빼놓을 수 없는 알실력자 한 사람을 이 논의에 등장시키지 않으면 아니 된다. 나와 기나긴 세월 동안 인연을 쌓아온 성주현成周鉉, 1960~ 군은 경상도 문경에서 태어나 강원도 삼척에서 자라났다. 황해도 금천 사람인 증조부가 1900년대 초 동학에 입교한 후 3대에 걸쳐 형성된 집안 분위기 속에서 독실하게 동학의 훈도를 받으며 컸다. 그는 삶의 굽이굽이에 닥친 여러 난관을 극복하고 한양대학교 사학과에서 『천도교청년당연구』라는 제목의 논문을 제출하여 박사학위를 획득했다. 현재 숭실대학교 한국기독교문화연구원 HK연구교수로 있으며, 삼암장의 뒤를 이어 천도교중앙총부 상주선도사常住宣道師로 있다. 성주현은 어려서부터 동학의 훈도를 받고 그 방면으로 매우 날카로운 시각을 가지고 자료들을 수집하고, 섭렵하였기 때문에, 내가 아는 한에 있어서는 동학의 사료에 관하여 가장 해박하고 적확한 지식을 지니고 있는 인물이다. 나도 동학관계 문헌을 수집하거나 의문점을 문의할 때는 항상 그의 도움을 받았다. 인품이 순박하고 온후하여 나의 부탁을 성실하게 수행해주는 그런 친절한 인물이었다.

그런데 성 군은 2007년부터 2009년까지 천안에 있는 독립기념관 내 한국독립운동사연구소에서 연구원으로 근무를 했다. 독립기념관은 근현대사에 관한 성 군의 해박한 지식을 필요로 했을 것이다. 그런데 독립기념관이 있는 목천木川은 바로 『동경대전』의 두 번째 판각이 이루어진 곳이다. 목천접주 김용희金鏞熙의 결단으로 판각이 이루어졌다고 전해 내려오고 있다.

목천판 『동경대전』이 판각되는 과정

『순무선봉진등록巡撫先鋒陣謄錄』(양호선봉장兩湖先鋒將 이규태李圭泰가 2차 동학혁명 진압과정에서 1894년 10월 11일부터 1895년 2월 5일까지, 각처와 주고받은 공문들을 수록한 자료) 갑오 10월 27일조에 의하면, 붙잡힌 동학도 전도사前都事 김화성金化成의 진술로서 다음과 같은 말이 있다:

> "저는 계미년(1883년) 초에 보은에서 최시형에게 동학도를 전수받아 목천木川 복구정伏龜亭(지명)에 사는 대접주 김용희金鏞熙 · 김성지金成之(대접주라는 말이 김용희에게만 걸린다고 보아야 할 것 같다)와 한마음으로 결의를 맺고, 스스로 '삼로三老'라 칭하였습니다. 그리고 동과 서에 각기 포包를 설하여 동학도를 널리 펼 것을 도모하였습니다. 먼저 대접주 김용희와 더불어 포에 있는 돈 6,000냥을 거두어 모은 후

에 『동경대전東經大傳』(온전 전술 자가 아니다) 100권을 개간하였습니다. 그 중 30권은 최시형에게 보내주었고, 나머지 70권은 저와 용희가 반씩 나누어 배포하였습니다. 癸未年分受道於報恩崔時亨, 許與木川伏龜亭大接主金鏞熙金成之同心結誼, 自稱三老, 各設東西包, 謀其廣布。爲先與鏞熙收斂包中錢六千兩, 鳩聚後開刊東經大傳一百卷。其中三十卷, 送于崔時亨, 處以七十卷矣, 身與鏞熙分半而以矣。"(사태가 매우 긴박하면서도 효율적으로, 민중의 협력에 힘입어 빠른 시일 내에서 성취되었다는 것을 알 수 있다. 진술자 김화성은 매우 의식 있는 지식인이고 민첩한 행동인이었던 것 같은데, 애석하게도 그는 이 진술 후에 곧 총살당했다. 죽기 전에 『동경대전』에 관한 위대한 진실을 역사에 남긴 셈이다).

이 김화성의 진술은 제2차 간행, 그러니까 목천 계미년 봄의 간행에 관하여 진실한 정황을 말해주고 있다고 사료된다. 그런데 동시대의 지도인 김정호의 『대동여지도大東輿地圖』를 자세히 살펴보면 "복구정伏龜亭"이라는 지명은 목천에 있는 것이 아니라 목천에서 동남쪽으로 한 20리 떨어진 병천並川에 속한 지명이다. 이 지역은 내가 천안읍내에서 자라나면서 미역감고, 고기 잡으러 쏴다닌 곳이기 때문에 아주 잘 안다. 옛 풍광의 추억을 나는 잘 간직하고 있다. 독립기념관 뒤쪽으로 있는 산은 흑성산黑城山이라 했는데 우리 어릴 때는 "거무신"이라 불렀다("곰熊"과 관련된 신성한 의미를 내포한다).

이 흑성산에서 동남쪽으로 세성산細城山이 있는데 거기 두 냇갈이 합쳐지는 곳에 복구정이 있다. 천도교 교중의 기록에는 1883년 2월에 병천 김은경金殷卿의 집에다가 경전간행소를 차려놓고 『동경대전』을 간행했다라고 되어있는 것이 많은데, 병천을 "구계리九溪里"라고 쓰기도 한다. 구계리는 "아홉내"(아홉개의 냇갈)의 한자표기인데 어떤 때는 이 아홉내를 "구내리區內里"라고도 표기했다. "구區"는 "아홉"이고, "內"는 "냇갈"의 음사이다. 그런데 이것은 모두 "병천"을 예로부터 "아우내"(두 냇갈이 아우러지는, 즉 합쳐지는 곳)라고 불렀는데 이 "아우"를 "아홉"으로 잘못 인식한 데서 생겨나는 재미있는 표기이다.

『천도교교회사초고天道教教會史草稿』에는 "포덕 24년, 계미 2월에 신사神師(=해월선생), 동경대전간행소東經大全刊行所를 충청도 목천군 구내리區內里 김은경가金殷卿家에 개설開設하시고 동경대전 천여부千餘部를 발간發刊하시다" 라고 되어있는데, 천여 부는 말도 안되는 과장이라 할 것이다. 『순무선봉진등록』의 김화성 진술이 진실하다는 것을 알 수 있다. 그러나 간행장소는 목천이 아니라 병천並川의 김은경金殷卿의 집이었다는 것을 확언할 수 있다.

김용희와 김화성을 기억하자!

행정구획상 병천은 목천에 속해있었으므로 양자가 혼용되어도 크게 잘못된 것은 아니다. 정확한 개설장소는 병천(아우내=九溪里=區內里)의 김은경집이었고, 재정을 주관한 것은 목천 대접주 김용희였고, 간행과정을 직접적으로 관장한 것은 김화성이었다. 김화성은 자기 아들 김중칠金仲七을 팔도도대정八道都大正으로 임명하고 사위 홍치엽洪致燁을 교장敎長으로 만들어 동학혁명에 적극 가담케 한다. 천안·목천·전의 중심의 기포의 핵심적 역할을 수행한 것 같다. 그의 세 아들 중칠 삼형제가 얼마나 용감히 잘 싸웠는지 삼괴걸로 불리웠다고 『등록』은 기록해놓고 있다.

최종적 사실은 계미중춘에 목천에서 간행한 『동경대전』 100부 중, 해월 최시형이 가져간 30부를 제외하고 나머지 70부가 김용희와 김화성에게 35부씩 배부되었다는 것이다. 아마도 목천 지역에 한 부라도 남아있을 가능성이 있다면 아마도 목천접주 김용희에게 돌아간 35부 중의 하나일 것이다. 목천 35부 중의 하나가 120여 년 전란의 세월을 거쳐 훼손되지 않고 살아남는다는 것은 진실로 기적 중의 기적일 것이다. 그런데 그런 기적이 일어났다.

목천판 『동경대전』: 해월의 눈물겨운 발문

성주현이 독립기념관 한국독립운동사연구소의 연구원으로 있는 동안, 천안의 어느 향토사학자(김종식)가 가지고 있는 『동경대전』을 발견하여 학계에 공개했는데, 그 판본은 목활자본으로 뒤에 "계미중춘북접중간癸未仲春北接重刊"이라는 확실한 발행연도표시(큰 도장 모양)가 있어, 그것이 김용희와 김화성이 주관하여 목천에서 간행한 계미중춘판이라는 사실을 의심의 여지 없이 확인케 만든다. 그 계미중춘판 원본은 아직도 향토사학자가 소장하고 있으며 그 사본만 독립기념관에 보관되어 있다는 소리만 들었다. 그나마 사본이라도 연구자들이 볼 수 있다는 것이 얼마나 큰 다행인지 모른다.

최시형이 쓴 발문 뒤에, 펜글씨로 쓴 소장자 이름이 밝혀져 있는데 "천원군天原郡 목천면木川面 한천寒泉 김찬암金燦菴"으로 되어있다. 천원군은 1963년부터 1991년까지만 행정구역이름으로 존재했으므로(천안이 시市로 승격되면서 천안시와 천원군이라는 이름이 분리되었다. 단지 천원天原이라는 이름이 역사적 근거가 없다 하여 나중에 천안군으로 바뀌게 된다), 그리 오래된 인물같지는 않다. 단지 "찬암燦菴"이라는 도호道號를 쓰고 있고, 펜글씨가 매우 달한 것으로 보아 목천에 세세로 은거하던 유식한 동학인 집안에서 중춘판을 지켜온 것으로 보인다.

이 **목천계미중춘판**의 끝부분에는 해월 최시형이 쓴 발문이 있다. 이 발문은 매우 중요한 의미를 지닌다. 『동경대전』 상재 역사상 최초의 발문으로서 궐후 판본들에 쓰여지는 발문의 프로토타입을 형성하기 때문이다. 그리고 이 발문을 통하여 『동경대전』간행과 관련된 초기정황에 관한 많은 정보를 획득할 수 있다. 그것을 여기 번역하여 놓는다.

〈목천계미중춘판 해월발문〉

해월발문-1 於戲! 先生布德當世, 恐其聖德之有誤。及于癸亥, 親與時亨。

국역 오호라! 우리 수운 선생님께서 동학의 가르침을 펼치실 당시로부터

이미 그 성스러운 가르침이 잘못 전하여질 수도 있다는 것에 대한 두려움이 있었다. 그래서 계해년에 이르렀을 때 수운 선생님께서는 나 시형에게 친히 이 『동경대전』의 원고를 건네주시었다.

옥안 "於戲"는 "오희"로 읽는다. "오호於乎"와 같은 뜻이다. 감탄사이다. 『예기』「대학」에 그 용례가 있다. 『시경』 주송「열문烈文」에는 "오호於乎"로 되어있다.

"유오有誤"는 문자의 오류를 말하는 것이 아니다. 동학의 가르침, 즉 성덕 전체의 전달과정에 오류가 발생할 수도 있다는 것, 또한 전달뿐만 아니라 성덕聖德 그 자체가 훼멸되어 사라질 수도 있다는 것을 누구보다도 먼저 최수운 자신이 걱정했다는 것을 알 수 있다. 수운은 포덕을 하면서 이미 자신의 개벽의 비젼이 당세의 가치와 들어맞지 않는다는 것을 잘 알고 있었다. 그는 겉으로 내색을 하지 않았지만, 그의 가르침이 지극히 상식적인 것임에도 불구하고, 상식적이기 때문에 결국 이단으로 휘몰릴 운명에 처해질 것이라는 것을 잘 알고 있었다.

오죽하면 포덕 당년에 자신의 본원인 용담을 다시 버리고 호남지방으로 피신을 갔겠는가? 외면적인 이유는 관官의 지목을 피하여 포덕을 타지에서 결행코자 떠났다고 하지만 실제의 이유인즉, 그가 포덕한 사람들 자체의 수준이 자신의 대각의 내용을 바르게 이해하기에는 너무도 택도 없는 보통사람들이었고, 그들 사이에서 형성되는 알력과 탐욕과 곡해와 음해가 순탄한 미래를 보장받을 수 없게 만든다는 좌절감이 그의 포덕의 첫경험을 물들였다는 사실에 있었다.

그가 궁극적으로 선포宣布해야 하고 선도善導해야 할 대상, 바로 그들로부터 수운은 좌절을 맛보아야만 했던 것이다. 이러한 파라독스, 끊임없이 밀려 닥치는 좌절과 소망의 이중주 속에서 그가 택한 최선의 선택은 오직 한 길이었다: "쓰자! 써서 남기자! 내가 죽더라도 나의 글 속에 담긴 진리는 영원히 살리라! 쓰자! 쓰자!"

수운은 예수인 동시에 복음서의 저자 마가였다

실제로 수운은 이 지구상에 존재한 모든 대각자大覺者들 중에서 가장 부지런히 집필한 사람이다. 단군도, 예수도, 싯달타도, 마호메트도, 신선들도 쓰지 않았다. 그러나 수운은 썼다. 대각 전부터, 대각 직후부터, 용담을 떠나서 타지에 있을 때도, 다시 경주로 돌아와서도, 죽기 전 감옥에서도 계속, 끊임없이 썼다.

수운은 예수와 바울을 겸비했다. 해월은 바울과 같은 해석자가 아니었다. 해월은 이론적 해설인이 아니라, 수운의 사상을 몸으로 실천한 행동인이었다. 해월은 수운의 삶을 역사로 만든 사람이었다. 수운이 자신의 사상을 고급문화에서 소통되는 한문으로 썼을 뿐 아니라, 그에 비견하는 내용을 한글가사로 동시에 지었다는 사실 자체가, 그가 얼마나 민중과의 소통을 갈망했는지를 알 수 있다.

동생 정약용의 고답적 학문의 길을 답습하지 않고, 흑산도 민중의 삶의 자산인 물고기 생태를 기록한 손암巽庵 정약전丁若銓, 1758~1816이 『자산어보玆山魚譜』에 한글 한 글자도 집어넣지 않은 것이나, 동시대에 민중의 삶을 생생하게 수록한 서유구徐有榘, 1764~1845가 생활백과대사전 『임원경제지林園經濟志』에 한글을 배제한 것과는 매우 대조적이다(서유구는 물명物名에 관하여 많지는 않지만 언문 이름을 표기한 사례가 있기는 하다). 수운은 조선민족의 장래를 위하여 자기의 깨달음을 글로 남긴다는 사실에 대한 특별한 사명감을 지니고 있었다.

수운과 해월의 관계에 있어서 많은 사계의 학자들이 "도통전수"라는 주제를 놓고 그 정통성의 시비를 운운하는 방식으로 양인의 관계에 관하여 소음을 빚어내고 있다. 일제 36년 동안 일본관변학자들이 한국인의 심성 속에 서로 화합할 줄 모르는 파벌의식·당파의식을 심어주려고 노력한 그 결실일지도 모르겠다. 수운은 천도교의 창시자가 아니다. 수운은 천도교와 무관하다 해도 과언이 아니다. 소태산 박중빈은 원불교와 상관 없을 수가 없겠지만("원불교"라는 명칭은 그의 사후 1948년부터 쓰임. 그전에는 "불법연구회"였다), 수운 최제우는 천도교를 만든 적도 없고, 생각한 적도 없다. 수운은 어떤 종교운동의 시원이 된 사람임에는 분명하지만, 그 본인은 기존의 모든 종교적 틀을 거부했다. 종교를 창시한 사람으로서 종교를 거부한, 이 지구역사에서 유일한 신인간이라 해야 할 것이다.

수운은 종교에 관심이 없었기 때문에 종교라는 조직을 먼저 만들 생각이 없었고, 따라서 자신을 "교주敎主"(어떤 교敎의 창시자, 개창자)로서 생각한 적이 없었다. 따라서 자신에 대해서도 "선생님"(한문으로 "先生主"라고 표기된다. 나중에 해월을 "선생님"이라고 부르게 됨에 따라 수운은 "큰선생님大先生主"으로 불리었다)이라는 호칭만을 허여했다. 수운의 궁극적 관심은 "인간해방"이었다. 인간을 자기가 창도한 조직 속에 "가두려는" 의도가 전무했다. 그가 포덕을 시작하면서 먼저 한 것이 부인을 입도시킨 것이요(박씨 부인은 자진 입도했다), 그가 데리고 있던 두 여노비(女婢)를 해방시켜 하나는 첫째 며느리로 삼았고 하나는 수양딸로 삼은 일이다. 당시로서는 상상하기 어려운 파격이었다.

수운과 해월 사이의 가장 중요한 밀약: 『동경대전』의 출판

따라서 "도통"이라는 것도 근원적으로 의미 없는 짓이었다. 선가禪家에서나 있을 법한 소꿉장난 같은 짓을 치열한 유학의 합리주의정신에 훈도된 수운이 행하였다는 것은 있을 수가 없다. 수운에게 해월은 문자 그대로 "순결한 한 인간"일 뿐이었다. 수운을 사랑하고 따르고 배우는 허심한 인간이요, 지식의 옹벽이나 편견이나 아성의 아이덴티티가 없는 소박한 인간일 뿐이었다. 물론 조직에 있어서 후계자랄까, 동학운동을 이끌어 갈 리더를 지목하는 것은 당연히 있어야 할 수순이었다. 수운은 해월의 지식을 보지 않았다. 수운은 해월의 우주적 통찰과 순결한 인품을 공감하였다. 수운이 해월을 후계자로 지목하는 최선最先의 이유는 해월이야말로 조직을 와해시키지 않을 가장 포용적인 인성의 소유자라는 것과, 따라서 그의 생애의 가장 간절했던 소망, 자신의 사상을 적은 원고를 상재上梓하는 작업을 온전하게 수행할 수 있는 인물이라는 판단에서였다.

그들 두 사람 사이에서 이루어진 "도통"이라는 것은 실제로 "수운 수고手稿의 침재鋟梓에 관한 약속"이다. 이 약속을 성실히 수행할 수 있는 사람! 바로 그 사람(其人)을 찾고 있었던 것이다. 수운의 통찰력은 진실로 놀라운 것이다. 그의 주변에 그토록 쟁쟁한 인물들이 많이 있었고, 지식이 빵빵한 사람도 많았지만, 수운의 눈에 "그 사람," 바로 그 사람은 소박한 화전민, 마북동馬北洞 검등골(劍洞谷) 산중 마을에 사는, 자기보다 불과 세 살 어린, 지식인의 교육을 받지 못한 너무도 소박한, 너무도 인간적인 그 사람 최경상崔慶翔(해월海月은 1863년 7월 23일 파접하는 자리에서 수운이 내린 도호道號이다)이었다.

최경상은 불과 3살 위인 수운을 하늘처럼 모시었다. 최경상이 수운을 특별히 숭배하고 따랐다는 얘기가 아니라, 최경상은 모든 인간을 하늘처럼 모실 수 있는 인품의 질박성을 그의 가슴바닥에 깔고 살았다는 사태가 먼저 인지되어야 한다. 그 모든 도약의 깨달음의 계기를 최경상은 수운과의 몇 번의 만남에서 일거에 마련하게 된다. 그것은 우주의 섬광이었다. 지식이 아닌 직관이었고, 훈육이 아닌 천성의 교감이었다. 진실로 이 두 사람의 만남은 천명天命이었다. 한 사람은 치열한 지식의 축적 속에서 대오를 얻어 지식을 초월한 각자覺者였고, 한 사람은 개념적 사유에 오염됨이 없이 생생生生하는 천지天地 속에 고존孤存하는 개방된 자연인自然人이었다.

해월의 도바리: 19세기 우리역사의 최대사건

해월은 한국역사에서 특이한 기록을 남겼다. 그는 최장기 "도바리꾼"이다("도바리"는 1970년대부터 군사정권 독재치하 한국의 운동권 학생들 사이에서 유행하던 말이다. 관官의 지명수배를 피하여 여기저기 정처 없이 도망다니는 것을 말한다). 해월은

19세기 후반 조선왕조의 엄혹한 현실 속에서 꼬박 35년간이나 도바리생활을 했다(1864~1898). 그의 도바리 생활이 반드시 보호막이 되어줄 사람들만을 찾아다닌 것도 아니고, 어떠한 기성의 조직이 있었던 것도 아니다. 그는 낯선 곳을 개척하였고 또 도바리생활을 통하여 오늘날 우리가 "동학"이라고 부르는 조직적 운동을 만들어내었다.

해월은 술자述者가 아닌 작자作者였다. 그는 진정한 개창자(Creator)였으며, 메이커Maker였다. 1864년 수운이 순도할 당시 동학의 "도유道儒"라 불릴 만한 사람의 범위가 적게는 한 천 명, 넉넉히 잡아도 3천 명이 채 되지 않는 작은 운동모임이었다. 그런 소모임이 30년 후에 동서남북으로 조선팔도를 뒤엎고도 남을 방대한 조직으로 드러난 것은 오로지 해월의 도바리행각이라는 처연한 삶의 궤적을 전제하지 않고서는 설명이 되질 않는다.

우리는 동학 하면 언뜻 녹두장군 전봉준全琫準, 1855~1895을 떠올린다. 동학을 구한말 정치혁명의 중심테마로 인식하게 만든 장본인이고, 민중의 신념으로서의 동학을 조선의 역사를 핏빛으로 물들인 혈원血源으로서 찬란한 광채를 발하도록 만든 민중의 리더임에 틀림이 없기 때문이다. 역사에 기록되는 것은 심오한 철학적 저류가 아니라 정치사적 표층의 소음이다.

그러나 우리가 명료히 알아야 할 것은 전봉준은 어디까지나 해월이 건축한 동학전국조직의 한 로컬 리더였다는 사실이다. 전봉준은 해월이 닦아 놓은 거대한 평원 위에 피어오른 한 불씨였다. 그 불씨가 온 대지를 불사르고도 남을 맹렬한 것이었지만, 그 작은 불씨와 거대한 대지 그 자체를 혼동하는 것은 역사를 바르게 기술해야 할 사람들이 취할 자세가 아니다.

전봉준이 동학도일 뿐 아니라 고부 지역의 접주接主라는 것은 의심할 바 없는 사실이다. 그러나 전봉준은 동학을 개인신앙의 체계로서 받아들였다기보다는 사회개혁을 지향하는 운동철학으로서 수용하였다고 볼 수 있다. 표영삼 선생은 전봉준이 김덕명의 추천으로 해월로부터 직접 고부접주의 임첩을 받았다고 주장한다. 『전봉준공초』에는 전봉준 자신의 입장이 소개되어 있다. 동학은 충효를 본삼아 보국안민을 하자는 가르침일 뿐이고, 수심경천守心敬天하는 도道인 고로 내가 심히 좋아해서 입도하였다고 했고, 또 모든 접주接主는 최법헌(최경상)이 임명할 뿐이라고 하였다.

박맹수는 전봉준이 1892년 11월 삼례취회 때 유태홍과 더불어 소장을 제출하는 민중의 리더로 등장함으로 그의 입도 시기는 3·4년이 빠른 1889년경이 될 수밖에 없다고 본다. 그리고 91년 5~6월 해월의 전라도 순회시에 고부접주가 되었다고 보면 정확한 상이 그려질 수 있을 것이다.

나는 녹두장군의 위대성을 조금도 폄하하지 않는다. 그러나 그것은 "또 하나의 이야기"이고, 해월의 삶이 이룩한 가치의 한 결정結晶이다. 그것을 "남접"과 "북접"이라는 터무니없는 후대의 방편적 기술에 근거하여 마치 북접의 리더는 해월이고, 남접의 리더는 녹두이며, 이 양자가 대립한 것처럼, 역사를 바라보는 무지스럽고 천박한 견해들은 깨끗이 불식되어야 마땅하다. 해월은 오직 수운, 큰선생님의 가르침이 온누리에 펼쳐져야 한다는 신념에서 한 치도 벗어나지 않았다. 그러나 녹두 주변의 진취적 세력들에게는 민중의 고난이 너무도 절박하고 또 핍진한 것이었다.

자아! 이야기가 자꾸만 곁가지로 빠지는 느낌이 드는데, 해월의 『동경대전』 발문에 숨어있는 의미의 맥락을 독자들에게 명확히 인식시키기 위한 나의 고충을 이해해주었으면 한다. 해월은 조선역사의 장에서 우리가 만날 수 있는 최장기 도바리꾼이다. 그런데 지명수배를 받고 있는 자가, 그것도 집중적인 추적이 계속 이루어지고 있는 상황에서, 그것도 햇수로 35년의 세월 동안, 그것도 꼼짝달싹하지 않고 숨어있기만 하는 것이 아니라 왕성한 활동을 하면서 조직과 교세를 확대해나가는 위업을 성취하는 와중에, 단 한 번도 검거되지 않는다는 것은 상식적으로 이해되기 어렵다.

그런데 도바리꾼이 잡히는 대부분의 이유는 관군에 의한 것이라기보다는 결국 내부에서 밀고자가 발생하기 때문이다. 해월의 삶에서 내가 가장 고개를 숙이게 되는 부분은 그의 생애에 단 한 명의 밀고자가 없었다는 사실이다. 해월은 지극히 초라한 행색으로 단촐하게 다닐 수밖에 없었다. 수운이 호쾌한 기세를 느끼게 하는 남성성이 강한 인물이었다고 한다면 해월은 강단은 있으나 좀 여성적인 인품의 소유자였다.

성자 해월의 선생 수운에 대한 로열티

그러나 해월에게는 압도적인 성자聖者의 기품이 있었다. 누구든지 해월 앞에서는 인간적인 따스함과 동시에 성스러운 카리스마를 느꼈다. 그를 보는 순간, 범상한 사람이 아니라는 것을 복腹으로 느꼈다. 그는 툇마루 같은 곳이나, 어디든지 앉으면 설법을 했다. 그의 설법은 개념적 언어로 이루어진 것이 아니라 지극히 비개념적인 비근한 일상체험으로 이루어졌으며 그 논리적 함의는 항상 혁명적이고 혁신적인 내용을 담고 있었다. 고달픈 민중들의 삶에 희망을 불어넣어주는 메시지를 담고 있었다.

만 34년의 도바리행각이 말해주는 부인할 수 없는 사실은 다음 두 가지로 요약된다.

첫째는 그의 도바리는 조선민중 전체의 소망 속에서 보호를 받고 있었다는 것이고, 둘째는 그 소망을 강고하게 만들어주는 해월의 인격의 진실성과 깊이가 항상 보편적인 울림을 만들어내고 있었다는 것이다. 마지막으로 그가 강원도 원주 송골(호저면好楮面 고산리高山里)에서 잡힐 때도 그는 피체된 것이 아니라, 스스로 죽음의 시기를 명예롭게 선택한 것이다. 더 이상 자연수명을 유지시킨다는 것이 무의미했기 때문에 중요한 후계자들을 다 피신시키고 결박을 선택했다(1898년 음 4월 5일 체포됨. 1898년 6월 2일 단성사 뒤에 있는 육군법원에서 교형 집행됨. 오후 5시였다. 이종훈의 증언). 소크라테스도 최수운도 해월도 모두 죽음을 삶 속에서 실현했다.

수운이 해월에게 도통을 전할 때 써서 주었다고 하는 시가 한 구절 남아있다(1863년 8월 15일 새벽. 『대선생주문집』에 의거).

용담수류사해원龍潭水流四海源
검악인재일편심劍岳人在一片心

여기 용담龍潭이라는 것은 수운이 자기 삶 속에서 깨달은 도道의 총체적 근원을 나타낸다. 지금도 경주 구미산 동쪽에 있는 용담정에 가보면 용담이 있다. 수운의 아버지 최옥崔鋈은 가산으로서 기존하던 와룡암을 복원한 후 용담서사龍潭書社라고 개명했는데(와룡암臥龍庵은 수운의 조부 최종하崔宗夏가 불교의 암자였던 원적암圓寂庵을 매입하여 젊은이들을 교육하는 공간으로 삼았던 곳이다. 암자를 매입하여 서당을 지을 정도의 입지立志와 재력이 있었던 품격 있는 집안이라는 것을 알 수 있다), 최옥의 사후에는 이 용담서사는 퇴락해버렸다.

고향에 돌아온 수운은 용담서사를 복원하고 용담정이라 다시 이름지었다. 수운은 평시 용담에 정을 붙이지 못하고 끊임없이 용담을 떠났지만, 결국 용담에 돌아와 득도하였다. 수운에게 용담은 깨달음의 핵심을 말해주는 상징체였고, 경주의 중심이었고, 또다시 경주는 기자箕子 시절로부터 조선민족의 천년왕도(「용담가」)였다. 다시 말해서 용담은 수운 개인의 뿌리일 뿐 아니라 조선민족 역사 전체를 통관하는 문화적 구심체로서의 상징을 지니고 있었다.

물구름과 바닷달

용담의 물은 흐른다. 흐른 물은 반드시 사해四海(온 천지)로 나아간다. 이것은 자연의 원리인 동시에 용담에서 깨달은 자신의 무극대도가 온 세계를 휘덮고 말리라는 자신만만한 예언, 아니, 실존적 확신의 표현이기도 하다.

龍潭水流四海源
용담의 물은 흘러흘러 사해의 근원이 되고,

이 구절과 같이 대구로 쓴 글이 바로 이것이다:

劍岳人在一片心

그런데 이 구절은 한문의 정통어법에는 잘 들어맞지 않고 의미가 확실히 연결되지 않는다. 수운은 한문을 자신의 한글적(토착적) 신택스에 맞추어 거침없이 쓴다. 요즈음 영어표현식으로 말하자면 콩글리쉬적 표현이 많다고도 하겠으나, 그러나 그의 한문이 매끄럽지는 않아도 한문이 아닌 것은 아니다. 그에게는 매우 품격 있는 한학의 소양이 있다. 그러나 그의 한문은 의미의 함축이 심하고 한문 본래적 신택스에 구애되지 않는다.

"검악인재劍岳人在"는 "검악(검등골)에 한 사람이 있어"라는 뜻이겠으나 이것은 한문의 어법이라기보다는 그냥 우리말의 표현을 "용담수류龍潭水流"에 맞춘 것이다. 검악과 용담이 같은 지명이고 사람(人)과 물(水)이 같은 명사적 대응이고, 류流와 재在가 같은 동사적 대응인 것이다. 그러나 뜻으로 보면 "재검악인일편심在劍岳人一片心"으로 했으면 별 무리가 없었을 것이다. "일편심一片心"도 "사해원四海源"에 맞는 대우對偶로서 쓴 것이다. 하여튼 수운의 글의 독특한 맛이라고나 할까, 전통한어어법에 구애되지 않는 자유로운 표현력의 어색함을 내가 잠시 지적한 것이다.

"검악인재일편심劍岳人在一片心"이라는 것은 검악에 참으로 인간다운 인간이 한 사람 있는데, 그 인간의 마음은 "일편심一片心"이라는 것이다. "일편심"이라는 것은 "일편단심一片丹心"의 줄임말이다(실제로 중국사람들은 "일편단심"이라는 말도 잘 쓰지 않는다. "일촌단심一寸丹心," "일편적성一片赤誠," "적담충심赤胆忠心" 등의 표현을 선호한다. 더구나 "일편심"만으로 "일편단심"의 의미를 전하지는 않는다). 자아! 내가 한문표현상의 어법이나 의미의 주제에 관하여 너무 까다롭게 지적한 듯하지만, 앞으로 『동경대전』을 해석하는 데 있어서 이러한 문제가 계속 야기될 수 있다는 것을 경고하지 않을 수 없다.

검악에 사람다운 사람이 하나 있는데, 그의 인격됨이 "일편적성一片赤誠"이라는 것이다. 검등골에 사는 사람다운 사람은 물론 해월을 지칭하는 것이다. 그리고 그의 인품됨이 그야말로 진지한 적성赤誠의 인간이라는 것이다.

용담에서 대해로!

자아! 해월은 무엇에 대하여 일편단심이라는 말인가? 해월의 일편단심은 앞의 구문이 "용담수류사해원"이었으므로 일차적으로 그 내용과 관련이 있을 것이다. 수운은 이 첫 구에서, 자신이 깨달은 무극대도無極大道("동학"이라는 말은 「동학론東學論」을 쓰기 전에는 존재하지 않았다)는 결국 자기의 육신 하나가 잘못된다 하더라도 온 세상, 온 누리에 펼쳐지고야 말리라는 확고한 신념을 표현하고 있다. 용담의 물은 흐르게 마련이다. 그것은 멈추지 않는다. 뿐만 아니라 그것은 사해四海로 뻗어나간다.

수운은 자신의 대각의 진리는 전 우주의 시공간을 물들이고야 말리라고 확신하고 있는 것이다. 그런데 이 대각大覺의 대언大言이 너무도 초라한 검등골 화전민, 해월을 앞에 앉혀 놓고 그를 향해 던진 일종의 오묘한 화두라고 한다면, 그것을 받는 "일편심"이라는 것은 오직 수운의 무극대도가 사해에 펼쳐지도록 만드는 막중한 임무를 완성하겠다는 결의를 표현하는 의미맥락에서 해석될 수밖에 없다.

의지의 표명일 뿐 아니라, 검악에 사는 그 사나이는 일편단심으로 그 임무를 수행할 수 있는 능력의 소유자라는 수운의 진단이 동시에 내포되어 있는 것이다. 그런데 교세가 경주 주변으로 1천여 명밖에는 되지 않고, 해월은 무일푼의 화전민이고, 무슨 대단한 지식이나 꼼수가 있는 사람도 아니고 주변의 모든 사람들은 반도叛徒로 휘몰릴 수밖에 없는 힘없는 사람들인데 도대체 무슨 수로 용담의 진리가 사해의 모든 인간들이 떠받드는 진리가 될 수 있단 말인가? 과연 해월이 일편심의 인간이라 한들, 그 일편심이 "사해원四海源"을 성취할 수 있는 능력의 일편심이라고 진단할 수 있는 근거가 무엇이뇨?

여기에 우리는 범인이 미치지 못하는 놀라운 수운의 통찰, 그의 세계사적 비젼의 웅대함, 그리고 탁월한 전략적 사고방식을 엿볼 수 있다. 수운이 해월에게 전한 도통이란 의발이나 오도송이나 공안 같은 시시껍적한 언어의 유희가 아니다. 수운은 썼다. 스스로 대오를 하고 난 이후부터 곧바로 썼다. 그의 대오는 그냥 자신의 삶의 과정이었다. 대오 이후부터 일어난 평범한 삶의 일상적 진실과 그 과정의 실상, 그 느낌을 가감 없이 있는 그대로 썼다. 복음서는 예수가 쓴 것이 아니라, 초대교회 지식인들이 교회조직의 단합을 유지하기 위하여 각색해낸 선포의 내용이다. 그것은 역사적 예수(Historical Jesus)의 실상이 아니라 초대교회의 케리그마(선포의 행위 또는 그 내용을 가리킴. 교회조직의 이권이 반영된 교리체계)이다. 그러나 수운은 케리그마를 만들지 않았다. 오직 그의 깨달음의 내용과 그 주변에서 일어난 일들을 생생하게 있는 그대로 문자로 표현해내었다.

종교아닌 종교를 개창하는 유일한 길: 깨달음의 원본을 남겨라!

수운은 종교를 개창할 의도가 없었다. 그러나 그는 그가 설한 진리가 결국 종교를 만들게 되리라는 직감을 지니고는 있었다. 종교가 되고, 조직이 만들어지고, 교리가 선포되는 단계에 이르게 되면 자연히 그의 깨달음의 내용은 변질될 수밖에 없다. 수운은 왜 썼는가? 수운은 이미 예수에 관한 왜곡의 역사를 관찰하고 있었다. 천주교인들이 믿는 예수는 역사적 예수가 아니라, 픽션화된 예수라는 것을 너무도 잘 알고 있었다. 수운은 자신에 대한 역사의 왜곡을 거부했다. 그 거부의 가장 절실한 방편이 "쓰는 것"이었다. 본인의 체험을 본인의 육필로 남겨 어떠한 해석의 왜곡이 난무하더라도 그 진실의 원상을 역사에 새겨놓겠다는 것이었다. 여기 해월의 "일편심"이란 거창한 사해원의 전도(Evangelism)가 아니라, 바로 자신의 손으로 쓴 수고를 인쇄하는 상재上梓(침재鋟梓, 침판鋟板, 누각鏤刻, 판각板刻 , 기궐剞劂 등 다양한 표현이 있다)를 결행하는 숙원이었다.

그런데 도대체 인쇄가 뭐길래, 상재의 약속이행이 그토록 어려운 사업이란 말인가? 여기 해월의 "일편심"은 수운의 수고를 인쇄하겠다는 일편단심을 말한다. 외골수로 그 약속을 성실하게 이행할 수 있는 인품의 조건을 갖춘 인물이 바로 "검악의 그 사람"이었던 것이다. 이 문제를 풀기 위해서 우리는 조선왕조 19세기의 인쇄문화에 관하여 좀 전문적인 이야기를 하지 않으면 아니 된다.

세계적으로 가장 앞선 인쇄문화와 가장 고질의 종이를 만든 우리 조선문명은 인쇄의 다양한 방법이 발달해있었다. 전통적으로 인쇄방법은 목판인쇄, 주조금속활자인쇄, 목활자인쇄의 3가지 방법이 있었다. 이 중에서도 가장 지속적으로 그리고 가장 보편적으로 활용된 것은 목판인쇄였다. 금속활자는 이미 고려 13세기 초기로부터 인류의 테크놀로지역사에 획을 긋는 사건으로 등장하여 조선시대에는 세계인쇄문화사상 그 유례를 찾아볼 수 없을 만큼 크게 발달하였다. 그러나 금속활자는 관에서 독점적으로 생산하여 관에서 주도하는 인쇄물에 주로 사용되었기 때문에 민간에서는 그림의 떡이었다.

목판인쇄의 구체적 실상: 조선인쇄사의 이해

당시 『동경대전』을 인쇄한다는 것은 공개적으로 행할 수 있는 사건이 아니다. 그것은 탄압받는 여건하에서 몰래 사적으로 인출한다는 사태이므로 완전히 "사가판私家板"에 속한다. 1970~80년대 운동권 학생들이 삐이라를 인쇄하는 것과도 같다. 사판본私板本으로서 활용할 수 있는 방법은 목판본과 목활자본의 두 방법이 있었다. 원래 인쇄는 고려 말의 팔만대장경(목판본)이 말해주듯이 불교의 성행에 따른 불경보급과 관련되어 있었다. 불경인쇄는 공동체의 거대행사로서 자금갹출도 쉬웠고 또 정치적인 문제를 제기하지 않았다. 그러나 조선왕조에 접어들어 불교문화가 쇠퇴하면서 사찰판 행사도 쇠퇴한다.

그러나 19세기 순조시대 이후부터는 집안이나 서원 단위의 문집, 시집, 사비출판이 매우 성행하였고, 특히 "족보" 출판은 씨족 전체의 공동부담행사였을 뿐 아니라 주기적으로 다시 편찬하여 인쇄해야만 하는 것이기 때문에 사가판 인쇄의 보편화에 크게 기여하였다. 다시 말해서 19세기에는 "방각본坊刻本"인쇄가 성행하였던 것이다. 방각본이란 민간에서 장사할 목적으로 목판에 새겨 찍어내는 책을 일컫는다. "방坊"에는 동네, 읍邑, 리里의 의미도 있지만 저자(市: 시장)의 의미도 있다.

자아! 인제에서 인쇄를 한다고 하자! 이것을『도원기서』에서는 "각판소刻板所를 설設"하였다고 표현하였다(1880. 5. 9.). 도대체 이게 무슨 말일까? 우리는 역사를 공부할 때, 그리고 역사적 문헌을 해석할 때 단지 그 말의 사전적 의미만을 꿰어맞추는 일에 자만할 뿐, 실제로 그것이 어떠한 인간의 사태이며, 실제로 어떠한 사건이 일어나고 있었는지 그 정밀한 정황을 고구考究함이 없이 훌떡 넘어가 버리고 만다.

당시 정황에서 이들이 취할 수 있는 인쇄방법에는 목판인쇄와 목활자인쇄 두 가지의 가능성이 있었다. 현실적으로 빠른 시일 내에 소량의 부수를 인출한다고 하면 당연히 목활자본을 선택하는 것이 유리하다. 목활자로 인쇄하면 판각의 필요가 없고, 목판을 마련해야 하는 엄청난 공정이 생략되기 때문이다. 그러나 목활자인쇄를 하려면 목활자인쇄 전문조직과 컨택이 되어야 한다. 목활자인쇄 전문조직은 보통 5만 개 정도의 목활자를 소유하고 있는 단위인데 강원도 지역에는 이런 조직이 없었을 뿐 아니라, 불러온다 해도 이들은 행상이기 때문에 비밀을 지키는 것이 불가능했을 것이다.

비밀리 인출하는 방법으로써 그들은 목판본 인쇄를 우선적으로 생각했을 것이다. 보통 사가판에서 목판인쇄가 주종을 이루는 까닭은 목판은 한번 각하여 원판만 확보해놓으면 두고두고 안정적으로 찍을 수 있기 때문이다. 활자본은 인출한 후 해판解板해 버리기 때문에 다시 찍을 수가 없다. 사실『동경대전』의 인쇄는 목판을 보관할 수 있는 그런 정황도 아니기 때문에 활자인쇄가 훨씬 유리한 방법이었지만 활자를 구할 길이 막막했다.

목판에 관하여 이야기하자면, 당시 기성품을 산다는 것은 거의 불가능했다. 목판은 한 뼘 반의 너비가 확보되는 대목재에서 켜는 것인데 한 나무에서 두세 개 빠지기가 어렵다. 그리고 목재는 우리가 생각하는 소나무 같은 침엽수는 부적당하다. 나이테에 따라 나무의 질감이 너무 크게 차이 나기 때문에 각판으로 쓸 수가 없다. 침엽수가 아닌 활엽수 중에서 세포의 크기가 균일하고 또 균일한 사이즈의 물관이 전체에 고루고루 분포하는 나무, 즉 산공재散孔材이어야만 한다.

박달나무 같은 것이 좋을 듯하지만, 박달나무는 우선 큰 재목이 없고, 너무 단단하여 새김질 하기에 적합하지 않다. 너무 물러도 안되고 너무 단단해도 안된다(박달나무는 목활자의 재료로서는 잘 활용되었다). 우리나라에서 흔히 볼 수 있는 참나무, 느티나무, 물푸레나무, 밤나무 등은 각판(경판)으로 쓸 수가 없다. 해인사 팔만대장경에 쓰인 나무 중에서 경판으로 최적한 나무는 산벚나무(해인사 주변 지역에 널리 분포되어 있다)였다.

그 다음으로 많이 쓰인 나무가 돌배나무였다. 그런데 산벚나무 수종은 강원도에서 구하기 어렵다. 하여튼 대추나무·돌배나무·가래나무·박달나무·자작나무·산벚나무·후박나무 등이 목판으로 가장 많이 활용되었는데 당시 인제 부근의 야산에서 구한다면, 아마도 물푸레나무와 돌배나무 정도였을 것이다. 뿐만 아니라 목재를 구한다고 금방 쓸 수 있는 것이 아니라, 목재를 켜서 바닷물에 오래(3년 정도까지도) 담가 쓴다고 했는데, 이것이 불가능할 경우 가장 좋은 방법은 나무를 가마솥에 넣고 삶는 것이다. 즙액을 뽑아내어 나무 배열을 균일하게 만드는 것이다. 삶아낸 나무를 서서히 건조시켜 뒤틀리거나 빠개지지 않게 한 다음, 판면을 판판하게 대패질을 해야 한다. 그리고 가능하다면 옻칠을 해서 나무 표면을 균일하게 만든다. 이 과정을 "연판鍊板"이라고 한다. 이 연판된 목판 위에 명필가들이 판식의 용지 위에 붓으로 정서한 종이를 뒤집어 붙이고 "볼록새김"에 들어간다.

벼락치기 판각

자아! 1880년 5월 9일 인제 갑둔리에서 각판소를 설치했다고 하는 것이 과연 어느 시점의 공정단계였을까? 5월 9일 각판소를 설치하고 11일부터 개간開刊하기 시작하여 한 달 남짓한 시간이 지난 6월 14일에 인출印出을 종료하였고, 6월 15일에 인출된 책을 단 위에 올려놓고 고천告天의 제祭를 올렸다고 했는데, 과연 이것이 가능한 얘기일까? 보통 수년이 걸려야 하는 공정을 한 달 만에 해치운다는 것이 과연 가능할까?

여기에 우리는 이런 질문을 던져볼 수가 있다. 판각이라고 하는 것은 엄청나게 어려운 공정을 요하는 것이다. 그 어려운 공정을 통하여 겨우 100권 정도를 인출하는 것이라면 그런 효율이 낮은 위험한 짓을 그만두고(더 인출할 수도 없는 것이 인쇄에 쓸 수 있는 고급종이 자체가 구하기 어려웠다), 100권을 여러 명이서 정사하면 너무도 간단하게 해결될 수 있는 방법이 아닐까?

이러한 질문으로부터 우리는 수운과 해월 사이의 밀약의 본질을 깨닫게 된다. 수고手稿는 아무리 많아도 영원히 수고일 뿐이다. 그리고 수고는 쓰는 사람에 따라 글자선택이 다를 수 있다. 그러나 목판인쇄는 한 판 당 인출한 책이 모두 정확하게 일치한다. 그리고 손으로 쓴 것과, 인쇄한 것의 차이는 경전의 권위의 유무와 동일한 것이다. 수고는 영원히 수고로서 머문다. 경전의 권위를 획득하지 못한다. 따라서 수운이 "용담수류사해원"을 말한 것은 자기의 수고手稿의 단계를 말한 것이고 "검악인재일편심"은 상재上梓의 단계를 말한 것이다.

수운이 자신의 호를 "물과 구름"이라고 한 것은 역시 용담에 흐르는 물과 구미산에 서린 구름을 상징하고 있다. 그런데 수운이 경상에게 "해월"이라는 도호를 내린 것은 이미 용담의 물이 사해로 나간 모습을 상징하고 있는 것이다. 겨울밤 탁 트인 동해바다에서 하늘을 메우고 있는 보름달과 그 달이 광활한 바다를 비추고 있는 모습을 한번 연상해보라! 수운은 자신의 무극대도가 월인천강 아닌 월인사해月印四海의 "바닷달"이 되기를 원했다. 다시 말해서 수운이 해월로 바뀌는 무극대도의 계기는 다름 아닌 목판인쇄였다. 그것은 엄청난 조직과 금력과 인력의 헌신을 요구하는 위험한 대사업이었다. 해월은 과연 정상적인 프로세스를 통해서 침재작업을 했을까?

그가 "각판소를 설했다"고 하는 것은 30여 개의 목판을 준비한 단계를 말한 것이었을 것이다(초각본의 각판은 30개 정도이다. 그러나 40개 정도는 필요로 했을 것이다). 그러나 끓이고 말리고 칠하고 하는 연판의 과정이 없이 생나무를 대패질한 후에 곧바로 양각陽刻작업에 들어갔을 것이다. 송연묵松煙墨(초각본에 들어간 잉크자료는 유연묵油煙墨이 아닌 송연묵이었다. 소나무를 태워 만든 먹이다)만을 준비하여 인쇄를 한 후에는 목판 자체를 폐기했을 가능성이 높다. 한 달 만에 100부를 찍어냈다는 사실은 너무도 진실한 기술이다. 즉 모든 공정이 생략된 "벼락치기 인쇄"였던 것이다.

이러한 벼락치기 정황은 인제 초각본과 목천 중춘판이 동일하다. 인제판과 목천판은 관련이 없다. 목천판은 인제판을 번각翻刻한 것이 아니라 새로 각한 것이다. 뿐만 아니라 인제판의 목판 자체가 사라졌고, 또 목천판의 목판도 인출한 후에는 사라졌다. 그러나 명백한 사실은 "바닷달"이 "물구름"의 간절한 부탁을 온갖 간난을 무릅쓰고 판각을 성취해내었다는 사실이다. 해월이 1880년 6월 15일 인출된 수운의 문집을 놓고 고천제告天祭를 올렸을 때 해월의 가슴을 치고 올라오는 서러움이 얼마나 지극했을까? 동학은 드디어 용담의 계곡을 떠나 사해의 바다를 가르고 있었다.

새로운 사실: 『동경대전』은 거의 모든 판본이 목판본 아닌 목활자본

이상의 논의는 내가 기존의 상식적 판단(윤석산의 상식적 전제 등)에 따라 인제 초각본과 목천 중춘판이 모두 목판본이라는 전제하에서 추론을 구성한 것이다. 그리고 두 판이 모두 목판본이라는 사실에 관해 의심해볼 여력이 없었다. 집필에 미쳐 있었고 모든 논문들이 그것이 목판본이라는 전제하에서 나에게 정보를 제공했기 때문에, 판본학적인 고찰을 감행할 여유가 없었다. 그냥 목판본이라는 사실을 의심 없는 전제로 받아들였다.

그러다가 이 원고를 교정하는 과정에서 과연 그러한가 하고 조판의 상태를 세밀히 살펴보게 되었다. 우선 목활자는 글자가 삐뚤빼뚤하게, 즉 불규칙하게 배열될 가능성이 있고(무자판에서 아주 심하게 나타난다), 또 행간을 표시하는 계선界線과 아래위 광곽匡郭(주변을 사각으로 둘러친 검은 선)이 대체로 맞닿지 않는 경향성이 있다. 또한 판심版心(판 한가운데)의 어미魚尾(물고기 꼬리지느러미 같이 생긴 까만 부분)가 그 옆에 오는 계선과 밀착되지 않고(목판은 거의 다 붙는다) 떨어지는 경향성이 있다. 그리고 목활자본은 그 나름대로 먹이 번지는 형태적 특성이 있고, 또 개개의 글씨가 활자의 특성이 있다. 이러한 모든 문제를 검토하면서 경진초각판, 목천판, 무자판이 모두 목활자본일 수도 있다는 생각이 들었다.

모르는 것은 묻는 것이 장땡이다. 나는 이 방면에 가장 탁월한 전문가를 『임원경제지』를 번역하고 있는 나의 제자들을 통하여 알아보게 하여, 이 문제의 감정을 의뢰하였는데, 그가 바로 한국학중앙연구원에서 한국문헌학을 연구하고 있는 박철민朴哲珉 박사이다. 박철민 박사는 이미 획기적인 논문을 많이 발표하여 고문서 방면으로 선본善本의 연구에 새로운 기준을 제시하였다. 그런데 박철민 박사의 연구결과는 『동경대전』 모두가(경진초판본 – 목천판– 경주판본 – 무자판 – 신묘판. 이 책에 실린 5개의 판본) 목판본이 아닌, 목활자본이라는 것이다.

나는 박 군과의 세밀한 토의와 검토를 거쳐 그의 판단이 옳다는 생각을 굳히게 되었다. 우선 조판·인출 과정이 경진판의 경우나 목천판의 경우, 너무 단기간이었고, 활자본이 비용도 적게 든다는 제반 여건을 생각할 때에도 박 군의 판단은 더 합리적이다. 여태까지의 논의는 전문가의 감정을 거쳐본 적이 없는 논의였으므로 "목판본"(목각본)의 논의는 모두 "목활자본"의 논의로 수정되어야 할 것이라고 생각한다.

해월은 수운의 수고手稿를 정확히 보존했다

우리는 아직도 목천계미중춘판의 해월의 발문跋文을 해석하고 있는 중이다.

> **於戲! 先生布德當世, 恐其聖德之有誤。及于癸亥, 親與時亨。**

오호라! 우리 수운 선생님께서 포덕할 당세로부터 이미 성스러운 가르침이 잘못될 수도 있다는 것에 대한 두려움이 있었다. 여기까지의 해석에 대해서는 의견의 불일치가 없다. 그런데 윤교수는 "급우계해及于癸亥, 친여시형親與時亨"(계해년에 이르러 선생님께서는 나 시형에게 친히 이 『동경대전』의 수고를 건네주시었다)이라는 구문을 다음의 "상유침재지교常有鋟梓之敎。"라는 구문에 붙여 읽어야 한다고 강하게 주장한다.

물론 나의 국역처럼, "수고手稿"라는 "여與"의 직접목적어가 명시되지는 않았지만, 이 발문은 『동경대전』에 대한 발문이므로 『동경대전』의 수고가 숨은 목적으로서 생략되어 있다는 것은 너무도 자명한 것이다. 그냥 "나 시형에게 친히 주시었다"라고 말해도 그 말 속에는 직접목적인 원고뭉치가 함장되어 있는 것이다.

윤교수가 이러한 무리한 설을 펴는 이유는 "최보따리"라는 소리가 한낱 설화에 불과하고, 햇수로 18년 동안 문자 그대로 수운이 준 원고를 보따리 속에 잃어버림이 없이 간직하고 다니다가 그 수고를 꺼내어 1880년에 드디어 간행하였다는 얘기가 너무도 드라마틱하고 리얼하지 않다는 데서, 해월과 수운의 관계를 비신화화한다는 맥락에서, 후대에 도인들이 구송한 자료들을 모아 만들었다는 구송설을 주장하고, 그 주장의 근거로서 이 발문의 해석을 들고나온 것이다. 그러면서 그는 "여시형與時亨"을 그냥 "시형과 더불어with me"라고 해석해야 한다고 주장한다.

그러면 문의는 이와 같이 된다: "급우계해及于癸亥, 친여시형親與時亨, 상유침재지교常有鋟梓之敎。" 이것은 진실로 해석하기 어려운 어색한 문장이 되고 마는데 윤교수의 설대로 번역하면 이렇게 될 것이다: "선생님께서는 계해(1863년 최수운 체포 전)년에 이르러 친히 나와 더불어 항상 침재(인쇄출판 하라는 부탁)의 가르침이 있었다."

이게 도대체 말이 되는가? 계해년의 사건은 일시의 사건이고, "상유침재지교"는 일시의 사건이 아닌 항상 그러한 가르침이 있어왔다는 뜻이다. 그리고 도대체 "시형과 더불어 항상 …… 가르침이 있었다"는 말이 전후맥락상 성립할 수 있겠는가? 문법적으로 도무지 이상한 말이 아닌가? 가르침의 주체는 수운이고 그 대상은 해월이다.

다시 말해서 침재(인쇄출판)를 부탁하는 사람은 수운이고 그 부탁을 받은 자는 해월이다. 그런데 "선생님께서 시형(나)과 더불어 항상 ……의 가르침이 있었다"는 뜻이 도대체 무엇을 의미하는가? "친여시형親與時亨"과 "상유침재지교常有鋟梓之敎"는 별도의 구문으로 해석되어야 하는 것이다: "계해년에 이르러 선생님께서는 나 시형에게 친히 이 『동경대전』의 수고를 넘겨주셨다. 선생님께서는 항상 당신의 수고가 침재되어야 한다는 간절한 소망(=가르침)을 가지고 계셨다."

윤교수는 여러 문헌을 두루 섭렵한 학자이지만 몇몇의 주장에 있어서 그는 기초적인 학문의 성과를 무시하고 있다. 너무 자신의 혼자만의 상식적 판단에 의존하고 있는 것이다. 수운과 해월의 관계에 있어서도 "최보따리"설을 부정하는 것은 그가 신봉하는 동학이나 천도교의 존립근거 전체를 부정하는 사태에 이를 수도 있다. 이 책 제6장 "『동경대전』 판본에 관하여"에서 다시 언급하겠지만 구송설의 근원을 이루는 『천도교서』의 신화적 담론(본서 p.407)은 전혀 사실무근한 것이며 천도교의 적통성을 무너뜨리는 발상이다. 윤석산의 구송설 주장에 대해 나는 매우 세부적인 논박근거를 댈 수 있지만 그 자세한 맥락은 텍스트와 역사적 사실에 즉卽하여 논구되어야 할 것이다. 우선 그 대강을 말하면 다음과 같다.

첫째, 윤교수는 초판본에서 무자판에 이르기까지 4개의 판본을 놓고 비교해본다면 텍스트 자체가 점점 첨가되고 미비한 것들이 보다 발전적으로 종합되었다고 판단되므로 원본설과 구송설은 절충되어야 한다는 입장을 천명한다(윤석산, "새로 발견된 목판본 『동경대전』에 관하여," 『동학학보』 제20호, 2010년 12월. p.226).

그러나 이것은 판본학의 기본적 상식에 어긋나는 주장이다. 『동경대전』의 가장 핵심적 내용은 수운이 자신의 철학적 입장을 밝힌 논문들이며, 또한 그 논문들이 이 책의 전부라 말해도 과언이 아니다. 이 논문들이야말로 동학의 요체이며 무극대도의 본원이며, 수운이 이 세상에 경전의 권위를 지닌 인쇄본으로 남기려 했던 것이다. 이 논문들, 그리고 좀 긴 글인 통문·통유를 제외하면, 나머지는 주문이나 종교의식에 필요한 제식적인 글, 그리고 수운의 종교적 깨달음의 세계를 문학적으로 표현한 시들로 구성되어 있다. 당연히 주문이나 제식의 절차에 관한 글, 시 같은 것은 도인들이 다같이 암송하거나 토론하여 첨삭할 수도 있는 것들이다. 이런 것들은 뒤에 첨가가 이루어졌다 할지라도, 텍스트 전체의 성격에 관한 규정성을 갖기 어렵다.

문제의 핵심은 『동경대전』의 모체를 이루는 포덕문布德文, 논학문論學文(동학론東學論), 수덕문修德文, 불연기연不然其然, 탄도유심급歎道儒心急, 통문通文, 통유通諭 이 7개의 문장이 4개의 시기적으로 다른 판본을 통하여 나타나는 모양새가 암송에 의한 것인가, 하나의 문헌에 근거한 것인가, 어떤 발전적 해체나 첨가가 있는가, 극심한 잣수字數의 변화가 있는가 하는 것을 따져보는 것이다. 윤교수도 나에게 동의하지 않을 수 없을 것이다. 이 7개의 글은 완벽하게 하나의 모본母本에 의한 것이며 거의 변화가 없다. 이것은 『동경대전』의 문헌학적 권위를 높이는 것이며 수운의 오리지날 수고가 가감 없이 해월을 통하여 전달되었다는 것을 입증하는 것이다. 어찌하여 이 사실을 거부하려는가?

둘째로, 1863년 11월 어느날 밤에 위기를 감지한 수운이 경주에서 해월에게 원고뭉치를 넘겼고, 그것을 고스란히 간직했다가 1880년 6월에 인제 갑둔리에서 상재했다는 사실의 드라마적 구성에 관하여 불필요한 회의를 느끼는 사람들은 다음의 사실을 알아야 할 것이다. 해월이 자기 등에 이고 다니는 원고뭉치만이 유일한 미션이며 소망이라고 믿고 행동했다는 가설은 터무니없는 것이다. 해월은 본인에게 주어진 사명을 완수하기 위하여 다각적인 노력을 기울였을 것이다. 만약의 사태를 염려하여 주변의 지식인들로 하여금 많은 사본을 만들게 했을 것이다. 수운 본인도 생전에 많은 사본을 만들어 도인들과 나누어 갖곤 했다는 것은 『대선생주문집』에도 정확하게 기록되어 있다.

구송은 존재하지 않았다

다양한 사본들을 최종적으로 종합했다 할지라도 "구송"과는 거리가 멀다.

『동경대전』의 편찬작업은 어디까지나 기록된 문헌에 의한 것이다. 그러나 원본은 해월이 잃지 않고 간직한 것 같다. 만약 그러한 사고가 있었다면 그것이야말로 대사大事이므로, 『도원기서』에 기록되지 않았을 리가 없다. 그러나 그러한 불상사는 없었다. 이것이 바로 해월의 삶의 철저성이었고, 해월을 발굴한 수운의 형안이었다. 수운은 해월의 인품이야말로 자신의 소망을 완수하기에 가장 신뢰할 수 있는 천성이라는 것을 알았다. 수운은 해월에게 "고비원주高飛遠走"를 말했고, 해월은 높이 나르고 멀리 뛰었다. 상재를 완성했다.

셋째, 별 뜻 없이 "구송," "구송"을 말하는데, 교인들이 구송을 한다고 해서 완벽하게 암기에 의한 것이고 문헌의 근거가 없다고 생각하는 것은 역사적 실상을 왜곡하는 것이다. 구송을 해도 주문 같은 것을 제외하면 모두 문헌적 근거가 있었다. 문헌을 가지고 외우는 것이다.

넷째, 윤교수는 경진초판본의 발견자로서 새로 독립기념관에 기증된 목활자본(윤교수는 상식적 판단에 의거하여 "목판본"이라고 단정) 자료가 경진초판본임을 다양한 근거에 입각하여 입증한 위대한 과업을 달성했음에도 불구하고, 경진초판본의 오리지날리티와 그 판본학적 가치를 충분히 인지하지 못했다. 그는 경진초판본을 불완전한 초기판본으로만 인지했다. 내가 생각하기에 경진초판본은 모든 판본의 모본이 될 수 있는 위대한 문헌이며, 텍스트 크리티시즘의 기준을 제공하는 주척主尺이 된다. 윤교수가 부정적으로 생각한 측면이나 자형字形에 관해서는 역으로 긍정적으로 해석되어야 마땅하다. 나의 주장은 판본학의 상식에 속하는 것이다.

삼암장 표영삼 선생은 눈물을 글썽이면서 나에게 이와 같이 말씀하시곤 하셨다: **"나는 어려서부터 동학의 초창기세대라 할 수 있는 어른들로부터 수운 선생님과 해월 선생님의 관계가 얼마나 극진한 것이었는지 그런 얘기를 수없이 들었지요. 요즈음 학자들이 옛사람들의 실상을 모르고 후대에 형성된 계파적 관점에서**

이러쿵 저러쿵 하는데 너무도 한심해요. 해월 선생님께서 얼마나 어렵게 수운의 수고手稿를 지켜냈고, 얼마나 참혹한 정황에서 침재를 완성했는지, 그 숨가쁜 승리의 드라마를 잘 몰라요. 해월 선생님은 수운 선생님의 말씀에서 단 한 치도 벗어나는 일이 없었지요. 오로지 수운 선생님의 뜻을 이 땅에 펼치겠다는 그 목적 하나에만 정진했습니다. 그의 순결한 충성심 하나 때문에 동학이 만들어진 것이죠."

나는 말한다. 동학은 철학도 아니고 논리도 아니다. 동학은 철학이 아닌 느낌(Feeling)이요, 논리가 아닌 우리 혈관 속의 움틈(Creative Advance)이다.

해월발문-2 常有鋟梓之教。有志未就越明年。甲子不幸之後，歲沉道微。迨將十八年之久矣。

국역 수운 선생님께서는 보통 때도 늘 당신의 수고가 인쇄출판되어야 한다는 것에 관한 가르침이 있었다. 선생님의 가르침을 받들 의지는 있었으나 그것을 곧바로 실현시키지는 못한 채 다음해로 넘기고 말았다. 그런데 그만 다음해 갑자년은 선생님께서 세상을 작별하시는 불행을 당한 해였다. 그 후로 세상이 어두워지고 우리 도는 미약해졌다. 이 지경에 이른 것이 장차 18년의 세월이 되려고 한다.

옥안 이미 1863년, 수고를 넘겨받았을 때부터 곧바로 경주 지역에서 인쇄를 하고자 하는 계획이 있었음이 드러나고 있다. 결국 그 계획은 실현되지 못한 채, 다음 해에 수운의 불행이 이어지고 동학의 교세는 미미해졌다. 그럼에도 불구하고 18년 동안 줄기차게 침재에 대한 간절한 향심이 있었다는 것을 알 수 있다.

해월발문-3 至於庚辰, 極念前日之敎命, 謹與同志發論詢約, 以成剞劂之功矣。文多漏闕之歎。故自木川接中, 燦然復刊, 以著无極之經編。玆豈非慕先生之敎耶! 敢以拙文, 妄錄于篇末。

歲在癸未仲春, 道主月城崔時亨謹誌。

국역 경진년(1880)에 이르러, 지난날 선생님께서 내리신 교명敎命이 지극하고 간절하게 생각나서, 삼가 동지들과 더불어 논의를 시작하고, 비밀스럽게 약조를 하여, 드디어 기궐剞劂의 어려운 공력을 달성해내었다. 그러나 경진판의 문장에는 덜 실거나 빠진 곳이 있어 안타까웠다. 그러므로 그러한 문제를 보완하고자 목천의 접 중에서 다시 사업을 일으키어, 찬연하게 복간해내니, 이로써 무극대도의 경편經編이 세상에 드러나게 되었다.

이것은 어찌 수운 선생님의 가르침을 지극히 사모하는 우리들의 마음이 아니고 그 무엇이랴! 감히 졸문으로써 이 경편의 끝머리에 망록하노라.

세월은 계미중춘이었다. 동학의 책임을 맡고 있는 주인
경주사람 최시형이 삼가 써올리다.

옥안 여기 "극념전일지교명極念前日之敎命"이라는 말만 보아도 얼마나 극진하게 해월이 18년 동안 수운 선생님의 교명敎命(가르침인 동시에 명령이라는 뜻. 꼭 제자로서 성취해내어야만 하는 선생님의 부탁이었다)을 계속 생각해왔는가를 알 수 있다. "기궐剞劂"은 문자 그대로는 목판에 칼로 글자를 새긴다는 뜻이지만 여기서는 목활자의 조판을 의미한다. 목활자본으로 인쇄했어도 목판본의 용어를 부담없이 쓰는 것은 당시의 관례였다.

그리고 구송설을 주장하는 학자들이 여기 "문다누궐文多漏闕"이라는 표현을 들어, 이것이 바로 구송의 근거라고 운운하지만, 여기 "문文"은 어디까지나 문장이며, 문자이며, 문헌의 문제이지 구송으로 인한 미비나 누궐을 의미하는 것이 아니다. 경진초판본 당시에는 아직 『동경대전』이라는 경전의 체계를 확정 짓지 못했고, 『동경대전』의 내용을 수운 선생의 "문집文集"으로 인지하고 있었다. 그러니까 1880년 당시만 해도 동학을 종교의 조직으로, 종교의 권위를 갖춘 체계로서 인지하지 않았다는 것이다. 여기 "문다누궐"이라는 말은 오히려 1880년 당시부터 이미 확고한 문헌의 근거가 있었다는 것을 입증하고 있다.

다시 말해서 "누궐"을 나중에 발견한 것이 아니라, 의도적으로 빼거나 누락시켰던 것이다. 당시는 쫓기는 상황이었고 목활자의 준비상태나 종이도 넉넉하지 못했다. 따라서 제식이나 주문이나 시 같은 것은 충분히 소화할 수가 없었던 것이다. 그래서 아쉬움이 계속 남아있던 차에 목천의 부유한 대접주, 김용희金鏞熙가 쾌척하고 또 목천접 중의 사람들이 합심하여 이 복간사업을 이룩하는 마당에 인제 갑둔리 초판본의 문제점을 보완하는 방향으로 체제(문집체제에서 경전체제로 바꿈)와 문자(빠진 부분을 삽입)를 다듬었다는 의미가 되는 것이다. 이러한 문제는 제3차 간행사업인 경주판에서 더욱 보완되기에 이른다.

다시 말해서 1880년대 10년이야말로 『동경대전』 간행의 시대라고 칭할 만하다. 6차에 걸친 간행이 이루어졌고 교세의 확장이 성취되었다. 1864년 직후에는 물론 동학은 영락의 신세를 면치 못하였지만, 그 중에서도 살아남은 자들이 맹렬하게 수운의 가르침을 이어나간 전파의 발자취를 보면, 비단 해월 한 사람의 도바리행각뿐만 아니라 그와 유사한 사명을 지닌 많은 사람들의 노력이 지속적으로 이루어졌음을 알 수 있다. "최초의 동학혁명"이라고 말할 수 있는 영해부교조신원운동이 1871년에 일어나 500여 명이 위세를 떨친 것만 보아도 동학의 저항정신은 살아있었다.

이필제는 "문장군"이 아니다! 최초의 동학혁명 리더

이것을 주도한 이필제李弼濟, 1825~1871에 대해서도 동학교도들 사이에서 "문장군蚊將軍"(모기처럼 찝적거린 놈이라는 뜻으로 부정적으로 쓴 말)이라고 기술하고 흔히 그 역사적 사건을 "이필제의 난"이라고 폄하해버리지만 기실 이필제는 성급하기는 했으나 우발적인 행동을 한 사람은 아니었으며, 지속적인 혁명의 캐리어를 유지해온 인물이었다. 충청남도 홍주 사람으로 증조부가 태안군수를 지낸 이완李烷이고 매우 뼈대가 있는 집안에서 성장했다(자라난 곳은 충북 진천이었다). 하여튼 이필제의 거사는 단독행동이 아니라 해월이 가담한 행동이었다. 그리고 이필제의 과격한 행동으로 동학의 조직이 와해되고 인맥이 풍비박산 되었으나(100여 명이 체포되고 60명이 처벌되었다), 그것을 결코 무의미한 망동妄動으로 치부해버릴 일은 아니다.

이필제는 사람이 호언하기를 좋아하고(자신은 단군의 영靈을 받은 사람으로서 자신의 궁극적 뜻은 중국을 창업하는 데 있다고 하였다. 토요토미 히데요시와 유사한 꿈을 가진 사람이었다. 『도원기서』에 의거), 생각한 바를 독단적으로 즉각 실천하는 성급한 인물이기는 했으나, 수운 선생이 당한 억울한 치욕을 설雪한다는 명분을 배신한 적은 없으며, 요즈음 급진적 좌파라 하는 사람들이 형편없이 자기 이념을 배반하는 것과는 달리, 끝까지 혁명투쟁으로 일관하였고, 그 명분을 위해 목숨을 바쳤다(진천·진주·영해·문경 봉기를 주도, 1871년 12월 서소문 밖에서 능지처참陵遲處斬 당하였다). 그는 결코 이념적으로 하자가 있는 졸부는 아니었다.

영해교조신원운동은 최초의 동학혁명이었으며, 동학도인들이 합심하여 일으킨 신원의 의거였다. 그러나 해월과 그 지도부의 입장에서 보면, 동학이 뻗어나갈 수 있는 최적의 아지트를 망가뜨렸을 뿐 아니라(영해는 당시 진보세력이 뿌리를 내릴 수 있는 구조적 여건을 구비하고 있었다), 너무도 많은 아까운 도유들이 너무도 억울하게 멋도 모르고 희생당하였다. 그리고 이러한 희생에 대하여 해월 본인이 큰 책임이 있었다. 이것은 해월의 인생에 크나큰 교훈으로, 반성으로, 창조적 회한으로 자리잡는다. 사실 1894년 3월 전라도 백산무장봉기 이래 전개된 동학혁명을 바라보는 해월의 시각에도 이필제와의 쓰라린 체험이 오버랩되어 있다. 그러나 전봉준과의 관계도 결국 이필제와의 관계의 복철覆轍을 또다시 밟지 않을 수 없었다. 그것은 안위安危의 결과와 관계없는 천명天命이었다.

해월의 도바리역사에 있어서 1871년의 영해교조신원운동의 혁명적 거사는 비록 동학운동에 심각한 타격을 주었지만 역으로 그 사건은 해월을 고비원주高飛遠走하게 만들었고, 보다 전문적인 혁명가로서의 텐션을 갖게 만들었다. 이것은 해월에게만 해당되는 것이 아니라 해월 주변의 모든 사람들에게 혁명적(=개벽적) 사유의 창조적 긴장감을 안겨준 사건이었다. 더 이상 안일한 종교운동이 아니라 그들이 처한 사회의 변혁이 없이는 개벽의 가르침이 큰 의미를 지니지 못한다는 느낌을 강화시켰고, 그것은 동학의 모든 모임 그 자체에 혁명의 서기가 서리게 하였다.

1880년 인제 인출印出, 천시를 아는 해월의 용단

수운과 해월은 종교적 권위를 내세우지 않았지만 1870년대 동학은 자연스럽게 종교 이상의, 아니 서민의 삶의 정신적 양식을 제공하는 혁신적인 제식적 생명운동으로서 민간에 널리 퍼져나갔던 것이다. 영해사건 이후로 70년대 조선사회의 저류로서 동학은 경전을 간행할 만한 조직과 자금력을 갖춘 규모로 발전하였던 것이다. 1880년대는 『동경대전』의 상재의 역사였고, 이것은 영해사건에서 느낀 좌절과 회한을 만회하는, 스승과의 약속을 이행하는 기쁨을 만끽하는 환희의 역사였다.

『증보문헌비고增補文獻備考』 고종 18년 신사년(1881) 조에 보면 다음과 같은 기록이 있다: "시세추是歲秋, 대역大疫." 이것은 1881년부터 콜레라가 크게 유행하였다는 것을 말해준다. 결국 1880년대 『동경대전』의 간행과 콜레라의 유행은 상관관계가 있다. 해월은 콜레라를 예방할 수 있는 현명한 통문을 도유들에게 계속 발하였고, 해월의 슬기로 인해 동학에 입도하면 괴질에 걸리지 않는다는 민간신앙이 유포되어 동학도의 숫자가 비약적으로 증가하였던 것이다. 1890년대는 그야말로 질풍노도와도 같은 혁명의 시기였다. 1890년대 중반에는 경전의 간행이란 있을 수 없었다. 해월의 도바리 35년은 이렇게 흘러갔다.

1880년의 인제 갑둔리 인출은 그야말로 천시天時를 아는 해월의 용단이요, 동학 카이로스의 검무요, 오만년 부재래지 시호時乎였다. 어찌 이 기막힌 역사의 묘기妙機와 고경苦境의 결실을 "구송口誦"이니 하는 천박한 언어로 격하시킬 수 있으랴!

동학은 철학이 아니요, 논리가 아니다. 동학은 눈물이다. 눈물이 없는 자는 이 책을 덮어라! 나의 책을 읽지 마라!

이 발문 속에서 『동경대전』을 "무극의 경편无極之經編"이라 표현한 것도 기억해둘 만하다.

자아! 이것으로써 목천계미중춘판의 이야기를 끝내고자 한다.

성주현이 계미중춘판을 획득했을 즈음 또 하나의 엄청난 사건이 일어나고 있었다.

인제경진초판본의 등장: 우리 현대사의 획기적 사건

1987년에 개관한 독립기념관은 근현대사 독립운동 자료확보를 위하여 자료기증운동을 자주 벌인다. 2009년 자료기증운동 시에 충청남도 서산시 음암면 신장1리 179번지에 사는 이상훈이라는 뜻있는 사람이 『동경대전』 한 부를 기증할 의사를 밝혀왔다. 이상훈씨의 증언에 의하면 그의 백부인 이철용이라는 분이 일제강점에 치욕을 느끼고 그 부당함을 주장하다가 왜경을 죽이는 사건을 일으킨다. 이로 인하여 평생을 피신해 살게 되었는데, 동생의 집인, 이상훈씨 아버지 집에 와 숨어 지내게 되었다고 한다.

이철용씨는 광복을 보지 못하고, 해방되는 그 해에 한 많은 생을 마치었는데, 그 동생집에 남겨놓은 짐 속에 이 목활자본 『동경대전』이 있었다는 것이다. 그런데 이상훈씨 집은 원래 대대로 영월에 살았다고 한다. 그러니까 그 조상 한 분이 인제 갑둔리에서 고천식을 올릴 때 영월 대표로서 참석했을 가능성이 있다. 하여튼 갑둔리에서 찍은 100부 중의 한 부가 영월에 보관되었다가 서산을 경유하여 독립기념관에 기증된 것이다.

이 사실은 성주현에 의하여 당시로서는 그 문헌을 가장 정확히 감정할 수 있는 학자인 윤석산과 박맹수에게 보고하였고, 그 제록스 사본을 둘이서 나누어 가졌다. 이때는 이미 표영삼 선생님은 타계한 후였다. 윤석산은 이 새로 발견된 목판본(목활자본) 『동경대전』이야말로 인제 갑둔리 경진년초각판(초판본)이라는 것을 확신케 되었으며, 『동학학보』 제20호(2010년 12월)에 "새로 발견된 목판본 『동경대전』에 관하여"라는 논문을 발표하였다.

그러나 안타깝게도 그의 논문은 세인의 주목을 끌지 못했다. 우선 그가 자신의 연구를 확신하면서도 "새로 발견된 목판본"(사계의 전문가 박철민 박사, 그리고 국립중앙도서관 고문헌과 학예연구사 정진웅에 의하여 목활자본으로 판명됨)이라고 얌전한 제목을 단 것 자체가, 지나치게 겸손한 성격의 소위라 할까, 자신 있게 자신의 연구결과를 발표하는 것 자체를 학문의 정도가 아니라고 생각했음일까, 유예의 부분이 남았기 때문일까, 하여튼 세인의 주목을 끌지 못하는 한 이유가 되었다. 내가 생각키에 『동경대전』 초판본의 발견은 경주고분에서 금관이 나오는 것보다도 더 위대한 민족사적 대사건으로 인지되었어야 한다. 오늘 이 시간에도 독립기념관에 보관되어 있는 그 문헌의 가치를 이 땅의 사람들 중 알고 있는 사람이 몇이나 될까?

"우리민족의 성경, 『동경대전』 최초의 판본 발견"이라고 주요 일간지 제1면 전면을 때려도 시원찮을 사건이 침묵 속에 흘러갔다. 초각판을 그토록 그리워하시던 삼암장도 저승의 객이 되었고, 나도 당시 삼암장 뒷바라지를 좀 해드리다가, "동방고전한글역주대전"이라는 거대 프로젝트에 몰빵하고 있었기 때문에 동학에 관심을 쏟을 여력이 없었다. 그러나 무엇보다도 통탄스러운 사실은 논문작성자의 겸손에 있는 것이 아니라, "동학" 그 자체의 가치를 인지하지 못하는 우리민족 지성계의 몽매성에 있는 것이다.

동학이 없었다면 20~21세기 우리역사의 진취적 기상은 없다

우리가 과연 어떻게 조선왕조를 끝낼 수 있었던가? 일제의 강탈에 의한 것일까? 아니다! 일제의 침탈로 조선의 왕정(monarchy)은 막을 내렸을지 몰라도, 우리민족의 심성을 물들여온 조선왕조의 멘탈리티는 단절될 길이 없었다. 동학이 없었더라면 과연 우리는 일제를 끝내고 우리의 주체적 "나라"를 세울 수 있었을까? 과연 대한민국 헌법전문前文에 명시된 3·1운동의 대세를 주도한 주축세력이 과연 누구였던가? 해월이 육군법원에서 처형될 때 그에게 마지막 한마디를 물었다. 해월은 이와 같이 말했다: "내가 죽은 후 10년 후에 시천주 주문소리가 장안을 진동시키리라."

1926년 7월 10일자 『동아일보』는 조선종교현황을 이와 같이 보고 하고 있다: "천도교인 200만 명, 기독교인 35만 명." 우리의 모든 근대정신(구태여 "근대"라는 말로 표현될 이유가 없지만 방편적으로 쓴다), 컨템포러리한 개명開明정신의 근원은 동학을 빼놓고 말할 수 없다. 21세기 조선대륙문명의 진로도 동학을 빼놓고 이야기할 수 없다. 그런데 동학은 난亂이 아니요, 그렇다고 하나의 정치사적 혁명사건도 아니다. 전봉준은 1회로 끝나서는 아니 된다. 전봉준은 끊임없이 일어나야 한다. 백산기포는 21세기에도 끊임없이 일어나야 한다. 그 모든 혁명의 계기에 일관되고 있는 것은 역사적 수운(Historical Suwun)의 정신이요 육필이며 그것을 공감한 우리민족의 혼백의 흐름이다. 이 모든 것이 『동경대전』 한 권에 고스란히 담겨져 있다.

그 최초의 목활자본이 인제 갑둔리 초판본이다. 그것은 살아있는 수운과 해월의 핏물로 인출印出된 것이다. 『동경대전』이 없었더라면 동학은 사라졌다. 정치혁명의 기록만 역사의 페이지를 장식한들 그것은 "태평천국의 소요" 이상의 이야기가 될 수 없다. 동학은 혁명을 넘어선 개벽을 말한다. 현세의 개벽을 넘어서는 지고의 미래비전을 말한다. 동학은 눈물이요 빛이다. 수운이 자신이 육필로 쓴 수고를 상재하려 했던 그 심정, 그리고 그 심정을 헤아린 해월의 고투의 역정, 이 영원히 살아 생동하는 입김이야말로 지금부터 우리가 읽고자 하는 『동경대전』의 실상이다.

초판본을 대하는 나의 눈물과 전문가로서의 감정鑑定

윤석산과 성주현으로부터 동시에 목천계미중춘판과 인제경진초판본 두 판본의 사본이 나의 서재에 도착한 것은 2020년 10월 23일 오전 11시경이었다. 비록 사본이라고는 하나, 요즈음 카피기계는 포토샵과 같은 조작이 가미되지 않은 한, 원본의 모습을 그대로 전하기 때문에 실물을 바라보는 것과 같은 감동을 전한다. 그리고 목판의 원모습을 감정하는 데 조금도 불편이 없었다. 내가 인제판과 목천판(이 두 판본이 다 미궁 속에 빠져 있었던 것이다), 이 두 판본을 손에 잡는 순간, 북받치고 올라오는 것은 눈물이었다. 나는 이날 동학에 각별한 관심을 가지고 있는 나의 제자(학부시절부터 나의 강의를 수강함), 고대 국문과 신지영辛志英 교수에게 전화메시지를 보냈다:

"오매불망 50년을 그리던 인제초판본을 눈앞에 놓고 있다. 나는 오늘 이 초판본을 뒤척이면서 하루종일 울었다. 동학의 역사를 말해주는 판본 4개가 다 내 수중에 있다. 이제 텍스트 문제는 다 해결되었다. 이 판본들을 나의 책에 모두 그대로 실어 후학들이 마음 놓고 비교·검토할 수 있도록 해줘야겠다. 이제 동학의 고등문헌비평Higher Textual Criticism이 가능해진 것이다. 우리나라 역사는 항상 원사료를 공개하지 않는 좁은 소견들 때문에 왜곡되어온 것이다. 나를 키워주신 표영삼 선생님을 생각하니 가슴이 메인다. 선생님은 당신의 죽음도 부인과 아들 이외의 누구에게도 알리지 않았고, 시신도 대학병원에 해부학자료로 기증하였고, 일체 제식적 번

거로움을 이 세상에 남기지 않으셨다. 나도 일주일이 지나서야 그 아드님으로부터 연락을 받았다. 수운(구름)처럼 왔다가 수운처럼 사라진 것이다. 선생님이 그토록 인제판본이 한번 보고 싶다고 말씀하셨는데 내 눈앞에 놓인 이것을 못 보고 가시다니. 눈물이 펑펑 쏟아진다. 우리민족은 정말 위대하다. 그 격변의 와중 속에서 실낱 같은 이 진실의 맥을 지켜내다니! 나는 이제『동경대전』역해를 내 느낌대로 과감히 써나갈 것이다. 檮杌."

나는 첫눈에 알아볼 수 있었다. 윤석산이 말한 "새로 발견된 목판본"이 곧바로 인제간 초판본이라는 것을. 글씨의 느낌, 조판의 소박미만 봐도 즉각적으로 잡히는 것이 있다. 문헌학적으로 볼 때도 그것은 초판본의 긴장과 권위가 확보되는 매우 정중한 판본이었다. 판본학과 한문학에 대한 체계적인 지식을 갖춘 사람이라면 몇 개의 이자異字에 관해서도 초판본이 더 정통적 권위를 갖는다는 것을 알 수 있다. 후대의 종교체제상의 맥락 속에서 변화된 것이 오히려 권위를 갖지 못한다는 것을 알아야 한다.

일례를 들면「탄도유심급歎道儒心急」의 마지막 구절이 목천판 이후의 모든 판본에는 "불연이기연不然而其然, 사원이비원似遠而非遠"으로 되어있다. 그런데 초판본만 유일하게 "사원이불원似遠而不遠"으로 되어있다. 여기 "비非"와 "불不"의 차이가 있는데, 비非는 일차적으로 "……이 아니다不是"의 뜻이며 형용사를 부정하는데 곧바로 쓰이지는 않는다. "멀지 않다"는 당연히 "불원不遠"이지 "비원非遠"이 아니다.

『장자』「추수편」호량지상濠梁之上의 대화에서 혜시는 이렇게 말한다: "자비어子非魚, 안지어지락安知魚之樂?"(그대는 물고기가 아니다. 어찌 물고기의 즐거움을 안다고 하느냐?). 여기서 "자비어子非魚"는 "You are not a fish."로 영역된다. "비非"는 "…… is not"에 해당된다. 특수한 예를 빼놓고 "비非" 다음에는 명사가 오지 형용사가 오지 않는다. 다시 말해서 "비원非遠"보다는 "불원不遠"이 더 자연스러운 용법이다. 그런데 논문작성자는 목천판 이후로 모든 판본이 "비원非遠"으로 되어있다는 단순한 근거에 의하여 경진판의 "불원不遠"이 "잘못된 표기"라고까지 단언한다. 통사론의 기초적 사실을 무시하고 있는 것이다.

목판에 각자刻字를 하기 위해서 계선界線을 갖춘 저지楮紙 위에 각刻할 글자들을 정교하게 쓰는데 이것을 정서淨書라고 한다. 정서하는 사람을 "판서자板書者"라 한다. 목천판의 판서자가 "사원이불원似遠而不遠"을 "사원이비원似遠而非遠"으로 쓴 것은, 그의 인자認字체계에 있어서 "사이비似而非"라는 관용구적 어법이 눈을 가렸기 때문이다. 그냥 "사원이비원似遠而非遠"으로 인지된 것이다. 그것은 오인誤認이요, 오기誤記일 뿐이다.

타 글자의 경우도, 경진초판본이 더 원의原意에 충실하고 더 오리지날한 성격을 지니고 있다. 논문작성자는 이러한 성격을 반대로 해석하고 있다. 「수덕문」 중 초판본의 "의관정제衣冠整齊"가, 목천판의 "의관정제衣冠正齊," 경주판의 "의관정제衣冠定齊," 무자판의 "의관정제衣冠正齊"보다 훨씬 더 정확한 원의를 나타내고 있음에도 불구하고 그 성격을 반대로 해석하고 있는 것이다. 그 외로도 "왕희지지적王羲之之迹"에서 "之"를 빼먹지 않은 것이나, "사광師曠"의 "師"를 바르게 쓴 것(이상은 「수덕문」), "순망지탄脣亡之歎"의 "脣"을 제대로 된 정자로 쓴 것, 또한 "오매寤寐"(「우팔절」)를 바르게 쓴 것 등등의 사실은 경진초판본이야말로 의심할 바 없는 원본이며, 선본善本이라는 확증을 제시하는 것이다. 독자들 스스로 이 책에 실린 판본들을 비교연구해 보기를 바란다. 여러분들의 상식으로도 초판본의 우월성을 판단할 수 있을 것이다.

「절구絶句」 중의 "평생수명천년운平生受命千年運"(목천판, 경주판, 무자판)도 경진초판본에는 "평생명수천년운平生命受千年運"으로 되어 있는데, 윤교수는 "문장구조로 보아 '명수命受'는 잘못된 표기이다"라고 주장하나, 그것은 잘못된 판단이다. "수명"은 독립된 단어가 아니다. 한문의 기본구조는 "S+O+V"가 아닌 "S+V+O"의 구조이다. 여기 "수受"는 "천년운千年運"

을 받는 동사이며 이것은 이 문장과 대를 이루는 "성덕가승백세업聖德家承百世業"의 "승承"과 짝을 이룬다.

목천판 이후의 판본들이 모두 경진초판본에 비해 원의를 나타내는 데 있어서는 좀 열劣하다. 대세에 크게 어그러짐은 없지만 판본학에 있어서 초판본을 중시하는 이유가 바로 이러한 까닭 때문이다. 「통유」 중 초판본의 "초장의점草長衣霑"이 목천판, 경주판, 무자판의 "초장의첨草長衣添"보다 더 오리지날한 의미를 전달하는 자연스럽고 아름다운 표현이다. 어찌 "풀섶이 자라 스치는 옷깃을 적신다"는 경쾌한 시적인 표현(전라도 남원 객지에 홀로 떨어져 장마철을 당해 더욱 쓸쓸한 심사가 깊어지고 있다)을 "풀이 자라 옷을 휘감는다"는 식으로 고치는 것이 더 "문맥상 맞는다"고 억지춘향식 주장을 일삼을까보냐?

경진초판본은 모든 여타 판본에 우선한다: 교감학의 원칙

논문작성자가 글자의 다름에 관해 고증한 것은 대체적으로 모두 역으로 이해되어야 한다. 그가 이런 오류를 범한 것은 판본학이나 한문문법학, 문자학의 영역이 그의 전문영역에서 벗어나 있기 때문이기도 하겠지만, 무엇보다도 그는 "구송설"에 집착하여 최초의 목판본이 미비한 판본이라는 그릇된 선입견을 갖고 있었기 때문에 경진판의 가치를 온전하게 파악하지 못했다. 그의 "구송설"은 어떠한 경우에도 용인될 수 없다. 구송설을 주장해야 할 하등의 이유가 없다. 동학의 진실은 『동경대전』과 『용담유사』라는 문헌에 의존하는 것이다. 『동경대전』의 문법구조와 경진초판본의 수려한 문자배열을 볼 때, 해월은 경진년에 인쇄출판할 때까지 수운 선생의 수고원본을 지켰다는 사실을 확언할 수 있다. 거기에는 미비함이라는 것은 있을 수 있겠으나, 구송이라 말할 수 있는 여지는 한 치의 자리도 없다.

수운의 원고는 경·율·논 삼장 중에 경장에 해당되는 부분이며, 한 글자도 임의로 첨삭될 수 없는 것이다. "문다누궐文多漏闕"이라 했지만, 누궐은 의식적인 결단이었고, 또 누궐한 부분은 주로 종교적 제식에 관한 부분이며, 수운의 시문에서 상당부분을 생략한 것이다. 간행된 문자 그 자체는 모두 온전한 텍스트이며 모두 문헌화된 기록(수고)에 의거한 것이다. "누궐"이 있었다는 것 자체가, 이 새 목활자본이 경진초판본이라는 결정적 근거를 제공하는 것이다(나는 새로 발견된 "목활자본"이 경진초판본임을 주장한 윤석산 교수의 개척자적 발언의 공로를 충분히 인정한다. 나는 윤석산 교수가 나의 충심을 이해해줄 것을 친구로서 간원한다. 그는 개방적인 사상가이기 때문에 나의 주장의 진의를 충분히 파악하리라고 믿는다. 우리가 지켜야 하는 것은 『동경대전』『용담유사』의 오리지날리티에 관한 것이다. 그리고 그것이 케리그마적인 조작성이 없는 순결한 친필의 고결한 문헌이라는 사실을 동학을 사랑하고 천도교를 사랑하는 윤석산이 지켜내지 않으면 아니 된다. 수운과 해월 두 선생의 간절한 소망을 어찌 우리가 훼손할 수 있으리오? 판본학의 제 문제에 관해서는 나 개인의 판단이 아니라, 사계의 권위 있는 수많은 학자들과의 토론을 거친 후의 결론이라는 것을 명기해둔다).

경진판에는 발문도 없고, 간행연도를 나타내는, 요즈음 말로 하면 판권란版權欄 같은 것이 일체 없고, 마지막 페이지의 마지막 칸(계선界線)에 "동경대전종東經大全終"이라는 다섯 글자만 달랑 있다. 바로 이러한 사실이 오히려 초판본임을 단정짓게 만든다. 판권표시(간기刊記)는 목천판에서 나타나며 그 후의 판본들은 모두 목천판에 기준하여 동일한 형태의 판권란을 만들었다. 판권란이 없다는 것은, 새로 발견된 목활자본이 목천판 이전의 것임을 말해준다. 그 외로도 매우 명백한 사례들, 수운의 둘째 번 경문이라 말할 수 있는 「논학문論學文」은 모두 초기 사류史類에 「동학론東學論」으로 되어있다. 그런데 경진판에는 「논학문」 대신에 그것의 원명原名인 「동학론」으로 되어있다. 세부적인 논의는 윤석산의 논문을 참고하기 바란다. 단지 그 판본역사의 대강을 말하면 이러하다.

『동경대전』과 『대선생주문집』과 『도원기서』

해월이 눈물겨웁게 인제경진판 조판의 대업을 시작했을 때, 막상 해월과 그 지도부는 무엇을 어떠한 체제로 간행해야 할지에 대한 확고한 입안立案이 없었다. 경진초판본을 자세히 분석해 보면 해월은 분명히 수운 선생의 초고를 손에 들고 있었다는 사실이 입증된다. 그러나 그들이 원래 계획한 것은 동학의 전모, 즉 그 경전과 주문과 제식과 시, 그리고 서書에 해당되는 통유·통문, 그리고 동학이 스트러글해온 발자취, 그 피눈물 나는 역사의 전모, 그러니까 경經, 율律, 사史, 집集을 포괄하는 대전大全(크게 갖추어진 앤톨로지anthology)을 구상한 것 같다. 이 대업을 위해 당시 기나긴 고난의 역사에 동참하였으며 그 내용을 가장 소상히 알고 있고, 또 당대의 대유의 품격을 갖춘 강수姜洙가 1년 전에 다양한 기존의 자료를 참고해가면서 동학의 역사를 완성하였다. 기묘己卯년 가을에 쓰기 시작하여 대강 그 해 12월 중순경에 초고가 완성된 것으로 기록되어 있다(초고가 완성된 것은 11월 10일경이고, 전세인全世仁에 의하여 정서淨書까지 끝난 것이 12월 중순이다).

강수와 해월은 "수운 선생님의 도의 근원을 계승하고자 한다 余與主人欲有繼先生之道源"는 뜻으로 이 역사서를 "도원기서道源記書"(도의 근원을 기술한 책)라고 이름하였다. 그런데 이 책은 역사에서 홀연히 자취를 감추었다가, 1978년 충남 계룡산 신도안의 김덕경金德卿 옹(천진교天眞敎 대종사大宗師)이 비장하고 있던 서책이 공개됨으로써 그 존재가 널리 알려지게 되었다. 그런데 이 책에는 다음과 같은 공식명칭이 붙어있었다: "최선생문집도원기서崔先生文集道源記書."

그렇다면 이것은 무엇을 의미하는가? 1880년 갑둔리에서 "각판소"를 설치했을 때 이들은 본시 『도원기서』와 『최선생문집』(아마도 『동경대전』에 해당되는 부분)을 합본한 꽤 방대한 책을 출판할 계획을 세웠다. 그런데 막상 상재를 하려고 보니 그것이 쉬운 작업이 아닐 뿐 아니라(『도원기서』는 『문집』의 세 배 분량이다), 『도원기서』는 해월의 도바리행각을 낱낱이 밝히고 있고, 특히 이필제의 거사에 해월이 적극 관여한 사실이 적혀있기 때문에 조직적 활동과 인명人名을 드러내는 것은 시기적으로 매우 적절하지 못하다는 판단이 섰다.

그러나 인출印出 자체를 늦출 수는 없었다. 1880년 인출 자체가 시기적으로 오묘한 타이밍을 선택한 것이다. 1880년대 접어들어서는 정부의 종교탄압이 느슨해졌고, 불란서 신부들은 적극적으로 포교활동을 개시하였고, 1886년에는 조불수호조약이 맺어지면서 공식적으로 가톨릭의 전교傳敎가 가능해졌다. 1880년대에 『동경대전』의 인출이 적극적으로 추진된 것은 이러한 형국과도 관련이 있다.

"최선생문집도원기서"에서 후반부의 "도원기서"를 빼버리고 나면 "최선생문집"이 남는다. 『기서』는 "사史"에 해당되는 것이고 『문집』은 "경經"에 해당되는 것이다. 그러니까 동학이라는 헌신적 사회적 활동에 관하여, 1880년대까지만 해도 그 주축을 형성하는 사람들이 "종교운동"으로서의 확연한 인식을 가지고 있지 않았다. 그래서 "동경대전"을 초창기 사람들은 "최선생님문집"으로 인지했던 것이다.

『도원기서』는 아름답게 정서淨書되었으나("정서"라는 것은 유일본이라는 뜻이다. 그것은 판각 이전의 필사본이다. 천진교 대종사인 김덕경 옹이 비장秘藏하고 있다가 1978년에 내놓았다고 했는데, 천진교의 전신이 상제교上帝敎이고, 상제교는 바로 시천교侍天敎에서 갈라져 나온 것이다. 시천교는 일진회의 이용구 등 62명이 천도교에서 출교당하면서 만든 것이다. 그런데 손병희와 평소 사이가 나빴던 삼암 중의 하나인 구암龜菴 김연국金演局, 1857~1944이 시천교에 가담하여 시천교의 대례사大禮師가 된다. 그러나 구암은 이용구 사후[1912] 송병준의 시천교와 별도로 구암 김연국의 시천교를 만든다. 이 김연국의 시천교가 1925년에 계룡산 신도안新都內으로 들어가 상제교가 된다. 교도가 4~5만 명에 이르는 큰 조직이었다. 『도원기서』를 소장하고 있었던 김덕경은 바로 김연국의 아들[두째 부인의 소생]이다. 대종사 김덕경 옹은 신도안이 3군통합기지인 계룡대의 입주로 그 생명력이 끊어지게 되자, 그 몇 년 전에 이 『도원기서』를 내놓은 것이다. 위대한 선택이었다. 『도원기서』는 참으로 아름답게 정서된 해서체필사본인데, 명필의 솜씨라 할 것이다. 필사자는 정선의 전세인全世仁이다. 그 증손자가 아직도 살아있다고 한다), 견봉날인堅封捺印하여 깊게 감추어졌는데 처음에 이 책은 유시헌劉時憲이 간수토록 했다. 그런데 결국 우여곡절 끝에 당대 교단을 이끌고 있던 삼두마차 중의 하나인 구암 김연국의 품속으로 들어갔다.

경진초판본은 문집체제를 갖추었기 때문에 그 판심版心에 권차卷次와 장차張次가 같이 기록되어 있다.

권지일卷之一: 포덕문布德文, 동학론東學論
권지이卷之二: 수덕문修德文, 불연기연不然其然, 탄도유심급歎道儒心急
권지삼卷之三: 축문祝文, 주문呪文, 항시降詩
권지사卷之四: 좌잠座箴, 팔절八節, 필법筆法
권지오卷之五: 화결和訣, 강결降訣, 제서題書
권지육卷之六: 부시부附詩賦
권지칠卷之七: 통문通文, 통유通諭

그러나 목천판(계미중춘)에서부터는 전체를 하나의 통짜배기 경전으로 생각하고 분권을 하지 않았고, 통으로 페이지수(=장차張次)를 매겼다. 목천판에서부터 『동경대전』을 수운 선생 개인의 문집이라는 개념을 탈피하여 민족의 성전으로 생각하기 시작했다. "동경대전"이라는 말 대신에 "성경대전聖經大全"이라는 말도 당시에 유행하였다(1890년 인제에서 간행한 경인판 『동경대전』은 "성경대전聖經大全"이라는 제목이 붙어있다). "동경대전"은 동학의 성경이요, 우리민족이 개벽세를 맞이하기 위하여 꼭 알아야만 하는 성스러운 경전이 되어가고 있었던 것이다. 『동경대전』은 우리 조선민족의 유일한 성경이다!

『도원기서』 속에 수록된 경진초판본의 발문

경진초판본에 최시형의 발문이 없는 것은 혹자의 추론대로, 『도원기서』에 이 문집(=동경대전) 발간에 관한 자세한 설명이 있고 "공별록功別錄"이라는 글이 이미 『도원기서』에 실려있기 때문이다("공별록"은 『동경대전』 발간에 공이 있는 사람들을 별도로 기록한다는 뜻이다. 혹자는 "공별록"을 "별공록"이라 말하고 있는데 그것은 『동학농민전쟁사료총서』제26권 「해제」에 "별공록"이라고 잘못 써놓은 것을 전승한데서 생겨난 오류 같다). 공별록은 경진판의 발문이라 할 수 있는 것이므로, 여기 내 손으로 번역하여 독자들의 참고자료로 내놓는다(기존의 번역에 약간의 오류가 있다).

〈『도원기서』 속에 실린 경진초판본 해월발문〉

원문 於戲! 先生文集鋟梓之營, 歲已久矣。今於庚辰, 余與姜時元·全時晄及諸益, 將營刊板, 而發論。各接中幸同余議, 而刻所定于麟蹄甲遁里。竣事如意, 而始克成篇, 以著于先生之道德。玆豈非欽歎哉! 各接中出誠力費財者, 特爲別錄表。論其功, 次第記書。

歲在庚辰仲夏, 道主崔時亨謹記。

국역 오호라! 수운 선생님의 문집(=동경대전)을 침재하고자 하는 노력은 오랜 세월 동안 꾸준히 진행되어온 것이다(※혹자는 "세이구의歲已久矣"를 "한 해가 지나 이미 오래구나"라고 번역했는데, 도무지 한문해석의 상식에 어긋나는 것이다. 우리말로도 이해가 되지 않는다. 여기 "세歲"는 "한 해one year"가 아니라 "세월 일반"을 가리킨다. 이들의 갈망의 역정 전체를 가리키는 것이다. 오매불망 오랜 시간 동안 침재의 열망을 가지고 끊임없이 시도해온 그 세월 전체를 가리키는 것이다. 여기 "침재지영鋟梓之營"이라 표현한 것도 끊임없는 시도를 나타내고 있다. 해월은 선생님의 갈망을 성취해드리고자 하는 끊임없는 열망으로 기나긴 세월을 보냈다. 혹자의 번역에 의하면 마치 "일 년 전에 비로소 우발적으로" 발상한 것과도 같은 인상을 준다. 이러한 방식의 번역이 "구송설"의 정당화를 위하여 생겨난 발상이라면 심히 유감스럽다. "세"가 "일년"으로 번역될 수 있는 길은 전무하다).

이제 경진년(1880)에 이르러서야 비로소, 나는 강시원(=강수), 전시황全時晄, 그리고 도움을 주려 하는 여러 동지들과 함께 선생님의 원고를 어떻게 해서든지 간판刊板해야겠다는 계획을 세워 논의를 시작하게 되었다. 다행히도 여러 접중接中에서 나와 의론을 같이 하게 되었고, 따라서 각소刻所(출판하는 장소)를 인제 갑둔리에 정하는 일까지 마무리되었다.

인출을 끝내는 과정은 순조롭게 진행되었고 비로소 『동경대전』이라는 경편을 완성할 수 있었다. 이로써 수운 선생님의 도道와 덕德이 만천하에 드러날 수 있게 된 것이다. 이 어찌 흠탄欽歎할 일이 아니겠느뇨! 각 접에서 성심껏 힘을 보태고 소요되는 재정을 충당하였기에 이를 그냥 지나칠 수 없어 특별히 별록표를 만들어 그 공로를 논하고 차례로 기서記書한다.

때는 경진 한여름이었다.

동학의 도주道主 최시형이 삼가 쓴다.

(※당시 인제접중에서 가장 많은 헌금을 내었음을 알 수 있다).

『동경대전』 인제초판본을 손에 쥔 그날, 2020년 10월 23일, 그날은 정말 나에게는 잊을 수 없는 금요일이었다. 내가 고려대학교 철학과에 입학하게 된 인연 자체가 나의 생명의 빛줄기가 최수운의 삶과 만나게 되는 희연稀緣 중의 희연이었다. 나는 본시 목사가 되기 위하여 신학대학에 들어가 신학을 공독攻讀했다. 그러다가 유전제有前提의 신학을 공부하는 것보다는 무전제無前提의 철학을 공부하는 것이 진리에 접근하는 첩경이요, 정도라는 생각이 들어 전공을 바꾸기로 결심하고 즉각 실천에 옮겼다.

동학연구의 본산, 고려대학 철학과; 시인 조지훈의 포효

당시 철학이라 하면 무조건 서양철학이었고, 신학에서 철학으로 전공을 바꾼다는 것은 칼 바르트를 버리고 버트란드 럿셀을 읽는다는 것을 의미했다. 그러나 내가 입학한 1960년대의 고려대학교 철학과는 사정이 달랐다. 고려대학교 철학과는 "민족대학"이라는 자부감에 걸맞게 동양철학과 한국사상의 본산本山으로서의 교수진과 커리큘럼을 유지하고 있었다. 그렇다고 서양철학 수업이 부실했던 것도 아니다. 서양철학과 동양철학이 빵빵하게 밸런스를 이루고 있었고, 그 사이에 대한민국에서는 유일하게 "한국사상"이라는 독자적 학문영역이 당당하게 자리잡고 있었던 것이다.

서양철학사 일반에 해박한 지식을 지닌 천재형의 인간, 신일철申一澈(그 아버지가 중국에서도 문필가로서 드높은 명성을 휘날린 신언준申彦俊, 1904~1938이다)과 아주 고지식하며 정확한 문헌학의 정도를 추구하는 칸트철학 전공자인 최동희崔東熙 교수 이 두 사람이, 당대 우리나라 철학계의 대부인 박종홍朴鍾鴻, 이상은李相殷, 이 두 분을 모시고, 천도교의 자금지원을 얻어 한국사상연구회를 조직하여 『한국사상』이라는 학술연구잡지를 내기 시작한 것이 단기 4292년(1959) 8월이다. 그 최초의 판본이 나들나들 곰팡이 슬은 채 내 서재에 꽂혀 있다. 그 창간호에 시인 조지훈趙芝薰은 "한국사상의 근거"라는 호쾌한 글을 게재했는데, 대강인즉 다음과 같다:

"실학운동이 서학운동으로 변질되면서 민족 내부에서 일어난 커다란 사상이 있었다. 외래의 종교와 외래의 사상을 포섭하여 하나의 자체적인 종교사회사상을 이루었으니 이것은 한국사상사에 있어서 세종 때의 사상적 흐름에 비견할 바가 있다. 이는 최제우가 창도한 것이다.

그는 한국종교사의 거인 원효와 마찬가지로 신라의 서울 경주에서 출생하였다 …… 그는 유교는 명절名節에 구니拘泥하여 현묘玄妙의 역域을 모르고, 불교는 적멸하여 인륜人倫을 끊고, 도교는 자연에 유적悠適하여 치평治平의 술을 모르니, 이 삼교의 단소短所를 버리고 장점을 취하지 않으면 안된다고 생각하였다 ……

이들은 지상천국의 건설에 3대개벽을 전제한다. 첫째, 미신, 우상, 편견, 이기 등,

개성個性의 해악害惡과 정신적 질병의 퇴치인 정신개벽. 둘째, 민족은 전 인류사회의 집단적 단위이므로 지상천국의 건설은 과정상 민족생활에서부터 개선된다. 그러므로 민족해방의 개벽. 셋째, 개성과 민족의 해방은 인류평화 상호부조의 사회개벽에 이른다.

그 교리의 출발이 한국에서 받은 천명天命이므로 한국민족의식이 강렬하였기 때문에 우리역사상 잊지 못할 3·1혁명(3·1운동이라는 말을 쓰지 않았다)을 주도한 세력이 천도교였고, 그 중심인물이 교주 손병희였음은 다만 우연한 일이 아니다. 최제우는 **한국사상사에 있어서 최대의 인물**이라 할 것이니, 그 사상은 이 민족정신문화 수천 년에 걸쳐 형성된 주체를 발양한 것이기 때문이다. 이 민족을 위한 바른 이상理想의 싹을 지니고 있으며, 우리 현실에 직접 연결된 살아있는 사상이기 때문이다. 그러므로 동학의 연구는 **현대 한국사상연구에 가장 중요한 과제가 된다.** 천도교는 비종교非宗敎라고도 하고 사상단체思想團體라고도 말하는 이가 있다. 그러나 이러한 규정에 대한 그들의 대답은 이러하다. 종교는 인간생활의 전체다.

감정생활의 비현실적 자태의 일부면一部面이 아니다. 모든 문화를 혁신하는 운동이야말로 그 시대의 종교운동이다. 나는 말한다. 동학은 이전의 어떤 개념으로도 규정할 수 없는 새로운 종교이다."

내가 다닌 고려대학 철학과는 이러한 분위기로 육중하게 다져져 있었다. 신일철 선생도 틈틈이 서양철학 강의 속에서 동학을 말하였고, 최동희 교수도 칸트철학을 강의하는 도중에도 틈틈이 최수운의 발상의 특이한 면을 비교론적 시각에서 강론하시곤 하였다. 나는 동학을 이렇게 만났다. 1970년에는 고대 철학과에서 최초로 "한국사상"이 개설되었고, 나는 그 강좌의 첫 수강자였다.

그러한 내가 50여 년을 그리워하던 최수운의 수고 원본에 근접하는 초판본을 손에 쥐게 된 감홍이 어떠했으리라는 것은 독자들의 상상에 맡긴다. 이날 나는 표 선생님을 생각하며, 수운과 해월을 생각하며, 또 경진초판본을 만든 사람들을 생각하며, 눈물이 범벅 된 매우 긴장된 하루를 보냈다. 나는 이날 밤늦게까지 서재에서 경진초판본을 들척이다가 서재에 있는 침대에서 혼자 곤하게 곯아떨어졌다. 그런데 그 옆방에는 나의 두 손자, 선하와 선도가 자고 있었다. 숙명이랄까? 천명이랄까? 다시 있어서는 아니 될, 내 인생에서 미처 체험해보지 못한 사건이 나의 명운命運을 기다리고 있었다.

야곱과 도올

「창세기」 32장을 보면, 야곱이 형 에서를 만나러 대가족을 데리고 이동하는 도중 얍복의 여울the ford of the Jabbok(사해와 갈릴리바다 중간쯤 가로지르는 개울)가에서 가족과 재산을 먼저 보낸 후 홀로 한밤을 지새우게 되었는데 밤새 하나님과 씨름하는 장면이 있다. 먼동이 트자 하나님이 이제 그만 나를 놓아달라고 야곱에게 빈나. 야곱은 날 축복해주지 않으면 씨름 샅바를 놓아주지 않겠다고 으르렁거린다. 하나님은 묻는다: "네 이름이 무엇이냐?" "야곱이요." "네 이름을 다시는 야곱이라 부르지 마라! 이제부터 너는 이스라엘이라 불러라! 네가 네 생애에서 만난 사람들과 싸워 이겼고, 또 하나님과 더불어 겨루어 이기었음이라."

야곱의 이름이 야곱에서 이스라엘로 바뀌는 역사적 순간의 장면묘사이다. 야곱에서 12아들이 나왔고 그것이 이스라엘 민족의 12지파가 되었고, 그들이 결국 노예로부터 해방되는 출애굽의 역사를 만들어내었다. 구약이 아무리 신본위의 구속사를 말하지만 그 주체를 나타낸 언어에는 "하나님과 더불어 겨루어 이긴 자"라는 인간주체적인 발상이 있다. 야곱은 에서(자기가 배반한 형. 아버지 이삭의 정통후계)를 만나기 전에 최종적으로 하나님의 축복을 얻어야만 하는 어떤 긴박감에 사로잡혀 있었다. 하나님과의 샅바를 놓지 않자 하나님은 그의 엉덩이뼈를 부러뜨렸다. 야곱은 그래도 하나님과의 씨름에서 지지 않았다.

23일 밤이 지난 새벽 3시 40분, 나는 혼미한 가운데 눈을 떴다. 그 순간 나는 내가 있는 힘을 다하여 소리쳤다는 것만 기억한다: "네 이놈! 감히 누구를 범하려 하느냐!"

순간 의식이 돌아왔을 때는 모든 것이 피였다. 머리 정수리에서 피가 콸콸 쏟아지고 있었고 침대, 방바닥, 벽, 온천지가 피였다. 이것은 꿈이 아닌 현실이었다. 곤히 잠들고 있었던 나는, 처음 이 현실에 어찌 대처해야 할지를 몰랐다. 피는 계속 쏟아지고 있었고 나는 내복만 입은 상태였는데 순간 몸서리치는 추위가 나를 엄습했다. 머리에 손을 대었지만 지혈은 되지 않았고 정신은 추위 속에 혼미해져만 갔다. 이때 만약 내가 기압을 넣듯이 정신을 차리지 않았더라면 방바닥에 쓰러진 채 피바다 속에서 불귀의 객이 되고 말았을 것이다. 장자가 말하는 대로 내가 나비의 꿈을 꾸고 있는 것인지, 나비가 나의 꿈을 꾸고 있는 것인지, 꿈과 생시의 구분이 모호해져만 가고 있었다.

진실로 나는 이 순간에 일어난 일을 다 설명할 수는 없다. 나는 본시 잠을 잘 자는 편이다. 그리고 평생 꿈을 꾸는 일이 희귀하다. 그렇게 그리워하는 엄마 꿈도 단 한 번도 꾸지 못했다. 그리고 평생 몽유병적인 액션을 취한 적도 없다. 그러니 이날 일어난 일은 정말 내 생애에서 처음이자 마지막이 되어야만 하는 사건이었다.

내가 기억하기로 나의 손자 두 명이 『동경대전』 경진초판본을 가슴에 품고 쌔근쌔근 잠자고 있었다. 그런데 어떤 구름과도 같은 허이연 유령과도 같은 존재가 내 손자들 가슴으로부터 경진판을 빼앗기 위하여 손자들까지 해치려 하고 있는 것이다. 이 유령이 평생 내가 어려서부터 외쳐오던 하나님인지 무엇인지 모르겠으나(당시 야곱에게도 하나님의 이름은 없었다), 나는 그 존재 여하를 불문하고 나는 그와 싸우지 않으면 아니 되었다. 내 두 손자를 보호해야 했고, 『동경대전』 초판본을 빼앗길 수가 없었다.

나중에 침대 흐트러진 모양을 보니 나는 이불을 박차고 일어나서 그 허이연 구름 같은 하나님을 세게 밀쳐냈던 것 같은데 평소 무술을 단련해온 사람인지라 그 강도가 엄청났던 것 같다. 나는 내가 내 팔목으로 치는 동시에 그 존재가 반작용이 없는 허당임을 느꼈다. 그 순간 나의 몸 전체가 침대 위로부터 포물선을 그리며 로켓트처럼 날아갔는데, 머리가 방구석에 박히게 된 것 같다. 그런데 옛날 온돌방이면 그런 일이 없었을 텐데 요즈음 도배방식은 벽 최하단에 나무판대기(걸레받이)를 대는 것이 보통이다. 머리정수리가 그 판대기의 모서리에 찢기면서 디귿 자로 두피가 훌러덩 벗겨진 것이다. 백회혈이 있는 곳이었다. 그곳은 피가 분출하는 곳이다. 인디언이 백인 대가리 두피를 깐다고 하는데 꼭 그 모양새로 찢겨진 것이다.

나는 정신을 차리고 가족을 불렀다. 순간 나는 서울대학병원응급실로 이송되었고 치료를 받을 수 있었다. 피가 흐르는데도 나는 20분 후에나 치료를 받을 수 있었다. 그러나 나는 응급실의 일반사정을 감안하여 아무런 냄새도 피지 않았다. VIP대접을 받을 생각이 없었다. 등록을 하는데 내 얼굴과 이름을 매치해본 의사가 충격을 받듯이 나를 쳐다본다. 내 기록이 일체 서울대학병원에 없다는 것이다. 맞다! 나는 평생 대학병원을 가본 적이 없다. 나는 자연인으로 살았다. 그래도 이렇게 다급할 때 불편한 대로 적절한 치료를 받을 수 있었으니 나는 대한민국을 사랑할 수밖에 없다.

응급실에는 응급외과 의사 인턴 김현성과 레지던트 조은주趙恩珠가 나의 치료를 담당하였는데, 꼬박 1시간을 걸려 20바늘을 꿰맸다. 그래도 바느질 솜씨가 DNA를 통해 전해 내려온 섬세한 조선의 여성 닥터를 통해 치료를 받았다는 것이 나의 행운이었다. 큰 상처를 매우 솜씨 있게, 출혈이 심한 상태에서 거즈로 계속 흐르는 피를 닦아내며 벗겨진 피부가 정확한 제자리에 오도록 꿰매었다. 한 시간 동안 나는 아무 말도 없이 고요히 엎드려있었다. 그날따라 새벽의 응급실은 매우 서늘했다. 내가 고요히 통증을 참는 모습에 닥터 조가 감동을 받는 것 같았다.

돌아와서 우리는 청소를 했고, 아무 일 없었다는 듯이 몹시 아프긴 아팠지만 깊은 잠을 잤다. 잠을 깬 후, 나는 김연수金演洙 병원장실로 나의 문인화 그림이 정성스럽게 그려진 나의 저서 『노자가 옳았다』를 병원장과 두 닥터에게 보냈다. 감사의 표시로! 그러나 김연수 병원장은 두 의사에게 나의 정성을 전달했다는 쪽지 하나도 보내지 않았다. 비서를 시켜서라도 나에게 통보해주었어야 옳다. 이 자리를 빌어 두 의사에게 감사를 표한다.

나는 『동경대전』의 여러 판본을 수집하고 그 판본의 역사를 추적하는 과정에서 동학의 족적을 담은 원사료라 말할 수 있는 많은 문헌을 접하게 되었다. 그런데 동학의 문헌들은 비슷한 내용이 많고 책의 표제가 매우 헷갈리는 제목을 달고 있을 때가 많고, 저자나 저술시점이 명료하게 표기되지 않은 채 부유하는 경우가 대부분이다. 탄압받는 조직의 역사이니 그럴 수밖에 없을 것이다. 그런 와중에 가장 확실한 준거로서 등장한 문헌이 『도원기서』이다(이 문헌에 관해서는 기술旣述하였다). 『도원기서』는 수운의 일생뿐 아니라, 해월의 행적도 자세히 적고 있으며, 뿐만 아니라 누가 언제 그것을 집필했는지가 명료하게 밝혀져 있으며 또 이 문헌의 1978년까지의 전승과정조차 명료하게 추적 가능하므로 의심의 여지가 없는 권위 있는 초기사료로서 자리잡게 되었다.

김상기 『수운행록』의 문제점

그런데 1964년 3월, 고려대학교 아세아문제연구소에서 발간하는 『아세아연구』 제7권 1호에 서울대학교의 동빈東濱 김상기金庠基, 1901~1977 교수(전북 김제 사람. 보성고보, 와세다대학 사학과 졸업)가 "수운행록水雲行錄"이라는 사료 전문을, 자기가 모은 여러 자료에 기초하여 교정한 형태로 실은 바가 있다. 이 사료는 그 후로 『수운행록』이라는 이름으로 사계에 통용되었지만 그다지 큰 주목을 받지 못했다. 1978년에 『도원기서』가 나옴으로써 『수운행록』보다 훨씬 세련되고 완정完整한 초기교단사료가 확보되었다고 믿었기 때문이었다.

판본학이나 문헌학의 전문적 식견이 없는 학자들이 『수운행록』을 다음과 같이 이해했다. 『도원기서』가 수운의 스토리부분과 해월의 스토리부분이 연결되어 구성되어 있는데, 그 중에서 앞에 있는 수운의 스토리부분만을 단독적으로 떼어내서 가필한 것이 『수운행록』이라고 믿었다. 『수운행록』의 필사년도가 1898년 이후(단곡본丹谷本), 1911년 2월 12일(도곡본道谷本), 1900년(용강본龍岡本) 등(계룡본鷄龍本은 필사연대 미상)으로 되어있어 『수운행록』 자체를 『도원기서』(1879) 후에 성립한 것으로 간주해버리는 것이다. 그러나 필사라는 것은 원본의 존재를 놓고 이야기하는 것이며, 원본의 성립시기는 얼마든지 『도원기서』를 앞설 수 있는 것이다.

『도원기서』의 수운전기 부분과 『수운행록』의 기록을 자세히 검토하여 보면 매우 유사한 것 같으면서도 결정적인 차이가 여러 군데 드러난다. 그런데 그 차이가 동학의 역사구성에 있어서 매우 중요한 의미를 지니는 것이다. 예를 들면 수운이 해월에게 도통을 전하는 장면이 『기서』에는 단 둘이만 있는 은밀한 비전秘傳의 광경으로서 좀 신비롭게 기술되는데 반하여, 『행록』에는 여러 사람이 같이 있는 데서 시 한 수를 전하면서 평범하고 개방적으로 이루어지는 방식으로 기술되어 있다. 그 외로도 『행록』에는 최경상을 "북도중주인北道中主人"으로 차정한 사실이 빠져있다. 그리고 수운 선생의 시신을 옮기는 과정에서 실제적으로 가장 큰 수고를 한 박하선의 이름이 『행록』에는 나오는데 『기서』에는 빠져있다.

이러한 등등의 다양한 사례들은 『도원기서』가 해월의 정통성을 부각시키는 방향에서 이루어진 강수 그룹의 기록인데 반하여, 『수운행록』은 해월의 도통을 부정하는 다른 파벌에서 『기서』 후에 만든 기록이라고 생각하게 만든다. 모든 사료는 서로를 보완할 수 있는 관계에 있는 것이지만 『수운행록』에 내재하는 명백한 조작성은 『행록』의 사료적 가치를 현저히 저하시킨다. 한편, 『수운행록』 중에서도 원사료에 해당되는 부분은 그 기술방식이 매우 담박하고 심플

(간략)하며, 허세를 피우지 않는 질소質素한 느낌을 준다고 선전되어 왔다. 특정인을 위한 신화적 기술이 배제되어 있는 것처럼 보였다는 것이다. 그러나 그 실상은 『수운행록』이야말로 의도적으로 왜곡된 저열한 판본이라는 것을 입증하고 있다.

우선 『수운행록』은 이름부터가 전적으로 잘못된 것이다. "수운행록"이라는 이름은 김상기 교수가 『아세아연구』에 등재하면서 임의로 붙인 부적절한 이름이다. 사실 『수운행록』의 내용을 가지고 이야기하면 그것은 "최수운선생행장崔水雲先生行狀"이라 해야 옳다. "수운의 행동을 기록함"이라는 제목은 그리 적합치 않다. 그렇다면 원제는 없는가? 있다! 서울대학교 규장각도서의 관몰기록官沒記錄으로 비장된 이 문헌에는 "대선생주문집大先生主文集"이라는 제목이 있다. 이 제목이야말로 동학이 교조화되기 이전의, 소박한 원래 최수운 그 인간에 대한 존경심을 나타내는 아름다운 제목이다. 수운이 살아있을 때 사람들이 수운을 부르는 말은 그냥 "선생님"이었다. 이 "선생님"이라는 말을 한문으로 적을 때는 "先生主"라고 했다. "부모님전상서"라 할 때도 "父母主前上書"라고 하는 우리 습관과 같다.

수운행록은 존재하지 않는다: 그것은 『대선생주문집』의 왜곡된 판본일 뿐

최수운 자신이 "주主"를 해설한 대목이 있다. "하늘님"을 번역한 "천주天主"의 "주主"를 이와 같이 해설한다: "주라고 하는 것은 그 존귀함을 칭하는 우리말 표현일 뿐인데, 그것은 곧 부모님을 대하듯이 친근하게 섬긴다는 뜻이다. 主字, 稱其尊而如父母同事者也。"(「논학문」). 최수운이 살아있을 때는 그를 친근하게 "선생님"이라고 불렀다. 교주니, 교조니, 신사니, 대신사니, 성사니, 대종사니 하는 따위의 말이 일체 없었다. 수운이 돌아간 후에는 수운의 도통을 이은 해월을 "선생님"이라 불렀고, 수운을 지칭하기 위해서는 구분하여 "큰선생님"이라 불렀다. "큰선생님"의 번역어가 바로 "대선생주大先生主"이다.

"선생님," "큰선생님" 이 두 마디야말로 동학이 얼마나 건강하고 비권위주의적이며 평등한 인간의 공동체를 지향했는가를 말해주는 위대하고도 아름다운 어법인 것이다. 나는 동학의 어른들로부터 이런 얘기를 직접 들었다. 그런데 그냥 한문만 하는 사람은 "대선생주문집大先生主文集"이라는 이 워딩wording의 특수성과 역사성과 거기에 배어있는 진실한 감정을 이해할 길이 없다. 이것이 바로 내가 동학은 논리가 아니라 "눈물"이라고 역설했던 바의 소이연이다. 그리고 "대선생주"라는 말이 1860년대, 70년대에 가장 집약적으로 쓰였다는 것도 기억해둘 필요가 있다.

그런데 왜 "대선생주행장"이 아니고 "대선생주문집"인가? 본시 행장이란 한 인간의 평생 살아온 궤적을 쓰는 것으로 오늘날의 "바이오그라피"에 해당된다. 물론 이 행장은 문집의 일부로서 편집된다. 여기서 우리는 『도원기서』의 원명이 "최선생문집도원기서"였다는 사실을 기억할 필요가 있다. "도원기서"를 쓴 사람은 "최선생문집"을 도원기서와는 구분되는 별도의 섹션으로 생각했던 것 같다. 그런데 "대선생주문집"을 쓴 사람도 자기가 쓰는 행장 외로 큰선생님 자신의 글을 모은 문집이 따로 있다고 생각했다. 1870년대만 해도(1883년 목천판 이전) 『동경대전』은 "동경대전"으로서가 아니라 "대선생주문집"으로 불렀다. "대선생주문집"의 완정한 편집을 위하여 대선생주의 행장을 쓸 필요가 있다고 생각한 것이다. 다시 말해서 "대선생주문집"이라는 개념 속에는 원래 "행장"을 포함하여 다른 수운 자신의 저작문서들(전통적 문집 카테고리로 말하면 "잡저雜著"에 해당됨)이 포함되어 있었다. 그런데 수운의 저작문헌들만을 『동경대전』이라는 카테고리 속에 독립시켜 출판하게 되자, "문집"의 개념이 축소되면서, "행장"만이 "문집"의 이름으로 남게된 것이다.

하여튼 여기 문제가 되고 있는 "수운행록"에 관하여 결론을 말하면 이러하다! "수운행록"은 1960년대에 한 사학자가 사적으로 지은 부적절한 명칭이며 그 내용 또한 우리의 탐구의 기준이 될 수 없는 왜곡된 정보체계이므로 근원적으로 우리의 논의로부터 배제되어야 한다. 그런데 지금 우리가 확실히 깨달아야 할 것은 "대선생주문집"의 성립이 여러 가지 정황으로 볼 때 『최선생문집 도원기서』의 성립보다 앞선다는 것이다. 『도원기서』의 최수운 일생에 관한 이야기는 바로 "대선생주문집"을 보고 강수가 강수 나름대로의 식견을 가지고 가필한 것이다. 어떠한 경우에도, 통사론, 의미론, 음운론, 문자학의 모든 상황을 검토해보아도 이 양자간의 역逆의 가능성은 전무하다(『대선생주문집』이 『도원기서』 후에 성립했다는 가능성은 전무하다).

뿐만 아니라, 해월의 도통문제, 그 정통성 시비를 가지고 양자를 비교하는 시각도 무지한 머리에서나 나올 수 있는 썩은 견해이다. 『대선생주문집』의 질소한 자료는 해월의 도통성을 당연한 것으로 받아들이고 담박하게 기술한 것이고, 강수는 강수의 시대상황에서 해월의 정통성과 고난의 역경을 약간 더 부각시켰을 뿐이다. 양자간에 근원적인 불일치는 존재하지 않는다. 『천도교서』나 『시천교역사』, 『대선생사적』, 『본교역사』, 『시천교종역사侍天教宗繹史』에 나오는 자료도 우리는 케리그마적인 요소까지 감안하여 포섭적으로 활용하여 그 진상을 밝혀야 한다.

강수는 『수운행록』이 아닌 『대선생주문집』을 계승하여 『도원기서』를 완성

사실 강수가 『도원기서』를 기묘년 가을에 착수하여 바로 그해 11월 초열흘에 원고를 교정도 제대로 보지 못한 채 완성했다고 했는데, 이것은 도저히 기존의 문서화된 유사한 타 자료의 샘플이 없이는 불가능한 과업이다. 결론적으로 말하자면 『대선생주문집』이야말로 우리가 구할 수 있는 최수운의 생애에 관한 가장 초기의 오리지날 문헌이며(뒤에서 다시 이야기하겠지만 김상기의 『수운행록』은 『대선생주문집』의 다른 판본이며 정통성이 없는 후대의 개작이다. 1890년대 이후의 문헌), 이 문헌은 1864년으로부터 1869년 사이에 성립한 것이다.

그러니까 『도원기서』가 「마태복음」이라고 한다면 『대선생주문집』은 「마가복음」에 해당된다. 그만큼 심플하고 진솔하며 역사적 정황에 들어맞는다. 마태는 최초로 성립한 예수 전기자료인 마가복음(우리 문집과는 달리, 이미 초대교회의 입장이 반영된 것이지만, 그래도 더 예수의 역사적 실상에 가까운 복음서이다)을 책상에 놓고 자신의 복음서를 집필했다. 마가에는 있지 않은 많은 이야기를 첨가하고 역사적 예수가 그리스도(=메시아)라는 것을 강화시키는 방식으로 썼다. 그러나 마태복음은 마가복음의 원 틀을 벗어나지 않는다. 강수 또한 『대선생주문집』을 책상에 놓고 자신의 『도원기서』를 써내려갔던 것이다. 그러나 『도원기서』는 『수운행록』과 달리 『대선생주문집』을 왜곡하지는 않았다.

그렇다면 우리의 질문은 이러하다: 『대선생주문집』은 누가 쓴 것인가?

영해향전과 박하선

여기에 우리는 영해 사람, 박하선朴夏善이라는 탁월한 인물을 연상하지 않으면 안된다. 박하선은 함양咸陽 박씨 문중의 학식이 높은 재사였는데 그는 서얼 출신인 것으로 추정된다. 왜냐하면 그는 영해 지역 신향新鄕의 리더였기 때문이다. 그러니까 박하선의 처지는 여러 면에서 수운의 처지와 닮았고, 유사한 체험을 많이 했으며, 수운을 알기 이전부터 이미 자기 나름대로의 문제의식을 가지고 있었던 시대저항적인 지식인이었다. 수운이 산 시대는 어차피 조선왕조의 운세가 기울기 시작했으며 민중은 더 이상 조선왕조가 부과하는 가치규범에 순응하려고 하지 않았다. 그 중에 가장 비근하고 핍절한 문제가 서얼허통庶孽許通, 즉 신분제의 소통문제였다. 해월의 유명한 설법 중에 이런 말이 있다.

> 我國之內, 有兩大弊風。一則, 嫡庶之別; 次則, 班常之別。嫡庶之別, 亡家之本; 班常之別, 亡國之本。此是吾國內痼疾也。

우리나라 안에 두 가지 큰 폐풍이 있다. 그 하나는 적서의 구별이요, 또 하나는 반상의 차별이다. 적서의 구별은 집안을 망치는 근본이요, 양반 쌍놈의 차별은 나라를 망치는 근본이다. 이것이야말로 우리나라의 고질이니라. 우리 도 안에서는 일체 반상의 구별을 두지 말라(마지막 문장은 문맥의 흐름을 위해 앞에 있는 말을 옮겨 놓은 것임).

읽어 씹을 때마다 속이 후련한 명언이라 할 것이다. 동학의 인간평등관은 이런 구체적인 현실에서 출발하고 있는 것이다. 그런데 영해 지역에서는 서얼 출신의 사람들이 독자적인 세력을 구축하고 한군데 모여 살았다. 이 서얼지역을 신향新鄕이라 불렀고 그와 대립되는 구태의연한 향반들의(어차피 중앙진출을 못했기 때문에 대수로운 양반도 아니었다. 안동과의 커넥션을 구축한 재지사족在地士族) 동네를 구향舊鄕이라 불렀다(단순한 지역개념을 넘어서는 개념일 것이다). 이 신구향의 대립을 향전鄕戰이라 불렀는데, 이 싸움은 1839년 8월에 최명현崔命顯, 1780~?(본관은 전주. 자는 백지伯之. 대흥大興 출신)이 영해부사로 부임함으로써 표면에 드러났다.

영해는 본시 바닷가에 위치하고 있으며 사람들이 좀 거칠다. 그리고 재미있는 것은 구향이 남인의 본거지였던 것에 반하여 신향은 노론의 터전이었다. 당시 노론이 오히려 서얼허통에 적극적이었다. 그런데 새로 부임한 최명현 부사는 신향세력의 거점이며 신유新儒들이 세운 인계서원仁溪書院의 위상을 높이었을 뿐 아니라, 1840년 8월 영해향교의 추계석전에 인계서원의 유생을 일부 선임하였다. 이러한 갈등이 심화되자 부사는 부사의 정당한 권력을 행사하여 구향의 반발을 다스렸으나 결국 완고한 구향 향반들의 벽을 넘지 못한다. 구향의 고변으로 영해부사 최명현은 영덕현령에 의해 봉고파직되어 관아에서 쫓겨났으며, 이로써 신·구향의 감정의 골은 더욱 깊어지게 되었다(신구향전의 자세한 시말에 관해서는 다음 논문을 참고할 것. 장영민張永敏, "1840年 寧海鄕戰과 그 背景에 관한 소고,"『충남사학』2, 1987).

영해의 이러한 사회계층의 분화와 신구향의 노골적 대립은 수운이 포덕을 시작한 후 어떻게 동학에 대한 믿음이 그토록 강렬하게 급속도로 그 지역에 퍼지게 되었는가 하는 것을 잘 설명해준다. 동학은 "인간이 곧 하느님"이라는 신념이다. 오늘날 천도교의 사상가들은 명백한 것을 명백하게, 쉬운 것을 쉽게 생각하고 말하는 것을 꺼리는 편이다. "시천주侍天主"라는 것의 "시侍"를 오묘하게 풀이하여 에두른다. “하느님天主을 모시고 있는 존재”라는 것은 나의 존재 일부나, 나의 심心 한 구석에 하느님을 모실 수 있는 공간이 따로 있다는 얘기가 아니다. 나의 몸Mom 전체가 바로 하느님天主인 것이다. 모든 인간 존재가 곧바로 하느님이라는 인식의 전환이 확보되지 않는 한 인간평등은 궁극적으로 달성될 수 없다.

서얼차별, 반상구별이 가정과 나라를 망치고 있는 이 시점에서, “허통”이나 “소통”의 차원을 넘어서는 궁극적 인간평등의 메시지를 발하는 수운의 선포는 “신 앞에 만인이 평등하다”는 식의 천주교 교리보다 훨씬 더 강렬하고 강력하게 조선민중의 마음을 사로잡았다. 인간과 인간의 평등을 구극적으로 확보하기 위해서는 인간의 하느님과의 평등이 확보되지 않으면 안된다. 수운의 깨달음과 그 포효는 동서고금을 관통하는 영원한 이데아인 동시에, 임박한 현실의 개벽이었다.

박하선은 수운을 만나기 이전에 이미 그러한 메시지를 대망하고 있었던 지식인이었다. 영해에서 박하선이 속한 함양咸陽 박씨朴氏는 거족이었고, 서손들 중에 출세자가 많았고, 따라서 박하선은 꽤 자금과 조직의 동원력이 있었다. 박하선은 수운의 포덕 초기부터 신념을 지니고 달려갔고 동학의 충실한 전도자가 되었다. 실상 최경상을 동학 내의 중요한 인물로 만드는 데는 박하선의 서포트가 결정적이었다. 최경상은 홍해 지역을 기반으로 하고 있었고, 홍해는 경주에서 보자면 청하淸河, 영덕盈德, 영해寧海, 평해平海로 뻗어가는 길목이었다.

해월과 박하선의 위상은 초기 용담연원에서 매우 중요한 의미를 지닌다. 1862년 수운이 남원에서 돌아와 잠깐 감옥에 갇히는 소란을 거친 후에 홍해 매곡梅谷의 손봉조孫鳳祚 가에 정착하게 되는데 이해 12월 30일 접주제도를 반포한다. 동학이 최초로 사회운동으로서 조직화되는 계기였다. 이때 16명의 접주가 임명되었는데 영해접주로서 박하선의 이름이 나온다(『도원기서』에 의거함). 그러나 해월 최경상의 이름은 보이지 않는다(수운의 마음속에 이미 해월은 후계자로 인식되어 있었기 때문에 해월을 접조직에 가담시키지 않았던 것 같다고 보는 것이 정설이다. 나도 이러한 생각에 동의한다. 해월은 몇 달 후에 도통을 전수받는다). 박하선은 진실로 용담연원의 주축세력이었다.

『도원기서』에는 수운의 시신을 대구에서 용담으로 운반할 때, 중간기착지인 자인현慈仁縣(대구와 경주 직선거리 중간에 위치) 서쪽 뒤 연못가 주점에 이르러, 머물기를 청하는 장면이 있다. 대역죄인의 시신을 운반하는 팀이 보통 주막에 머문다는 것은 쉬운 일이 아니다. 그런데 주인이 "어디서 오는 길입니까?"라고 묻는 말에 "대구에서 옵니다.自大邱來"라고 대답하니까, 마치 밀약된 암호처럼 그 주막 주인이 기뻐하며 일행을 맞아들이고 다른 사람이 들어오지 못하도록 문을 닫아버리는 장면이 있다. 이것은 사전에 모든 것이 안배되어 있었다는 것이고 주막주인도 도인이었다는 것을 알 수 있다.

그런데 『도원기서』에는 그 밀약의 주체측인, "대구에서 옵니다"를 말하는 사람이 수운의 맏아들인 "세정世貞"으로 되어있다. 마치 모든 것이 세정이가 다 안배해놓은 것 같은 느낌을 주고 있는 것이다. 그러나 이때 세정이는 열서넛밖에 되지 않은 어린애다. 그러나 『대선생주문집』에는 "대구에서 옵니다"를 말하는 사람이 박하선으로 되어있다. 어느 것이 더 진실한 기록인지는 독자들 스스로 판단할 수 있을 것이다.

수운 선생의 장례를 주관하는 일도 많은 비용이 소요된다. 그 모든 것을 담당하여 능력있게 해낼 수 있는 사람은 박하선밖에는 없다. 박하선은 수운의 장례를 시종 주관한 사람일 뿐 아니라, 수운의 사후 해월이 곤궁한 처지에 있을 때도 경제적으로 큰 도움을 주었다. 영해 지역에서 교조신원운동이 일어난 것도 박하선의 포교의 결실이라고도 말할 수 있다. 그런데 박하선은 영해교조신원운동, 즉 이필제가 주도한 영해동학혁명이 일어나기 이전에 목숨을 잃었다. 신구향의 갈등이 깊어만 갔고, 신향을 탄압하는 구향사람들이 동학의 영해접주인 박하선을 동학의 괴수로 감영에 고발하여 지독한 고문을 받았다. 박하선은 고문의 여독으로 1869년 말경에 세상을 떴다(cf. 성주현, 『동학과 동학농민혁명』, 서울: 선인, 2019, p.54).

해월은 수운처형직전 박하선에게 『대선생주문집』의 집필을 부탁하고 떠났다

해월은 수운 선생의 상을 보지 못하고 떠나면서 당시 가장 믿을 만한 친구였던 박하선에게 모든 뒤처리를 부탁했을 것이고, 그와 더불어 수운 큰선생님의 행장집필을 부탁했을 것이다(이미 박하선에게도 『동경대전』 사본이 전달되었을 것이다). 박하선은 언제인지는 정확히 모르지만 선생님의 본가 가정리에 살고 있던 수운 선생의 장조카 최세조崔世祚, 1827~1882(수운의 아버지 최옥이 들인 양자, 제환濟寏의 아들인데 수운보다 3살 밖에는 어리지 않다. 그러므로 수운과 체험을 공유한 사람이다. 맹륜孟倫이라고도 한다)를 찾아가 세밀하게 물어 수운의 일대기를 구성해냈다고 한다. 이것은 표영삼 선생님의 설이다. 나의 생각은 나 나름대로 추론한 결과인데, 표 선생님께서 이미 말씀하신 것을 뒤늦게 알고 놀랐다.

『대선생주문집』이 박하선의 작품이라는 사실에 성주현, 박맹수도 전적으로 동의한다. 단지 『도원기서』의 번역자는 『도원기서』야말로 "현존하는 동학에 관한 기록문 중 가장 오래된 사료"라는 입장을 고수하려 하기 때문에 『대선생주문집』이 『도원기서』에서 파생한 사료라는 입장을 지키려 한다. 그러나 그도 『대선생주문집』이 『도원기서』에 앞선 오리지날 사료일 수도 있다는 가능성을 전적으로 부정하지는 않는다. 나는 표영삼 선생의 설은 함부로 나온 추론일 수 없으며, 그에게는 우리가 모르는 구전의 사실도 전승되어 있으므로 존중되어야 한다고 생각한다.

동학을 공부하다 보면 하찮은 "썰說"들을 놓고 갑론을박하게 되는 피곤함에 지치게 되는데, 그 모든 것이 좁은 소견에서 나오는 것이다. 우리가 지고의 목표로 삼아야 할 것은 "동학의 실상實相"이며 그 실상은 역사적 사실에 부합되어야 한다는 것이다. 그 "부합" 그 자체가 영원히 불가능한 동적인 과정일 수도 있겠으나, 텍스트가 있는 한에 있어서는 추론의 공통분모를 찾을 수 있다.

오늘의 종교적 관행이나 조직의 이해관계에서 생겨난 관념의 타성 때문에 명백한 역사적 텍스트의 사실을 왜곡하는 우행을 범해서는 아니 될 것이다.

삼암장 표영삼 선생님께서 나에게 남기신 유언

도대체 우리나라 사람 그 누구가 "한울"이라는 신조어에 감흥을 느끼겠는가? 어떻게 상식적으로 "한 울타리"로밖에 해석될 길이 없는 편협한 언어에 자신의 천명을 걸겠는가? 수운 자신이 "하늘님" 즉 "하느님" 즉 "천주天主"라 말했는데 왜 그런 수운 선생님 본인의 말을 쓰지 않고 교조화된 이후의 "한울"이라는 신조어를 신봉하려 하는가? 우리 민중의 입에서 어려운 일을 당하면 순간 저절로 입에서 나오는 말이 "아이쿠 하느님"이다. 왜 이런 보편화된 우리 "하느님"을 버리고 "한울"이라는 어색한 조어에 매달리는가? 나는 표영삼 선생님께서 돌아가시기 전에 눈물을 글썽이며 하신 말씀을 또렷하게 기억한다.

"김 선생님! '한울'이라는 말은 수운 선생님과 아무 관련도 없고, 우리 동학의 진의를 전달치 못합니다. 구송설이니 하는 것들이 모두 실제정황을 정밀하게 파악하지 못하는 사람들이 관념적으로 떠드는 이야기에 불과 합니다. 우리는 동학의 참 역사를 복원해야 합니다. 천도교는 종교가 되면서 동학의 본모습을 지웠습니다. 내가 두 발로 온천지를 헤매면서 이 땅에 새겨진 그 많은 동학의 족적을 찾아낸 것도 결국 수운 선생님과 해월 선생님의 참모습을 찾아내기 위한 노력이었습니다. 천도교는 동학을 보전保全하고 있질 못합니다. 천도교는 지금 안일과 나태에 빠져있습니다. 동학 원래의 생명력을 거의 다 잃었습니다. 그러나 그나마 천도교래도 없으면 동학의 명맥이 다 끊어지기 때문에 나는 천도교 조직 속에서 일하고 있습니다. 그러나 내 마음은 천도교의 현실 속에 붙어있질 못해요. 내가 한울을 욕한다고 해보죠. 내가 천도교의 잘못된 관행들을 지적한다고 합시다. 내 꼴이 뭐가 되겠습니까? 동학이 사는 길은 천도교를 개혁하는 일인데 그것은 내가

못해요. 김 선생님 같은 분만이 하실 수 있는 일이죠. 진리를 거침없이 말씀하실 수 있는 선생님 같은 분이 동학에 대한 상념들을 모두 전복시켜야 해요. 나는 그저 역사의 진실을 전하는 일만을 해왔어요. 선생님 같은 분들의 밑거름이 될 수 있는 자료를 캐는 일만으로도 내 인생은 가치가 있었어요. 그러나 여기까지에요. 선생님을 만난 것이 내 인생의 기쁨이었어요."

이 말씀을 남긴 후 한 달도 채 못되어 돌아가시었다. 생각해보면 표 선생님과 동학의 유적을 찾아 헤맨 시절만큼 내 삶에 짙은 희열을 안겨준 내 인생의 로맨스는 없었다. 그 로맨스 중의 한 단편이 『개벽』(각본: 김용옥, 감독: 임권택, 이덕화·이혜영·박지훈·김명곤·김길호 출연. 1991년 개봉. 제12회 청룡영화상, 제2회 춘사영화상 감독상 수상)이라는 영화로 남았다. 그러나 이 영화에 대하여 내가 한이 많듯이 임권택 감독 본인도 한이 많다.

나는 아직도 미련이 남아 『동경대전』을 번역하려 하고 있다. 그런데 과연 내가 『동경대전』을 번역해야 할지, 그것조차도 지금 확신이 서질 않는다. 너무도 많은 난관이 나를 기다리고 있고, 그것을 헤쳐나가는 과정에서 나는 너무도 많은 터무니없는 편견들과 싸워야 한다. 혼자 알고 혼자 뒈지는 것이 낫지, 내가 뭔 첨병尖兵이라고 이 어지러운 전쟁터, 이 지루한 지옥의 여로를 걸어갈 것이냐? 이 싸움을 해본들 나에게 돌아오는 것은 잡설 욕지거리밖에는 없을 것이다.

그러나 나는 너무도 많은 피를 쏟았다. 아마 이 원고를 쓰는 잉크양의 몇 배를 쏟았을 것이다. 지금도 나는 나의 피로 이 글을 쓰고 있다. 뿐만 아니다! 나의 온몸이 너무도 깊게 멍이 들었다. 머리로 천길을 처박느라 척추와 가슴, 목뼈 모든 것이 충격을 받았다. 다행히 X-ray상에 부러진 곳은 없다고 하지만 곳곳에 응결이 너무 심해 몇 년 고생할 것 같다.

그렇다고 도중하차할 수도 없는 일이요, 하느님과의 씨름에서 샅바를 놓아버릴 수도 없는 일이다. 야곱이 얍복에서 이스라엘이 되었다면, 나는 하느님과의 싸움에서 "홍익인간"이라는 새 이름이라도 얻어야 하지 않을까? 피를 더 쏟자! 누가 뭐래도 피를 더 쏟자! 갑론을박을 물리치기 위해 나는 피를 더 쏟기로 결심했다.

『대선생주문집』은 내가 생각키로 최수운 그 인간에 관한 최초의 기록이며, 박하선이 죽기 전에 이 세상에 남긴 소박한 사람 최제우의 삶의 기록이다. 나는 이 문헌의 가치를 지구상의 모든 사람들과 공유하기 위하여 우리말로 번역할 것을 결심하였다. 이 문헌에 대한 갑론을박은 무의미하다. 독자들이 직접 읽어봐야 안다. 그런데 이 문헌은 현재 본문도 번역문도 하나도 온전한 것이 없다. 내가 여러 판본을 고찰하여 원문의 본 모습을 살리고 내 양심과 능력이 허락하는 범위 내에서 성실한 역譯과 안案을 감행하여 나갈 것이다.

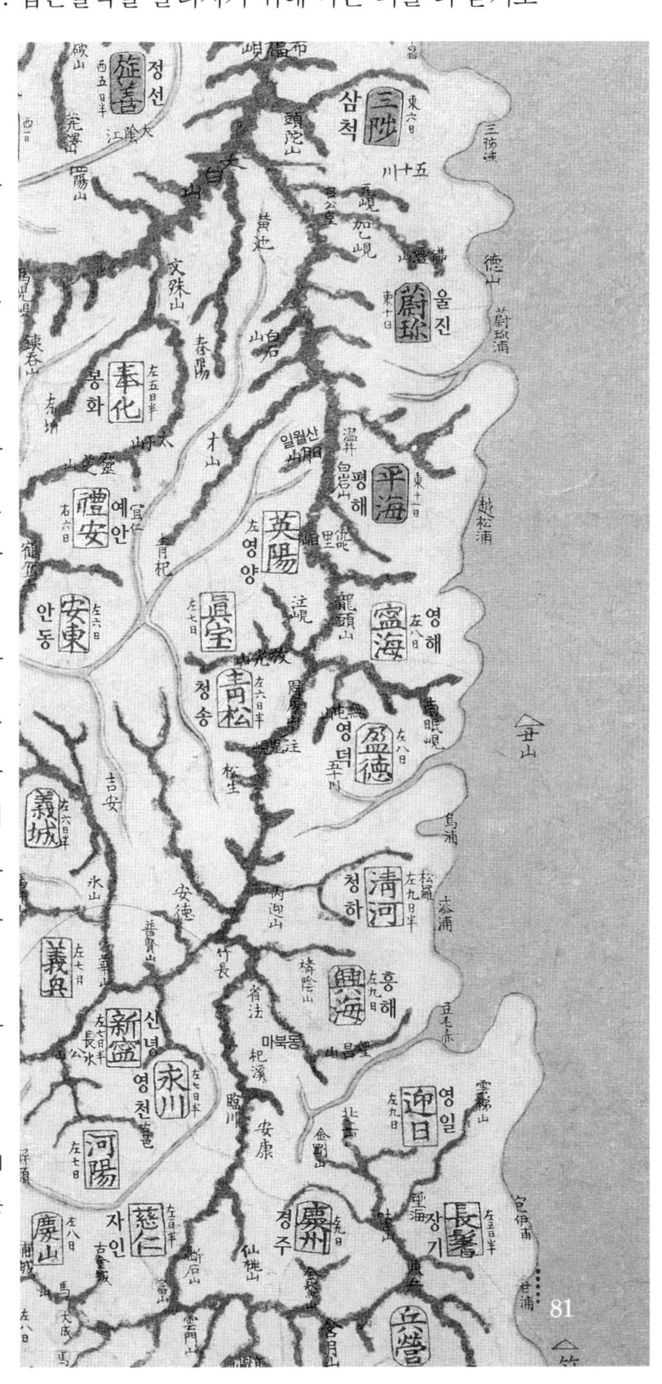

윤두서尹斗緖, 1668~1715의 『동국여지지도東國輿地之圖』. 『대선생주문집』에 나오는 동해변의 지명을 찾을 수 있다.

동국대 중강당 1993년 6월 19

대학로 우당기념관 기사강론記事講論(『삼국사기』 『삼국유사』 강론), 1989년 12월 14일. 이 강의를 기념하여 한국 최초의 고전 일자색인 서책인 『삼국유사인득』(한국사상사연구소)이 발간되었다. 이 『인득』을 계기로 우리나라 국학의 대업인 『조선왕조실록 CD-ROM』이 만들어졌다. 이 역사적 대업을 이룩한 중심인물은 나의 제자 김현金炫 군이었다.

사진=박옥수

Ⅱ

大先生主文集

【큰선생님 문집】

원문-1 先生, 姓崔氏, 諱濟愚, 字性黙, 號水雲齋, 慶州人也。父, 山林公, 諱鋈, 貞武公諱震立之六世孫也, 司成公諱汭之十一代孫也。母, 韓氏, 籍清州。配, 朴氏, 籍密陽。

국역 우리 선생님은 성이 최씨이시고, 이름이 제우요, 자가 성묵이고, 호가 수운재이며, 경주인이시다(본관이 경주 최씨라는 뜻). 아버지 산림공은 이름을 옥이라 하는데, 정무공 최진립 장군1568~1636의 6세손이요, 사성공 최예崔汭의 11대손이시다. 우리 선생님의 어머니는 한씨요, 본관이 청주이다. 부인은 박씨인데, 본관이 밀양이다.

옥안 나의 번역은 기존의 번역과 다르다. 『대선생주문집』 원판에는 "父山林公諱鋈之○"로 되어있다. 앞에 "부父"가 있고, 끝에 "지之"가 있고, 그 다음이 공란으로 되어있는 것이다. 그런데 『도원기서』에는 앞의 "父"를 없애버리고, 공란에 해당되는 부분은 "…… 之子也"로 바꾸어 버렸다. "아버지 산림공 최옥의 아들이다"라는 말도 어색하다. 아버지라는 말을 꺼냈으면 아들이라는 말이 끝에 나오는 것은 도무지 어색하다. 그래서 『대선생주문집』에서는 "父"로 시작했다가 뒷부분에서 "之○"로 했는데 이것은 "之" 자체가 무의미한 첨가임을 나타내는 것이다.

이것은 『대선생주문집』이 매우 구비되지 않은 엉성한 초략본草略本임을 나타내고 있는 것이다. 이에 비하면 『도원기서』는 문장의 구성에 별 하자가 없는 다듬어진 세련된 초본抄本이지만, 문장의 내용에 있어서는 오히려 오류가 많다. 이것은 초략본을 보고서 세련본이 만들어졌다는 것을 나타내준다. 세련본으로부터 초략본이 나왔다는 것은 말이 되지 않는다. 『문집』이 『기서』의 저본이라는 사실은 초두初頭에서부터 입증되는 것이다. 판본 전체를 파악하지 못하는 독자들의 입장에서는 내가 무엇을 말하고 있는지 잘 이해가 가지 않을 수도 있다. 문헌비평이라는 것은 사소한 글자의 차이로부터 너무도 많은 숨은 논리를 이끌어내게 한다.

『대선생주문집』의 글자는 이렇게 끊어 읽어야 한다: "父, 山林公, 諱鋈。"(아버지는 산림공이고 산림공의 이름은 최옥이다). 이렇게 되면 최옥 이후의 이야기들은 모두 최옥을 수식하는 이야기가 된다. 그러나 강수는 이 애매한 표현들을 이렇게 고쳐 읽었다: "수운 선생님은 산림공 최옥의 아들이다. …… 山林公, 諱鋈之子也。" 이렇게 되면 그 다음에 이어지는 최진립의 이야기는 모두 최옥이 아니라 최수운을 수식하는 이야기가 된다. 그렇게 되면 최수운은 최진립 장군의 6세손이 된다. 강수는 "6세손"으로 썼다. 그러나 『도원기서』의 이러한 기술은 틀린 것이다. 수운은 최진립의 6세손이 아닌, 7세손이다. 그러니까 최수운의 아버지 최옥이야말로 최진립의 6세손이 되므로, "6세손, 11대손" 운운한 것들은 모두 최수운을 수식하는 이야기가 아니라 그의 아버지 최옥을 수식하는 서술이다.

수운의 가계를 알려면 반드시 최진립이라는 인물을 알아야 한다. 최진립은 임란이 일어나자마자 의병을 일으켜 수없는 대첩을 하였고, 이어 선조 27년(1594) 봄에 무과에 급제한다. 1597년 정유재란 때 결사대 수백 명을 인솔하여 울산 서생포西生浦의 적을 격멸하고 이어 권율과 함께 도산島山에서 대승하여 선무공신宣武功臣이 되었다. 경흥부사·공조참판을 거쳐 1630년(인조 8년) 경기수사로서 삼도수군통제사三道水軍統制使를 겸하였다. 1634년 전라수사를 거쳐 1636년 공주영장公州營將으로서 병자호란을 맞이하였다. 남한산성이 포위되고 나라가 굴욕을 당하는 지경에 이르자 감사 정세규鄭世規와 함께 참전하여 용인龍仁 험천險川의 고개에 이르러 청나라 대군을 맞이하여 끝까지 항전하다가 전사하였는데 언덕 위에서 청나라군사들의 활을 온몸으로 막아내어 고슴도치처럼 되어 쓰러졌다고 한다. 1637년에 병조판서에 추증되었고 1647년에 청백리에

녹선錄選되었으며 경주의 숭렬사崇烈祠(1711년에 사액됨), 경원의 충렬사忠烈祠에 제향되었다. 시호가 정무貞武이다.

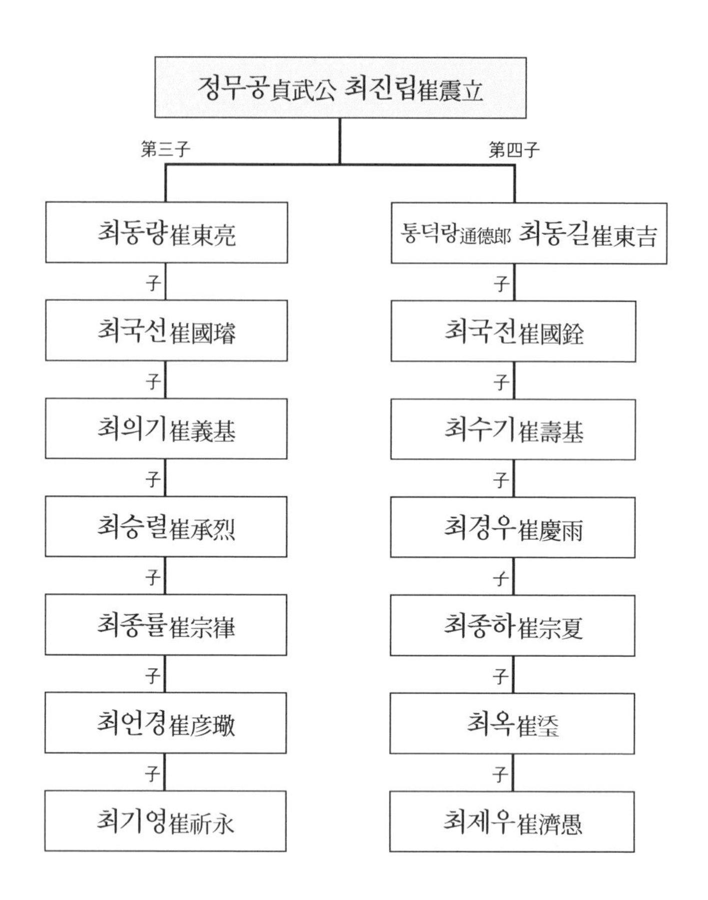

진실로 우리 역사에서 임진왜란·병자호란 양란에서 모두 싸운 인물을 찾기가 쉽지 않다. 그만큼 지배층의 임진왜란 처리방식이 무반성적이었고, 호란의 발발 자체가 일차적으로 외교정책의 무능함에서 유래된 것이었기에, 국민이 보국안민을 위해 "의병"을 일으킬 만큼 지배계급의 도덕적 줏대가 확보되질 않았다. 그러나 최진립은 양란에 모두 조국을 지켜야 한다는 일편단심으로 맹렬하게 싸웠다. 그가 호란에 분기한 때는 거의 7순 나이였다. 역전歷戰의 노장老將, 최진립! 최진립이야말로 최수운의 모든 것이었다고 말해도 과언이 아니다.

수운은 자신의 이념적 아이덴티티를 아버지 최옥에게서보다 7대조 할아버지 최진립에게서 발견하고 있다. 수운이 왜 그토록 민족주체적인 사상을 고집했는가? 왜 그토록 외래의 종교와 문화와 철학과 권세에 대하여 일점의 타협도 없이 비판적인 자세를 취했는가? 왜 특히 왜놈들의 침략만행을 "개같은 왜적놈아 너의 신명 돌아보라"(「안심가」) 하면서 혹독한 언어로 질타하는지, 7대조 할아버지로부터 내려오는 그 저항정신을 체득하지 않고서는 수운 그 인간의 느낌의 정조 밑에 깔려있는 일관된 래디칼리즘을 이해할 길이 없는 것이다. 외세의 압력에 정의롭게 항변하는 혁명적 사유가 없는 사람들은, 동학에 접근할 길이 없다.

이 가계를 보면 알 수 있듯이 최진립은 분명 최제우의 7대조 할아버지다. 박하선인들 이런 가계를 확실하게 알 리가 없다. 수운의 장조카 맹륜의 구술에 의해 알았을 것이다(나는 당대의 대유 이종상李鍾祥이 쓴 확실한 최옥의 행장行狀에 의해 확인하였다). 그런데 『도원기서』가 수운이 최진립의 6세손이라고 잘못 베낌으로써 기타 동학사료에도 대부분 6대손으로 일컬어지고 있다. 그러나 이것은 『대선생주문집』을 정독하지 못한 데서 생긴 오류이다. 이것은 『도원기서』의 정보가 『문집』의 정보에 앞선 것일 수 없다는 것을 명료하게 입증하고 있다.

그런데 내가 최진립 장군의 셋째 아들의 족보를 밝히어 수운의 가계와 병렬시킨 이유는 최동량에서 최기영으로 내려오는 계보가 바로 우리나라 "노블레스 오블리주*noblesse oblige*"의 상징체인 경주 최부자댁의 가계라는 사실이다. 그러니까 수운의 입장에서 보면 최부자댁은 큰집이다. 최진립이 낳은 다섯 아들(동윤東尹, 동열東說, 동량東亮, 동길東吉, 동경東璟) 중 셋째 아들 계열에서 모범적 윤리를 지닌 거부가巨富家 최부자댁을 형성하였고 넷째 아들 계열에서 우리나라 정신사의 최대 거봉이라 말할 수 있는 동학이 나왔으니, 집안에 한 사람의 명예로운 삶과 정의로운 죽음이 미치는 영향이 얼마나 큰가를 새삼 절감케 한다.

조선왕조의 아이덴티티, 즉 국가정체성(nation identity)은 바로 이러한 도덕성의 추구에 있었다. 최진립의 영예로운 죽음이 수운에게는 끊임없는 영감과 정의로운 판단, 그리고 그의 상식적 감각의 원천이었다. 수운에게는 최진립의 삶이 확고한 존재 프라이드의 기반이었다. 그 기반 위에서 그는 미네르바의 부엉새처럼 인류사상과 철학과 종교의 모든 현란한 허세를 뛰어넘고 유유히 개벽세를 향해 날아갈 수 있었던 것이다.

나도 노경에 이르러서야 훌륭한 며느리를 맞이하여 슬하에 손자를 둘이나 얻었다. 두 손자의 존재감각은 나의 삶의 모든 시공간 영역을 활성화시키고 나의 코스모스 전체를 생명으로 충만케 한다. 이것은 나와 유사한 경험을 지니는 모든 사람이 하는 말일 것이고, 또 요즈음 같이 어린아이가 귀한 시절에는 그 고귀한 가치에 대하여 더욱 각별한 심사가 서릴 것이다. 그러나 문제는 나에 대한 반성이다. 나의 존재가 과연 저들 어린 생명들에게 강렬한 도덕성의 기반을 형성할 수 있을 것인가? 그리고 과연 우리는 저들 세대가 행복을 누릴 수 있는 에코의 유산을 남겨주고 있는가? 동학의 발생은 결코 우연이 아니었다(최부자댁 가계에 관해서는 그 종택 종손 최채량崔埰亮 어른과 요석궁의 최인환崔寅煥 어른의 도움을 얻었다).

"휘諱"라는 것은 보통 "피한다"는 의미로 쓰이고, "피하는 이름"의 뜻으로 쓰이지만, 존귀한 자의 이름을 나타내는 부정적 맥락이 없는 경어로 쓰인다. "산림공山林公"은 최옥에 대한 특정한 명칭은 아니다. "산림"은 "경화京華"와 짝을 이루는 대척점의 표현으로, 중앙에 진출하지 않고 산림에 묻혀 사는 사람을 가리킨다. 최옥은 학문적 실력이 출중하여 경주 지역의 유림의 기대를 모았고 그래서 지역의 대표주자로서 계속 과거에 응시하였다. 향시에 8번이나 합격하였고, 굉사시宏詞試(비정규적으로 하급관리를 뽑기 위해 베푸는 시험)에 한 번 합격하였으나, 중앙에서 보는 경시에는 합격하질 못했다. 아버지의 간곡한 부탁 때문에 최소한 경시에 두 번은 응한 듯하나, 최옥은 확연하게 깨닫는다. 자신의 실력과 무관하게 경상도 남인의 간판으로써는 도무지 복시를 뚫을 길이 없다는 것을!

그는 과거를 단념하면서 호를 "근암近庵"으로 바꾸었다. 먼 것을 쳐다보지 않고 비근한 내 삶을 돌보겠다는 뜻이다. 그러기에 최옥은 과거단념을 계기로 근암공과 산림공 두 명칭을 얻은 셈이다. 그러나 최옥의 호는 근암이라 해야 옳다. 산림공이라는 표현은 일반명사에 가깝다. 근암의 이러한 삶의 자세는 수운에게 엄청난 영향을 주었다. 기실 근암이 과거를 단념하는 것이나, 수운이 재가녀 소생이기 때문에 벼슬길이 막히는 것은 자율·타율의 차이는 있을지 몰라도 결국 동일한 귀결이다. 그래서 근암은 수운에게 산림의 정신으로 과거와 무관하게 지력을 쌓는 수업을 베풀었고, 그러기에 수운은 반지성과 지성, 반체제와 체제, 불연不然과 기연其然의 양면을 몸속에 체화될 수 있는 기연奇緣을 얻은 것이다.

"사성공"은 『문집』에 "눌訥"로 되어있으나 "예汭"가 맞다. 「행장」에 국초國初의 인물로만 나오지만, 최진립의 6대조 할아버지이니까 최수운의 13대조 할아버지다. 그러니까 "11대손"이라 한 것도 "12대손"으로 바꾸어야 한다. 최예는 개국직후 태조 2년(1393)에 문과에 합격하여 주서, 성균관 사성, 면천군수 등을 지냈다.

원문-2 嘉慶翼廟, 甲申歲, 十月二十八日, 生于西府稼亭里。適其時, 天氣淑清, 日月光耀, 瑞雲繞室。龜尾之峰, 奇鳴三日。纔四五歲, 容貌奇異, 聰明師曠。山林公居常愛育, 同視奇貨。稍至十歲, 山林公歿。先生居喪三年, 家産漸衰, 學書不成, 意墜青雲。然平生所志, 濶達大度, 教人爲上之心, 而察其各理之凡術, 則必是欺人誤世之理。故一笑打棄, 又爲反武。

국역 가경연간 익묘조 갑신세(1824), 10월 28일, 수운 선생님은 경주 서부西府

가정리稼亭里에서 태어나시었다. 선생님께서 태어나실 바로 그때에 하늘의 기운이 맑고 깨끗했고, 해와 달이 유난히 빛났으며, 상서로운 구름이 산실產室을 휘감았다. 그리고 이웃하고 있는 구미산 봉우리가 기이한 소리를 내며 사흘이나 울었다.

네다섯 살 되었을 때에 이미 용모가 기이하고 총명한 기운이 사광師曠을 방불케 했다. 아버지 산림공께서는 늘 일상생활 속에서 애지중지 키우셨고, 아들을 보기를 기이한 보물 보듯 하시었다. 그러나 우리 선생님이 겨우 10살 되셨을 때 아버지 산림공은 돌아가시고 말았다.
(*사광師曠이란 『맹자』「이루」상에 나온다. 나의 『맹자, 사람의 길』상, p.383을 참고할 것: 사광은 진나라 평공平公 때의 태사太師. 귀와 눈이 비상하게 밝은 인간의 우상으로 그려진다)

선생님은 부친상에 거하기를 3년, 그 즈음 가산이 점차 쇠락해져 가고, 배우고 글 쓰고 하는 일이 뜻대로 이루어지지 않으니, 청운의 의욕이 땅에 떨어지고 말았다. 그러나 평생 뜻하는 바가 활달하고 도량이 큰 분이고, 또 사람들을 교화하는 것을 인생의 지고의 목표로 삼은 분인지라, 제각기 이치가 있는 범용한 술수術數들을 다 섭렵해보았다. 그러나 그런 것들은 결국 사람을 속이고 세상을 오도誤導하는 이치에 불과하다는 것을 깨닫는다. 그리하여 그런 술수를 일소에 부치고 몽땅 쓸어 내버렸다. 그리고는 오히려 무술이나 연마하는 것이 낫겠다 하고 무도의 길로 돌아갔다.

옥안 이 짧은 한 단락 속에도 너무도 많은 해석학의 문제들이 숨어있다. 우선 김상기金庠基, 1901~1977라는 학자(서울대학교 문리과대학 교수)가 『아세아연구』

(1964. 3)에 실은 "수운행록"이라고 임의적으로 칭한 문헌은 우리의 논의의 근거가 되기 힘든 불량본임을 말해둔다. 4개의 판본을 수집하여 교정했다고 했는데, 동계열의 판본을 놓고 그 텍스트에 한정하여 엄밀한 교감을 행한 것이 아니라, 전혀 성격이 다른 『도원기서』의 언어도 활용한 듯이 보이고, 또 교감자의 해석의 틀에 따라 원문을 바꾸어놓은 곳이 너무 많다(『도원기서』가 1978년에 공개된 것이기 때문에 『행록』의 교감은 그보다 빠르다. 따라서 『행록』 교감자가 『도원기서』를 보았다고 단정할 수는 없다. 그러나 실제로 『행록』은 『기서』의 특이한 언어를 계승한 측면이 보인다. 이 문제는 4개의 판본을 다 놓고 이야기해야 풀리는 문제인데, 워낙 자료가 풍부했던 김상기 교수의 레퍼런스 속에 『기서』의 사본이 있었을 수도 있다).

일례를 들면 "재사오세纔四五歲, 용모기이容貌奇異, 총명사광聰明師曠"이라는 4글자씩 이루어진 아름다운 원문을 "생재지사오세生纔至四五歲, 용모이기容貌異奇, 총명사어사광聰明似於師曠"으로 바꾸어 놓았다. "재纔"는 백화문의 어투로서 보통 "재才"라고 쓰기도 하는데, "겨우," "가까스로," "바로 그 때에," 영어로는 "just"나 "right at the time of ……"의 뜻을 지니는 구어적인 표현이다. 이 말은 이 구문의 맥락상에서 앞뒤로 "생生"(태어나)이니 "지至"(이른다)니 하는 글자를 개칠할 하등의 필요가 없다.

"재사오세纔四五歲"로 족한 것을 "생재지사오세生纔至四五歲"로 바꿔야만 하는 정당성이 도대체 어디에 있단 말인가! 더구나 원문의 원래 모습 그 자체를 바꾼다는 것은 교감의 제1원칙을 위배하는 것이다. 제1원칙이란 텍스트의 원상原相을 원상 그대로 독자에게 전달하는 것이다. 그 원상을 교정해야 할 필요가 있을 때는 별도로 표기를 해야 한다. 원래 모습 그 자체를 임의로 바꾼다는 것은 교감의 세계에 있어서는 허용할 수 없는 행위이다.

이러한 변용의 궁극적 오류는 강수가 『문집』의 언어를 베끼면서 "재纔" 앞에 "생生" 자를 붙인 데서 오는 것 같다. 강수의 "생"도 췌자贅字redundancy에 불과하다. 그리고 김상기는 "용모기이容貌奇異"도, "기이하다"는 우리말이 좀 부정적으로 들린다고 생각하여 "이기異奇"로 바꾸었다(이것은 규장각본과 다른 판본, 예를 들면 도곡본의 언어에서 온 것일 수도 있다).

또 더욱 우스꽝스러운 것은 "총명사광聰明師曠"을 고치는 방식에 있다. 한문은 본시 명사와 명사를 병치시키는 것만으로도 그 사이에서 성립하는 관계를 규정짓는 신택스가 자연적으로 포섭되는 특별한 고립어이다. 교착어처럼 조사가 붙지도 않고, 굴절어처럼 굴절하지도 않는다. 단지 어순만으로 의미가 정해진다. "총"은 귀가 밝다는 뜻이고, "명"은 눈이 밝다는 뜻이다. 이 "총명" 자체가 복합적인 의미를 지니는 하나의 의미단위이다.

"총명사광"하면 "총명하기가 사광과 같다"라는 의미가 된다. 물론 "사광총명"하면 의미가 바뀐다. 그것은 "사광은 귀가 밝고 눈이 밝다"는 뜻이 된다. 결론적으로 "총명사광"은 너무도 문제가 없는 온전한 한문이다. 그런데 김상기는 자수까지 맞추어 써놓은 이 훌륭한 한문을 "총명사어사광聽明似於師曠"이라고 고쳐놓았다. 원문 그 자체를 아무 표시 없이 이렇게 왜곡시켜 놓았다. "사어似於"라는 삽입구는 전혀 불필요한 췌언이다.

김상기 교수는 "사본四本을 대교對校하여 오락誤落에 세밀한 정정訂正을 가한 최수정씨崔守正氏의 노고에 대하여 다시금 경의를 표하는 바이다"라고 해제에 언급했는데, "최수정"이라는 분은 문헌에 밝은 실력자인 것 같으나 교감의 정도正道를 아시는 분이라고 말하기는 어려울 것 같다. 한학은 엄밀한 학문이다. 임의로 되는 학문이 아니다. 후학들이 이러한 오류를 범하지 않기를 바라는 심정에서 문제점을 제기해 둔다.

이 단의 끝무렵에 또 "기인오세欺人誤世"라는 말이 나온다. 수운은 3년상을 지내면서 가산이 기울고, 공부도 안되고, 청운의 뜻이 꺾인다. 그런 심정에는 항상 미래예언을 말하는 역리나 명리, 술수나 잡설에 빠지기 쉽다. 막말로 글공부는 안 하고 점쟁이공부를 하게 되는 것이다. 의리를 집어치우고 상수에 빠지거나, 상식의 상궤를 벗어나 화려한 예언에 홀리게 마련이다. 우리나라에서 신흥종교 잡설에 미치거나 주역에 미치는 사람들이 대개 이 꼴이다. 그리고 이들이 정신 못 차리고 늙게 되면 대강 태극기부대가 되는 것이다.

그런데 수운은 젊은 날, 이미 10대에 이런 술수術數에 빠졌던 것 같다. 그러나 그에게는 정무공 최진립 장군의 충정이 있었지만 동시에 근암공의 주자학적 냉철함이 있었다. "주자학적 냉철함"이란 쉽게 말하면 "근사近思의 상식"을 의미하는 것이다. "근사"란 "절실하게 묻고 가까운 데서 깊게 생각하는 것이다. 切問而近思。"(『논어』 19-6). 먼 과거나 황당한 미래에서 기발한 예언을 발견하는 것이 아니라, 일상적인 신험할 수 있는 체험의 세계 속에서 깊게 생각하는 것이다.

수운은 엄마도, 아버지도, 재산도, 학문도, 그 모든 것이 사라진 허망한 공허 속에서 "그 나름대로 구라를 치고 있는 범용한 술수 其各理之凡術"들을 다 섭렵해보았다. 수운의 위대함은 이러한 술수들이 결국은 대수롭지 않은 범술凡術이라는 것을 깨달았던 것이요, 그것은 결국 "사람을 속이고 세상을 잘못 인도하는 이치 欺人誤世之理"라고 갈파하였던 것이다. 동학은 끝까지 인간의 상식의 품을 벗어나지 않는다. 그 위대한 냉철함은 바로 수운의 10대의 "사상방황체험" 속에 구현되어 있었던 것이다.

"기인오세欺人誤世"라는 말은 정말 정확한 표현이다. 요즈음의 야훼나 예수를 빙자하는 모든 신흥종교들이 "기인오세" 한다고 말한다면, 그것은 너무도 적확한 표현이다: "deceiving men, thus misleading the society." 그런데 이 "기인오세"를 강수가 잘못 베꼈다. 강수가 그 문맥을 명료하게 파악하지 못한 듯하다. 그래서 그것을 "명세오인지리明世誤人之理"(세상을 밝힌다고 하면서 사람들을 오도하는 이치)라고 왜곡시켰다.

김상기는 세世와 인人의 위치를 바꾼 이 강수의 맥락을 받아들인다. 그리고 "명세明世"라는 말이 아무래도 너무 긍정적인 느낌을 주기 때문에 맥락에 어울리지 않는다고 생각한 듯하다. 그래서 "명明" 대신 "기欺" 자를 집어넣는다. 그래서 『대선생주문집』의 "기인오세欺人誤世"는 김상기의 『수운행록』에는 "기세오인欺世誤人"으로 둔갑되고 만다(혹자는 "기세오인"이 규장각본 이외의 타 판본에서 유래된 것이라고 지적하기도 한다). 강수는 『대선생주문집』의 "사광師曠"도 "사광司曠"으로 오사誤寫했다. "師曠"이 "司曠"으로 쓰인 예는 전무하다. "사師" 그 자체가 "음악의 거장"이라는 뜻이 된다. 김상기는 "司曠"을 "師曠"으로 바로잡다가 뭔가 기분이 안 내키어 "사어似於"를 첨가한 것 같기도 하다.

처음부터 다시 한 번 따져보자! 문헌비평(textual criticism)이란 무엇을 바로잡고 뜯어고치는 데 주안점이 있는 것이 아니라 주어진 텍스트를 있는 그대로 놓고 모든 요소들의 존재이유를 맥락적으로 밝히려는 노력이다. 독자들에게 문헌비평의 한 샘플을 보여주기 위해서 이 단에 한하여 문제 되는 것을 지적하려 한다.

우선 이 단락을 시작하는 말부터 크게 문제가 된다. "가경익묘갑신세嘉慶翼廟甲申歲"라는 말은 전혀 그 시대를 지칭하는 말로서 적합하지 않다. 우선 옛사람들이 생몰연대를 기억하는 방식은 60갑자인데, 손가락을 이용하여 매우 쉽게 카운트하고 기억해낸다. 수운이 갑신년에 태어났다는 것은 맹륜의 입에 붙은 말이었을 것이다. 다시 말해서 갑신년(1824)은 누구나 정확히 아는 햇수였을 것이다. 그런데 문장의 권위를 높이기 위해, 그 앞에 연호를 쓰고 묘호를 썼다. 그런데 그것이 다 틀렸다. 그것을 안 썼으면 아무 문제가 없었을 텐데 문집에 틀린 연호를 쓰다니! 좀 이해가 안 간다. 김상기는 대뜸, "도광순묘조道光純廟朝의 오기인 듯하다"라고만 해버렸다. 그러나 사실 오기라 해도 이것은 참 이해하기 어려운 오기이다.

조선왕조는 황제국이었던 고려를 전복하고 나라를 세웠기 때문에 독자적인 연호를 쓰지 않았고, 청나라를 인정하기 싫어해서 명나라 숭정제의 연호를 1900년대까지 사용했다. 그러니까 청나라 연호를 쓴 것도 진취적이라 할 수 있다. 그런데 가경嘉慶은 청나라 제7위 황제 인종仁宗의 연호인데 1820년에 끝난다. 박하선은 갑신년을 기억하는데 청나라 인종의 연호가 아직도 계속되고 있다고 생각한 것이다. 그리고 우리나라의 묘호를 가리키는 데 있어서는 "익묘翼廟"라 했는데, 익묘는 순조의 세자인 효명세자를 가리킨다. 1827년에 부왕의 명으로 대리청정을 했으나 4년만인 1831년에 22세로 죽는다. 그의 아들이 헌종으로 즉위했고 아버지를 익종으로 추존했다. 그러니까 익묘도 1827년에서 1831년 사이에 쓸 수 있는 말이므로 갑신년(1824)과는 걸맞지 않는다.

문헌비평의 기본자세는 오류를 고치는 데만 관심을 갖는 것이 아니라 오류가 있으면 왜 그런 오류가 발생했는가, 그 근원과 배경을 캐묻는 데 더 큰 관심을 갖는다. 옛사람들이 오늘과 같이 연대 전체를 알 수 있는 연표가 있지도 않았고, 그들의 상념이나 추론에 의거했으므로 이러한 오류는 이해될 수 있는 오류이다. 그리고 『대선생주문집』과 같은 사료가 정확한 고증을 바탕으로 한 것은 아니라는 것을 감안하고 읽어야 한다는 것이다. 이 연대표시 오류는 『도원기서』도 그대로 『대선생주문집』을 답습했다. 『문집』이 『기서』를 앞서는 초략본이라는 사실도 이런 오류들을 통해 추론해볼 수 있다.

"서부西府"가 『기서』에는 "부서府西"로 되어있다. "서부"는 경주부에 서부나 동부와 같은 구획이 있다는 것을 말해주고 "부서"는 경주부의 서쪽이라는 것을 말해준다. 『대선생사적大先生事蹟』에는 **"慶州西部稼亭里"**로 되어있다. "가정리稼亭里"는 보통 **"柯亭里"**라고도 쓴다(경상북도 월성군月城郡 현곡면見谷面 가정리柯亭里 315번지).

"초지십세稍至十歲, 산림공몰山林公歿"은 크게 문제가 있다. 근암공은 1762년

3월 23일에 태어나 1840년 2월 20일에 세상을 떴다(12월 20일설도 있다. 그러나 묘갈명의 2월 20일설이 맞다). 향년 79세이다. 그러면 그때는 수운의 나이가 17세(우리 나이)였다. 「수덕문修德文」에 보면, 수운 본인이 자기 아버지 생애를 묘사하다가 그 죽음을 얘기하는데 "애림일일지화선哀臨一日之化仙, 고아일명孤我一命, 연지이팔年至二八, 하이지지何以知之, 무이동자無異童子。"(슬프게도 어느날 아버님께서 문득 신선이 되시는 일을 당하니 외로운 나의 한 목숨, 이제 겨우 열여섯이라. 내 무엇을 알랴! 동자와 다를 바 하나도 없었어라)라고 말하고 있다.

이 오류는 10세 때 모친상을 당한 것을 오인한 데서 파생한 잘못이라고도 말하지만, 중요한 사실은 『기서』가 이 『문집』의 오류를 바로잡았다는 사실에 있다. 바로잡았다기보다는 『문집』의 공백을 적당한 레토릭으로 늘렸고, "이팔십육"이라는 부정확한 수치에 의거하여 근암공의 서세를 기해년(1839)으로 잘못 기술하고 있다(경자년이 되어야 옳다): "**稍至十餘歲, 氣骨壯肅, 智局非凡, 年至二八, 己亥之歲, 山林公沒。**"

이것은 『문집』이 『기서』에 앞서는 소략한 초본이라는 것을 확실하게 드러내주는 단서이다. 『기서』를 보고 『문집』의 오류를 만들어내는 것은 불가능하다는 것이다.

김상기는 "일소타기一笑打棄"도 "일소타기一笑唾棄"로 고쳤는데, 과연 무엇에 근거하여 그렇게 원문을 함부로 뜯어고쳤는지 잘 이해가 가질 않는다. 인생의 공허한 틈에 잡설에 빠졌다가 정신이 들어 크게 한번 웃고 싹 쓸어 내버렸다는 뜻인데, "타기打棄"는 본시 이 상황에서 뜻이 온전한 한문표현이다. 왜 이것을 꼭 같은 발음상의 "더러운 것들을 침 뱉듯이 내버린다"는 뜻의 "타기唾棄"로 바꾸어야만 하는지 그 정당성을 발견할 길이 없다.

자아~ 이렇게 한 자 한 자 따지다가는 『문집』의 번역을 완수할 길이 없다.

우선 김상기의 『수운행록』본은 우리의 논의의 기준이 될 수 없다. 전문가들의 참고문헌은 될 수 있으나 『수운행록』본으로는 원본의 모습을 알 길이 없다.

현재 규장각본(이것을 김상기는 "용강본"이라 부른다)이 『동학농민전쟁사료총서』 제27권에 수록되어 있으므로, 그것을 기초로 하여 나는 원문을 구성할 것이다. 내가 판단하건대 용강본 즉 규장각본이 『대선생주문집』의 원형에 가까운 것이고, 『아세아연구』에 실린 『수운행록』은 『대선생주문집』의 왜곡본이다. 오히려 『행록』에 비하면, 『도원기서』는 『대선생주문집』을 정통적으로 계승하였다.

이제부터 문헌비평적인 논설은 생략하고, 단지 원문의 충실한 이해를 목표로 하여 달려보자! 문헌 그 자체의 비평의 결과에 의해서도 『대선생주문집』이 『도원기서』에 앞서는 오리지날한 최수운 생애자료라는 것은 너무도 확실하다. 나는 1865년경에 맹륜의 구술을 기초로 하여 여타 자료를 종합하여 박하선이 구성한 글이라는 표영삼 선생님의 감정이 정확하다고 본다. 사계의 존경스러운 학자이며 박학樸學의 소양이 깊은 이이화李離和, 1937~2020 선생도 『대선생주문집』은 대강 1865년에 성립한 자료라고 본다.

원문-3 幾至二十歲, 藏弓歸商, 周流八路, 所業交違。自此年光漸益, 一無所志, 自歎身勢之將拙。搬移于蔚山, 而事不偕心, 頹臥草堂, 轉側怛念, 消遣世慮。

국역 나이가 거의 20세쯤 되었을 때 무술을 단련하던 것을 그만두기로 하였다. 활을 거두고 장삿길로 돌아섰다. 행상으로서 사방팔방 아니 돌아다닌 곳이 없이 두루 흘러다녔다. 그러나 그의 생업은 계속 어그러져 만 갔다. 나이는 점점 먹어가는데 뜻한 바는 하나도 이루어지는 것이 없으니, 자신과 집안의 형세가 장차 오그라붙을 것을 스스로 한탄하게 되었다.

이래서는 아니 되겠다고 생각하여 부인의 고향인 울산으로 주거를 옮기었다. 그러나 하는 일마다 마음 같지 않았다. 힘없이 울산의 여시바윗골의 초당에 드러누워 전전반측하며 막연한 걱정 속에 나날을 보내었다. 그리고 속세의 울적한 심사를 어떻게 날려버릴까 하고 요리조리 궁리하고 있었다.

옥안 나의 번역은 맥락적 번역이므로 원문에 없는 말도 맥락을 살리기 위해 추가된다는 것을 이해해주면 좋겠다. 그러나 그 핵심은 치열한 직역의 구조를 놓치지 않는다. 이 단락의 내용도 1844년(21세 되던 해)으로부터 1854년(31세 때)까지의 만 10년의 삶의 경로가 압축적으로 표현되어 있다. 1844년에 집을 떠나 10년만에 돌아온 것은 아니고, 그간 10년에 걸쳐 장사로 번 돈은 틈틈이 돌아와서 부인에게 전달하였고, 주朱씨 성을 가진 3살짜리 여아를 양녀로 들이기도 했고(26세경), 또 자식도 생겨나기 시작했다(28세부터).

하여튼 여기 핵심이 되는 것은 1844년부터 1854년까지 10년 동안의 삶이요, 그것을 두 마디로 정리한 것이 "장궁귀상藏弓歸商"과 "주류팔로周流八路"이다. 이미 서론에서 이에 관해 논의한 바 있지만, 수운은 아버지 돌아가시고 난 후로부터 사상적 방황을 하기 시작한다. 아버지가 계실 때는 아버지에게 자식으로서의 떳떳함을 보이기 위해서 사서삼경을 공독하는 보람과 명분이 뚜렷했다. 그러나 아버지가 돌아가시고 나니깐 공부를 해야 할 소이연이 사라진 것이다.

과장科場에 나갈 수 있는 것도 아니요, 지방 유림에게 존경을 받을 수 있는 신분적 위상이 있는 것도 아니다. 아버지가 살아계실 때는 아버지의 신분의 보호하에 극진한 사랑을 받았지만 산림공의 서거는 수운을 일순간에 천애고아天涯孤兒로 만들어 버렸고, 고독한 인간으로 만들어 버렸다. 수운은 이 고독을 극복하기 위해 처음에는 잡기·잡설·명리 류에 빠진다. 그러다가 일소타기一笑打棄하고 무술에 전념한다. 수운은 기골이 장대한 남아로서 본시 무인武人의 기질이 강했다.

수운은 정무공 최진립의 7대손이라는 자부감 때문에 무예를 항상 중시했던 것 같다. 수운이 소한의 극히 추운 절기에 손발을 형쇄刑鎖로 묶인 채, 함거檻車도 타지 못하고 말에 실려 서울(과천)까지 왕복을 한 것을 보면 그의 체력을 가늠케 한다. 하여튼 수운은 이때 한 2년 무술수련에 힘을 쏟은 것 같다. 그러나 활을 감추고 행상의 길을 떠난다. 물론 "귀상歸商"이란 생계의 수단이기도 했지만, 그에게는 행상의 길 그 자체가 구도의 길이었다.

수운은 전형적인 시골선비인 아버지나 7대조 할아버지에게나 장사꾼의 길로 들어서는 것에 대한 극심한 죄책감이 있었을 것이다. 그러나 그의 "주류팔로周流八路"는 그러한 죄책감을 극복하고도 남을 새로운 도전의 세계였다. 그는 세계를 바로 보는 안목을 얻었고, 당대 첨단의 지식인들과 교류할 기회를 얻었고, 또 천주교라는 새로운 흐름을 알게 되었다. 그리고 중국과 서방세계의 세력역학의 사이에 낀 조선의 명운命運도 명료하게 인식하게 되었다.

행상 10년에 돈도 벌을 만하지만 "소업교위所業交違"라 했다. 하는 일마다 빠그러져 간 것이다. 돈이란 돈을 위해 돈을 버는 사람에게 잘 굴러든다. 그러나 수운처럼 구도의 자세로 이미 몸새가 짜여져 있는 인간에게는 장사꾼행세는 방편일 뿐이어서 돈이 굴러들어오지 않는다. 결국 10년 후에 그는 빈털터리가 되어 돌아왔고, 처지를 개선할 요량으로 처가로 거처를 옮긴다(울산 유곡동裕

谷洞). 그리고 처가동네에서 안쪽으로 1km 외진 골짜기 여시바윗골에 초가삼간을 짓고 정착한다. 그러나 별수 없었다. 전전반측하며 "소견세려消遣世慮"라, 세상근심을 훅 날려버릴 궁리만 하고 있었다. 그것은 우환憂患과 현해懸解(해탈)의 이중주였다.

원문-4 適至乙卯歲二月春, 春睡自足, 如夢如覺之間, 有何禪師, 自外而至, 訪主人。先生開戶視之, 何來老師, 容貌淸雅, 儀形慇懃, 出迎問之曰: "僧何訪我以來?" 僧曰: "生員主爲慶州崔先生乎?" 答曰: "然也。" 老師曰: "然則小僧有緊談, 入于草堂如何?" 先生携入昇堂, 定座而問曰: "有何議論耶?" 僧笑曰: "小僧在於金剛山留漸(楡岾)寺矣。徒讀佛書, 終未神驗, 故以爲百日之工, 如見神效, 至誠感祝。終工之日, 悠眠塔下, 忽覺視塔前, 則一卷書在塔上。收而覽之, 則世之稀罕之書也。故小僧卽爲出山, 周流八方, 有或博識之人, 而處處不中。仰聞先生主博識, 懷書而來。生員主其知之乎?" 先生曰: "納于書案。" 老僧禮而獻之。先生披覽, 於儒於佛之書, 文理不當, 難爲解覺。僧曰: "然則姑留三日而去, 越翌日復來, 其間詳考覽如何乎?" 退去矣。及其日僧來問曰: "或爲有覺乎?" 答曰: "吾已知之。" 僧百拜謝禮, 欣然無地以言曰: "此書眞可謂生員主所受, 小僧只爲傳之而已。願此書以行之也。" 辭退下階, 數步之內, 因忽不見。先生心常神異, 乃知神人也。其後深察透理, 則書有所禱之敎。

국역 때마침 을묘년(1855) 2월에 이르러 어느 화사한 봄날에 봄잠이 깊게 들었는데, 비몽사몽지간에 어떤 선사禪師가 밖으로부터 와서 주인을 찾는 것이었다. 우리 선생님은 집문을 열고 내다보니, 어디에서 온 노사老師인지 그 용모가 청아하고 그 차림새나 모습이 의젓하기 그지없었다. 나아가 그를 맞이하여 물어 말하였다: "스님께서는 어떻게 무슨 일로 나를 찾아오셨습니까?" 스님이 말한다: "생원님이 바로 경주의 최 선생님이시죠?" 답하여 말하였다: "그렇습니다만."

노스님은 말한다: "그렇다면 소승에게 긴히 좀 드릴 말씀이 있습니다. 초당 안으로 들어가도 되겠습니까?"

우리 선생님은 그 스님을 데리고 초당으로 올라왔다. 정좌하고 다시 물어 말하였다: "무슨 의논이 있으십니까?"

스님은 웃으면서 말하였다: "소승은 금강산 유점사에 있습니다. 헛되이 불서佛書를 오래 읽었으나, 끝내 신령스러운 체험을 얻지 못하였습니다. 그리하여 백일공부를 하면 신효神效를 보리라고 생각하고 지성으로 감축感祝하였나이다. 그 백일공부가 끝나는 마지막 날, 탑 아래에서 그윽히 잠이 들었는데, 홀연히 깨어나서 탑 앞을 보니, 한 권의 책이 탑 위에 놓여있는 것이었습니다. 그 책을 집어들어 펼쳐보니 세상에서 보기 드문 좀 희한한 책이었습니다. 그러므로 소승은 그 책을 품고 산문을 나와서 팔방을 주류하면서 이것을 해독할 수 있는 박식한 인물이 있을까 하고, 곳곳을 아니 쏴다닌 곳이 없습니다만 그런 인물을 만날 수 없었습니다. 그런데 선생님께서 보통 박식한 분이 아니라는 이야기를 앙문仰聞케 되어 다짜고짜 책을 가슴에 품은 채 이렇게 달려오게 되었습니다. 생원님께서는 이 책을 좀 아십니까?"

선생님께서 말씀하시었다: "그 책을 서안書案 위에 올려놓으십시오."

노승은 예를 갖추어 정중하게 그 책을 올려놓았다.

우리 선생님께서 그 책을 펼쳐보시니 유학의 책이라고 할 수도 없고, 불가의 책이라고도 할 수 없는 책이었다. 도무지 문장의 이치가 온당치를 않아 그 진의를 풀어 깨닫기에는 너무 어려운 책이었다.

스님이 말하였다: "그렇다면 제가 사흘의 여유를 드리고 물러가겠습니다. 그리고 내일모레 다시 오겠습니다. 그간에 이 책을 자세히 고람考覽하시면 어떻겠습니까?" 그리고는 스님은 물러갔다.

그리고 온다는 날이 되니 스님은 와서 물었다: "생원님께서 혹시 무슨 깨달음이라도 있으셨습니까?"

수운 선생님께서는 대답하셨다: "저는 이미 이 책이 어떤 책인지 다 파악하였나이다."

이에 스님은 백번 절하듯이 사례를 하면서 무한한 기쁨에 사로잡혀 이와 같이 말하는 것이었다: "이 책은 진실로 생원님께서 받으셔야만 할 책이군요. 소승은 그저 이 책을 생원님께 전하는 역할을 할 뿐입니다. 원컨대 이 책에 쓰여진 대로 뜻을 이 세상에 펼치소서."

말이 끝나자마자 스님은 계단을 내려갔다. 그리고 몇 발자국 안에 그는 홀연히 자취를 감추고 말았다.

우리 선생님은 마음에 신이神異함을 느끼었다. 그리고 그 스님이 신인神人임을 알아차렸다. 그 후로 우리 선생님은 깊게 그 책을 연구하여 그 이치를 투철하게 깨달았다. 그 책에는 기도하는 바에 관한 가르침이 쓰여져 있었던 것이다.

옥안 한 인간의 생애에 있어서 그 인간의 삶의 전기를 마련하는 하나의 각성의 계기로서 서술된 에피소드로서는 더할 나위 없이 완벽한 이야기이며, 그 문학적 향기도 드높다. 우선 나의 원문과 국역은 모두 치밀한 고증을 거친 것인데, 여기에 담긴 문헌비평적 담론은 회피하기로 한다.

박하선의 문체는 한문으로서도 매우 수려한 곳도 있지만 상당 부분이 한국식 한문의 좀 억지스러운 표현도 많다. 예를 들면, "선생개호시지先生開戶視之, 하래노사何來老師, 용모청아容貌淸雅 ……"라는 문장에 있어 "하래노사"는 "어디서 온 노사인지 용모가 청아하고 ……"의 뜻으로 쓰인 것인데, 이것은 정말 우리말의 표현이지 한문의 표현일 수 없다. 그러나 그냥 우리식의 어감으로 풀이해도 큰 문제는 없다. 김상기 교수의 교감도 무리한 원문왜곡사태가 많으나 여기서 언급치 아니한다.

그런데 재미있는 사실은 이 고사 전체가 거의 그 모습대로 『기서』에 실려있다는 것이다. 토씨 하나 틀림이 없이 그대로 실려있다. "을묘세이월춘乙卯歲二月春"(『문집』)이 "을묘세삼월춘乙卯歲三月春"(『기서』)으로 바뀌어 있다든가, 그 외에 아주 마이너한 변화가 여기저기 있으나, 그 모든 변화가 매우 세련된 변화라는 것이다. "책상 위에 책을 올려놓으시죠"는 『기서』에는 "납우서안納于書案"으로 되어있는데, 『문집』에서 "납우서納于書"로 되어있다. 이것은 명백히 박하선의 기술이 미비한 것이며, 강수의 첨가가 정당한 것이다.

"문리부당文理不當" 다음에 『문집』에는 "해각解覺"이 같이 붙어있다. 그런데 『기서』는 그것을 "난위해각難爲解覺"으로 고쳤다. 뿐만 아니라 제일 마지막에도 『문집』의 "소도지교所禱之敎"를 강수는 "기도지교祈禱之敎"로 고쳤다. 하여튼 강수의 문장이 더 세련되어 있다. 이것은 『문집』자료가 강수의 『도원기서』보다 앞서는 것이며 저본이 되었다는 사실을 확고하게 만든다. 초략본에서 세련본이 나올 수는 있어도 세련본에서 초략본이 나올 수는 없는 것이다.

그러나 더 중요한 것은 이 에피소드의 내용의 진상에 관한 것이다. 동학은 결코 신비를 추구하거나 초경험적인 사태를 그 가르침의 형성과정에 내포하지 않는다. 모든 것이 상식적으로 설명되는 종교라는 데 동학의 영원성과 위대성이 있다. 동학이 천도교라는 종교로 교조화되면서 이러한 이야기도 "을묘천서乙卯天書"라는 이름으로 신비화되었다.

그러나 당시 수운이 받아볼 수 있는 책으로서, 유교의 상식적 논리로써 이해될 수 없고 불교의 종교적 논리로써도 이해될 수 없는, 그러면서 문리文理가 부당不當하고, 그러면서도 그 최종적 성격이 "기도지교祈禱之敎"(기도의 가르침)로 규정될 수 있는 책, 그런데 그 책은 한문으로 쓰여진 책, 이 책은 단 하나밖에 없다. 마테오 리치가 쓴 『천주실의天主實義』(1603년 10월~11월에 간행)가 그것이다. 이 책은 중국고전의 언어를 빌어 가톨릭사상과 스콜라철학을 표현한 명저로서 그리스도교가 궁극적으로 말하려고 하는 신앙의 본질의 모든 측면을 아주 보편적인 언어로 견강부회나 강압이 없이 설득하고 있다.

이 책은 출간된 지 20년 내로 북경을 출입하는 사대사행원事大使行員들에 의하여 우리나라에 전해졌고, 유몽인의 『어우야담』, 이수광의 『지봉유설』에 이미 편목이 소개되었고, 세칭 "실학"(나는 이 개념을 부정한다. 나의 『독기학설』을 참고하라)의 대부라고 하는 성호星湖 이익李瀷, 1681~1763이 「천주실의발天主實義跋」을 지어 이 책에 대한 큰 관심을 일으키자 그의 학문을 따르던 신후담愼後

聃, 안정복安鼎福, 이헌경李獻慶 등이 이 책에 대하여 유학적 관점에서 예리하게 비판하였다. 또 『실의』에 담겨있는 사상을 소화하여 서학의 물줄기를 튼 이벽, 권철신, 권일신, 정약종, 정약용, 이승훈 등의 이야기는 우리가 너무도 잘 안다.

그러니까 수운이 이 책을 접한 을묘년(1855)에는 이미 『천주실의』는 지식사회에서는 핫 이슈였다. 그러나 범인들이 이 책을 접하기는 어려웠다.

우선 이 에피소드를 뜯어보면, 이 노사老師("선생님"이라는 존칭으로, 별 뜻은 없다)가 금강산 유점사의 스님이라고 얘기하는 그 사실이 매우 의심스럽다. 『문집』의 박하선 기술은 "유점사"가 "**金剛山留漸寺**"로 되어있다. "유점사"는 본시 "**楡岾寺**"이며 "**留漸寺**"로 쓰여질 가능성은 없다. 그러니까 이 에피소드를 만드는 사람이 유점사라는 절에 대해 이야기만 들었고 어떻게 쓰는지도 몰랐던 것이다. 더구나 강수도 "금강산유점사"의 "유점"을 빈칸으로 남겼다. 그리고 "**金剛○寺**"라고 썼다. 확실치를 않았던 것이다. 그리고 스님에 대해 "노사老師"라는 말을 섞어 쓰는 것도 어색하다면 어색하다. 그냥 "어떤 의젓한 노신사"였을 가능성이 높다. 그러나 스님으로 만드는 것이 더 재미있고 품격을 높인다고 생각했을 것이다.

『문집』에는 "불서佛書"라는 말이 빠져있는데, 강수의 『기서』에는 "도독불서徒讀佛書, 종미신험終未神驗"이라고 했는데, 그냥 헛되이 불경나부랭이나 읽어본들 신험이 없었다는 고백으로 보아, 신앙을 추구했으되 불교의 교리로부터 아무런 감흥을 얻지 못했다는 것이다. 이것 역시 금강산 유점사 스님의 말씀 같지는 않다.

내가 생각하기에는 유교에도 찝쩍거려 보고 불교에도 찝쩍거려본 사람으로서 당대 세상꼬라지에 매우 회의적이었던 어떤 지식인이 『천주실의』라는 책을 의도적으로 수운에게 전한 사건이라고 볼 수밖에 없다. 수운은 이 노신사를 통해 『천주실의』를 처음 접했다고 생각된다. 수운은 이미 10년 동안의 장궁귀상藏弓歸商의 여로를 통해 천주교를 접했고, 천주교 집회에도 무수히 참관하면서 조선민중의 애타는 열망을 몸소 체험하였다.

따라서 『실의』와의 만남은 그에게 천주교 교리의 핵심을 파악하게 만드는 위대한 도약의 계기를 허락하는 것이었다. 아마도 노신사가 전한 책은 겉 장이 몇 장 뜯겨져 나갔을 것이고, 천주의 천지창조 그리고 만물을 주재안양主宰安養하는 천주에 대한 바른 이해를 촉구하는 중사中士와 서사西士의 논쟁이 그대로 노출되어 있었을 것이다.

을묘천서가 『천주실의』라는 나의 주장은 표영삼 선생님도 충심으로 동의하시었고, 윤석산도 그러한 가능성을 배제할 아무런 이유가 없다고 말한다. 동학은 신비로운 종교가 아니라는 사실을 윤석산은 전제로 하면서, 『천서』와 『실의』에 관하여 많은 합리적인 담론이 생산될 수 있다고 긍정적인 태도를 취한다. 성주현도 『을묘천서』는 『천주실의』임이 분명하다고 말한다.

『도원기서』의 제일 마지막 구절은 이와 같다: "여차서행지如此書行之。"(이 책대로 세상에서 행하시옵소서). 그러나 『문집』은 "원차서이행지야願此書以行之也。"(원컨대 이 책으로써 행하시옵소서)로 되어있다. 요컨대 결국 천주교 선교사가 하는 말과 다름이 없다. 그 노신사는 매우 격조 높게 수운에게 천주교선교를 완수한 셈이다. 이 선교에 대하여 수운의 결론은 매우 간결하면서도 명료하고 심오하다. 깊게 그 이치를 탐구해본즉 그것은 "기도의 가르침"을 써놓은 책이라는 것이다.

동학의 제1의 원리는 인간의 자율성이요, 인간이라는 존재 내에 이미 모든 천지의 조화가 구비되어 있다는 사상이다. 그러나 수운이 내린 최종결론은 "서학(천주교)은 기도의 가르침"이라는 것이다. 이것은 매우 정확한 파악이고 핵심적 요약이다. 기도는 자율의 세계가 아니라 타율의 세계요, 의타적依他的 구원을 희구하는 것이다. 수운은 을묘천서, 즉 천주교의 핵심교리와 본격적으로 해후하면서 타율적 구원과 자율적 구원의 문제를 동시에 삶의 과제상황으로 껴안게 된다.

그래서 그는 "하늘님天主"(=하느님)과의 만남을 추구하게 되지만, 그는 그 하늘님을 만나는 순간 이미 그 타자와 인간의 모든 수직적 관계를 부정해버린다. 천주天主에 대한 그의 추구는 초월과 내재, 인격성과 자연성, 자율과 타율, 수직과 수평의 모든 얽힘을 일소타기一笑打棄해버리는, 인류사에 그 유례가 없었던 신성(Divinity)과 인성(Humanity), 그 양방향의 도약이었다.

원문-5 轉至丙辰仲夏之節, 謹奉幣帛, 與一箇僧入梁山通道寺。天上山, 結築三層壇, 設爲四十九日, 而祝願心所怛(恒)念, 與天主降靈, 只望有命敎矣。不滿二日, 纔至四十七日, 至誠自念, 叔父已死, 身爲重服人也。旣爲服人, 則獻誠未安, 故仍下來。叔父果爲喪事, 不勝悲哭。居然過朞免服爲思, 則奈無奈何。畓六斗, 斥賣於七人處, 外設鐵店, 內有禱誠。更上天上山, 如意成計。歲維丁巳, 序屬三秋。

국역 그럭저럭 해를 넘겨 병진년(1856) 중하의 계절에 이르렀는데, 삼가 폐백을 받들고 스님 한 사람과 함께 양산 통도사로 기도하러 들어갔다. 천상산(天上山: 천성산千聖山의 오식이다. 천성산에 있는 내원암內院庵에서 49일을 목표로 기도하였다)에서 삼층의 지성단을 결축하고, 49일기도를 완성하리라 마음의 설계를 굳게 하였다. 당신의 마음속에서 항상 염원하는 것이 이루어지고 하느님(天主)께서 자기에게 영靈을 내려주실 것을 축원하였다. 단지 하느님의 명교命敎가 있으리라는 것을 대망할 뿐이었다.

49일기도에서 이틀을 채우지 못한, 47일이 되었을 때, 지극한 정성 속에서 기도 드리다가 저절로 이런 생각이 들었다. 작은 아버지께서 이미 돌아가셨구나! 내가 이미 무거운 상복을 입어야 하는 사람이구나! (※ 여기 중복重服이라는 말이 나오는데 "복상이 과도하다"는 것을 뜻하기도 하고, "아홉 달 동안 입는 복제"를 의미하기도 한다. 숙부의 경우, 1년의 복을 입는 기년제이기 때문에 전자의 뜻이 더 맞을 것 같다. 아버지로부터 거듭되는 복상을 의미할 수도 있겠다. 하여튼 이 갑자기 떠오른 생각은 일종의 환상으로 그려지고 있는 것이다).

그렇다면 나는 상복을 입고 있어야 할 사람인데 천성산 내원암에서 지성을 드리고 있다는 것이 타당치 않다는 생각이 들었다. 그래서 즉각 하산하였다. 달려가 보니 과연 숙부댁은 상중이었다. 비통한 마음에 끊임없이 눈물을 흘렸다.

평온하게 기년상(일년상)을 끝내고 복상에서 면제되었다. 그리고 나서 생각해보니, 정말 할 일이 아무것도 없고 어찌해야 할 바를 몰랐다.

빈털터리 신세인 그가 가지고 있는 것이라고는 논 여섯 두락밖에는 없었다. 이 여섯 두락을 7사람 집을 돌아다니며 담보로 잡히어 돈을 긁어 모았다.

그 돈으로 바깥에다가는 철점鐵店 공장을 차리고 집안에다가는 계속

기도할 수 있는 장소를 만들어 지성을 다했다. 그리고는 천상산(천성산)에 다시 올라가(이때는 내원암으로 가지 않고 적멸굴이라 이름하는 자연동굴로 갔다) 그가 원래 계획했던 대로 49일기도를 완수하였다. 때는 정사년(1857)이었고 계절은 오곡이 익어가는 가을이었다("삼추三秋"는 가을 석 달을 가리킨다).

옥안 이 단락의 언어는 몹시 흐트러져 있다. 논리적으로 연결이 불분명하고, 사건의 전개의 선후나 인과관계가 명료하지 않고, 또 단어선택이 매우 투박하다. 그런데 강수의 『도원기서』는 이러한 문제점을 매우 매끄럽게 재편집했다. 강수의 사고력이나 문장력이 돋보인다. 김상기 교수도 원문에 대폭 수정을 가했는데, 이 단락에 즉하여 보면, 김상기 교수의 재구성은 그 나름대로 이유가 있다. 그러나 나는 원문을 그대로 한 자 틀림없이 그대로 놓고 방점을 찍었고, 단지 국역부분에서 자유롭게 인과적인 설명을 첨가하였다.

1855년 봄 "을묘천서"의 사건은 수운에게 적지않은 충격을 주었던 것 같다. 수운의 의식세계 속에서 원래 인격신으로서의 "하나님"이라는 존재는 자리잡을 곳이 없었다. 그러나 천주교의 도전은 그에게 인격신으로서의 하느님(天主)이라는 존재, 그리고 이 세계 밖에서 이 세계를 주재하는 하느님이 있다고 하는 사상을 심각하게 고려하기 시작한 것 같다. 『천주실의』는 초장부터, 집이란 반드시 솜씨 좋은 목수가 지은 뒤에야 이루어지는 것이며 따라서 천지만물은 스스로 만들어질 수가 없는 것이라고 말한다. 이 세상의 모든 질서는 하느님에 의하여 디자인된 것이라고 강변한다. 만물은 천주에 의하여 생성되는 타율적 존재이며, 천주는 무엇에 의거하여 생겨나는 바가 없는 자율적·절대적 존재라고 말한다(無天主則無物矣。物由天主生, 天主無所由生也。).

을묘년(1855) – 병진년(1856) – 정사년(1857)으로 이어지는 이 세 해의 삶의 역정을 지배하는 테마는 "기도祈禱"이다. 전술하였듯이 기도란 막연하게 절이나 하는 행위가 아니다. 절깐에서 기도하는 사람이든, 산천 성황당에서 기도하는 사람이든, 십자가가 꽂힌 예배당에서 기도하는 사람이든 기도란 어떤 내면의 소망을 비는 것이다. 그 소망을 성취시켜주는 외재적 타자(the Other)가 설정되어 있을 때, 기도의 행위는 리얼한 방향성을 갖는다. 사실 기도라는 측면에서 보면 기독교나, 불교나, 무속이나, 신선사상이나 똑같다. 의타적 성격이 공통되는 것이다. 사실 오직 유교만이 "기도"를 배제하는 종교라 말할 수 있다.

그런데 수운은 『천주실의』를 만난 후부터 "천주天主"(하늘님)의 의미를 리얼하게 느끼기 시작했고, "기도"를 삶의 주제로서 새롭게 발견하였다. 그것은 그가 이미 10년(1844~1854) 동안의 주류팔로에서, 기독교(천주교)야말로 그것이 긍정적이든 부정적이든 장차 이 민족의 최대과제상황이 될 것이라는 주제를 심각히 각성하였다. 기독교는 단순히 기독교라는 교리에서 끝나는 문제가 아니라 서양 열강의 정치세력과 밀착되어 있었다.

동방국가들의 사정과는 달리 모든 서양국가들의 일치된 정신적 기저가 기독교였고, 마테오 리치만 해도 중사中士(중국의 지식인들)를 설득하는 데 있어서, 서방 열강의 찬란한 문명의 우위가 모두 천주님을 신봉하고 받아들이기 때문이라고 강변한다. 논리적으로 궁색해질 때는 그러한 자인Sein으로써 졸렌Sollen을 역설하곤 하는 것이다. 청년 수운에게 천주교, 서학, 즉 천주에 관한 가르침은 해결하기 어려운 과제상황이었다.

오늘날 우리 사회의 최대의 과제상황이 기실 알고보면 기독교에 있다는 것을 깨닫고 있는 청년이 있다면, 그는 분명 범상치 않은 인물일 것이다. 우리 사회의 모든 정치적 퍼내티시즘fanaticism, 극렬한 우파적 성향, 서구문명에 대한 굴종, 미국에 대한 비열한 의존심(Dependency), 신화적 사유에 대한 맹종, 합리적 삶의 분실, 초월적 허구에로의 귀순·귀의, 과학적 사유를 관철하지 못하는 허약성, 그리고 내 나이 또래가 되면 모두 길 잃은 양이 집 찾아 돌아가듯 예수의 품으로 돌아가야 한다고 무릎 꿇는 비굴함, 단군의 자손으로서 이 땅의 주인이라는 자각을 갖지 못하는 노예근성 등등, 이 모든 병폐가 알고보면 기독교라는 외래적 정신토양과 관련되어 있다.

이것을 극복할 것이냐? 수용할 것이냐? 진지하게 생각하는 사람이라면 누구든지 고민하지 않을 수 없다. 수운의 주류팔로시기는 이러한 문제의식으로 가득 차 있었다. 더구나 수운의 청춘방황시기는 제1차 아편전쟁(1840~42)으로 인하여, 세계질서의 의심할 바 없는 주축이라고 믿었던 중국이 허무하게 영국이라는 섬나라의 위세에 무릎을 꿇고 남경조약(1842년 8월 29일: 이때 홍콩이 영국에게 할양됨)이 체결된 이후의 세계였다.

드디어 수운은 울산 여시바윗골에서 매우 심층적으로 천주天主와 만난다. 그의 천주에 대한 탐색은 계속되었다. 그 탐색을 수운(혹은 기술자記述者들)은 "기도"라고 불렀다. 기도는 의타적 존재를 설정할 때만이 리얼한 것이다. 의타적 존재가 없다면 그것은 기도가 아니라 좌선이나 명상이 된다. 수운은 기도를 택했다. 만물의 주재자가 살아있다면 그에게 빌어보자! 이 민족의 명운과 나 실존의 운명을!

수운은 드디어 양산 천성산 내원암에 올라가 기도를 시작한다(1856년 초여름). 그런데 과연 그는 무엇을 기도했을까? 그의 기도의 주제는 무엇이었을까? 이에 대한 힌트를 주는 멘트가 『문집』의 기술 속에 함장되어 있다: "심소항념心所恒念"(『문집』에는 "달념怛念"으로 되어있는데, 『기서』의 "항념"이 더 나은 것 같다)과 "천주강령天主降靈." 마음속에 항상 걱정하고 있는 바와 천주강령을 "축원祝願"하였다는 것이다. 여기 수운이 득도하고 포덕하기 이전의 젊은 날의 행태에 이미 "천주강령"이라는 표현이 등장하는 것은 매우 놀라운 것이다.

"천주강령"은 문자 그대로는 "천주께서 영靈을 내리실 것을 빌었다"는 의미인데, 이것은 지금의 기독교인들의 광신적 접신과는 전혀 차원이 다른 것이다. 수운은 "결축삼층단結築三層壇"이라 했으니 우리민족의 전통적 민속신앙의 분위기를 따른 것이다. "근봉폐백謹奉幣帛"이라는 말도, 문자 그대로 "돈과 비단을 들고"라는 의미이니, 내원암에 49일간 머무르는 비용을 내고 삼층단(성황단)을 쌓았다는 이야기가 된다.

여기 "천주강령"이라고 하는 것은 천주가 하늘 꼭대기에 있고 영를 내려보낸다는 이야기가 아니다. 그것은 천주 그 자신이 강림한다는 이야기다. 다시 말해서 수운의 기도의 주제는 "천주와의 만남Encounter with God"이었던 것이다. 천지우주의 주재자, 인격신이 있다구? 자! 그럼 나에게 내려와보라! 나와 만나서 대국을 이야기해보자! 나와 만나서 이 민족을 구원할 수 있는 대도大道를 논해보자! 수운은 이렇게 생각하고 49일 지성을 드렸던 것이다.

자아! 무슨 성과가 있었나? 성과는 없었고 환상만 눈에 보였다. 작은아버지가 돌아가셨다는 환상이었다. 그의 작은아버지가 계신 곳과 내원암은 천릿길이었을 텐데 숙부의 죽음이 통지되었을 리는 만무하다. 수운은 환상으로 예감·직감한 것이다.

그의 숙부는 아버지에 대한 정을 느낄 수 있는 마지막 핏줄이다. 이름은 최섭崔瓔, 아버지처럼 외자이다. 근암보다 15세 아래다. 아마 이 분도 형님이 늦게 낳은 아들, 조카 수운을 극진히 사랑했던 것 같다. 그래서 수운도 그에 대한 효심이 있었던 것 같다. 아마도 내원암에 올라가기 이전에 이미 숙부가 편찮으시다는 정보는 가지고 있었을 공산이 크다. 수운은 견디다 못해 만기 이틀을 남겨놓고 하산한다. 하산해보니 과연 숙부는 저승으로 떠나갔다. 향년 80세. 그래도 오래 사신 분이다. 수운은 기년상을 지낸다. 꼬박 상복을 1년 입은 것 같으니 그 충성심이 대단하다.

그러던 중 빈털터리 신세는 더욱 가중되어만 갔다. 사나이가 이렇게 쪼그라붙어서야 되겠나? 뭔 수래도 내야지!

수운은 궁핍탈출의 묘계妙計로 철점鐵店을 구상한다. 동학의 연구자들이 이런 단어들을 상식적으로 해석하여 이때에 수운이 철물점을 차렸다느니, 대장깐 같은 점포를 차렸다느니 전혀 이치에 맞지 않는 얘기를 한다. "철점"이란 국어사전만 찾아봐도 알 수 있는데, 수운 시대에 그것은 "제철공장"을 의미했다. 우리나라는 역사적으로 고조선시대로부터 세계의 선두를 달리는 매우 어드밴스드 된 제철문화전통을 지니고 있었고, 삼국시대의 유물만 보아도 다양한 품질의 고품격의 철재를 생산했음을 알 수 있다. 가야는 철기문화를 바탕으로 흥기한 문명이다. 고려는 철을 충분히 자족할 수 있는 풍족한 문명이었다. 그런데 조선왕조는 지하자원의 채광이나 제련을 금압禁壓하였고, 따라서 제철문화가 매우 정체되어 있었다. 따라서 민간에서 쓰는 철제품은 민철民鐵에 의존하고 있었다. 하여튼 철재를 생산하는 제철공장은 공급이 수요를 따라가지 못하는 노다지산업이었다.

수운은 스케일이 큰 사람이다. 무슨 철물점에 앉아 물건을 팔 사람이 아니다. 그는 그의 곤궁한 처지를 돌파하기 위하여 제철업을 벌이기로 작정하였다. 철점을 운영하기 위하여서는 우선 용광로가 있어야 하고, 철광석을 가져다가 연료와 함께 아구리로 집어넣고 화로의 바닥으로는 공기를 주입시켜 화학반응을 일으키는 특수한 장치가 있어야 한다. 그런데 용광로는 최소한 1200℃의 열을 유지해야 되는데 고품질의 철괴를 얻기 위해서는 목탄이 사용되었다.

하여튼 이 사업은 엄청난 투자를 소요하는 작업이고, 투자가 많이 될수록 이익이 확실히 보장되는 좋은 사업이었다. 나는 수운이 벌인 철점이 제철공장이었다는 얘기를 표영삼 선생님으로부터 직접 들었다. 그것은 매우 정당한 추론이다. 표 선생님은 두발로 다니시면서 그 철점의 장소까지 찾아내셨다. 울주군

두동면 봉계리의 중리中里에 용광로 흔적이 남아있다고 한다.

수운은 투자금이 필요했다. 그러나 집안의 돈은 다 말아먹었고 남은 것은 여섯 두락의 논밖에는 없었다. 이 여섯 마지기의 논을, 철점 자금을 마련하기 위하여 동시에 일곱 사람에게 거듭 판 것으로 많은 문헌에 기록되어 있다. 한 물건에 대하여 일곱 사람에게 중복해서 팔았다는 사실은 정확하게 말하면 "땅사기를 친 것이다." 그렇다면 수운은 사기꾼인가? 하여튼 사기꾼으로 인지될 수도 있는 그의 행위의 기록을 그의 행장에 남긴다는 것이 무엇보다도 대단하다!

그만큼 동학은 진솔하다. 거짓을 모른다. 우리민족의 예수는 성령으로 잉태한 하느님의 아들이 아니라, 민중의 애환 속에서 평범하게 살아야만 했던 보통 사람이었다. 정확히 말해서 논 여섯 마지기는 한 필지인데 이것을 일곱 사람에 팔려면 문서를 일곱 개 만들어 위조해야 한다. 이것은 완벽한 위조범죄에 속한다. 물론 후속되는 기록을 보아도 이렇게 해석될 수 있는 소지가 충분히 있다. 그러나 나는 조금 여유 있게 해석할 필요가 있다고 생각한다.

여기 그 행위를 나타낸 표현은 "답육두畓六斗, 척매어칠인처斥賣於七人處"가 그 전부이다. 나는 "칠인처七人處"의 "처"를 좀 독특한 의미로 해석한다. 그가 땅 6마지기를 7인에게 판 것은 분명한 사실이지만(그래야 용광로를 만들 만한 돈이 된다), 7인에게 동일한 땅문서를 넘긴 사건은 아니라고 본다. 그는 그 지역에서도 유별난 지성인으로서 명망이 있었고, 또 10년을 전국을 주류하면서 탁 트인 소견을 획득한 사람으로서 주변사람들에게 믿음을 주었을 것이다. 그러니 그런 사람이 제철사업을 벌이겠다고 하는 사건은 투자의 구미를 끌었을 것이다. 그러니까 수운이 한 일은 요즈음 말로 하면 "사모펀드"사업을 벌인 것과 거의 동일한 일을 벌인 것이다. 일곱 사람들에게 개별적으로 찾아가(일곱처라는 의미) 실패할 경우 땅을 넘기겠다고 하면서 땅을 저당 잡히는 일종의 어음증서를 써주었을 것이다. 돈을 벌었으면 물론 그 빚은 쉽게 갚았을 것이고 별 문제 없이 끝날 수 있었던 문제였다.

만약 수운의 제철사업이 대성공을 누렸다면 그는 당대에 조선의 앤드류 카네기Andrew Carnegie, 1835~1919가 되었을 수도 있다(카네기도 수운보다 불과 11살밖에 어리지 않으니 동시대 사람이다. 카네기로 인해 미국의 철생산량이 영국의 철생산량을 능가하게 되었다. 그 계기로 미국은 세계최강국이 되었다). 그랬다면 동학혁명도, 일본의 병탄도 일어나지 않았을 것이다. 그러나 역사의 우열은 철새의 길항과도 같아 한 시점에서 속단할 수는 없다. 수운의 삶 자체가 우리 조선의 운명이었다.

수운은 사모펀드를 만들어(4·50마지기의 땅값이니까 결코 작은 돈이라 말할 수 없다) 집밖으로는 철점을 차리고, 집안으로는 기도소를 차렸다 했다. 집안에서 기도만 했으면 족할 텐데 수운은 또다시 천성산의 적멸보굴에 올라가 자기가 내심 약속한(그것은 하느님과의 약속이었다) 49일기도를 완성한다. 보통 똥고집이 아니다. 나는 그 적멸굴을 표영삼 선생님과 함께 올라가 보았다. 내원암 들어가기 전에 개울 옆으로 나무꾼들이나 다닐 작은 오솔길을 따라 가파르게 올라가야 하는데 꽤 험준한 길이고 거의 족적이 없어 검불로 뒤덮인, 흔적이 뚜렷하지 않은 길이었다. 표 선생님이 아니면 도저히 찾아낼 수 없는 길이었다.

나는 숨을 헉헉거리며 표 선생님 뒤를 밟았다. 한 두어 시간을 올라갔으니 결코 쉬운 길이 아니었다. 완전히 고립된 곳이었다. 전번에는 내원사에 폐백을 바치고 47일을 지냈지만, 요번에는 자기 혼자 밥 해먹을 수밖에 없는 곳이었다. 수운은 이곳에 쌀자루와 식기, 침구, 그리고 밑반찬을 만들어 혼자 모든 것을 걸머지고 올라왔을 것이다. 앞은 개방되어있는 굴이었고 안쪽으로는 평평한 지반이 있는 곳이었지만 결코 쾌적한 곳은 아니었다. 49일을 혼자 지내기에는 너무도 고적한 공간이었다. 아마도 모기가 심해 늦가을을 택했을 것이다.

용광로제철공장을 차렸다는 것 자체가 수운의 시대적 감각의 탁월성을 나타내준다. 수운이 철점의 효율을 높이는 데(철광석과 연료의 질을 높여 생산을 효율화시키는 끊임없는 노력을 해야 한다) 전문적 식견을 가지고 그 사업에 전념했더라면 수운은 분명 크게 성공했을 것이다. 19세기 또하나의 최부자댁이 탄생했을지도 모른다. 그러나 그는 이미 "기도"에 미쳐 있었다. 초월적 인격자인 하늘님, 천주天主를 만나는 데 미쳐 있었다. 철점을 낸다는 것 자체가 엄청난 비젼의 행위였는데, 그는 이미 하늘님과의 씨름에 미쳐 있었다. 동학의 탄생을 위해 그는 망해야만 했다.

원문-6 至於戊午, 家産蕩盡, 債積如山, 賣畓之跡顯露。買主七人, 惟日督捧, 不勝其窘, 招來七人, 各作狀辭, 而授之曰: "計爲同日同呈。" 善言退送矣。及於定日, 七人同呈, 招致官庭。頭質曰: "是非在我, 處決在官, 惟在令監處分。"云云。決曰: "以先買者得課也。" 里中有老嫗, 突入內庭, 作弊無雙。先生不勝其憤, 揮手搥之, 老嫗因忽氣絶而斃。其子三人, 其壻二人, 兇言悖談, 以扶執之曰: "吾母死矣。殺人有法, 復報在子。若已死之, 不復回活, 則當爲報官。"云云。先生自量事勢, 擧則大事, 故親臨厥家, 或有救活之道理。大言曰: "汝母活, 則汝復何言?" 至恭懇乞。故先生辟左右, 親臨尸傍, 觀脈撫體, 永爲旣斃。以一尺雉尾, 揮于咽喉。須臾之間, 喉中有喘聲, 吐一塊血。揮肩回轉之際, 先生招其子, 淸水灌口, 俄而完生, 轉至起坐矣。是故先生當有神明之號也。

국역 무오년(1858)에 이르니, 정사년(1857) 일년 동안 가계에 힘쓰지 않은 탓으로 가산은 탕진되었고, 빚이 쌓인 것이 산처럼 불어났다. 그리고 논 6마지기를 여러 사람들에게 동시에 저당잡힌 사태가, 철점이 망해가면서

만천하에 드러나게 되었다. 그러니 그 철점을 믿고 돈을 낸 일곱 사람들이 가만히 있을 리가 없다.

매일같이 찾아와 내 돈 내놓으라고 독촉하는 것이다. 수운 선생님은 그 곤요로움을 참을 길이 없었다. 그래서 일곱 사람들을 모두 한자리에 불렀다. 그리고 모든 사람들에게 자기를 고소할 수 있는 근거가 될 수 있는 고소장을 만들어서 7인에게 모두 건네주면서 다음과 같이 말했다: "같은 날에 일곱 분 모두 같이 날 고소하십시오." 이렇게 해서 좋은 말로 타일러 그들을 돌려보냈다. 고소하기로 기약한 그 날에 일곱 사람이 모두 함께 수운 선생을 고소했다. 그래서 일곱 사람과 수운 선생은 모두 관아로 끌려갔다. 그리고 대질심문을 하였다. 이때 선생은 이와같이 말씀하셨다: "잘한 일이든, 잘못한 일이든 그것은 모두 나의 책임소관입니다. 그러나 이 사태를 판결하는 권한은 관아에 있습니다. 관의 주체이신 영감令監(영감은 정3품과 종2품의 관원을 이르는 말이니 상당히 높은 관청에까지 올라갔음을 알 수 있다)께서 이 사태를 처분하여 주시옵기를 앙망하나이다." 이에 관원은 판결을 내렸다: "제일 먼저 이 땅을 산 자가 이 땅을 차지하는 것이 마땅하다." 이것은 곧 나머지 여섯 사람들은 아무것도 건지지 못한다는 것을 의미한다.

동네에 한 노파가(돈을 잃은 여섯 집 중의 한 집의 할머니였을 것이다) 갑자기 수운 거소의 내정으로 돌입하여 행패를 부리는데 극악하기 그지없었다. 선생께서는 격한 성정을 이기지 못하여 손을 휘저으며 노파를 밀쳐 냈는데, 그만 노파가 그 자리에서 기절하더니 죽어버리는 것이었다(그 시신은 할머니 집으로 옮겨졌다). 그러자 그 할머니 아들 셋과 그 사위 두 명이 수운에게 달려와 온갖 흉언패담을 질러대며 수운의 멱살을 잡고 말하는 것이었다: "우리 어머니가 돌아가셨다. 사람을 죽인 것은 법의 소관이다. 그러나 원수를 갚는 것은 아들의 도리이다. 죽은 우리 어머니를 네놈이 살려내지 못하면, 관아에 고발하여 끝끝내 너를 처단하고야 말겠다."

우리 선생님께서 이 벌어진 사태를 곰곰이 생각해보니, 이 사건은 들추어낼수록 더 큰일이 되고 만다. 그래서 수운은 지체없이 그 집으로 달려가 혹시라도 살려낼 방도가 있을까 하고 살펴보았다. 집히는 것이 있었다. 그래서 큰 소리로 말하기를, "네 이놈들! 내가 너의 어머니를 살려내면, 너희들은 또 뭔 말을 할 것이냐?" 그 아들이 말하기를, "돌아가신 어머니가 다시 살아나기만 한다면 우리들이 뭘 또 얘기하겠습니까?"(※『기서』에는 이 아들 말이 첨가되어 있다: "其子曰, 死復救生, 則更有何言?" 맥락상 이 말이 들어가는 것이 더 부드럽다). 그리고는 지극히 공손한 자세로 간절히 살려내주기만을 원하는 것이었다.

그래서 선생은 좌우를 물리고, 친히 시체 곁으로 갔다(강수는 "시방尸傍"을 "尸房"으로 고쳤다. 시체가 놓인 방에 아무도 못 들어오게 하고 수운 혼자 시술했다는 얘기다). 그리고 맥을 짚어보고, 몸뚱이 혈을 어루만져 보았어도 영원히 가망 없는 시체처럼 느껴졌다(그렇지만 이것은 가사상태였다). 그러나 수운 선생님은 기다란 꿩 꼬리 하나를 집어 그 할머니의 목구멍에 넣고 살살 휘돌렸다. 눈 깜짝할 사이에 갑자기 목구멍에서 그렁그렁 하는 소리가 들리더니 한 개의 핏덩어리를 확 토해내었다. 할머니는 어깨를 들먹거리더니 몸을 돌렸다. 이 때에 선생께서는 그 아들을 불러, 청수를 입에 흘리게 했다. 할머니는 조금 있다가 완전히 회생하여 몸을 굴려 일어나 앉았다. 이 일 때문에 선생은 신적인 능력의 소유자라는 호칭이 당연한 것처럼 따라다녔다.

옥안 이 단의 이야기는 동학도의 입장에서 본다면 이토록 자세하게 기술하는 것이 민망할 수도 있다. 그러나 가감 없는 현실적 사태를 있는 그대로 질박하게 그려놓았다. 이 단의 문장도 강수의 『도원기서』에 거의 동일한 내용이 들어가 있다. 후대의 변형과는 달리 강수에게도 원상原相을 원상 그대로 전한다는 비신화적 신념이 있었던 것 같다. 그러나 다 지적할 수는 없으나 세부적으로 매우 말을 매끄럽하게 다듬었고, 좀 비약적인 부분에는 설명을 첨가하기도 하였다. 『문집』의 기술은 역시 투박하고 오리지날한 맛이 있고, 『도원기서』의 기술은 세련되어 있다. 나는 『대선생주문집』의 원본을 그대로 교정하여 썼고, 자유로운 맥락적 번역을 가하였다. 번역은 의미의 전달을 제1의로 삼는다.

프레디 머큐리Freddie Mercury, 1946~1991(락밴드 퀸Queen의 리드 보컬리스트)의 「보헤미안 랩소디」라는 노래의 첫 줄은 다음과 같은 절규로 시작한다: "Mama, just killed a man.엄마, 난 사람을 죽였어요." 아마 수운도 이 장면에서 이런 노래를 불렀을 것이다. 위대한 수운이 사람을 죽이다니! 도무지 있을 수 없는 일이다. 그런데 더욱이 그 사실이 "자기의 분노를 삭이지 못해" 일어난 사건으로 기술되고 있다. 그런데 더욱 한심한 일은 내가 분노를 표출한 그 대상의 분노는 나로 인하여 생긴 것이고, 그 죽임을 당한 노파의 분노가 나의 분노보다는 훨씬 더 정당하다는 것이다. 사기는 내가 친 것이고, 그 노파의 집안은 정말 억울하게 돈을 뜯긴 것이다.

그러나 옛 시골의 정감으로 볼 때 이 사태가 매우 의연하게 정리되어가고 있는 것을 보면, 역시 일곱 패밀리가 모두 철점에 투자한다는 사실을 알고 있었기 때문에 완벽하게 일방적인 사기는 아니었다는 것이다. 수운은 그 돈을 제철산업을 일으키는 데 썼고 방탕하거나 낭비한 것은 아니었다. 따라서 수운의 입장에서는 자신의 실수는 인정하지만 상대방을 완벽하게 기만한 것은 아니라고 생각했기에 의연하게 대처한 것 같다. 일곱 패밀리는 잘못 투자를 한 것뿐이다.

여기 "동정同呈"이라는 말이 나오는데 이것은 한국식 한문이며, "정呈"은 "정소呈訴"의 줄임말이며, "억울한 일을 관아에 하소연하여 올린다"는 뜻이다. 『조선왕조실록』에 그 용례가 있다. "작장사作狀辭"도 "소장을 만들어주었다"는 의미다. 일반서민은 한문의 능력이 없었기 때문에 수운을 고발하는 얘기도 수운 자신이 써주었다는 뜻이다. 관원(영감)의 판결은 그 나름대로 합리적이고, 수운에게 죄를 묻지 않았다.

그런데 이에 분노한 이웃 할머니(채권자 중의 한 명)가 달려들었다. 궁색함을 견디다 못해 그 할머니를 밀쳐냈는데, 수운이 기골이 장대하고 무술을 연마한 사람이라 부지불식간에 그 충격이 컸던 모양이다. 할머니는 죽었다.

할머니를 죽음으로부터 회생시키는 이야기는 모든 "가사상태로부터의 부활"이라는 담화양식의 전형을 따르고 있다. 그러나 수운의 이야기는 매우 리얼하다. 희대의 신의神醫 편작扁鵲이 괵국虢國의 태자를 살려내는 이야기도 역시 가사상태에 대한 의학적 진단을 전제로 하고 있다. 태자의 병은 체중의 양기가 함몰되어 음기 속으로 들어가버림으로써 오장의 기氣가 역상逆上한 일시적 상태이며 죽은 것이 아니다. 편작은 삼양三陽·오회五會의 혈을 침으로 찌르고 태자의 숨을 살려낸 후 다양한 요법을 가한다. 그리고 최후로 20일간 탕제로 음양의 기를 조화시켜 온전한 생명으로 환원시킨다.

편작은 이 사건으로 죽은 사람도 살려내는 신의라는 명성을 얻는다. 예수도, 최소한 마가복음의 예수는 송장을 살려내는 그런 무모한 "살림"을 행하지 않는다. 단지 야이로의 딸을 고치러 가던 중 혈루병환자의 여인이 예수의 발걸음을 지연시킨 사건 하나가 기록되고 있을 뿐이다. 예수가 당도했을 때 야이로의 딸은 가사상태였고, 예수의 "탈리다쿰" 이 한마디에 그 소녀는 일어나서 걷는다(막 5:21~43).

그러나 요한복음의 예수는 썩은 내음새가 펄펄 나는 송장 나사로가 염을 풀고 걸어나오게 만든다. 요한은 이 장면을 리얼한 얘기처럼 그리고 있다(요 11장). 이미 마가복음의 상식에 의거한 특별한 능력은 요한복음에서는 신화적 의미의 전면적인 수용으로 양식적 비약이 일어난다. 그러나 동학의 기술자들은 상식의 인과적 틀을 지키고 있다. 「보헤미안 랩소디」의 도입부분에는 이런 서막의 언어가 그려져 있다.

Is this the real life?
Is this just fantasy?
이건 실제 삶의 상황일까?
아니면 그저 환상일까?

Caught in a landslide,
no escape from reality
산사태에 갇힌 것처럼
현실에서 벗어날 수가 없네

Open your eyes,
look up to the skies and see
눈을 뜨고
고개를 들어 하늘을 봐

I'm just a poor boy,
I need no sympathy
나는 그저 불쌍한 아이
동정은 필요 없어

Because I'm easy come, easy go,
a little high, little low
왜냐하면 나는 쉬이 왔다가 쉬이 가는 인생
고귀하지도 비천하지도 않으니까

Anyway the wind blows
doesn't really matter to me, to me
어찌 됐든 바람은 불테고
나에겐 중요하지 않아

생계에 매달리다가, 죽음과 삶의 기로를 너무도 드라마틱하게 체험하는 수운, 그 수운은 실제로 "살인자"가 될 뻔했다. "마마! 저스트 킬드 어 맨! Mama, just killed a man." 그런데 그 좌절, 그 곤궁, 그 어쩔 수 없는 인간의 한계상황에서도 그는 결국 사람을 살리는 "신명의 인간"이라는 명성을 얻는다. 수운에게 "하늘님"과의 만남은 더욱더 절실한 과제상황으로 발전해간다. 천주와의 맞대결, 그것은 그의 삶의 어쩔 수 없는 운명이었다.

원문-7 至于己未, 巢穴未定, 窘急莫接, 惟有還故之思, 將營率眷之計。是歲十月, 還旋龍潭。龍潭卽山林公講習之齋也。自是罷脫衣冠, 深盟泉石, 不出門庭, 休息且退, 可笑滔滔之世態, 不妨閒閒之幽居, 遊弄歲月, 樂在亭潭。

국역 다음 해 기미년(1859)에 이르러, 주거도 마땅치 아니하고, 생활이 곤궁하기 그지없는데다가 어디 신세질 곳도 없으니, 생각나는 것은 고향에 돌아가고픈 심정이요, 권속을 잘 거느리고 살아갈 계책뿐이었다. 이해 기미년 10월에 결단을 내린다. 울산에서 다시 경주 용담으로 돌아갔다.

용담으로 말하자면, 그곳은 아버지 산림공께서 제자들을 가르치시면서 학습의 장을 열었던 뜻깊은 재실이다. 10월 이후로 수운선생은 의관을 다 벗어던지고, 천석泉石에 깊게 맹세한다. 일체 문정門庭 밖을 나가지 않으리라 하고 물러나 휴식하면서 어지럽게 흘러가는 세태를 가소롭게 바라보았다. 한가롭게 그윽한 삶을 예찬하면서 세월을 희롱하고 즐거움을 오로지 정자와 연못에 두었다.

옥안 이 단은 내가 부연설명할 것이 별로 없다. 아마도 수운의 삶에 있어서 폭풍 전야의 정적이라고나 할까, 하여튼 비교적 한가로운 한 해였던 것 같다. 을묘년(1855)의 천서사건, 병진년(1856)의 내원암 47일기도, 정사년(1857)의 철점사건과 적멸굴 49일기도, 무오년(1858)의 노파사건을 거쳐, 기미년(1859)에 비로소 용담龍潭으로 돌아와 한가롭게 세상을 관망하게 된다. 한가로움 속에서 인간정신은 도약의 계기를 맞이한다.

생각해보라! 기미년은 수운이 득도하기 전의 한 해였다. 그런데 꼭 한 갑자를 지나고 우리민족은 3·1독립혁명의 열기에 휩싸인다. 그 60년 동안에 일어난 그 엄청난 역사의 전변의 물결을 생각할 때 그 파랑을 일으킨 힘은 지금 우리가 논의하고 있는 이 36세의 청년의 삶의 노래와 무관하지 않다. 이 60년의 파란만장한 역사를 추동한 힘과 소망과 빛은 이 청년이 갈구한 상도常道의 비젼에 뿌리박고 있었다. 그것은 결코 "근대화," "서구화"라는 표피적 흐름으로 해석될 수 있는 관념적 폭력의 역사단층이 아니었다.

규장각본에는 "산림공山林公"에서 "공公"이 빠져있다. 기서에 의거하여 "公"을 보충하였다.

원문-8 庚申四月初五日, 卽長侄孟倫之生日也。送其冠服請來, 先生不負其情, 强參會筵。未幾身有戰寒之氣, 未得安心, 仍爲起來, 而精神渾遣, 如狂如醉, 顚沛倒之。抵至廳上, 則氣(身)踴氣蹵, 疾不得執症, 言不得難狀之際, 自空中完然有聲, 頻聞耳邊, 莫知其端。向空而問曰: "問, 空之聲誰也?" 上帝曰: "余是上帝, 汝不知上帝耶? 汝又布白紙, 而受我符圖也。" 卽敍白紙, 完然昭載於紙上。先生招其子視之, 子曰: "吾不見其形。" 上帝曰: "愚昧在, 汝以筆書之, 燒置精(淨)器, 冷水呑服。" 先生卽寫一張, 燒以呑服, 則初試之際, 無聲無臭, 特甚也。上帝曰: "汝卽吾子, 謂我呼父也。" 敬教呼父, 則上帝曰: "汝誠是佳。符, 三神山不死藥, 汝何知之。" 先生遂寫數百張, 連爲呑服。過去七八朔後, 纖身潤富, 容貌幻態。上帝又教曰: "汝除授白衣相乎!" 先生答曰: "以上帝之子, 寧爲白衣相乎?" 上帝曰: "汝不然, 則受我造化, 以參造化。" 先生受教以試之曰: "皆是有世之造化也。" 先生不應。又曰: "此造化行之後, 彼造化行之。" 先生卽爲行之, 此化彼化, 是亦有世之化也。以此化教人, 則必爲謨(誤)人, 永不擧行。上帝又見造化曰: "此造化眞可爲行化也。" 先生强爲行之, 則是可爲亦然也。其後雖有命教, 誓不擧行。絕飮十一日,

上帝但無一言之教。幾至一月，下教曰：“美哉！汝之節兮。用汝以降無窮之化，布德天下。”先生遂以飮食。自此以後，安心正氣，幾至一歲，修而煉之，無不自然。乃作龍潭歌，又作處士歌，與教訓歌及安心歌，並出一以作呪文二件。一件先生讀之，一件傳授於子侄。又作降靈之法，又作劍訣。又作告祝文，是乃白衣童，靑衣童也。法制呪文，雖有之，玄機不露，故天藏地祕云云。

국역 경신년(1860) 4월 초5일의 일이었다. 이날은 마침 장조카 맹륜의 생일이었다(맹륜의 생일잔치에 관한 이야기가 『천도교서』에는 보이지 않는다. 그러나 『도원기서』에는 거의 동일하게 자세히 나타난다. 『시천교역사』에도 적혀있다). 맹륜은 용담에서 1리 떨어진 지동芝洞에서 살고 있었는데 정성스럽게 관冠과 의복을 보내서 생일잔치에 초대하였다. 수운 선생은 본시 용담 밖을 나갈 생각이 없었는데 그 정을 저버릴 수 없는지라 조카의 생일잔치에 억지로 참석하였다.

그런데 얼마 지나지 않아 갑자기 몸이 부르르 춥고 떨리는 기운이 있어 마음을 안정시킬 도리가 없었다. 그런데도 여전히 일어나 집에 돌아오려 하는데, 정신이 혼미하여 흩어져 버린 듯하여 미친 것 같기도 하고, 술에 취한 것 같기도 하여 엎어지고 고꾸라지곤 하였다.

(※ 이 『문집』의 기록상으로는, 수운이 상제를 만나는 장소가 맹륜의 집인 것으로 설정되는 것이 자연스럽다. 그런데 『시천교역사』에 보면 한전의 기운이 있자마자 수레를 돌려 용담으로 돌아온 것으로 기록되어 있다. 여기서도 다음의 구절인 “저지청상抵至廳上” 앞에 용담으로 급히 되돌아와 대청마루에 올라갔다는 구절이 생략된 것으로 해석할 수도 있겠다. 그러나 실제상황은 역시 전한과 혼미가 계속되는 그 당장에서 일어나야 리얼한 체험이 된다. 그리고 맹륜의 집에서 일어난 사건으로 해석되는 것은 맹륜의 구술이라는 근거사실을 강화시킨다).

대청마루 위로 끌어올렸는데 몸이 솟구치기도 했다가 또 기가 위축되기도 하곤 했는데, 도무지 무슨 질병인지 그 증상을 파악할 길이 없고, 말로도 그 형상을 기술할 길이 없었다.

그때였다. 하늘로부터 아주 완연한 소리가 있었다. 귓가에 자주 소리가 들려오기는 하나 그 단서를 명료하게 잡을 길이 없었다. 수운 선생은 허공을 향해 외쳤다: "묻노니, 공중의 소리의 임자는 도대체 누구냐?"

그랬더니 하늘의 상제上帝가 말씀하시기를:

"나는 상제이다. 너는 상제도 알지 못하느냐? 너는 즉시 백지를 펴라! 그리고 내가 그리는 부도符圖(일종의 부적)를 받아라!"

선생은 즉시 백지를 폈다. 그랬더니 그 흰 종이 위에 완연하게 부도가 그려져 있었다. 선생께서는 그의 아드님을 불러 그 광경을 보게 하였다. 그랬더니 아들이 말한다(『문집』에 "왈曰"로만 되어있는데 『기서』에 "자왈子曰"로 되어있다. 『기서』를 따랐다):

"저는 그 형체를 볼 수 없습니다(즉, 아무것도 보이지 않습니다)."

상제가 말하였다:

"우매함이 너희를 사로잡고 있구나!(※『문집』에는 "우매재愚昧在"로 되어있고 『기서』에는 "우매인생愚昧人生"으로 되어있다. 『기서』를 따르면 "우매한 인생들이로구나!"의 뜻이 될 것이다. "우매재愚昧在"는 이상한 한문이라서 뜻이 잘 통하지 않는다. 그러나 "재在"에는 "있다" "살다" "사로잡는다"의 뜻이 있다.

이를 해석하면 "우매하게들 살고 있구나," "여기 우매함이 지배하고 있구나" 등의 해석이 가능해진다. 강수가 『문집』의 "우매재"를 "우매인생"으로 고친 것이다. 거꾸로의 방향은 있을 수가 없다. 그러나 강수의 수정도 정당하다고 볼 수 없기 때문에 나는 "우매재"를 고집하였다). 너는 붓을 들어 그 형상대로 써라. 그리고 그것을 태워 정갈한 그릇에 넣어라(『대선생주문집』에는 "정기精器"로 되어있고, 강수의 『기서』에는 "정기淨器"로 되어있다. 당연히 강수가 맞다. 『문집』의 저자가 서둘러 쓰는 가운데 오자가 발생한 것이다. "精器"에서 "淨器"로 고쳐지는 것은 가능해도, "淨器"에서 "精器"에로의 수정은 불가능하다. 텍스트의 선후는 이런 식으로 명백히 가려진다. 종이재를 담아 물 타 마시는 그릇이 깨끗한 그릇이어야 하나 정교한 그릇이 될 이유는 아무것도 없다). 그리고 냉수를 타서 마셔라."

이에 선생은 즉시 한 장의 부도를 써서 태워 탄복하였다(여기 "일장一張" 앞에 "사寫"를 첨가하였다. 강수의 교정방식을 따랐다). 그랬더니 최초로 이 부도를 태워 마신 느낌은 무성무취하다는 것이었다(※종이재를 태워 마시는데 "무미無味"하다 정도면 됐지, "무성무취," 즉 "소리도 없고 냄새도 없다"라고 말하는 것은 조금 과도한 표현이다. 그러나 "무성무취無聲無臭"라는 말은 유교의 최고 경전이라 말할 수 있는 『중용』의 클라이막스이자 마지막을 장식하는 명구이다. 여기 "무성무취"라는 말은 모든 신화적 요소를 거부하는, 그리고 겉으로 드러나는 화려한 문채를 거부하는 담간온리淡簡溫理의 군자의 도君子之道를 상징하고 있는 것이다). 이 무성무취하다는 것이야말로 첫 탄복의 현저한 성격이었다.

상제는 또 말한다:

"이제 너는 내 아들이다. 나를 아버지라 불러라."

이에 수운 선생은 그 가르침을 공경히 받들어 상제를 아버지라고 부르기 시작했다. 그랬더니 상제는 또 말하는 것이었다:

"너 정말 좋은 아이구나(※천도교 사람들은 이것을 "너의 정성이 어여쁘도다." "너의 정성이 가히 아름답구나"라고 번역한다. 그러나 "여汝"는 소유격으로 잘 쓰이지 않는다. 그리고 "성誠"은 "진실로indeed"라는 뜻의 부사이다. 이 구문은 "你眞是好的"라는 백화식 표현의 고상한 형태일 뿐이다). 이 부도로 말하자면 삼신산 불사약이다. 그 효능을 네가 어찌 다 알리오?"

선생은 이에 수백 장의 부도를 그려서 연이어 탄복하시었다. 이렇게 7·8개월을 지내고 보니, 몸이 부드러워지고 윤기가 흘렀다. 그리고 용모가 아름답게 환상적으로 바뀌었다.

상제가 또 교시를 내려 말한다:

"여봐라! 너에게 백의상白衣相(실제의 권력은 없지만 명목이 재상宰相인 사람)을 제수하려 하노라."

선생께서 이에 대답하여 가로되:

"나는 이미 상제의 아들인데, 어찌 상제의 아들로서 백의상 따위를 제수받겠소?"

상제는 이에 말하였다:

"네가 세속의 백의상을 싫어한다면, 나의 조화造化를 받아라! 그리하여 나의 조화에 참여하여 보라!"

선생께서는 그 가르침을 받들어 그대로 시험하여 보았다. 선생께서 말씀하시었다:

"이런 것들은 모두 이 세상에 있는 조화일 뿐이외다. 특별할 것이 아무것도 없소."

수운 선생은 상제의 명령에 불응하기로 마음을 굳게 먹었다. 그랬더니 상제가 또 이와같이 말하는 것이었다:

"조화가 뭐 한둘인 줄 아느냐? 이 조화를 행한 후에, 저 조화도 행하여 보아라!"

선생은 그 말씀을 듣고, 이 조화도 행하여 보고 저 조화도 행하여 보았다. 그랬더니 이 모든 것이 이미 세상에 있는 조화요 특별한 것이 아니었다. 만약 이 따위 조화로써 사람을 가르치면 반드시 사람들을 그릇된 길로 빠지게 만들 뿐이다. 선생은 영원히 이 따위 짓은 아니하기로 결심하였다. 그랬더니 상제는 또다시 조화를 드러내며 말하였다:

"이보게! 이 조화야말로 진실로 해볼 만한 조화일세."

선생은 하는 수 없이 그 조화를 억지로 행하여 보았다. 그랬더니 그것 또한 세상에 있는 조화일 뿐이었다. 선생은 좀 화가 났다. 그 후로는 어떠한 상제의 명교命敎가 있다 할지라도, 그의 말을 받들어 행하지 않기로 맹서하였다. 그리고 열하루 동안이나 먹고 마시는 것을 전폐하였다. 상제도 단 한마디의 가르침도 내리지 않았다. 거의 한 달 가량 지났을 때였다. 상제는 드디어 가르침을 내리어 말하였다:

"오~ 아름답도다! 그대의 절개여. 너를 써서(활용하여) 이 땅에 무궁한 조화를 내리리라! 그리하여 천하에 참다운 덕을 펼치리라!"

선생께서는 이 말을 듣고 비로소 음식을 드시기 시작하셨다. 이후로는 마음을 안정시키고 기를 바르게 하였다(※여기 『대선생주문집』에는 "안심정기安心正氣"로 되어있는데 『기서』에는 이 구문을 "수심정기修心正氣"로 고쳤다. 이미 수운의 가르침으로서 후대에 정형화되어 있는 방식으로 고친 것이다. 그러니까 "안심정기安心正氣 → 수심정기修心正氣 → 수심정기守心正氣"로 변해간 것을 알 수 있다. "안安"은 종교적 내음새가 전혀 없는 그냥 일상적인 편안한 표현이다. 이것이 "수修"로 변해가는 것만 해도 "끊임없이 닦는다"는 과정적 역동성을 표현한 것이기에 크게 잘못된 것이 아니다. 그러나 "수守" 즉 "지킨다"는 표현은 종교적 도그마를 굳게 지킨다는 뉘앙스가 강하게 묻어나온다. 『동경대전』 내의 표현도 초판본에는 모두 "수심정기修心正氣"로 되어있다). 거의 일 년을 이렇게 보내면서, 닦고 단련하였으니 모든 것이 스스로 그렇게 되지 않는 것이 없었다.

이에 「용담가」를 지었고, 또한 「처사가」와 「교훈가」, 그리고 「안심가」를 지었다(「처사가」는 한글가사인 듯하나 일실佚失되어 전하지 않는다. 일설에 의하면 「처사가」는 「화결시」의 일부라고 한다). 이 노래들이 지어질 때 한편으로는 주문 두 개를 지었다("병출일이작주문이건並出一以作呪文二件"은 좀 어색한 표현이기는 하나 한편으로는 주문 2개도 같이 내었다는 평범한 문구이다). 두 주문 중 하나는 수운 선생님 자신이 독송하는 것이고, 또 하나는 아들과 조카에게 주어 독송케 한 것이다.

이외로 또 강령지법을 지었다("강령지법降靈之法"이 『기서』에는 "강령지문

降靈之文"으로 되어있다. 『기서』가 더 맞을 듯하다. "강령지법" 하면 "영을 내리는 법"에 관한 일종의 비법이 될 것이고, "강령지문"은 영을 내리게 하는 주문 같은 류일 것이다). 이때 또한 「검결劍訣」을 지었다(지금 우리가 접하는 「검결」은 신유년 포덕 이전에 이미 주문과 함께 지어진 것임을 알 수 있다).

그리고 또 「고축문告祝文」을 지었는데, 이 「고축문」의 내용에는 백의동白衣童(흰 옷 입은 동자)이니 청의동靑衣童(푸른 옷 입은 동자: 도가계열의 의식에 관한 것)이니 하는 제식적 얘기가 나온다.
(※"고축문"은 『기서』에는 "고자주告字呪"로 되어있고, 『시천교역사』에도 "처사가"와 더불어 "고자주告字呪"와 "법제주法制呪"를 지은 것으로 되어있다).

주문을 만드는 것에 관한 주문도 지었으나, 현기를 노출시키면 아니 되기 때문에 하늘에 감추었고 땅에 비전하였다는 얘기만 전해온다.

옥안 기미년을 좀 한가하게 보냈으나 그 다음 경신년 4월 5일, 운명의 날이 다가왔다. 윌리엄 제임스William James, 1842~1910(하바드대학의 교수. 미국 심리학의 개조Father of American psychology로 불린다)는 그의 『종교적 체험의 다양성*Varieties of Religious Experience*』이라는 책 속에서 의식의 신비적 상태에 관해서 다음의 4가지 특징을 말하고 있다.

첫째, 일상적 언어로 표현될 길이 없다. 타인에게 전달하기 어렵다(Ineffability). 둘째, 일상적 경험과는 다른 아주 다른, 특별하거나 심오한 진리의 심연이 있으나 말로 표현된다(Noetic quality). 셋째, 그 신비적 체험은 오래가지 못한다. 잠시간 있다가 사라진다(Transiency). 넷째, 수동적으로 당하는 것이지 자의적으로 만들어내는 것이 아니다. 자의는 정지당한다(Passivity).

아마도 수운의 체험을 설명하는데 이보다 더 정확한 상황설정을 말하기 어려울 것 같다. 그리고 종교적 개심(Conversion)에 관해서는 다음의 세 가지 특징을 말하고 있다.

첫째, 세속적 근심이 사라지며, 존재함의 의욕이 충만하게 된다.
둘째, 진리의 인식방법이 달라진다. 삶의 신비가 매우 투명해진다.
셋째, 세계가 새로워진다. 새로움의 주제가 모든 대상을 아름답게 만든다.

궁극적으로 수운에 대해서도 비슷한 이야기를 할 수 있을 것이다.

우선 『문집』의 기록으로는 수운의 전한접신戰寒接神의 체험, 그 전체광경이 조카 맹륜의 집에서 일어난 것으로 기술되어 있다고 볼 수밖에 없다. 신비적 체험이란 바로 뜻밖의 일방적인, 즉좌적인 체험이라는 데 그 특징이 있다. 물론 이 기술이 맹륜의 구술에 의거한 것이라는 사태의 중요성도 간과할 수 없지만, 무엇보다도 이러한 꾸밈없는 해프닝이야말로 이 기록의 진실성을 입증하는 것이다.

수운은 울산에서 용담으로 돌아온 지 한 6·7개월 일체 외출을 하지 않았다. 그리고 의관조차 파탈罷脫해버렸다(상투도 틀지 않았다는 이야기). 그런데 조카가 의관까지 새로 장만해 보내었다. 수운은 정말 가기 싫었던 길을 억지로 떠났다고 했다. 그런데 그 내키지 않았던 걸음에서 전혀 의외의 사건을 만난다. 그런데 만약 『시천교역사』의 기술대로 즉각 수레를 돌려 용담으로 돌아왔다고 한다면, 이미 돌아오는 길에 신비적 체험은 사라져버렸을 것이다. 윌리엄 제임스는 신비적 체험의 특징을 "잠시성transiency"이라 규정하고, 종교를 개창한 위인들의 경우, 보통 30분에서 1시간 정도, 아주 특수한 경우래야 2시간 정도라고 구체적인 시간까지 제시한다. 신비적 체험은 일상성의 빛 속에서 곧 희미해진다는 것이다.

『시천교역사』류의 후대기술이 "용담으로 되돌아갔다"는 말을 하기 좋아하는 이유는 용담연원의 정통성을 확보하기 위해서는, 수운의 대각이 바로 용담정에서 있어야 한다는 당위성을 깔고 있기 때문이다. 그러나 맹륜의 집에서, 즉 전혀 뜻밖의 장소에서 뜻밖의 환경에서, 시공을 초탈하는 접신이 이루어진다는 이 사태야말로 용담연원의 위대성을 나타내는 것이다. 사도 바울도 예수를 믿는다 하는 놈들을 죽이러 가는 길에 역설적으로 예수를 만난 것이다: "사울아, 사울아, 네가 어찌하여 나를 핍박하느냐?"(행 9:4). 강수의 『기서』도 『문집』의 기록을 훼손하지 않았다.

생각해보라! 수운이 이 우주의 주재자 하늘님(=하느님=天主)을 직접 만나고 싶다는 열망은 을묘년(1855) 봄으로부터 경신년(1860) 4월까지 만 5년의 세월을 넘어 지속된 것이다. 인간정신이 단 하나의 목적을 향해 5년 동안의 집중 수도를 한다는 것은 결코 쉬운 일이 아니다. 무엇인가 그 결실을 얻지 못할 일도 아니다. 공부의 댓가는 어떠한 형태로든지 있게 마련이다.

1860년 4월 5일, 드디어 그 열망의 성취가 이루어졌다! 그 열망의 내용은 무엇이었나? "하느님을 만나고 싶다"였다. 그럼 만났나? 어떻게 만났니? 하느님, 즉 인격화된 하느님으로서의 상제上帝(우리 전통언어에서 상제는 "God," "Deus"를 의미한다. 그리고 마테오 리치 본인이 『시경』, 『서경』, 『역경』, 『예기』 등에 나오는 "상띠上帝"라는 표현이 푸른 허공을 의미하는 것이 아니라 최고지선의 신격자神格者이며, 자기가 말하는 "천주天主"[하늘님]와 동일하다고 웅변한다. 그리고 영혼불멸·의지불멸의 신앙에 근거하여, 현세의 행위의 응보가 사후에 있어서 천당과 지옥의 상벌로서 나타난다는 것을 중국의 고경에 의하여 명증한다. 그리고 진정한 효도는 하늘에 계신 아버지에로의 순종이라고 역설한다)가 드디어 나타났다. 사도 바울이 다마스커스로 가는 도중에 겪는 모든 회심의 현상을 똑같이 체험하면서 상제上帝, 즉 천주天主를 만났다.

최초의 만남은 부도符圖(=부적符籍)라는 형상을 통해 만났다. 아들(=타인)에게는 보이지 않는 부도를 통해 수운은 인격적 존재자의 존재성을 확인한다. 그가 그리는 부적은 "궁을부적弓乙符籍"이라는 형상으로 전해내려오는데, 실상 "궁을"이라는 것은 "태극太極"의 형상이요(우리 태극기 안의 태극을 그리다 보면 궁을이라는 글자의 형상을 따라가게 된다), 태극의 형상이라는 것은 전 우주의 모습이요, 그 부적의 주인인 하느님은 전 우주의 주재자라는 심볼리즘을 함장하고 있다.

하여튼 부적을 매개로 해서 최초로 수운과 상제의 만남(엔카운터Encounter)이 이루어졌다는 사건은 심히 인상적이다. 부적이야말로 다양한 해석의 간략한 상징성을 내포하는 동시에, 동학이 "민중의 종교"로서 퍼져가는데 가장 결정적인 역할을 했다. 부적과 주문! 이것이야말로 당초에 누가 계획한 것인지는 모르나 민중에게 종교적 위안과 또 도유 상호간의 아이덴티티와 결집력을 불러일으키는 데는 최고의 신적 선물이 아닐 수 없다.

옛날의 저지楮紙는 화학적 표백약을 쓰지 않았고, 먹도 대체로 송연묵松煙墨인지라 기본적으로 자연소재로 이루어진 숯먹이다. 이것을 태워서 물에 타 마신다는 것은, 요즈음 민간요법에 암도 숯가루로 고친다는 이야기가 있듯이, 과히 몸에 해로울 여지가 별로 없었다고 보아야 한다. 건강에 도움을 주는 순수한 자연물질이었을 것이다. 그것도 우주를 상징하는 신적인 부도형상을 함께 삼키는 것이니 그 효력이 과히 나쁠 것이 없을 것 같다. 수운은 이 부적을 태운 재의 요법을 7·8개월을 계속했고, 그 결과 "섬신윤부纖身潤富" 해지고, 용모가 환태幻態(환상적인 모습)로 변하였다. 뭔가 카리스마를 발하는 윤기 흐르는 모습으로 신체적 변화가 일어났던 것이다.

그런데 이 상제와의 해후에 관한 기록은 수운 자신의 기술보다, 『대선생주문집』의 기술이 훨씬 더 자세하고 생생하다. 수운 본인의 기록만큼 권위를 지닐 수는 없겠으나, 기실 『문집』의 기술은 맹륜의 실제체험과 수운 본인이 포덕 후에 사람들에게 행한 수없는 설법을 통하여 사람들에게 담설화된 디스꾸르의 집합이기 때문에 결코 무시할 수 없는 진실을 내포하고 있다고 보여진다. 우리는 『문집』의 소소한 기술을 통하여 『동경대전』의 담설의 주변적 상황, 그리고 이면적 깊이를 형량할 수 있다. 『대선생주문집』의 자세한 기록은 우리에게는 정말 고마운 사태이다.

7·8개월 부적을 태워 마신 일 후에 나타난 상제의 모습은 이미 수운에게 막연한 호기심이나 전율을 느끼게 하는 경구敬懼의 대상이 아니라, 맞대결하는 친구와도 같은 모습으로 나타난다. 상제가 "인격적 주체"라고 한다면 이러한 대결의 양상은 필연적일 수밖에 없다. 여기서부터 전개되는 이야기는 마치 예수가 세례 요한한테 수세례水洗禮를 받은 후(수운이 부적을 물에 타먹은 것도 유사한 트랜스포메이션의 의미를 지닐 것이다), 예수 본인이 하나님의 아들이라는 것을 입증하기 위하여 사막으로 나아가 광야에서 40일 동안 사탄의 유혹을 받는 장면과도 유사하다(마가복음에는 1:12~13에 간략히 기술. 마태복음 4:1~11, 누가복음 4:1~13에는 자세히 나온다). 수운이 만난 상제는 사탄의 역할까지 겸하고 있다(우리 전통의 하느님의 인간적 측면).

상제는 수운을 아들로 삼겠다고 했다. 그러면서 자기를 아버지라고 부르라고 했다. 이것은 예수가 요단강에서 세례를 받고 올라올 때 하늘이 갈라지고 성령이 비둘기 모양으로 내려오는 것과도 같다. 그때 하늘에서, "너는 내 사랑하는 아들이다"라는 소리가 들려왔다. 수운도 상제가 자기를 아들로 삼겠다고 한 것에 대하여 그것을 승복하고 받아들이겠다고 한다. 그런데 상제는 영부를 내린 후, 또다시 이와같이 말한다:

"너에게 백의상을 제수하겠다."

세속적 권력의 최고자리인 재상의 자리를 주겠다는 것인데 상제가 준 재상의 자리가 리얼한 것일 수 없으므로 상제는 현명하게도 실권이 없는 "백의재상"(이순신이 백의종군 하듯이)을 제수하겠다고 한다. 이에 회의를 느낀 수운은 단칼에 반박을 해버린다.

> **"상제여! 이미 당신은 나를 하느님의 아들로 삼았소. 그런데 백의재상이라니, 뭔 개소리요? 그렇다면 하느님의 아들인 내가 허명의 백의상 노릇이나 하구 앉어있으란 말이요?"**

만약 이 순간에 수운이 "백의상白衣相"이라는 허명에 현혹되어 그 제수를 받아들였다고 한다면, 최복술 수운은 지금 대학로에 포장마차를 쳐놓고 "상제아들 백의상도사 궁합사주팔자" 간판을 걸어놓고 앉아 있는 무당과도 같은 한 백수가 되어있을지도 모르겠다. 수운은 유혹을 단칼에 물리쳤다. 이 물리침에 충격을 받은 상제는 "조화造化"라는 새로운 미끼를 던진다.

그런데 이 "조화"라는 말은 동학교리의 핵심이라고도 말할 수 있는 21자주문 속에도 들어가있는 말이며, 그 의미론적 맥락이 다양하기 때문에 이해하기가 결코 쉽지 않다. 그러나 그 원초적인 자의字義로부터 쉽게 그 뜻을 풀어가보자! 우리가 어렸을 때, 보통 어른들이 말하기를, "거 참 뭔 조홧속이여?"라고 하면, 그 "조화"는 다 헤아릴 수 없는 천지의 변화, 인간이 함부로 조작할 수 없는 운명, 생성변화, 창조화육, 신비한 얽힘 등 다양한 의미를 내포한다.

『장자』의 「대종사」편에는 요즈음 우리가 서양사상의 영향을 받아 부담없이 쓰고 있는 "조물주造物主Creator"와 거의 같은 의미로 쓰이는, 인격화된 "조물자造物者"라는 말이 나온다. 그리고 또 "조화자造化者," "조화造化"라는 말도 나온다.

> 夫造化者, 必以爲不祥之人。
> 今一以天地爲大鑪, 以造化爲大冶。
> 惡乎往而不可哉! 成然寐, 蘧然覺。

사람이 사람이 되는 것만을 고집하는 것도 조화자의 입장에서는 상서스럽지 못한 일이다. 자아 지금 천지우주라는 것을 하나의 거대한 화로라고 생각해보자! 그리고 조화자를 그 쇠를 주무르는 훌륭한 대장장이로 생각해보자! 그 화로 속의 쇠가 어떠한 모양으로 만들어지든지간에 그 나름대로 다 의미 있는 것이 아닐까? 내가 특별한 모습이 되겠다고 고집하는 것은 얼마나 어리석은 일인가! 편안히 잠들고(죽는다), 퍼뜩 깨어날(태어난다) 뿐일세. 삶과 죽음에 집착한다는 것이 얼마나 어리석은 일인가!

그런데 이러한 사상의 가장 정형을 나타내는 문장이 『열자列子』(현존하는 『열자』는 『장자』 이후에 성립한, 심지어 위진시대의 작품으로까지 낮추어 보지만 그 핵심 자료는 『장자』 이전에, 이미 춘추시기에 성립한 것이다) 제3편인 「주목왕周穆王」편에 있다.

「주목왕」편 제1의 고사는 주목왕이 서극의 나라西極之國에서 온 "화인化人"(화인은 마술사, 요술사, 환술의 달인의 뜻으로 수운의 이야기에 나오는 조화造化의 "화"와도 깊은 관련이 있다)에게 홀려 환상적인 세계를 여행하는 이야기가 아주 재미있게 묘사되고 있다. 마지막에는 주목왕이 서왕모를 찾아가 요지瑤池에서 잔치를 벌이고 술을 들며 같이 애절한 노래를 부른다.

그런데 그 다음 이야기(제2화)는 노성자老成子가 윤문尹文 선생에게 환술幻術을 배우는 과정이 기록되어 있다. 윤문이 말한다:

昔老聃之徂西也, 顧而告予曰: "有生之氣, 有形之狀, 盡幻也。造化之所始, 陰陽之所變者, 謂之生, 謂之死。窮數達變, 因形移易者, 謂之化, 謂之幻。造物者, 其巧妙, 其功深, 固難窮難終; 因形者其巧顯, 其功淺, 故隨起隨滅。知幻化之不異生死也, 始可與學幻矣。"

(이것은 환술[마법]을 배우고 싶어하는 노성자에게, 윤문이 노자에게 들은 심오한 말을 옮기는 내용이다). 옛날에 노자 선생께서 서쪽으로 가실 적에 나 있는 곳에 들르

셔서 이와같이 말씀하셨단다: "구체적인 형체가 없고 오직 생명력만 있는 기氣나 구체적인 형체가 있는 물체나 알고 보면 모두가 환幻이다(환술의 환을 말함). 창조와 변화의 시작, 그리고 음양의 법칙에 따라 차곡차곡 변해가는 자연의 추이, 이 양자를 가리켜 생生이라고도 하고 사死라고도 한다. 자연의 법칙을 다 파악하여 변화에 도달하고, 또 형체의 인과적 관계에 따라 그 모습을 바꾸어 가는 것, 이 양자를 가리켜 화化라고도 하고 환幻이라고도 하는 것이다.

조물자의 장난은 그 기술이 오묘하고 그 공력이 깊기 때문에 실로 다 헤아리기 어렵고 그 기능이 끝날 날이 없다. 그러나 구체적 형체에 따라 움직이는 세계는 그 기술이 매우 명백하고, 그 공력이 얕아서 수시로 일어나고 수시로 없어지곤 하는 것이다. 네가 정말 환술을 배우고 싶단 말이냐? 꼭 이것만은 깨달아라! 환화幻化(환상적 변화)라는 것이 생사生死(태어나고 사라지고 하는 변화)에 다름이 없다고 하는 것을 깨달을 때에만 너는 비로소 환술을 배울 수 있는 자격을 얻게 되는 것이다."

이『열자』의 문장이야말로 우리가 논의하고자 하는『문집』의 언어의 함의, 그 딮 스트럭쳐를 모두 함장하고 있다. "조화"의 "조造"는 "만들다to make," "제작하다," "창조하다to create," "시작하다to initiate"는 뜻이다. "조"는 창조의 시작이다. 그런데 "조화"의 "화化"는 "변화한다"는 뜻이다. 그런데 보통 변화에는 물리적 변화(physical change)가 있고, 화학적 변화(chemical change)가 있다. 물리적 변화는 형태의 변화이기 때문에 우리에게 허환虛幻의 느낌을 주지 않는다. 물론 지금은 화학적 변화도 합리적으로 해석이 가능하지만 이전에는 그러한 류의 변화를 환상적으로 해석했다. 뿐만 아니라 인간의 판타지를 자극하는 많은 환술幻術은 도술을 익히는 사람들의 묘기로서 자리잡았다.

그러니까 "조화"라는 의미에는 본시 천지음양의 생성이라는 매우 착실한 의미도 있는가 하면, 음양의 인과적 관계를 뛰어넘는 허환의 묘술이라는 환상적 의미도 있다. 그러니까 우주변화에 관한 과학적 의미와 종교적 의미가 동시에 내포되어 있는 묘한 말이다. 노자가 "네가 환화幻化와 생사生死가 하나도 다를 바 없다는 것을 깨달을 때만이, 나는 너에게 환술을 가르쳐줄 수 있다"라고 말했다고 하는 것은 수운의 깨달음의 경지를 종합적으로 가늠케 하는 매우 복합적인 성격의 명언이다.

동학을 공부하는 사람들이 동방고전에 대한 깊은 이해가 없이, 그냥 피상적으로 수운의 언어를 글자풀이 하는 경우가 많은데, 수운의 언어는 경주에 살던 한 청년의 언어가 아니라 인류문명 전체의, 특히 동아시아문명권의 모든 지적 축적을 소화해낸 보편적 인간(a Universal Man)의 각성이요, 토로吐露이다. 그렇다고 수운이 『열자』를 읽고 『장자』를 읽었다는 얘기도 아니다. 수운의 각성은 열자와 장자를 뛰어넘는 또 하나의 독자적인 깨달음의 포효이다. 이것은 수운의 포효일 뿐 아니라, 우리 조선민중의 포효이다.

수운은 서사西士(서양의 선교사)들이 그렇게도 열강하는 천주天主, 그 인격자와 만나고자 모든 정신력을 집중시켰다. 그리고 드디어 만났다. 그 명료한 인격신으로서의 천주는 수운에게 이와같이 말한다:

> **"내가 너에게 조화를 줄 것이다. 너는 그 조화를 받아서 나의 조화에 참여하여 보라!"**

여기 상제가 말하는 "조화"는 천지대자연의 생성을 말하는 것이 아니라, 뭔가 주고받는 매우 로컬한 물건인 것처럼 명사화(reification)되어 있다. 이 조화는 바로 『열자』가 말하는 "환술幻術"이요, "화술化術"이다. 그리고 동시에 천주학의 현실태를 말하는 것이었다. 예수는 서방(西極之國)에서 온 "화인化人"이었다. 천주의 권능을 빌어 이적을 행하고, 죽은자를 일으키는 환술의 대가였다.

상제는 수운에게 화술을 가르쳐줄 터이니 그것을 배워 시험하여 보아 천지의 조화에 너의 권능을 과시해보라고 권유하고 있는 것이다. 수운은 그 말을 듣고 그대로 시험해보았으나, 수운의 결론은 이것이었다: "그것은 모두 유세지조화일 뿐이오." "유세지조화有世之造化"라는 표현도 정말 한국식 한문이다. 그러나 그냥 그대로 해석하면 "이미 이 세상에 다 있는, 별다를 것이 없는 조화술(환술幻術)"이라는 뜻이다. 수운은 이미 10대에 요술을 마스터한 사람이다.

그러나 상제는 또 수운의 마음을 꼬시기 위하여 이 조화 말고도, 저 조화가 있으니, 이것 저것 다 시도해보라고 권유한다. 수운은 이것 저것 다 시도해보고, 결국 다 "이미 이 세상에 다 있는 사기술"에 불과하다고 판단을 내린다. 이러한 화술化術로써 사람을 가르치면 그것은 인간을 오도하는 패도悖道일 뿐이라고 최종적 판단을 내린다. 그리고 상제로부터 어떠한 명교命教가 있더라도 그것을 받들지 않겠다는 결단을 내린다. 다시 말해서 하느님과의 절교를 선언하는 것이다. 그리고 11일간 단식을 행한다.

결국 하느님과의 해후는 하느님과의 불소통으로 이어지고, 결국 하느님과의 단절로 결판이 난다. 즉 하느님(상제)은 인간의 선악과 무관한 절대적 존재가 아니라, 인간의 도덕적 경지에 따라 상대적인 생성적 존재로서 나타난다. 하느님은 인간에게 일방적으로 명령하는 존재가 아니라, 인간의 소리를 들어야만 하는 존재가 되는 것이다. 예수가 돌을 떡으로 만들고 성전 꼭대기에서 뛰어내리는 조화(환술)를 행하였다면, 예수는 결코 인간을 구원하는 메시아가 아니라, 써커스나 따라다니는 마술사가 되었을 것이다. 수운도 상제의 조화(화술化術)를 끝까지 거부했다. 이것은 곧 대상화되어 있던 존재자로서의 상제上帝가 나 존재의 심층으로 내면화되어간 과정을 말해주고 있다.

즉 수운의 접신은 윌리엄 제임스가 말하는 서구종교적 일시적 판타지가 아니라, 오랜 시간에 걸친 깨달음의 프로세스였다. 이 프로세스Process를 나중에 수운이 "시천주侍天主"라고 표현한 것이다. 시천주라는 것은 결코 내가 상제를 모신 고귀한 존재라는 뜻이 아니다. 하느님은 반드시 나의 존재 전체로 육화

(Incarnation)되어야 한다는 뜻이다. 다시 말해서 "시천주"와 동시에 객관적 존재자로서, 즉 나에게 무리한 명령을 함부로 내리고, 나에게 부도덕한 요구를 함부로 할 수 있는 명령자로서의 존재성은 사라지게 되는 것이다. 하느님을 진정으로 "시侍"한다고 하는 것은 하느님의 모든 덕성이 나의 내면으로 육화되는 것을 의미하며 그것은 곧 존재자로서의 **하느님을 죽이는 과정**인 것이다. 존재자로서의 하느님의 존재성은 사라지고 님화된 풍요로운 느낌이 나의 존재 전체에 스며들게 되는 것이다.

예수는 십자가에 못 박히는 순간까지 내내 하느님의 소리를 듣고 하느님의 권능에 의지한다. 그러나 수운에게 하느님은 대각의 과정에만 존재했다. 대각 후에 하느님은 "무궁지화無窮之化"(개방적인 무궁한 조화)가 되어버린 것이다. 이 우주는 하느님의 피조물이 아니라, "무불자연無不自然"의 스스로 그러한 과정이 되어버린 것이다. 서양의 모든 존재성이 수운의 대각 속에서는 생성적 과정으로 화해버렸던 것이다. 수운의 깨달음의 과정이야말로 **서양의 실체성이 근원적으로 해체되어 버리는** 창조적 도약이었다.

"시천주侍天主, 조화정造化定"이라는 것은 하느님이 우리의 내면으로 "시侍"될 때만이 우주천지의 조화가 바른 방향을 획득하게 된다는 것이다. 앞서 인용한 『열자』「주목왕」편에 "조화지소시造化之所始, 음양지소변자陰陽之所變者, 위지생謂之生, 위지사謂之死"라는 말이 있었는데, 그것은 조화라는 말을 보다 세밀하고도 총체적으로 설명한 것이다. "조造"는 창조이며 이니시에이션이며 시작이다. 생성의 출발이다. 그러나 "조造"된 것은 무엇이든지 "화化"하지 않을 수 없다. 이 화化를 "음양지소변陰陽之所變"이라고 말한 것이다. 창조된 것은 곧바로 생성의 변화를 거치게 되며 음양의 교섭에 의하여 화생의 과정을 거친다. 모든 변화의 종국은 죽음이다.

그러니까 조造는 생生이고, 화化는 사死다. 그러나 삶은 죽음 때문에 있는 것이고 죽음은 삶 때문에 있는 것이다. 죽음과 삶은 끊임없이 "일왕일반一往一

反"하는 것이다. 죽음은 삶의 완성이며 최대의 휴식이며, 본원本源으로의 복귀인 것이다. 죽음은 휴식인 동시에 새로운 시작이며 또다른 삶의 출발을 의미한다. 사생존망死生存亡은 일체一體이며 일여一如이다. 이러한 조화의 시작과 끝이 곧 생生과 사死를 의미하는 것이니, 모든 환화幻化(판타지)가 다 생사生死에 포섭되는 것이다.

그래서 노자는 말한다: "환화幻化는 생사生死에 다름이 없다는 것을 알 때만이 너는 환幻을 배울 수 있다." 이미 수운의 상식은 서양식 상제의 명교의 수준을 뛰어넘고 있었다. 수운은 「주목왕」편의 노자처럼 이와같이 말하고 있었을 것이다: "나 수운이나 너 상제나 다같이 하나의 판타지인데, 뭔 판타지를 다시 배우라는 것이냐? 뭔 조화를 다시 부리라는 말이냐? 吾與汝亦幻也, 奚須學哉!(이 말 자체는 『열자』에 속함)."

조화는 바르게 정립되어야만 한다. 그래야 세상을 오도하지 않을 수 있다. 그러려면 모든 인간 내면으로 천주는 시侍되어야 한다. 이것이 곧 "시천주侍天主, 조화정造化定"의 의미이다. 박하선의 기술은 이러한 수운의 각성과 결의의 과정, 그 내면적 정서의 흐름을 섬세하게 표현하고 있는 것이다.

원문-9 不意一日, 上帝曰: "汝明日當往親山省墓也。" 先生待明日, 爲料去矣。其日大雨方來, 自滯不就。上帝督促曰: "何以遲遲? 卽往省墓。" 先生冒雨而去, 小無雨具, 衣無所沾。卽臨侄家, 借其人馬, 則侄曰: "如此大雨, 省墓何急?" 先生强備人馬, 而去十里往還, 太陽繞上, 奴亦不沾而來(返)。奇哉! 怪哉! 先生曰: "此乃天主之造化也。" 其侄亦知甚怪。及其十月, 其侄孟倫來請入道, 先生傳之。上帝又謂曰: "汝之前後, 吉凶禍福, 吾必所

爲涉之也。然而汝入此亭後, 改字不出山外, 而所謂立春書者, 道氣長全邪不入, 世間衆人不同歸, 完書壁上, 嘲弄世上, 實笑(所)可所(笑)。汝今以後, 敎人布德, 爲我至事, 則汝亦長生, 昭然于天下矣。雖然汝國之運慘矣, 人心惟危, 道心惟微, 三綱倒喪, 五倫漸斁, 處處守牧之官, 虐民誤政, 亦失職分, 擧有魚河之歎。作亂無數, 連至三年。是故君不君, 臣不臣, 父不父, 子不子, 不順道德。汝國豈無傷害之運乎? 汝愼聽敎人云云。"

국역 뜻하지 않은 어느 날, 상제가 또 나타났다. 그리고 말한다:

"너는 내일 부모님 계신 산에 가서 성묘를 해야 한다."

우리 선생님은 내일을 기다려 꼭 성묘를 갈 요량을 세웠다. 그런데 그날 하필 큰비가 쏟아졌다. 선생은 머뭇거리며 집밖을 나갈 생각을 하지 못했다. 상제는 이때 선생을 독촉하며 말했다:

"이보게, 뭘 꾸물거리고 있는가? 즉시 성묘를 가게."

선생은 즉시 비를 무릅쓰고 성묘를 갔다. 아무런 우구雨具를 쓰지 않았는데도, 옷이 물에 젖질 않았다. 가는 길에 조카집에 들러 사람과 말을 빌리려 하였다. 조카가 말한다:

"아이 삼촌두, 이렇게 큰비가 쏟아지고 있는데 뭔 성묘를 그리 서두르시옵니까?"

그래도 선생은 억지로 사람과 말을 준비하여, 10리를 왕복했다. 태양이 위에서 그들을 감쌌다. 그리고 데리고 갔다온 종조차도 전혀 비에

젖지 않았다. 이를 본 조카는 기적이로다, 괴이하도다라고 외쳤다. 선생은 말씀하셨다:

"이게 다 하느님의 조화일 거야!"

조카 역시 심히 이상한 일이라고 느꼈다. 이 해 10월에 그 조카 맹륜이 선생께 와서 입도를 청했다. 선생은 허락하고 그에게 도를 전했다 (※맹륜 중심으로 기술되었다는 것을 알려준다. 맹륜이 최초의 입도자로서 기록되어 있다. 가까운 사람이 입도한다는 것 자체가 수운의 깨달음의 진실성을 입증하는 것이다. 예수는 선지자는 고향에서 대접받지 못한다고 했지만 수운은 가족으로부터 대접을 받았다. 막6:1~4).

상제는 또 수운에게 일러 말하였다:

"너의 깨달음의 전과 후, 그리고 그에 따른 길흉화복은 나와 관계되지 않을 수가 없다. 네가 이 용담정에 들어온 이후로 이름과 호를 고치고 산 밖으로 다시 나가지 않겠다고 작정했다. 그리고 이른바 입춘시를 썼다.

> 도의 기운이 오랫동안 온전하게 보전되어
> 사기가 틈타지 못하고
> 세간의 뭇 사람들과 나는
> 어울려 돌아가지 않으리라

이런 시구를 벽에 걸어놓고 세상을 조롱하고 있으니, 이는 실로 가소롭기 그지없다. 너는 이제 생각을 바꿔야 하느니라. 이후로는 사람을 가르치고 진리의 덕을 세상에 펼쳐야 하느니라. 나를 위하여 지극한

섬김을 행하면, 너 역시 장생할 수가 있고, 또한 천하에 밝은 빛을 드리우게 될 것이다.

그렇지만 현재 너의 나라의 운세는 매우 비참한 현실에 놓여있다. 인심은 위태롭기 그지없고, 본래의 도심은 미약하기 그지없다(『상서』「대우모」에 있는 말로서 신유학의 대명제 중의 하나. 그러나 여기서는 이 말을 그냥 세태의 어지러운 현실을 묘사하는 레토릭으로 썼다). 삼강이 없어져 사라지고, 오륜이 점차 패악해져가고만 있다. 곳곳의 목민관들은 민중을 학대하고 정치를 그르치며 그들의 본래의 직분을 상실하는 짓들만 하고 있다. 그러니 민중은 물이 말라버린 연못에서 헐떡이는 물고기들 같다. 민중은 봉기하여 난을 일으키는 사례가 무수히 많고 3년씩이나 연속되고 있다. 그러니 임금이 임금노릇을 못하고, 신하가 신하노릇을 못하고, 아비가 아비노릇을 못하고, 아들이 아들노릇을 못하니, 도덕에 어긋나는 사태가 벌어지고 있다. 이것은 너의 나라가 상해의 운수에 처해있다는 것이 아니겠는가? 너는 내가 사람을 가르쳐 계도해야 한다는 이 말을 진실로 새겨들어야 하느니라!"

옥안 내가 따로 덧붙일 말은 없다. 단지 이 단의 상제의 메시지는 심히 인간화되어 있고, 이념화되어 있다. 그리고 수운이 포덕을 결심하게 되는 심정의 사회적·역사적 맥락을 상제의 입을 빌어 말하고 있다. 포덕의 결심의 배경에는 강렬한 사회의식이 있었다는 것을 알 수 있다.

"입춘시"의 "도기장존道氣長存"이 여기 『대선생주문집』본에는 "도기장전道氣長全"으로 되어있다. 『동경대전』초판본에 "도기장존"으로 되어있고, 『도원기서』에도 "도기장존"으로 되어 있는 것을 참작하면, "장전"보다는 "장존"의 표현이 원의를 나타내고 있다고 보아야 할 것이다. 의미상의 큰 차이는 없다.

원문-10 適至辛酉春, 作布德文。時維六月, 將有布德之心, 欲得見時人賢者, 自然聞而來者, 不計其數也。或招以入道, 或命以布德。所傳者, 只二十一字而已。先生名其道曰天道。所授以敎者, 一曰食告。出必告, 入必告, 不爲用藥, 守心正氣, 去惡爲善, 物慾自去, 不探他利, 不取有夫女, 不言人之過, 不食惡肉, 以誠敬信三字爲主也。

국역 신유년(1861) 봄계절에 이르렀을 때, 선생님은 『포덕문』을 지으시었다. 때는 한여름 6월이었다. 선생은 포덕하고자 마음이 간절해졌다. 자기의 깨달음을 혼자 간직한다는 것도 매우 답답한 일이다. 당시 사람들 중에 어진 인물들을 만나 소통을 하고 싶은 욕망이 생겨난 것이다. 포덕을 시작하니 자연스럽게 풍문을 듣고 찾아오는 자들이 헤아리기 어려울 정도로 많았다. 어떤 자들은 초청·권유하여 입도하게도 하고, 또 좀 수준 높은 자들은 명하여 포덕하게도 하였다. 그렇지만 모든 사람에게 전한 것은 단지 주문 21글자일 뿐이었다.

선생께서는 당신이 깨달은 도를 천도 즉 하느님의 도라고 이름하셨다. 그리고 사람들에게 베풀어 가르치는 것은 일괄적으로 "식고食告"라고 말씀하시었다. 그 식고의 전체적 내용은 다음과 같다. 집을 나갈 때 반드시 부모님께 어디를 다녀오겠다고 말씀드리고, 집에 들어올 때는 어디를 다녀왔다고 말씀드려 부모님 마음을 편하게 해드려야 한다. (※ 중국사람들은 보통 "출필고出必告, 반필면反必面"이라고 말한다. 『예기』 「곡례상」에도 있고, 청나라 때의 3언운문인 『제자규弟子規』에도 있다). 그리고 될 수 있는 대로 약을 쓰지 말 것이며, 약 대신에 마음을 굳건하게 지키고 기를 바르게 해야 한다(여기서는 "수심정기守心正氣"가 "지킬 수"가 되어

있다. 맥락에 따라 닦는다修, 지킨다守, 편안하게 한다安 등의 표현이 자유롭게 쓰였음을 알 수 있다).

그리고 나쁜 짓을 하지 말고 좋은 일을 해야 한다. 그러면 물욕이 스스로 물러난다. 그렇게 되면 과도한 이익을 추구하는 바보짓을 하지 않게 될 것이다. 유부녀와 섹스를 하지 말 것이며, 타인의 잘못을 입에 올리지 말아야 한다. 그리고 저열한 육고기들을 먹지 않는 것이 좋다. 이 모든 것의 중심에는 성誠·경敬·신信, 이 세 글자가 있다.

옥안 매우 중요한 단락이다. 포덕 초기상황을 엿볼 수 있는 귀중한 원초적 정황이 있는 그대로 노출되어 있다. 그런데 이 단락에서 강수의 생각이 못미쳤다. 강수는 『도원기서』를 쓰는 과정에서, 초기교단의 소박한 모습을 그대로 전할 생각을 하지 못하고, 그것을 후대의 정비된 모습에 따라 언어를 첨가했다.

우선 "포덕布德"이라는 말은 동학에서 유별난 의미를 지니게 된 특수용어이지만 중국고전에 그 용례가 없는 것은 아니다. "포布"는 "베"니, "비단"(生絲絹)이니, "화폐"니, "세금"이니 하는 뜻을 가지는 글자이지만, "깐다," "펼친다," "고루 분배한다," "두루 혜택을 준다"는 동사적 의미가 있다. "포덕"은 백성에게 덕을 펼친다는 의미로 쓰였다. 그 용례가 『국어國語』, 『회남자淮南子』, 『공총자孔叢子』 등에 나오고 있다. 그러니까 "포덕"이라는 말에는 "신앙을 강요한다"든가 "믿음을 전파한다"든가 하는 종교적 포교(Evangelism, Proclamation)의 의미가 없다. "덕을 펼친다"는 의미밖에는 없기 때문에 타율적 맥락이 없다. 즉 덕은 일차적으로 모든 사람들의 내면에 있는 덕성을 가리키기 때문이다. 수운이 "포덕"이라는 말을 선택한 것은 참으로 위대한 포석이라 아니할 수 없다. 서학의 포교나 전도를 처음부터 의식했다고 말할 수 있다.

수운은 포덕의 내용이 21글자의 주문 속에 다 담겨있다고 생각했기 때문에 이 이상의 구구한 잡설을 말하지 않았다. 그리고 자신이 깨달은 바의 도를 그냥 "천도天道"라고만 불렀다고 『문집』은 간결하게 기술하고 있다. 그런데 강수는 『기서』에서 "천도" 하나만으로는 성이 안 찬다고 생각했던 모양이다. 구구한 언설들을 첨가했다.

> 先生名其道曰天道, 又名曰東學, 實乃無往不復之理, 又是自然之理也, 無爲之化也。
> 선생께서는 그 도를 이름하여 천도라 하셨는데, 또 동시에 동학이라고도 이름하셨다. 이것은 실제로 왕복하지 않음이 없는 조화의 이치이며, 또한 스스로 그러한 이치이며, 인위적으로 함이 없는 변화를 가리킨다.

강수는 수운의 깨달음을 매우 적확하게 요약하였다고 말할 수 있지만, 수운이 포덕 당시, 즉 「포덕문」을 썼을 당시에는 "동학"이라는 말이 존재하지 않았다. 그것은 다음 해 「논학문」(=「동학론」)을 쓸 때부터 서학을 강력히 의식하여 쓰기 시작한 개념이다. 수운은 포덕 당시 그의 뇌리에 "동학"은 없었다. 그가 깨달은 도는 "무극대도無極大道"의 천도天道(=하늘님의 도)일 뿐이었다. 텍스트의 비교, 그리고 텍스트 크리티시즘은 우리에게 너무도 많은 사실을 알려준다. 강수의 오첨誤添으로 인해 오히려 『대선생주문집』의 오리지날리티가 선명하게 부각된다. 더 큰 문제는 다음 구문에 있다.

강수는 "소수이교자所授以教者"를 "소수이교자所修以教者"로 고치고(授 → 修) 그 내용에 관해서도 다음과 같이 말을 첨가하여 다듬었다.

> 所修以教者, 一曰食告, 一曰出必告, 入必告。
> 닦아 가르친 바의 것의 하나는 식고라 하는 것이요, 또 하나는 출필고, 입필고하는 것이다.

이 강수의 『기서』를 『문집』과 비교해보면, 두 번째 "일왈一曰"이 쌩으로 첨가되었다는 것을 알 수 있다. 그런데 "일왈一曰"의 보통의 용법으로 말하면, "하나는 ……이요, 또 하나는 ……이요" 하는 식의 표현이 더 자연스럽다. 그래서 강수는 자기류의 한문지식에 따라 두 번째 "일왈"을 첨가한 것이다. 그러나 원문은 원문에 즉하여 해석되어야 한다. 더구나 두 번째 "일왈"은 대상이 명료하지 않다. "출필고, 입필고"는 『예기』「곡례상」에 나오는 말을 변형시킨 표현인데 "식고"처럼 개념화될 수 있는 말이 아니다. 그냥 일상행동거지를 표현하는 말이다. 그러니까 "출필고出必告, 입필고入必告"는 독립된 문구가 아니라 "식고食告"에 포섭되는 설명인 것이다.

『문집』에 "일왈식고一曰食告"라 말한 것은 포덕을 하여 용담에 모이기 시작한 사람에게 수교授敎(=교수敎授)한 내용을 일괄적으로, 총체적으로 묶어 "식고食告"라 하였다는 뜻이다. "21자"는 포덕의 핵심적 내용이고, "식고"는 모이는 사람들에게 내린 생활계율, 그러니까 율장과도 같은 것이다. 그 다음에 나오는 말들은(성·경·신까지) 포덕 후 초기집단에서 발생한 여러 문제들을 나열한 것이다. 주로 같이 먹으면서 생겨나는 공동체의 문제였기 때문에 "식고食告"라 한 것이다.

"출고반면出告反面"은 용담의 입장에서 한 말이기도 하지만, 용담에 사람이 많이 모이게 되니까 제멋대로 모여들지 말고 꼭 자기 부모님들께 아뢰고 허락받고 절도 있는 행동을 하라는 뜻이다. 「곡례상」에는 출고반면 뒤에 "소유필유상所遊必有常, 소습필유업所習必有業"이라는 말이 붙어있으니, 이는 나돌아다닐 때는 반드시 항상됨이 있어야 하고(추적 가능한 곳, 일), 나가서 배우는 것이 구체적으로 습득될 가치가 있는 것이라야 한다는 뜻이다. 그리고 병자들이 많이 몰려들어 약을 달여 먹고 하는 일이 많았던 것 같다. 그래서 약 먹을 생각하지 말고 "수심정기守心正氣" 하고, "거오위선去惡爲善" 하라고 타이른 것이다.

그리고 새로 모인 사람들 사이에서도 사기꾼이 발생하여 부당한 이득을 취하는 놈이 있는가 하면, 유부녀와 간통하고, 사람들의 과실을 들추어내어 말하기를 좋아하고, 또 개를 잡아다가 개고기탕을 해먹는 사례가 발생한 모양이다. 하여튼 대중적 종교성 집회라 하는 것이 포덕을 개시하고 보니 그 부작용이 만만치 않았던 것이다. 오죽 하면 "새로 입도한 자들 新入道者"(강수는 "신입지도자新入之道者"라고 잘못 베꼈다)을 가리켜 "몽우미성蒙愚微成"(강수의 좀 과도한 표현)이라 했겠는가? 몽매하고 어리석고 덜 된 녀석들이라는 뜻이다. 어떻게 해볼 도리가 없는 우중이었다.

우리나라의 신종교를 만드는 사람들, 특히 기독교 계열의 초월주의적 기적을 강조하는 교주들 중에는 너덜너덜한 인간이 너무 많아 아무리 파렴치하고 너덜너덜한 인간들이 모여들어도 별 문제가 없다. 교세만 확장하고 돈만 긁으면 되니깐. 그러나 수운은 고매한 선비였다. 정통적 유학의 훈련을 받은 사람이었다. 시문을 마음대로 지을 수 있는 지식인이었다. 이 몽우미성한 우중과의 해후는 어찌해볼 도리가 없는 삶의 난국이었다. 좋은 추억도 많았지만 너무 부작용이 컸다. 그만큼 동학의 교세가 급성장했다는 것을 의미한다. 수운은 현명하게도 자신이 용담을 비울 생각을 한다. 용담을 떠나는 것이 상책이다. 용담에서 아무리 비벼봐야 얻을 것이 없다. 떠나자! 포덕 후에도 또다시 거룡去龍을 해야만 하는 비운에 처하게 된 것이다.

수운이 계율로 제시한 수교授敎의 핵심인 식고食告는 "성誠·경敬·신信"이라는 세 글자로 요약된다고 하였다. 그러나 이 "성·경·신"도 강수는 "신·경·성"으로 바꾸었다. 즉 "신信"과 "성誠"의 자리를 바꾼 것이다. 특별한 의미는 없다고 하겠으나 수운의 원래의 가르침은 "성·경·신"이었지, "신·경·성"이 아니었다는 것을 알 수 있다. "신信"을 앞세우는 사람들은 역시 종교조직을 의식하는 사람들이다. 그러나 수운의 "신信"은 "믿음" 즉 "페이스Faith"라는 말과는 거리가 멀다. 이 문제는 나중에 또다시 토론하기로 하겠다.

여태까지 우리는 동학의 텍스트에 너무도 무지했다. 그리고 있는 텍스트조차도 정확한 텍스트 크리티시즘의 방법을 설정하여 접근하지 않았다. 문헌비평을 전제로 하지 않고서는 문헌을 읽을 수 없다. 상식적인 "한문실력" 하나 믿고, 문헌에 접근해서는 아니 되는 것이다.

동학연구자들에게는 모종의 『도원기서』신화가 있다. 『도원기서』의 메시지가 절대적인 기준인 양 생각하는 것이다. 절대적인 기준은 어디까지나 『동경대전』이 되어야 한다. 그리고 『도원기서』는 『대선생주문집』에서 파생된 문헌이라는 생각이 없이 읽으면 아니 된다. 『대선생주문집』의 오리지날리티는 너무도 명백한 것이다. 『문집』에서 『기서』가 나온 것이지, 『기서』에서 『문집』이 파생되어 나올 수는 없는 것이다. 이미 여러분들 스스로 확인했을 것이다.

물론 대선생주의 죽음 이후의 기록에 관해서는 강수의 집필이 너무도 소중한 오리지날한 자료를 우리에게 제공하고 있다. 박하선도 사람이고 강수도 사람이고 수운도 사람이고 맹륜도 사람이다. 사람이 사람의 일을 적는 데는 반드시 "해석"이 개재된다. 이 모든 가능성을 종합적으로 고려할 능력이 없으면 우리는 동학이라는 신대륙에 접안할 방법을 찾지 못한다. 자아! 이제 예술의 땅 전라도 남원으로 가보자!

원문-11 今月(年)十一月, 猝然有發程之計, 思其所新入道者, 可謂蒙愚。次入星州, 拜謁忠武廟。初到南原, 徐公瑞家留宿十餘日, 而其時偕往, 則崔仲義(崔忠義, 崔仲羲)也。周覽其邑之物色, 山水之佳麗, 風土之淳厚, 可謂絶勝之地, 無非騷人俠士之繁華也。以竹杖芒鞋, 尋入郇郇, 看玩谷谷, 抵到隱跡菴。時惟臘月, 歲聿

既暮, 寺鍾曉擊, 衆僧咸集, 佛供晨奠, 咸有法經之願, 送舊迎新之懷。難禁一夜之半, 寒燈孤枕, 轉輾反側, 一切賢友共懷, 每憶妻子之相思, 强作修道詞(道修詞), 又作東學論, 勸學歌。

국역 이 해 신유년(1861) 11월(※『문집』 원문에 "이달 11일今月十一日"이라고 잘못 쓰여져 있다. 『기서』에 의거하여 바로잡았다) 졸연히 여행을 떠나야만 하는 상황이 발생했다. 새로 입도한 사람들을 품평해본다면 몽매하고 어리석다고 말할 수밖에 없다. 이들로 인하여 선생께서 용담을 비우지 아니하면 아니 되는 상황이 발생한 것이다. 정처 없이 떠나 드디어 성주星州에 도착하게 되었는데 그곳에서 충무공의 사당을 배알하였다. (※ 수운이 이순신 장군의 신주 앞에 절을 하였다는 이 사실은 매우 중요하다. 수운에게 이순신, 1545~1598은 자기 7대조 할아버지 최진립, 1568~1636과 동시대의 심볼리즘이다. 두 사람의 충절은 조선민족의 도덕성의 연원이 되었다. 그런데 "성주星州"는 아무래도 오기誤記인 것 같다. 성주는 대구에서도 더 내륙지방에 위치하고 있으며 성주에는 전혀 이순신의 사당이 부재하다. 하여튼 수운은 일단 울산 쪽으로 가서 그곳에서 배를 타고 전라도로 향한 것 같다. 그렇다면 이순신 사당이 있는 곳은 통영의 충렬사忠烈祠, 여수의 충민사忠愍祠, 승주昇州[순천 지역]의 충무사忠武祠를 들 수 있다. 성주와 승주는 발음이 잘 구분되지 않는다. 그리고 사당의 이름이 "충무묘"라는 것도 여수보다는 순천의 가능성이 높다. 배를 타고 갔다면 광양만의 지름길을 택해 순천 신성포로 갔을 것이다. 수운은 승주 충무사를 배알하였다. 수운은 충무사에서 이순신과 최진립을 동시에 흠모하고 자기 처지를 생각하며 눈물을 흘렸을 것이다. 수운이 승주에서 남원까지 북상한 길은, 불과 87년 후에 우리나라 국군 14연대 봉기군 일부가 북상한 길과도 동일하다[여순민중항쟁 발발]. 동학의 형성과 동학농민혁명, 제주4·3민중항쟁, 여순민중항쟁이 모두 1세기도 안되는 시간 내의 동일한 역사패러다임의 사건이었다).

처음 남원에 도착해서는, 서공서의 집에서 십여 일을 유숙하였다. 그리고 그 당시 경주로부터 남원에 이르는 전 여정을 동반한 제자는 최중희였다.
(※ 규장각본에 "최중의崔仲義"로 되어있고, 타본에 "최충희崔忠羲"로 되어있는 것도 있다. 그런데 강수의 『기서』에 "최중희崔仲羲"로 되어있는데 『기서』의 기술이 가장 정확하다. 이와같이 『문집』은 정보가 엉성한 부분이 많은데, 『기서』는 그것을 그 나름대로 세밀하게 다듬었다. 최중희는 장기長鬐에 사는 사람인데 수운이 최초로 16개 접주를 만들어 교단을 형성할 때 장기의 접주로 임명된 무게 있는 인물이다. 그리고 최중희는 나중에 해월도 잘 모시었다).

수운은 오랜만에 전라도 지역에 왔기 때문에 이 틈에 우선 남원 고을의 풍물과 경색景色을 두루 관람하고, 산수의 가려함과 풍토의 순후함에 매력을 느끼었다. 이곳이야말로 승경이 따로 없는 아름다운 지세요, 시인과 활달한 선비들이 들끓는 문화의 거리 아닌 곳이 없었다. 죽장망혜를 걸머메고 마을마을마다 들어가보고, 골골마다 한가로이 음미하지 않을 곳이 없었다.

드디어 은적암隱跡菴이라는 곳에 당도하여 거처를 정하게 되었는데, 때는 마침 섣달(12월) 그믐이었다(여기 "은적암"이라는 곳은 본시 교룡산성의 "덕밀암德密庵"이라는 곳인데 수운이 여기를 은거로 삼으면서 "은적암隱跡菴"이라고 개명하여 부른 것이다). 한 해가 막 저물어 가려고 하는데 절에서 새벽종을 울리니, 여러 승려들이 함께 모여 새벽 불공을 드린다. 그들이 송영하는 법경의 내용이 전하는 바램은 누구의 가슴이든지 다 있는 것이다.

묵은 해를 보내고 새해를 맞이하는 감회가 한밤중의 고독을 견디기 어렵게 만든다. 차가운 불빛 아래 외로운 베개를 베고 몸을 이리 굴렸다 저리 굴렸다 하며 어진 벗들과 같이 나눈 회포를 생각하니, 아내와 자식에 대한 그리움이 깊어만 간다. 이러한 외로움 속에서 선생은 어렵게 붓을 들어 「도수사」를 썼다(규장각 판본에는 「수도사修道詞」를 썼다고 되어있다). 또한 「동학론東學論」과 「권학가勸學歌」를 지었다.
(※ 이 「동학론」은 후에 「논학문論學文」으로 제목이 변경되었다. 1880년 초판본에는 「동학론」으로 되어있는 것을 보면 1883년 목천판 이전까지는 근 20년 동안 「동학론」이라는 이름만 사계에 존재했던 것으로 보인다. 「동학론」이라는 이름이 『대선생주문집』에 보존된 것을 보면 『문집』이 고본인 것임을 알 수 있다. 물론 『기서』도 「동학론」이라는 제명을 변경시키지 않았다).

옥안 수운은 20대에 십여 년 동안 주류팔로 할 때에 이미 전라도를 가본 적이 있다. 수운은 체질상 전라도를 좋아하는 사람이었다. 지금은 자본주의라는 괴물 때문에 전국이 다 동일한 문화와 생활방식과 동질적 시스템에 지배당해 단일한 느낌밖에는 없지만, 내가 어릴 때만 해도 전라도와 경상도, 그리고 충청도, 이런 곳이 모두 독자적인 칼라와 언어와 스타일을 갖고 있었다. 거의 이질적인 타 문명권이라 해도 대차가 없었다. 경상도는 우선 도학道學이 지배하는 세계이고 지역의 폐쇄적인 토착적 하이어라키가 강렬했다. 전라도는 도학이 지배한다기보다는 예술이 지배하는 세계였다. 판소리가 있고, 곳곳에 민속춤이 있고, 지식인들도 도덕적 관념에 지배당하기보다는 유연한 개방성을 유지했다.

수운이 경상도 지역에서 견디기 어려웠던 것도 그 문화가 너무 하이어라키칼hierarchical 하고, 신분의 차별이나 도덕적 엄격성이 매우 리고리스틱rigoristic 하여 인간평등을 외치는 그의 대각이 본질적으로 흡수되기가 어려웠던 것이다. 최수운은 도학자라기보다는 시인이었고, 지역주의적 윤리가라기보다는 보편주의적 개방인이었다. 그가 남원에 도착하여 그 산수와 풍속에서 느끼는 정감을 묘사한 대목만 보아도 그런 품격을 느낄 수 있다. 산수가 가려하고, 풍토가 순후하며, 절승지지가 아닌 곳이 없고, 시인협사의 번화가 아닌 것이 없다!

수운이 일정한 거처를 확실히 정해놓고 떠난 것 같지는 않으나 대체로 커넥션을 준비해놓고 떠난 것 같다. 최중희를 데리고 울산으로 가서 부산으로 내려갔다가 배편으로 웅천熊川(진해시)으로 갔다. 다음에 고성으로 가서 성한서成漢瑞 집에 머물다가 다시 배편으로 여수로 갔다. 여수에서 충민사를 참배하고 승주로 올라와 구례를 거쳐 남원에 이르렀다.

남원에서 서공서徐公瑞의 집에 머물렀다고 했는데, 최병현崔炳鉉 등이 편찬한 『남원군동학사』(『동학농민혁명 신국역총서』1에 수록됨)에는 수운이 남원에 당도하자마자 광한루 오작교 밑에 사는 서형칠徐亨七의 집에 머물렀다고 기록하고 있다. 아마도 이 기록이 더 정확할 것 같다. 서공서는 서형칠의 일가 사람으로 나중에 수운의 감화를 받아 입도한 사람으로서 수운이 살아계실 동안 용담정에 왕래하여 도맥을 통하였다. 그리고 전라 지역에 동학의 씨를 뿌렸다. 나중에 전라도에서 동학혁명이 일어나게 되는 뿌리가 수운이 은적암에 있을 동안에 뿌린 씨로 인하여 생겨난 포접조직에 있다는 것을 전라도 사람들이 명료하게 기록해놓고 있다. 서형칠은 한약방을 운영하는 꽤 돈이 있는 사람이었다. 수운이 왜 한약방주인을 찾아갔을까?

세상에 공짜는 없다. 낯선 타지에서 유숙하려면 돈이 필요하다. 수운은 경주를 떠날 때 이미 경주 남문 밖에서 약종상을 경영하는 수제자급의 인물 최자원崔子元으로부터 돈이 되는 귀한 약재를 한 보따리 싸가지고 떠났다. 귀한 약재는 어디서나 노잣돈 노릇을 할 수 있다. 남원에 도착하여 한약재를 돈으로 환전하려면 한약방을 찾아가야 한다. 최자원과 서형칠은 거래가 있는 인물이었을 것이다. 그런데 한약방을 운영하는 사람들은 대체로 양반은 아니더라도 견식이 높은 지식인이다. 서형칠은 단숨에 수운이 비범한 인물임을 알아본다. 그리고 그와 대화를 나누면서 동학의 도리에 공감케 된다. 그는 곧 입도한다. 그리고 수운에게 은적암이라는 훌륭한 거처를 마련해준다.

나는 표영삼 선생과 함께 은적암을 찾아 가본 적이 있다. 나는 평소 교룡산성 은적암이라고 흔히 말했기 때문에 남원시가 한눈에 굽어보이는 높은 산마루에 있는 암자인 줄 알았다. 그러나 은적암은 산중턱에 가려져 있었고 이미 주춧돌만 남아있고 덤불로 덮인 곳이었다. 수운의 체취를 느끼기에는 너무 모기만 들끓는 습지였다. 지금은 어떻게 변해버렸는지 모르지만, 하여튼 그곳에서 『검결』이라도 크게 한번 외쳐볼까 했는데, 상전벽해의 쓸쓸한 심사만 남겨두고 그냥 하산하고 말았다.

원문-12 壬戌春三月, 還來縣西白士吉家。使崔仲義(羲), 修送家書, 又封送詞與歌詞二件。隱藏於朴大汝家, 一幷勿煩, 而他處之人, 爲其不知也。各處之人, 但知在全羅道, 莫知來在於此。意欲知諸君之心通而來訪。料外三月, 崔慶翔忽然訪到。先生問曰: "君或聞而來耶?" 慶翔答曰: "生何知之, 自有欲來之志, 故來之矣。" 先生笑曰: "君可眞然來耶?" 曰: "然也。" 慶翔問曰: "生其所工不實, 然有如此之異, 何爲其然也?" 先生曰: "且言之。" 慶翔跪告曰: "以油半鍾子, 達夜二十一日, 其故何也?" 先生曰: "此則造化之大驗, 君獨喜自負。" 慶翔又問曰: "自後布德乎?" 曰: "布德也。" 自慶翔之來後, 四方賢士, 日以稍益, 不勝堪當也。竟至六月, 作修德文又作夢中歌。有姜元甫者, 親臨其家, 而或爲宿食。七月還家之日, 乘馬而來, 至回谷。路上有畓,

路下有堰，六七丈之處，馬忽住此。五六人打鞭不起。如斯之際，堰厓六七丈，如雷咸落。雖曰鬣者物，亦知夫人意。回馬狹逕以來。留數日後，欲去大汝家，而夜忽大雨，江水大漲，衆皆挽留，而先生曰: "水雖白硽(百尺)，我涉人否。" 卽爲乘馬，丈餘深水，自執轡而渡，人驚該而壯也，還在大汝家。

국역 임술년(1862) 춘삼월, 선생은 남원에서 경주로 돌아오시어 현縣의 서쪽에 있는 백사길白士吉의 집에서 기거하시었다(백사길의 집은 경주 서천 월성군月城郡 건천면乾川面 금척리金尺里 부근 대나무골에 있었다). 그리고 먼저 최중희를 시켜 당신 집에 편지를 보내었고 그 편에 또한 논문 하나와 노래 두 개를 같이 보내었다.

(※ "詞與歌二件"은 규장각본에는 "詞與歌詞二件"으로 되어있고, 『기서』에는 "學與詞二件"으로 되어있다. 이와같이 세밀한 부분에서 문헌들의 불일치가 심하다. 여기 "사詞"는 강수가 "학學"으로 정리한 것으로 보아 「동학론東學論」인 것 같고, "사이건詞二件"은 「도수사道修詞」, 「권학가勸學歌」인 것 같다. 그리고 사 한 편과 가 두 편을 박대여가에 은장隱藏시켰다고 읽기도 하는데, 역시 "봉송封送"이라는 말이 있어 집으로 보내 간직하게 한 것으로 읽는 것이 무난할 것 같다. 하여튼 수운이 자신의 저작물을 후세에 전하기 위해 얼마나 세심한 주의를 기울였는가 하는 것을 알 수 있다. 물론 박대여가에도 사본을 보냈을 것이다. 강수는 "은장어박대여가隱藏於朴大汝家" 이 문구를 주어를 확실하게 수운으로 하기 위하여 "은장"을 "은재隱在"로 고쳤다. 이렇게 텍스트는 변경되는 것이다).

수운 선생께서 거처를 현서의 백사길의 집에서 경주읍 서편西便 마을에 있는 박대여朴大汝의 집으로 옮기시고 은둔하시었다. 그리고 일체 사람들을 만나지 않기로 하고 번거로움을 물리치셨다("일병물번一幷勿煩"의 "병幷"에는 "병기屛棄"의 뜻이 있다. "일병一幷"은 "일체를 물리친다"는 뜻이다). 그리고 타처에 있는 사람들은 그가 경주에 와있는 것을 모르게 하였다. 경주 각지에 있는 사람들은 그가 아직도 전라도에 있다고만 알고 있었고, 그가 이미 박대여의 집에 와있다는 것은 꿈도 꾸지 못했다. 그런데 수운 선생이 이러한 방책을 취한 의도에는 선생의 제자들 가운데 누가 마음이 통하여 숨어있는 자기를 찾아올까 하는 것을 알고자 하는 심사도 있었다.

그런데 뜻밖에도 이달 3월에 최경상(이때는 "해월"이라는 도호가 없었다)이 홀연히 방도訪到한 것이다(※ 여기 "료외料外"라고 한 것은 수운이 전혀 최경상의 방문을 기대하고 있지 않았다는 것을 암시하고 있다. 그만큼 최경상은 학식이 뛰어나지도 않았고 조용히 지낸 사람이었다. 절성기지絶聖棄智의, 일체 교리巧利와 거리가 먼 소박한 인간이었다). 수운 선생은 그에게 물었다:

"그대가 어디선가 내가 와있다는 것을 듣고 온 것이겠지!"

최경상이 대답하여 말하였다:

"선생님, 제가 어떻게 선생님께서 여기 와계시다는 것을 알 도리가 있었겠습니까? 그저 절로 여기 오고 싶다는 생각이 들어 이리로 온 것일 뿐이외다."

수운 선생은 해월의 진지한 태도를 보고 깔깔 웃으며 말하였다:

"너 정말 그렇게 무작정 온 것이냐?"

최경상은 재삼 다짐하면서 말한다:

"그렇습니다. 그렇고 말고요."

경상은 또 하나의 의문점을 가지고 있었다. 선생님께 여쭈어 말씀드렸다:

"보시다시피 소생이 공부하는 바가 부실하고 여러모로 모자랍니다마는, 선생님께서 안 계신 동안 저에게 아주 이상한 일이 일어났는데, 도대체 어찌 된 영문인지, 어떻게 그럴 수 있는지 저는 도무지 모르겠나이다."

수운 선생께서 말씀하시었다:

"자초지종을 잘 얘기해보라!"

이에, 최경상은 정색을 하며 무릎을 꿇고 말씀드렸다:

"제가 선생님 안 계신 동안 검등꼴에 쑤셔박혀 저 나름대로는 열심히 주문을 외우며 공부를 했습니다. 매일 밤 등불을 켜놓는데, 등잔에 기름이 반 종지기밖에 없었는데(※"종지기"는 "종자鍾子"[기름, 장을 세는 단위]의 경상도 방언이다) 그것이 스무하룻밤을 가고도 남았습니다. 도대체 그것이 어찌 된 일이오니이까?"

선생님께서 희색이 만면하여 말씀하시었다:

"아~ 이거야말로 하늘님의 조화가 큰 신험으로 나타난 것이로다!

그대는 홀로 기뻐하라! 그리고 자부심을 가져라!"

경상이 또 여쭈었다:

"이후로 제가 감히 포덕해도 되겠습니까?"

선생님께서 말씀하시었다:

"덕을 만방에 널리 펼쳐라!"

경상이 왔다간 후로는 사방에서 어진 선비들이 모여드는데, 날로 사람들 수가 더 많아져서 감당하기가 어려웠다.

(※세미나에서는 이때 곧 수운은 남원으로 돌아갔다는 의견이 제출되었다).

드디어 6월이 되었을 때 선생께서는 「수덕문」을 지으셨고, 또 「몽중가」를 지으시었다.

강원보姜元甫라는 사람이 있었다. 선생님은 그 사람 집에 친히 놀러가기도 했고, 또 그곳에서 며칠 숙식을 하기도 하셨다. 7월 어느날, 강원보의 집으로 갈 때였다. 선생님은 말을 타고 가셨다. 회곡回谷이라는 곳에 이르렀는데 마차길 위로는 논이 있었고, 마차길 아래로는 제방으로 되어있어 낭떠러지였다. 그 낭떠러지가 6·7장(20여 미터 정도)이나 되는 곳에 왔을 때 말이 갑자기 멈추어 움직일 시늉도 하지 않는 것이다. 같이 동행하던 5·6인이 채찍으로 때려도 움직이질 않았다. 이와같이 긴박하게 실갱이를 치고 있을 때 6·7장이나 되는 제방이

벽력 같은 소리를 내면서 모조리 무너져내려 버렸다. 하마터면 땅속으로 다같이 함몰될 뻔 한 것이다. 제아무리 갈기나 휘날리는 미물이라 할지라도 사람의 도리와 같은 의중이 다 있는 것이다. 말을 돌려 샛길을 찾아 강원보의 집으로 갔다.

며칠을 강원보의 집에서 유숙한 후에, 박대여의 집으로 돌아가려고 하는데 간밤에 갑자기 큰비가 쏟아져서 강물이 크게 불어났다. 주변의 모든 사람들이 수운 선생의 행보를 만류하였다. 그러나 선생님은 이렇게 고집을 피우시는 것이었다:

"강물이 비록 100척(여기 "척磩"은 길이 단위와 관련 없지만 발음상 그렇게 쓰인 것 같다)이라 할지라도, 나는 건널 수 있네. 사람들은 물론 건너지 못할 테지만."

그리고는 곧 말위에 올라타 한 장이 넘는 깊은 물을 고삐를 잡고 무사히 건넜다. 사람들이 그 모습을 보고 아슬아슬하기도 했고 경이롭기도 했지만 그의 장쾌한 용기를 높게 평가했다. 선생님은 박대여의 집에 돌아와 한동안 계시었다.

옥안 독자들은 이 단락을 읽으면서 상황이 잘 이해가 되고 재미있다는 느낌을 받았겠지만, 사실 원문에 즉하여서 이것을 보면 심히 해석하기 어려운 곳이 많을 뿐만 아니라 텍스트상으로 고등비평의 대상이 될 수 있는 문제가 너무도 많다. 독자 여러분들이 알아야 할 것은 내가 "원문"이라는 소리를 하지만 이 『대선생주문집』의 경우는 원문 그 자체가 확정적이질 않다는 것이다. 내가 기본으로 삼은 것은 규장각본(세칭 용강본龍岡本)이지만 규장각본 그 자체가 불완전한 판본이며, 1900년에 평남 용강에 사는 임중칠林仲七이 필사한 것이다. 이 필사본 자체가 부분적으로 의미가 안 통하는 곳이 많아 여타 판본의 도움을 받아야 하고, 강수의 교정에도 의존을 해야 한다.

그런데 표영삼 선생님은 이 규장각본을 『대선생주문집』이라 부르고, 김상기 교수가 『아세아연구』(1964. 3)에 발표한 『수운행록』을 그냥 『수운문집』이라고 불러 구분한다. 그러나 이것은 두 개의 다른 책이 아니고 『대선생주문집』의 다른 사본寫本에 불과하다. 그런데 김상기 교수가 『수운행록』이라고 부르는 것은(=표영삼 선생님의 『수운문집』) 실제로 영주군榮州郡 단산면丹山面 단곡리丹谷里에 사는 김옥희金玉熙라는 도인이 1898년에 필사한 "단곡본丹谷本"을 기초로 한 것이다(김옥희는 원래 공주 계룡면 경천리敬天里에 살다가 영주로 피신 간 것이다).

김상기 교수는 단곡본을 높게 평가하고 있으나, 단곡본이 그가 찾아낸 4개의 판본 중에서 기준이 되는 판본이라 할 수 있는 자격이 없다. 앞으로 해월과 관련된 부분을 검토해보면 알게 되겠지만 문헌비평적 시각에서 보면 단곡본은 기준으로 선택될 수 없는 조악한 판본이다. 그는 좋은 판본을 단지 가장 많은 이야기가 빠짐없이 실린 판본이라고만 생각하고 있는 것 같다. 그러나 단곡본은 원사료에 대하여 개칠을 너무 많이 하였고, 그 개칠한 부분은 거의 전부가 왜곡이다. 강수의 "세련화"와는 전혀 차원이 다른 문제이다. 김상기 교수가 단곡본을 있는 그 모습대로 『아세아연구』에 실어놓았다면 그 자료는 크게 유용한 자료가 되었을 것이다. 그러나 그는 단곡본 자체도 교감과정을 통하여 심하게 변형시켜 놓았다.

그러니까 지금 현재 우리가 찾을 수 있는 단곡본은 김상기가 변형시켜 놓은 『수운행록』밖에 없다. 나는 단곡본을 찾으려고 노력했으나 찾질 못했다. 무엇보다도 시간이 없어 찾질 못하고 이 글을 쓰고 있는 중이다. 단곡본은 그 원본이 영주 풍기 어디엔가 있을 것이나, 김상기 교수는 그 사본도 공개하지 않았다. 서울대학교도서관에 기증된 동빈문고에 단곡본의 사본이 있을지도 모르겠다. 그러니까 우선 표영삼 선생님이 말씀하시는 『수운문집』은 내가 말하는 『대선생주문집』의 단곡본(=『수운행록』)이라는 것만 일러둔다. 이 단을 해석하는 데 이러한 사전지식은 필수적이다.

자아! 제일 먼저 "임술년 춘삼월에 남원에서 경주의 현서로 돌아왔다"는 이 메시지 자체가 매우 회의적이다. 수운이 남원에 도착한 것이 이미 전해(신유년) 섣달 그믐 가까이였고, 그가 은적암에서 스님들의 새벽불공 드리는 소리를 들으며 온갖 회포에 젖은 것이 신유년이 가고 임술년이 오는 첫 새벽이었다. 그가 돌아오는 여정만 해도 한 달은 소요된다. 그렇다면 그가 남원 은적암에 있었던 기간은 기껏해야 두 달밖에는 되지 않는다.

그러나 여러 가지 정황을 보아 수운은 은적암에 정착하여 너무도 많은 일을 한 것으로 문헌상에 나타난다. 생각해보라! 경주에서는 그의 존재는 액티비스트activist, 즉 활동가이고, 끊임없이 사회적인 교섭관계 속에서 수없는 사건에 시달릴 수밖에 없다. 다시 말해서 차분히 집필할 시간이 없다.

오늘날 동학이 우리민족의 동학이 되었고 모든 동시대성(Contemporaneity: 서구적 기준의 근대성과 관련 없다. 동학에 대하여 근대성을 말한다면 그 근대성은 서구적 근대성을 뛰어넘는다는 데 있다. 종교, 피안 그 자체를 심오한 인간학적 차원에서 부정한다는 데 있다)의 뿌리(Roots)가 된 것은 오직 수운이 자신의 생각을 저술로 남겼기 때문이다. 그리고 주변의 모든 사람들이 수운의 저술의 중요성을 인지하고 필사적으로 그 원형을 후세에 남겼을 뿐 아니라, 자기들의 수난과 영광의 역사를 성실하게 기록했기 때문이다.

수운은 대각의 체험을 하고서도 그것을 당장 반포한 것이 아니라, 1년이라는 세월을 두고 회의하고 검증하고 또 새롭게 발전시켰다. 모든 광신적 각자覺者, 개창자들과는 전혀 차원을 달리하는 삶의 태도였다. 그는 이미 포덕하기 전부터 상당 부분, 자기의 체험을 글로 써서 정리하고 반추하고 또 주문을 만들고 하면서 수도의 절차까지 세밀하게 규정해나갔다.

그러니까 포덕 후("포덕"도 전도를 한 것이 아니라 찾아오는 사람을 거절치 않고 받은 것뿐이다) 벌어진 상황에 대하여 수운은 심각히 반성하기 시작했다. 내가 과연 포덕을 해야만 했는가?

그가 남원의 은적암에 머물게 된 것은, 경주에서 포덕 후 얻은 반년도 안되는 체험, 비록 짧은 시간의 체험이었지만 너무도 고귀한 새로운 정신적 도약과 비젼, 확신을 얻게 되면서 그것을 다양하게 새롭게 글로 남겨야겠다는 소신에서 경주를 떠났기 때문이었다. 앞서 말했지만, 수운은 전라도의 풍토와 풍치, 풍습을 사랑했다. 그리고 그곳에서 자신이 원하던 안락한 집필의 환경을 보장받았다. 그리고 무엇보다도 격절된 가운데서 정신적 흐름에 방해를 받지 않고 저술에 전념할 수 있었다. 그리고 타향이지만 지필묵을 무제한 공급받을 수 있었다(약종상을 하는 사람들에게는 지필묵은 기본이었다).

사실 수운의 저작의 주요한 부분들이 이미 은적암에서 완성된 것이다. 「교훈가」, 「도수사」, 「권학가」, 「동학론」, 「수덕문」, 「몽중노소문답가」 등이 모두 남원에서 집필된 것이다. 임술년 5월 하순에 「통유」(제목이 "통유"로 되어 있지만 하나의 긴 편지이다)를 남원에서 띄웠다는 사실은, 수운이 쓴 글 그 자체로 확증되는 것이다. 그리고 전체적인 그의 삶의 상황을 종합적으로 고려해보면(기실 수운이 은적암에서 머물면서 이미 전라도 동학조직의 씨앗을 뿌렸고 그것이 동학혁명의 기초가 된 것이다) 수운이 전라도에서 경주로 돌아온 시점은 7월 초순이 확실하다. 그때는 이미 남원에서 입도한 동지들에 의하여 그의 귀갓길이 신속하게 안배되었고, 그는 6월 하순까지 남원에 있다가 7월 초순에야 경주에 도착했던 것이다.

수운의 남원에서의 6개월은 우리민족의 가장 창조적인 개벽의 로맨스였다. 결론적으로 『문집』과 『기서』에 실린 "임술춘삼월"의 이야기는 엉성한 정보에 의거한 오기일 수밖에 없다. 『문집』의 크로놀로지chronology나 고유명사 표기가 정밀치 못하고, 수운의 행로에 관한 정보가 대부분 베일에 가려져 있는 정보이기 때문에, 이러한 현상은 쉽게 상정될 수 있는 것이다. 나의 이러한 추론은 표영삼 선생님께서 평생을 발로 뛰어다니면서 실사實事와 문헌을 대비하면서 얻은 결론으로부터 계발받은 것이다. 이 단에 있는 "경지유월竟至六月, 작수덕문作修德文, 우작몽중가又作夢中歌"는 수운이 남원에서 6월까지 있으면서 「수덕문」, 「몽중가」를 짓고 떠났다는 단편정보를 삽입한 것이라고 표 선생님은 단언하신다. 나는 백프로, 천프로 이 설에 동의한다.

그러나 『도원기서』의 번역자는 『기서』에 쓰여져 있는 "춘삼월환래春三月還來"를 어떻게 부정할 수 있냐고 반박한다. 그러나 3월을 7월로 고친다고 해서 헝크러질 것은 실제로 아무것도 없다(어차피 그 기간은 공백기간이었다. 나의 세미나에서는 3월에 남모르게 경주에 잠시 귀환한 사건도 얼마든지 가능한 사태라는 의견이 제출되었다). 『도원기서』가 축자무오류의 성경은 아니다. 이미 그것도 저본을 가지고 쓴 것이라는 사태는 부정할 수 없는 상식이다. 그리고 저본 그 자체도 매우 유동적인 정보체계라는 사실 또한 상식이다. 역사기록보다는 문서 자체 내의 명증한 정합성의 단서들이 우위를 갖는다고 나는 생각한다. 은적암에 단지 2개월 머물렀다고 한다면 오늘날의 동학이 탄생하지 못했을지도 모른다. 동학혁명의 꿈도 불타오르지 못했을 것이다.

바울은 대각 후에 아라비아사막에서 명상을 하면서 3년을 보낸다. 그러나 수운은 그 짧은 3년의 공생애기간 동안 중에서도 6개월간을 남원에서, 자신의 복음의 메시지를, 자신이 스스로 집필한 복음서에 담고 있었다.

다음으로 우리 문헌비평의 대상이 되어야 하는 주제는 수운과 해월의 역사적 만남(Historical Encounter)에 관한 것이다. 여기서 "만남"이란 물리적인 대면을 의미하는 것이 아니라, 각성의 계기를 통하여 서로의 경지를 주고받는 교감의 점프를 의미한다.

수운은 1861년 6월에 포덕을 시작했다. 바로 이 6월에 찾아온 사람이 최경상이었다. 『문집』에서 언급된 사람들, 박하선朴夏善, 백사길白士吉, 박대여朴大汝, 강원보姜元甫, 최중희崔仲羲는 모두 포덕 초기 6월에 용담을 찾아온 사람들이다. 그리고 그 이외에도 최자원崔子元, 이내겸李乃謙, 이무중李武中, 이정화李正華, 이민순李民淳 같은 굵직한 인물들이 있었다. 최경상은 아주 초기로부터 용담을 찾았고, 박하선은 최경상과 발걸음을 같이한 도반道伴이기도 했다(영해에서 오다 보면 최경상이 있는 곳을 지나가게 된다).

수운은 최경상의 인품됨을 너무도 잘 알고 있었지만, 그를 특별한 존재로서 인지하게 되는 계기는 바로 수운이 남원에서 돌아와서 "이심전심以心傳心"으로 만나게 되는 최초의 제자가 최경상이라는 사실로부터 추론되는 것이다. 6개월이나 헤어져서 전혀 소식을 모르는 상황에서, 너무나 그리워, 그리워, 마음에 짚이는 곳이 있어 가보았는데, 그곳에 바로 그가 있었다. 우리가 상사병에 걸린 남녀의 경우 만약 이런 사태가 벌어졌다면 누구든지 기적 중의 기적이라 할 것이다.

이러한 "극적인 만남dramatic encounter"을 통해, 두 사람의 의식세계를 연결하는 아니마—아니무스의 복합적 교감이라고 할까, 융이 말하는 싱크로니시티 synchronicity(인과적 선후관계가 아닌 동시적 일치)라고나 할까, 하여튼 이런 만물의 심층적 교감의 차원을 입증하고 있는 것이다. 그런데 이러한 의미있는 상념의 일치에 관하여 보고되고 있는 장면에서 수운에게 찾아온 자는 해월 1인이었다. 고독한 수운과 그리워하는 해월의 이 극적인 해후는 그 두 사람의 교감의 무비

無比적 디멘젼(incomparable dimension)을 돋보이게 만든다.

그런데 소위 『수운행록』(=『대선생주문집』의 단곡본丹谷本)에는 이 극적인 해후의 스토리가 매우 흐릿하게 묘사되어 있다.

단곡본 『수운행록』에는 먼저 이 해후의 스토리의 이니시어티브를 잡고 있는 사람은 해월이 아니라 신녕新寧(경북 영천) 사람인 하치욱이었다. 하치욱이 박하선을 만나 묻는다:

"느낌에 선생님께서 돌아오신 것 같은데, 혹시 선생님의 거처를 아는가?"

"글쎄, 나두 말야, 어젯밤 꿈에 박대여 하고 같이 선생님을 뵈었잖아. 그래서 지금 박대여 집으로 가고 있는 중일세."

"그래? 그럼 같이 감세."

이 두 사람이 같이 박대여의 집으로 가고 있는 도중에 길 저편에서부터 터덜터덜 걸어오고 있는 최경상을 만난다. 이렇게 되면 수운 선생님을 만난 것은 최경상 1인이 아니라, 하치욱·박하선·최경상 3인이 된다. 이것은 최소한 수운과 해월이라는 두 사람의 극적인 만남이라는 주제를 흐리게 만드는 효과가 있다. 그런데 이 새로운 이야기가 끼어드는 방식이 규장각본의 논리와는 다르게 출발하고 있는 것이 아니라, 규장각본의 이야기 흐름은 그대로 있고, 그 사이에 어색하게 가위질로 끼어들어있는 것처럼 삽입되어 있는 것이다.

"是歲三月, 新寧人河致旭, 間於朴夏善曰: '或知先生之居處乎?' 答曰: '昨夜夢與朴大汝共見先生, 今欲往拜也。' 二人偕行, 路遇崔慶翔。"이라는 문구가 **"意欲知諸君之心通而來訪"**과 **"崔慶翔忽然訪到"** 사이에 끼어있는 것이

다(『행록』은 "崔慶翔忽然訪到"라는 구문을 "路遇崔慶翔" 다음에 연결시킬 때 "최경상崔慶翔"이라는 주어를 없애고, "料外訪到"라고 함으로써 3人이 함께 뜻밖에 방문한 것으로 의미를 조작했다). 지금 텍스트들의 전모를 손에 들고 있지 않은 독자들에게 이 "끼워넣기" "바꿔치기"의 여러 기법을 설명하기가 매우 어렵다. 일괄적으로 설명을 하자면 김상기가 말하는 『수운행록』, 즉 『대선생주문집』의 단곡본은 원본 『대선생주문집』을 의도적으로 왜곡한 저열한 판본이라는 것이다. 오리지날 자료의 근거로 삼아서는 아니 되는 판본이라는 것이다. 전체적으로 수운과 해월의 극적인 만남의 장면을 수운과 여러 제자의 함께 만남으로 바꾸어 놓고 있는 것이다. 해월의 특별한 위치, 그 적통성을 흐리게 만드는 모종의 의도적 장치가 있는 것이다.

나는 사실 처음에 이러한 문제에 관하여 김상기의 주장에 따라, 『수운행록』의 기술이 보다 원초적인 자연스러운 실상을 나타낸다고 생각하였다. 해월의 적통성을 정면으로 부정하는 것이 아닌 마당에는 원초적인 상황에서는 여럿이 같이 있는 분위기에서 도통전수의 제식을 하는 것이 더욱 공신력이 있고 자연스럽다고 보았다. 그러나 텍스트 그 자체를 검토해보면서 그 모든 변형이 기존의 모본이 확실히 있고 그 모본을 왜곡한 데서 생겨나는 사태라는 사실은 정보조작의 불쾌한 혐의를 여지없게 만든다. 텍스트 크리티시즘의 방법론에 의하여 그러한 사실이 너무도 명료하게 드러났다.

예를 들면 지금 여기 문단에서도 규장각본에서는 해월이 홀로 찾아와 고독한 수운을 만난 것으로 자연스러운 흐름이 형성되고 있다. 그런데 갑자기 『행록』에서는 해월이 수운을 만나기 직전에 하치욱과 박하선이 끼어들면서 해월을 데리고 박대여의 집으로 가서 수운 선생을 뵙는 것으로 장면이 바뀐다. 그런데 그 뒤에 연결되는 대화들을 보면 여전히 규장각본에 엄존하고 있는 해월과 수운의 단독대면의 대화이다.

해월이 살았던 검등골 초가집이 있었던 자리에서 바라보는 검악전경. 해월은 이곳으로부터 매달 세 번 정도 용담에 계신 스승을 찾아뵈었다. 70리 길이었다. 나는 이곳을 임운길 교화관장, 벽암闢菴 박노진朴魯眞, 희암熙菴 성주현成周鉉과 함께 갔다. 해월선생의 댁자리에는 주춧돌이 남아 있었고 옆에 장대한 노송 한 그루, 감나무 한 그루만 쓸쓸히 그 터를 지키고 있었다. 순간 눈물이 핑도는데 시를 한 수 지었다.

劍岳淸風無劍影，只有老松傳古呪。
海月片心何無功，愚民反山地靈何。

검등꼴에 맑은 바람은 여전히 불고 있으나, 검악의 그림자는 사라졌구나. 단지 노송이 남아 옛 주문을 전하노라. 해월의 일편단심 어찌 공이 없으랴! 어리석은 자들이 산을 엎고 있으니, 아~ 이 땅의 신령이시여! 어찌할까나!

마지막 구는 이 검악의 나무들이 모두 벌목개발업자들에 의하여 잘리어 나가는 데 대한 안타까움을 표현한 것이다. 때는 포덕 130년(1989) 7월 28일이었다.

그런데 수운이 상대하는 제자들의 숫자가 단수에서 복수로 변하게 되니까, 수운이 제자들을 가리킬 때는 "군君"이 "군등君等"이 되고, 제자들이 수운에게 말할 때는 "생生"이 "생등生等"으로 바뀐다. 그렇게 되면 해월이 체험한 "기름 반종지기의 고사"도 세 명이서 같이 체험한 것으로 바뀌고, "조화의 대험大驗에 대해 홀로 기뻐하고 자부감을 가져라"라는 표현의 주체도 "너희들君等"이 되는 것이다. 도무지 세상에 이런 엉터리 변형이 어디에 있을 수 있겠는가? 『수운행록』이 아무리 다른 정보를 제공해도, 그것이 다른 계열의 텍스트라고 한다면 그 나름대로 연구의 대상이 된다. 그러나 규장각본을 모본으로 하여 정보를 왜곡했다면 그것은 저열한 텍스트로 전락하고 만다.

예를 들면, 최경상이 그냥 오고 싶어서 왔다고 하니깐, 수운 선생이 웃으면서, "너 정말 그냥 온 것이냐?"라고 했다가, 주어가 "군君"인 단수가 되니까 나머지 사람들에 대한 배려가 필요했음인지, "난 말야 박하선이 올 것은 내가 미리 알고 있었지吾知夏善之來也。"라는 아주 어색하고 불필요한 말을 첨가시킨다. 혹자는 이것이 박하선을 해월 위에 올려놓기 위한 텍스트변형이라고 말하지만 나는 그렇게 생각하지 않는다.

박하선은 해월을 끔찍이 아낀 사람이고, 도운 사람이다. 그리고 박하선은 일찍 죽었다. 그런 왜곡을 필요로 하는 도내조직을 가지고 있었던 사람이 아니었다. 문제는 텍스트의 저열한 왜곡을 하다보니까 그 왜곡을 은폐하기 위해서 끼어드는 우발적인 사태들이라고 나는 생각한다. 왜 이런 일이 일어났는가? 4복음서를 둘러싼 케리그마의 문제들이 여기 동학자료들 내에도 개재되고 있는 것일까? 솔직히 말해서 나는 이런 문제들을 알고 싶지도 않고 알 필요도 없다고 생각한다. 동학은 눈물 속에 형성되었고 진실 속에 흘러갔다. 해월의 정통성, 비정통성이 문제될 여지가 없다.

재미있는 문제가 또 하나 있다. 많은 사람들이 김상기의 단곡본 『수운행록』

과 규장각본 『대선생주문집』을 구체적인 텍스트 지식이 없이 혼효하여, 규장각본 『대선생주문집』도 똑같이 해월관계 기사를 왜곡하고 있는 것으로 생각했다. 해월의 수운과의 단독대면기사를 싣고 있는 강수의 『도원기서』와 규장각본 『대선생주문집』을 가리켜 전자는 해월의 적통을 인정하는데 후자는 적통을 인정하지 않는다는 식의 무지한 담론을 일삼았다.

그러나 독자들이 이 단락의 규장각본 『문집』을 이미 내 번역을 통해 보았듯이 『대선생주문집』과 『도원기서』는 그 내용이 거의 동일하다. 『기서』에서도 『문집』에서도 해월과 수운은 단독으로 대면하고 은밀한 대화를 주고 받는다. 그리고 수운은 "홀로 기뻐하고, 홀로 자부심을 가져라"라고 말한다. 그리고 해월 자체로 포덕할 것을 허락한다. 즉 독자적인 경지를 인정해준 것이다. 이 인가의 장면에 하치욱과 박하선이 옆에 앉아있다는 것은 도무지 어불성설이다.

따라서 우리는 알아야 한다: "규장각본(용강본)이 원본에 가까운 것이고, 단곡본이 왜곡된 나쁜 판본이다." 나는 어찌하여 김상기 같은 양식있는 학자가 이런 문제의식도 없이 단곡본을 가장 완벽한 판본으로 추켜세워, 『문집』의 본本으로 삼았는지 알 수가 없다. 『아세아연구』 서론에 써놓은 것을 보면 그는 단곡본을 엉뚱하게 전혀 맥락이 다른 『천도교서』, 『시천교역사』와 비교하여 단곡본이 "질실質實한 좋은 판본"이라고 이야기하고 있는 것이다. 이것은 판본학의 기본적 방법론 그 자체를 망각한 발언이다. 우리는 규장각본과 『도원기서』 두 판본의 대조 속에서만 논리의 동이同異를 진행시켜야 할 것이다.

다음으로 해월과 수운이 만나는 장면에서 우리가 꼭 같이 생각해야만 하는 또 하나의 스토리가 있다. 이 스토리야말로 수운과 해월의 영적 교감의 전모를 드러내주는 동시에, 동학의 영적 발전의 기본 스트럭처를 제시하는 것이다. 해월과 수운의 엔카운터는 크게 세 개의 이벤트로 구성되어있다. 그 첫째가 바로 만남 자체의 우발성, 간절한 소망의 동시성(synchronicity), 합리적 인과성의 계기를 초월하는 우연성이다. 서양의 위대한 심리학자 칼 구스타프 융Carl Gustav Jung, 1875~1961은 리차드 빌헬름이 번역한 중국고전 『역경易經』의 서문을 쓰면서 이와같이 말한 적이 있다:

> The heavy-handed pedagogic approach that attempts to fit irrational phenomena into a preconceived rational pattern is anathema to me.
>
> 비합리적 현상을 이미 기정화된 합리적 사건의 패턴에 꿰맞추기를 시도하는 모든 고압적인 훈령과도 같은 교육적 태도야말로 내 인생에는 하나의 저주이다.

서양인들은 인과성의 관념에 휘말려 있기 때문에 『주역』의 오묘한 세계를 인식할 수 없다고 했다.

둘째는 기름 반종지기 사건이다. 이것 또한 융의 여유로운 사유에 빗대어 이해할 수는 있겠지만, 내가 보기에는 그렇게 천지조화의 대험大驗을 입증할 만한 중요한 사건은 아니다. 말이 갈기를 곤두세우며 논두렁에서 앞으로 나아가지 않으려 한 사건의 영험성보다 덜 리얼하다. 천지재해를 동물이 먼저 감지하는 현상은 우리에게 잘 알려져 있는 사태이다.

그런데 이 만남에서 가장 중요한 사건은 다음의 일화에 있다. 아마도 해월은 만난 자리에서 수운에게 반종지기 사건과 함께 이 체험을 보고했을 것이다. 이 사건은 『해월선생문집』 『시천교역사』 등에 비교적 자세히 기록되어 있다.

해월은 포덕초기부터 용담에 가서 수운 선생을 뵙고 무극지도無極之道에 관하여 배움을 얻은 후, 매월 수삼차數三次 수운 선생을 진알進謁하였다. 그런데 그때마다 용담에 모여 주문을 외우는 도인들이 모두 자기들은 주문을 외우며 기도를 하다 보면, 매번 하늘님의 소리를 듣는다(매문천어每聞天語)고 하는 것이었다. 그러나 착하고 고지식한 해월은 집에 가서 아무리 열심히 주문을 외고

지성으로 염송念誦해도 아무런 동정動靜이 없었다. 하늘님의 소리는 들리지 않는 것이었다. 그래서 나의 지성이 부족한 탓이리라고 생각하면서 열심히 정진 또 정진하였다. 그렇게 근 반년을 살았는데 선생님께서 전라도로 떠나가시었다. 이때 해월은 선생님께 여쭈었다:

> **"선생님 저는 아무리 지성으로 열심히 주문을 외우고 송경하고 해도 도무지 하늘님의 소리가 들리지 않습니다. 어떻게 해야 할까요?"**

이 말을 들은 수운은,

> **"너의 성의가 지극하니 그대로 계속하면 반드시 하늘님의 소리를 들을 수 있을 것이다."**

그리고 수운은 총총히 전라도 방면으로 유랑의 길을 떠났다. 그 후 해월은 마북동 검등골 초가집에서 창문에 거적때기를 쳐놓고 밤인지 낮인지도 모르게 연일 주문을 외우며 공부를 했다. 그러던 어느 싸늘한 겨울날 하도 답답해서 앞에 흐르는 개울로 나아갔다. 얼음이 꽁꽁 얼어 있었는데, 바위를 들어 얼음을 깨고 그 얼음소沼 속으로 풍덩 들어갔다. 얼마나 답답했으면 그랬을까? 나도 하바드대학에서 박사학위논문을 쓰기 직전에 너무도 답답해서 모나드넉(Mount Monadnock)이라는 뉴햄프셔주의 심산(높이 3,165f. 보스톤에서 100km 떨어짐)에 가서 발가벗고 얼음구덩이에 들어가 답답함을 달래었던 경험이 있다. 해월의 심정이 이해된다.

해월은 이 얼음구덩이에 들어가는 습관이 생겨 한 두세 달 동안 그 짓을 했다고 한다. 나중에는 물위에 떠있는 얼음조각조차도 따뜻하게 느껴졌다고 한다. 그러는 동안에 먹는 것은 부실했고 몸은 꼭 마른 장작개비처럼 삐쩍 말라 비틀어져만 갔다. 그럼에도 불구하고 해월은 죽으라고 주문에 매달렸다. 거의 필사적으로! 그러던 어느날, 북풍이 싸늘한 화살처럼 몸에 박히는 그 추운 날, 또다시 얼음물구덩이로 들어갔다. 풍덩! 그때 하늘에서 분명한 소리가 들렸다. 분명한 소리였다. 한풍에 휘감긴 현묘한 하늘에서 울리는 소리였다:

"찬물에 급히 들어가 앉지마라. 양기가 있어야 하는 따뜻한 너의 몸을 해치나니라. 陽身所害, 乃寒泉之急坐。"(『해월선생문집』에는 "내乃"로 되어있고, 『동경대전』에는 "우又"로 되어있다. 의미상 "乃"가 더 편한 것 같다).

그 뒤로 최경상은 찬물에 들어가지 않았고 몸을 회복하였다. 그리고 몇 개월 후 수운 선생을 처음 만났을 때 이 사건을 물어보게 된다.

"선생님! 선생님! 제가 선생님 말씀대로 주야를 가리지 않고 기도에 힘썼습니다 …… 어느날 하늘에서 이런 소리가 들렸습니다 …… 제가 들은 것이라고는 이 소리밖에는 없습니다. 이것이 과연 무슨 연고인지 도무지 모르겠습니다."

"그때가 언제였는가?"

"지난 겨울 몇 월 며칠 경이었던 것 같습니다."

수운은 한참을 헤아리더니 이렇게 말하는 것이었다.

"그때쯤 나는 도인들이 수덕하는 문제에 관하여 고민하고 있었다. 도인들이 냉수마찰 한다고 찬물에 들어가 있곤 하는 것이 건강에 해로우므로 그런 짓은 안 하는 게 좋겠다고 생각하여 '양신소해, 우한천지급좌'라고 쓰고 그것을 마당에 나가 크게 읊은 적이 있다. 분명 네가 내가 읊은 그 소리를 들은 모양이로구나!"

이 순간이 아마 동학이 동학다워지는 결정적 순간이자, 해월이라는 위대한 인격을 탄생시키는 대각의 모우멘트였고, 수운의 시천주사상이 일상적 민중의 언어로 보편화되어 가는 인성의 도약의 계기였을 것이다. 해월은 이 순간 득도한다. 사실 수운의 하늘님과의 만남이나 해월의 하늘님과의 만남은 유사한 프로세스를 거쳤다. 그것은 간절함이었다. 그리고 기도였다. 하늘님을 만나고자 하는 지성의 갈망이었다. 그 지성에 하늘님은 감복하여 두 사람에게 같이 나타났다. 그러나 그 나타난 모습이 너무도 달랐다.

수운의 경우 하늘의 목소리의 주인은 분명히 "상제上帝"였다. 그런데 해월의 경우 그 목소리의 주인공은 바로 그리운 "님"이었다. 상제 아닌 사람이었다. 해월의 체험은 두 가지 측면을 가지고 있다. 하나는 성聖(the Sacred)의 측면이고 하나는 속俗(the Secular)의 측면이다.

성의 측면에서는 우주생명이 하나로 통한다는 깨달음이다. 오늘 이렇게 우발적으로 만났듯이, 남원 은적암에서 외친 소리를 경주 마북동에서도 들을 수 있다는 것이다. 거기에 깔린 생각은 "간절함," "절실함," 『중용』이 말하는 "지성至誠"의 교감이 있다면 천지만물은 일여一如로 감통한다는 것이다. 싱크로니시티의 배면에는 우주생명의 하나됨이 마이크로웨이브 배경복사(microwave background radiation)처럼 꽉 들어차 있는 것이다.

속의 측면에서는 그토록 간절하게 기다리던 하늘님의 소리가 곧 인간의 소리라는 자각이다. 천성天聲은 곧 인어人語요, 인어는 곧 천성이다. 이 깨달음이 해월의 삶을 "사인여천事人如天"의 모범을 철저히 구현하도록 만들었다. 그는 죽을 때도 어린아이들이 병정놀이 하면서 "잡으러 온다, 잡으러 온다" 하니까 "하늘님의 소리다" 하면서 자신의 삶을 영예롭게 마감할 준비를 한다.

속의 측면에서 또 하나 우리가 기억해야 하는 것은 "하늘님의 소리"의 내용이다. 그 대각의 내용은, "찬물에 갑자기 들어가는 것은 몸에 해롭다"는 정도

의 일상의 메시지였다. 하늘님의 소리가 전하고자 하는 것은 우리 일상의 건강과 관련된 것이다. 한 순갈의 밥이 곧 나의 하느님이라는 생각, 지붕이 높은 성스러운 교회라는 건물장식품 속에서 느끼는 하나님은 하느님이 아니다. 그것은 "야훼의 똘만이"도 되지 않는 관념적 허구이다. 그런 공간의 으스스한 분위기에서 느끼는 하나님을 믿지 말고, 내 입으로 들어가는 밥 한 숟가락을 공경하라! 이것이 해월의 사상이다.

다시 말해서 해월의 양신소해의 체험은 우리민족 전체가 인성을 신성화시키는 체험이었으며, 그것은 곧 신성을 철저히 인성화(the Humanization of Divinity)시키는 체험이었다. 인류가 이 지구상에 존재한 이래 이러한 사상을 공험共驗한

1990년 4월 5일(목) 오후 3시부터 6시까지 천도교중앙총부 중앙대교당에서 포덕131년 천일기념 대강연
수운 득도 후 130년, 서울 장안의 모습이 이러했다.

유례가 없었다. 나는 1990년 4월 5일(목) 오후 3시부터 6시까지 천도교중앙총부 중앙대교당에서 포덕131년 천일기념 대강연회를 바로 이 주제로 행하였다. 수천 명의 민중이 운집했는데 1921년 이 건물의 준공 이래 최대의 인파였다고 한다. 순결한 민중의 열정이 느껴지는 그 시절이 그립다.

텍스트 크리티시즘의 시각에서 한문을 분석하다 보면, 한 줄을 나아가기가 어렵다. 이제부터 규장각본 『대선생주문집』의 문장에 즉하여 그 의미만을 정확히 짚어보기로 하겠다.

원문-13 本府有尹先達者, 與其時營將, 相親之間也。浮動營將曰: "此邑崔先生, 弟子至於千數云。若以崔先生捉致, 則每名一銅言之, 近爲千有餘兩, 捉致如何?" 營將聞其人之言, 卽爲發差捉去崔先生。時則秋九月二十九日也。先生聞將差來, 心雖憤惋, 有城化之分。故率弟子十餘人, 棄馬强行。到西州, 臨其渡水之際, 東濱漂母百餘人, 一時起立仰見先生。先生心獨疑訝, 卽入官庭。營將問曰: "汝以一介寒士, 有何道德, 而多士數千, 弄世得名云。以術家言之, 醫不醫, 筮不筮, 巫不巫。術人生計何由?" 先生怒而對曰: "天命之謂性, 率性之謂道, 修道之謂教。以此三端教人爲業, 於理不當乎?" 嗔目視營將, 營將見其威儀, 驚魂落魄, 不敢接語, 卽爲出送。先生退而入府, 於焉之間, 四方之來者, 近五六百人。突入官庭, 探覓尹先達。尹漢避隱於營將傍壁藏中, 衆人視於營將之善待而出。問漂母仰視之所由, 笑指西天有瑞氣之故。俄而營將使出差, 負杖請罪。先生曰: "吾白衣寒士, 豈答官差乎?" 恕容退送。又本官使禮房急報曰: "使道主內衙有患憂, 先生勿藥自效云, 請符圖一張。" 先生默念移時曰: "病卽差矣。汝卽去矣。" 禮房還報官曰: "先生之言, 卽差矣。" 官曰: "病乃差矣。"云云。

국역 경주부 관아 본부에 윤 선달이라고 하는 또라이 같은 놈이 있었다(※ 선달은 대체로 무과 출신으로 벼슬하지 못한 자이다). 그런데 이 자가 당시의 영장營將(군대조직인 각 진영의 장관)과 매우 친한 사이였다. 어느날 영장을 부추기어 말하기를:

"이 고을에 요즈음 사람들이 최수운 선생이라 부르는 자가 있소. 이 자의 제자라 하는 자들이 천여 명이나 되오. 만약 이 최 선생을 잡아다

족치고, 제자 한 사람당 돈 한 꾸러미씩 가지고 오라고 지명을 해대면 거의 천여 냥이 굴러들어오게 될 것입니다. 최 선생을 잡아다 족치는 것이 어떻겠소?"

영장이 윤 선달의 말에 귀가 솔깃하여 차사差使(고을의 원이 죄인을 잡아오라고 보내는 하급관원)를 즉시 파견하여 최 선생을 잡아들이도록 했다. 때는 임술년(1862) 가을 9월 29일이었다(날짜가 정확히 기술되고 있다). 우리 선생께서는 차사가 오고 있다는 소리를 듣고, 마음으로는 분하고 서글프기 그지없었지만, 관의 사람이라 하여 성밖의 사람들을 함부로 다룰 수 있는 것이 아니기 때문에 제자 10여 인을 거느리고 말을 타고 내키지 않는 걸음을 하게 된 것이다.

서주西州에 당도하여 개울을 건너야 하는 지점에 이르렀는데 동쪽 개울가에서 빨래를 하던 100여 명의 아낙네들이 일시에 기립하여 우리 수운 선생을 우러러보는 것이었다. 선생은 마음속으로 홀로 의아하게 생각했다. 저들이 나를 아는 사람들도 아닐 텐데, 더구나 일제히 일어서다니!

하여튼 우선 관아의 뜨락으로 성큼 들어섰다. 그랬더니 영장이 선생에게 물어 말한다:

"여봐라! 너는 초개와 같은 한사寒士 일인에 지나지 않거늘, 네가 무슨 도덕이 있다고 수천의 선비를 거느리고 세상을 희롱하며 이름을 얻었단 말이냐! 너를 술수의 대가라고 하자! 그러나 너의 의술은 제대로 된 의술도 아니요, 너의 점은 제대로 된 점도 아니며, 너의 무당짓은 제대로 된 무당짓도 아니다. 그런데 네가 무슨 술수로 그렇게 성업을 이루고 있단 말이냐? 도대체 그 꿍꿍이가 뭐냐?"

선생께서 진노하시며 똑바로 영장을 대면하면서 소리치셨다: "그대는 영장으로서 이런 것도 모르느냐? 하늘이 명하는 것이 인간의 본성이요, 그 본성을 따르는 것이 사람의 도리요, 그 도리를 닦는 것이 인간의 교육이다. 나는 이 본성, 도리, 교육의 세 단서로써 인간을 가르치는 것을 생업으로 삼고 있는 사람이다. 이치에 부당한 것이라도 있단 말이냐?"

부릅뜬 눈으로 영장을 바라보니, 영장은 그 위엄 있는 자태에 짓눌려 혼이 경악하고 백이 위축되어 떨어지고 말았다. 감히 말을 잇대지 못하고 곧바로 선생을 방면하였다.

선생께서 퇴하여 경주부로 돌아가시는데, 그간에 사방에서 몰려든 선비가 5·6백 명에 육박하였다. 이들은 관정에 돌입하여 윤 선달이라는 또라이를 찾아내려고 여기저기 뒤졌다. 그러나 윤 선달은 영장의 방안 벽장 속에 숨어있었다. 그러나 뭇사람들이 소동을 피워도 영장이 그들을 선대善待하는 것을 보고 도인들은 퇴출하였다.

나오는 길에 빨래하는 아주머니들이 아직도 있길래 아까 일제히 일어나 우러러본 까닭을 물었다. 그랬더니 아낙들이 웃으며 서쪽 하늘을 가리키며 그곳에 특별한 서기가 서렸었기 때문이라고 말하는 것이었다.

곧이어 영장은 차사를 내보내어 볼기기구를 메고 와서 죄를 청하는 것이었다. 선생께서 말씀하시었다:

"나는 백의白衣(벼슬하지 않음. 공직이 없음)의 한사寒士일 뿐이오. 어찌 내가 관원과 차사에게 태질을 할 수가 있겠는가?"

그들을 용서하고 돌려보냈다.

또 있다가 본관 사또가 예방禮房(지방관아 예방의 관리)을 시켜 급보를 보내어 사뢰었다:

"사또님 내아(가족들)에 병환이 나셨습니다. 선생께서는 약을 쓰지 않으시고도 병환을 고치신다고 하니, 부도라도 한 장 주시기를 청하옵니다."

선생께서는 묵념을 하시면서 잠시 시간을 끄시었다. 그리고 말씀하신다:

"병은 벌써 나았다. 그대는 즉시 돌아가 이르시오."

예방이 돌아와 사또에게 사뢰었다:

"선생께서 말씀하시기를, 사모님의 병환이 나았다고 하셨습니다."

사또가 말하였다.

"병이 나았다."

옥안 정확한 사실의 기록인 동시에 아름다운 문학이다. 예수도 시로페니키아의 여인의 딸에게 원격치료를 행하였다(막 7:24~30).

원문-14 先生留五六日, 還于龍潭。有通文, 卽十月十四日也。念夜, 先生方夜讀書, 內率或杼或針, 忽有輝煌之氣, 照門如月。開戶視之, 黑夜中天, 彩雲玲瓏, 瑞氣明朗。龍潭一洞, 如晝大明。家人疑問於先生曰: "洞前樹上, 有一美女, 綠衣紅裳, 嬋姸而坐。" 先生曰: "勿囂言。" 先生獨知仙女之降臨也。十一月慶翔來請曰: "先生枉臨生之家如何?" 先生曰: "君家夾窄, 移定他處。" 慶翔拜處所定于興海梅谷孫鳳祚家。慶翔再次往拜先生, 初九日陪先生卽到孫鳳祚家座定。翌日各處道人, 往拜紛紛。與慶翔同爲留延, 共樂甘苦。又與兒童時習筆書, 日以敎之。先生備具壯紙, 自朝達夜書之, 一不成字, 紙費一二卷。先生告天曰: "神人何爲, 吾必爲之。" 暫休更寫, 亦爲亂筆。先生曰: "神人何爲, 吾必爲之。" 如是以爲筆之於無數, 終不成字。上帝曰: "汝姑止之, 後必賜筆。" 其後日與兒童, 或書或筆, 以爲課工。先生與天主和答訣句, 松松栢栢之篇, 出於其時也。是時慶翔, 衾一件上下衣, 裁納于先生。先生曰: "君素貧寒, 何爲竭力?" 先生情話曰: "吾妻子所食之艱, 君何救急之計耶?" 慶翔卽米肉與錢四五百金竝納。先生內書, 而付送本家。

국역 선생께서는 부중府中에서 5·6일을 더 머문 후에 용담으로 돌아가셨다(※"부중"이라는 표현은 『문집』에는 없으나 『기서』에 그렇게 기술되어 있다. 박대여의 집으로 돌아간 것으로 볼 수도 있겠으나 박대여의 집은 서면 도리道里에 있었다. 후미진 곳이다. 아마도 부중에 수운 선생이 거처할 곳이 또 있었던 모양이다. 그러니까 강수는 대체적인 이야기 라인은 수정하지 않은 채 부분적으로 유용한 정보를 제공하는 자세를 취하고 있다). 용담으로 돌아가신 후 수운 선생님께서는 도인들에게 통문通文(서원이나 향교에서 구성원들에게 알려야할 일이 있을 때 내용을 적어 돌린 통신수단)을 발하였다.

이 통문은 임술년(1862) 10월 14일 자로 보낸 것이다.

(※ 현재 『동경대전』에 들어가 있다. 옛날에는 편지나 통문을 보낼 때 반드시 집에 그 사본을 남겨둔다. 그래서 그 문헌이 보존되는 것이다).

선생은 이즈음 용담에서 밤늦게까지 책을 읽곤 하셨다. 선생께서 밤늦게 책을 읽으실 때는 선생님 집안식구들은 베틀을 짜거나, 바느질을 하거나 하곤 했다. 이때 홀연히 휘황輝煌(눈부신)한 기운이 비추는데 보름달 명월이 창문을 때리는 듯하였다. 선생께서 문을 열고 바라보니 캄캄한 밤인데도, 중천에 채운이 영롱하고 서기가 명랑한 기운이 돌아, 용담 한 동네 전체가 대낮처럼 크게 밝았다. 집안사람들이 의아스럽게 생각하여 선생님께 여쭈었다:

"마을 동구 밖에 큰 나무가 있는데, 그 나무 위에 한 아름다운 여인이 앉아있습니다. 녹색 저고리에 붉은 치마를 입었는데 그 아리따운 자태가 이루 형언키 어렵습니다. 말 없이 앉아있습니다."

선생님께서 말씀하시었다:

"소리 내지 말라. 시끄럽게 하지 말라!"

선생은 오로지 홀로 선녀의 강림을 알고 계셨던 것이다.

임술년 11월에 이르러, 최경상이 용담으로 찾아와 선생님께 청하여 말씀드렸다:

"선생님! 아무래도 용담에 계시기가 여러모로 불편하실 듯하오니, 마북동 제 집으로 오셔서 거처하시는 것이 어떻겠나이까?"

수운 선생님께서 말씀하시었다:

"좋은 생각이긴 한데, 자네 집은 너무 비좁지 않을까? 이왕 얘기가 나왔으니 이정移定할 딴 곳을 알아보게나."

이에 최경상은 백방으로 노력하여 흥해興海 매곡梅谷에 있는 손봉조의 집에 선생님의 배처소拜處所(사람들이 와서 절하는 처소라는 뜻으로 선생님 계시는 곳을 높여 부른 말)를 정했다. 최경상은 재차 용담으로 와서 선생님을 배알하고, 11월 9일("초구일初九日"이라고 표현) 선생님을 직접 모시고 손봉조의 집으로 가서 좌정座定(거처를 정함)하였다.
(※최경상이 용담으로 찾아가서 선생님의 불편을 살피고 왔다갔다 하면서 선생님을 직접 모시고 흥해의 손봉조의 집으로 좌정하기까지의 과정이 해월이라는 인간의 수운 선생에 대한 극진한 공경심을 나타내는 기술방식이다. 해월은 수운에 비해 불과 세 살 연하이다. 그러나 선생님에 대한 자세가 지극하다).

좌정한 다음날부터 각처의 도인들이 몰려들어 선생님께 배알하고 문안드렸는데 분요롭기까지 했다. 선생님은 최경상과 더불어 같이 손봉조의 집에 머무르면서 삶의 기쁨과 고난을 함께 누리시었다.
(※손봉조의 집이 있는 흥해 지역은 본시 최경상의 본거지이다. 그리고 최경상은 선생님으로부터 포덕의 허락을 받은 후 흥해 김이서金伊瑞에게 벼 100석을 얻어 동해안 일대를 누비면서 많은 사람들에게 포덕하였다. 선생님께서 좌정하신 다음날부터 도인들이 사방에서 몰려들었다는 것은 이런 사실을 배경으로 하고 있는 것이다. "검악포덕" 이후의 일이었다).

또한 선생님께서는 동네 아동들과 더불어 붓으로 글씨 쓰는 것을 매일같이 가르치셨다(일종의 서당을 연 것을 말함). 선생께서는 장지壯紙(질이 좋은 종이)를 구비해놓고 아침부터 밤에 이르기까지 계속 쓰셨는데, 한 글자도 만족스러운 제모습이 갖추어지지 않았다. 그래서 장지 한두 말이(一二卷)만 허비했다고 생각했다. 선생은 하늘에 고하여 말하였다:

"하늘님이시여! 왜 이러시는 겁니까? 저는 필히 해내고야 말겠습니다" (※여기 "하늘님"을 표현한 단어가 "상제上帝"나 "천주天主"가 아니고 "신인神人"이다. 결국 "인"은 "님"이고 "신인"은 하늘님과 같은 의미이다. 내가 생각하기에는 수운은 서도에 특별한 경지와 재능을 가진 인물이었다. 제2권 18장 「필법」에서 후술. 그러나 애석하게도 그의 글씨가 남아있질 않다).

수운은 글씨 쓰는 것을 잠시 멈추었다가 다시 썼다. 그러나 또한 난필이 되고 말았다. 선생은 절망감에 또 외친다:

"하늘님이시여! 어찌하여 이러시는 겁니까? 저는 반드시 해내고야 말겠습니다."

이와같이 하여 간곡한 심정으로 수없는 종이에다가 붓을 휘둘렀어도 종내 글씨는 이루어지지 않았다. 이때 상제(여기서는 또 "상제"라는 표현을 썼다)가 말하였다:

"그대는 잠시 글씨쓰기를 멈추어라! 후에 내가 반드시 너에게 붓을 내리리라."

그 후로 매일같이 동네아동들과 같이 어울리면서 책을 읽기도 하고 글씨를 쓰기도 하면서 하루의 과공課工을 삼았다. 선생은 이 시기에 하늘님(여기서는 "천주天主"라고 표현했다. 그러니까 "上帝" "天主" "神人"은 환치될 수 있는 표현들이었다)과 소통하면서 화답한 결구訣句, "송송백백松松栢栢"의 편을 지으시었다(※ 현재 『동경대전』에 "화결시和訣詩"라는 제목으로 들어가있다. 경진초판본 卷之五, 첫머리).

이때에 최경상이 이불 한 채와 아래옷도리 누빈 폭신한 의복 한 벌을 새로 지어 선생님께 드렸다. 추운 겨울에 고마울 데가 그지없다. 선생님께서는 최경상에게 말씀하신다:

"그대는 평소 가난하기 그지없는 빈한한 선비인데, 어찌하여 이토록 큰 출혈을 하는가?"

이렇게 말씀하시면서도 정감 어린 부탁을 또 하시는 것이었다:

"내가 받은 것은 이루 말할 수 없이 고맙지만 지금 처자식들이 용담에서 끼니조차 제대로 잇지 못하고 있네. 이 간난을 급구急求할 수 있는 무슨 계책이라도 있을 수 있겠는가?"

이에 최경상은 즉시 쌀과 함께 돈 4·500냥을 마련하여 선생님께 드렸다. 선생님은 사모님에게 편지를 써서 이 모든 것과 함께 본가로 보냈다.

옥안 매우 눈물겨웁고 또 정다운 초기 동학의 정경이 펼쳐지고 있다. "선녀이야기" 같은 것은 초기교단의 사람들이 가급적이면 수운의 삶의 이야기를 미스

티파이 하고 싶어하는 매우 인간적인 성향이 있었다는 것을 말해주고 있다. 예수의 이야기도 그런 방식으로 형성되었을 것이나 예수의 경우는 너무 과도한 신비주의, 신화적 케리그마 속으로 빠져들어갔다. 그러나 수운은 본인이 그런 케리그마에 함몰되지 않았다는 것이다. 『동경대전』이나 『용담유사』, 즉 수운 자신의 저작의 위대성은 끝까지 자신에 관한 성화聖化sacralization의 모든 방편을 거부한다는 데 있다. 수운은 신화의 내음새를 피우지 않았다. 자신의 이적행위를 가르침 속에 포함시키지 않았다. 모든 기적은 상식의 범주 내에 있어야만 했다.

이 단에서 내가 특별히 논의할 것이 없으나(규장각본 『대선생주문집』의 내용은 『도원기서』와 근본이 일치한다. 『도원기서』는 단지 『문집』의 레토릭을 세련화시켰을 뿐이다), 이 단을 한 예로 들어 말해도 단곡본(세칭 『수운행록』)은 해월 즉 최경상에 관련된 모든 것을 왜곡시키고 있다. 우리는 진실로 엄중한 사태에 직면하게 된다. 나는 처음에 단곡본의 왜곡(좋은 말로 "교정")이 몇몇 이야기의 구조적 틀에 관한 것인 줄 알았다. 그러나 세밀하게 한 자 한 자 검토해본 결과, 해월에 관계되는 모든 정보를 철저히 왜곡시키고 있다는 것이다. 이것은 매우 경악스러운 사태이다. 한 줄 한 줄 해월(최경상)의 이야기가 나올 때마다 그의 인간됨의 지성무식함과 수운과의 관계의 아름다운 정감적 사태를 철저히 용인하지 않으며 그 기술을 희석시키거나 빼버리거나 왜곡시키거나 하는 것이다. 이 단을 예로 들어보자!

최경상이 수운 선생이 용담으로 돌아간 후 거처가 불편한 듯하여 찾아가 우선 거처를 저의 집으로 옮기시지요라고 말한다. 이러한 경상의 진정성을 못 봐주겠다는 듯이 싹 빼버린다. 따라서 "너의 집은 비좁지 않느냐?" 이런 수운의 말도 빠진다. 그리고는 밑도 끝도 없이 "11월에 흥해 손봉조의 집으로 처소를 옮기었다"라고 말해버린다. 그리고 해월이 용담을 다시 찾아가 모시고 손봉조의 집으로 갔다는 얘기도 싹 빼버린다. 그리고 손봉조의 집에 거처를 정한 후 다음날부터 도인들이 몰려들었고, 최경상과 더불어 같이 지내면서 감고甘苦를 공락共樂하였다는 이야기도 싹 빼버린다. 그리고 대신 그 말을 "군제群弟들과 같이 머물며 공락감고하였다"라는 식으로 바꾼다. 다시 말해서 단곡본의 저자는 손에 규장각본(용강본)을 들고 있었다는 얘기다! 그리고 최경상이 이불 한 채와 아래옷도리 한 벌을 지어드렸다는 것이 사실이었기 때문에 부정을 하지 못하고 이렇게 바꾼다: "최경상은 제도인諸道人들과 함께 이불 한 채와 아래옷도리 한 벌을 선생께 바쳤다."

그렇게 되면 수운의 말도 이렇게 바뀐다: "접내의 사정이 많이 빈한한데 어찌하여 갈력竭力하는고?" 문장은 완벽하게 규장각본의 문장인데 "군소빈한君素貧寒"을 "접내다빈한接內多貧寒"으로 바꾸는 것이다. 해월 개인의 정성을 다 제거해버리는 것이다. "접내接內"라는 말이 웃기지도 않은 왜곡인 것이, 이때는 아직 포접제도도 만들어지기 이전이었다. "접내"라는 말은 쓸 수가 없는 것이다. 그리고 해월이 용담으로 보내기 위하여 마련한 곡식과 돈도 "부서접중府西接中"에서 마련하여 보낸 미육米肉이라 하였다. 쌩거짓말인 것이다. 그때는 "부서접중府西接中"이라는 조직이 있을 수 없었다.

아무리 좋게 봐주려고 해도 좋게 봐줄 수 없는, 왜곡 의도가 너무도 명료한, 야비하기 그지없는 왜곡 중의 상왜곡인 것이다. 나는 표영삼 선생님과 세미나를 할 때에 표 선생님께서 "구역질나는 왜곡"이라 하신 말씀을 기억한다. 그러나 그때는 그것이 무슨 말씀인지조차도 알지를 못했다. 지금도 나는 겨우 『문집』을 반쯤 번역하면서나 그 전모를 알게 되었다. 나는 교단 내의 문제라든가 천도교 역사에 관한 문제는 당시 전혀 의중에 없었다. 그래서 다양한 판본의 문제를 심도 있게 이해하지 못했다.

그런데 도대체 왜 이토록 야비하고 저열하고 치열한 문헌왜곡이 자행되었는가? 그 의도는 무엇인가? 우선 우리가 알아야 할 것은 이러한 문헌왜곡이 우리가 지금 논의하고 있는 동학형성사의 진실과는 전혀 무관한 후대의 조작이라는 것이다.

표영삼 선생님의 추론에 의하면 이 왜곡의 주체는 청림교青林敎의 일부 지식인들에 의한 조작일 가능성이 높다고 한다. 이 단곡본의 필사는 1898년에 이루어졌다고 하는데, 기실 청림교는 3·1만세혁명 이후에 일제가 천도교를 분열시키기 위하여(천도교가 3·1만세혁명의 주체적 역할을 했기 때문에 일제는 어떻게 해서든지 천도교를 분열시키려고 노력했다) 만든 친일종교단체 종파로 알려져 있다(『천도교약사』, p.215). 그렇다면 1898년이라는 연도가 문제가 된다.

그러나 청림교는 실제로 동학민중혁명 직후에 만들어진 자생적 종교이며, 그 종교의 창시자인 남정南正은 "수운의 적통을 이은 사람은 해월이 아니라 나 바로 남정이다"를 표방하며 세력을 키웠다고 한다. 청림교의 교주 남정은 실제로 수운 밑에서 동학을 배운 서울 출신의 양반으로 알려져 있고 동학혁명이 발발하자 자기 나름대로 새로운 혁명을 꿈꾸며 서울 중심으로 활약하였다고 하는데 나중에는 그 신도가 30만에 이르렀다고 한다. 수운 대신사가 개벽의 창세주로 군림한다는 것을 주장하다가 1904년에 죽었다(일설에 의하면 청림교는 임종현林鐘賢이라는 사람이 황해도 구월산九月山에서 수도를 하던 가운데 후천개벽에 대한 역리적 운도運度를 깨달아 개창한 종교라고 한다. 그는 북접도주 최시형에 대항, 스스로 남접도주라 하면서 청림교라는 이름으로 하나의 교단을 개창하였다고 한다. 하여튼 설이 일정치 않다. 1920년에 서울에서 다시 개창을 주도한 사람은 김상설金相卨과 이옥정李玉汀이라는데 이 두 사람의 이름은 각 설에 공통된다).

전후 자세한 상황은 모르겠으나 1898년에 필사한 이 단곡본은 철저히 해월의 적통성을 훼멸하기 위하여 꾸며진 저열한 판본이다. 어떻게 해서 김상기 교수가 이 단곡본을 『수운행록』이라고 선양하고 가장 객관적이고도 진실한 초기 역사기록이라고 찬양을 할 수 있었는지 도무지 나는 이해가 가지 않는다. 나는 단지 문헌비평학자의 입장에서 김상기 교수의 『행록』은 우리의 논의의 준거가 되어서는 아니 되는 문헌이라는 것만 확실히 해둔다. 그리고 이러한 문헌비평의 계발에 힘입어 우리는 오히려 『도원기서』야말로 믿을 수 있는 훌륭한 정통적 문헌임을 확인하게 된다. 그리고 『도원기서』를 정밀하게 이해하기 위해서는 그 저본으로 쓰인 『대선생주문집』의 가치를 높게 평가해야 한다는 것이다. 이제부터는 될 수 있는 대로 『수운행록』의 트라우마에서 벗어나는 방향으로 논의를 진행시킬 것이다.

원문-15 日居月諸, 奄迫歲暮, 此處有換歲之計。當其晦日, 先生各處接主定授, 而府西以白士吉 姜元甫定授。淸河李敏淳定授。延日金尙瑞, 安東李武中定授。丹陽閔士葉, 英陽黃在民定授。永川金先達, 新寧河致旭定授。固城成漢瑞定授。

국역 햇님이시여! 달님이시여! 날이 가고 달이 가네!(여기 "일거월저日居月諸"는 『시경』 패풍邶風, 「일월日月」에 나오는 표현이다. "거"와 "저"는 모두 어조사로서 호소의 의미가 있는 감탄사이다). 얼떨결에 세모가 들이닥쳤다. 선생은 하는 수 없이 흥해 손봉조의 집에서 설빔을 맞이할 준비를 했다. 그 전날 섣달 그믐에 선생은 접주제도를 처음으로 만들어 각 지역에 접주를 배정하는 의식을 행하였다.

(※ 해월이 용담으로 찾아가 거처가 불편하시지 않냐고 물은 것은 생활상의 불편이 아니라 아무래도 관원의 지목이 있었기에 사람들이 들락거리면 어텐션의 대상이 되기 때문에 어디엔가 관원의 눈을 피할 수 있는 편한 곳으로 옮기자고 한 것이다. 마침 인품이 있는 영장을 만나 무사히 넘겼다 해도, 그 후유증을 염려한 것이다. 그러나 수운 입장에서는 마냥 소극적으로만 피할 수는 없었다.

그래서 보다 적극적인 공세를 취하기로 한 것이다. 인맥조직의 접주제도를 구상한 것은 수운이 어느 정도 서학에 대항할 수 있는 동학의 사회운동을 조직적으로 구상하기 시작했다는 것을 의미한다. 그러나 우리가 알아야 할 것은 이때만 해도 "접接"의 관념만 있었고 "포包"의 관념은 없었다. "포접"은 나중에 해월의 발명이다. 수운은 "접"의 개념으로만 일관했다. 그리고 개접開接, 파접罷接이라는 말이 있듯이 접조직도 어디까지나 방편적이었고 절대적인 것이 아니었다. 만들고 또 없애버릴 수도 있는 것이다. 수운의 접조직은 그가 20대에 주류팔로할 때 체험한 보부상조직, 도접장제都接長制를 참고하여 창안한 것이다. 보부상들은 "접주"대신 "접장"이라는 말을 썼다).

경주부 서쪽은 백사길과 강원보로써 정수定授(배정하여 주다)하고, 청하는 이민순으로써 정수하고, 연일은 김상서, 안동은 이무중으로써 정수하고, 단양은 민사엽으로써 정수하고, 영양은 황재민으로써 정수하고, 영천은 김선달로써, 신녕은 하치욱으로써 정수하고, 고성은 성한서로써 정수하였다.

옥안 최초의 개접상황을 알리는 이 접주들의 명단은 동학사에 있어서 매우 중요한 의미를 지니는 것임에 틀림이 없다. 그런데 문헌마다 이 명단이 다 다르다. 그리고 이 다른 명단과 이름의 다른 표기, 순서 등은 실로 많은 문헌비평상의 문제를 야기시킨다. 우선 내가 가지고 있는 문헌들을 전부 나열하면 다음과 같다.

〈규장각본 『대선생주문집』 명단〉

1	부서府西	백사길白士吉, 강원보姜元甫
2	청하淸河	이민순李敏淳
3	연일延日	김상서金尙瑞
4	안동安東	이무중李武中
5	단양丹陽	민사엽閔士葉
6	영양英陽	황재민黃在民
7	영천永川	김선달金先達(이름 불명)
8	신녕新寧	하치욱河致旭
9	고성固城	성한서成漢瑞

〈『도원기서』 명단〉

1	부서府西	백사길白士吉, 강원보姜元甫
2	영덕盈德	오명철吳命哲
3	영해寧海	박하선朴夏善
4	대구大丘 · 청도淸道 · 기내畿內(경주일대)	김주서金周瑞
5	청하淸河	이민순李敏淳
6	연일延日	김이서金而瑞
7	안동安東	이무중李武中

8	단양丹陽	민사엽閔士葉
9	영양英陽	황재민黃在民
10	영천永川	김선달金先達
11	신녕新寧	하치욱河致旭
12	고성固城	성한서成漢瑞
13	울산蔚山	서군효徐君孝
14	본부本府	이내겸李乃兼
15	장기長機(鬐)	최중희崔中羲

※ 여기 4번에 "대구·청도·기내畿內"라 했는데 "기내"를 생각 없이 그냥 "경기도 일대"라고 번역하는 사람이 있으나, 수운에게는 경주는 왕도였으며 천년고도였다. "기내"라는 것은 대구, 청도라는 맥락으로 보아 경주 일대, 즉 경주의 근기를 가리키는 것 같다. 그러나 『행록』에 "일내日內"로 되어있는 것을 보면 청도 부근의 지명일 수도 있겠다.

〈『자료실본』 명단〉

천도교 중앙총부 자료실에 보관된 카피본인데, 도곡본인 것 같으나 확인하기 어렵다. 낙장이 심하고 불완전한 사본이다. 그 언어는 규장각본과 유사하며 매우 정밀한 편이다.

1	부서府西	백사길白士吉, 강원보姜元甫
2	영덕盈德	오명철吳命哲

3	영해寧海	박화선朴華善 (夏 → 華)
4	대구大丘·청도淸道·기내畿內	김주서金周瑞
5	청하淸河	이민순李敏淳
6	연일延日	김병서金丙瑞
7	안동安東	이무중李武中
8	단양丹陽	민사엽閔士葉
9	영양英陽	황재민黃在民
10	영천永川	김광달金光達(여기서는 선달이 광달로 표기됨)
11	신녕新寧	하치욱河致旭
12	고성固城	성한서成漢瑞

〈『수운행록』본〉

※ 김상기의 『수운행록』본이 단곡본과 일치하는지조차도 잘 알 수 없다. 서울대학교로 기증하기로 되어있던 동빈문고東濱文庫는 영남대학교로 갔다. 영남대학교 동빈문고를 뒤져보았으나 『수운행록』 근거자료는 전무했다.

1	부서府西	백사길白士吉, 강원보姜元甫
2	영덕盈德	오명철吳命哲
3	영해寧海	박하선朴夏善
4	대구大丘·청도淸道·일내日內	김주서金周瑞
5	청하淸河	이민순李敏淳

6	연일延日	김이서金伊瑞(金而瑞)
7	안동安東	이무중李武中
8	단양丹陽	민사엽閔士葉
9	영양英陽	황재민黃在民
10	영천永川	김선달金先達(김원달金元達)
11	신녕新寧	하치욱河致旭
12	고성固城	성한서成漢瑞
13	울산蔚山	서군효徐君孝
14	본부本府	이내겸李乃兼
15	장성長城	최중희崔中羲

※ 장성長城은 장기長鬐의 명백한 오기誤記이다.

내가 이렇게 구차스러운 일을 벌이는 것은 텍스트의 문제는 끝없는 미궁을 제기한다는 것을 알려주기 위함이다. 과연 이 4가지 중, 어느 것이 가장 오리지날한가? 누가 누구를 베꼈을까? 이것은 끝없는 미궁이다. 이 4가지 중에서 가장 소략한 것이 규장각본이다. 영덕, 영해, 대구, 울산, 본부, 장기가 모두 빠져 있다. 심지어 박하선까지 빠져있는 것이다. 동학의 역사기술에 있어서는 보통이 최초의 접주명단을 『도원기서』에 근거하여 논한다. 그러나 『기서』의 15개 접의 명단도 절대적인 확실성을 갖지는 못한다는 것이다.

하여튼 내가 말하려고 하는 것은 초기사료들은 기억에 의존한 것이 많고, 초록과정에서 필연적으로 변형을 가져오기 때문에 매우 유동적이라는 것이다.

문헌적 근거는 매우 중요하지만 문헌적 근거에 광신적으로 매달리는 것도 어리석은 짓이다.

원문-16 癸亥正月初一日, 上帝降訣于先生, 其書曰: "問道今日何所知? 意在新元癸亥年。" 初六日, 與慶翔作別之時謂曰: "君盈寧之境還來。" 先生卽還本家。二月, 在臨川李吏家, 或與兒童以爲習筆。暫往新寧河致旭家, 留宿數日, 而還本家。時適二月初九日也。先生日與第二子世淸 金春發 成一奎 河漢 金奎消日, 始造筆法, 以習額字, 或習晉帖。不過數日, 筆似王羲之跡。四方道人, 筆法之奇, 日日盈門。四月寧(盈)德人姜洙來問道修之節次, 先生曰: "只在誠敬信三字云。" 先生聞寧(盈)德有事, 更戒各道道人, 勿爲指目之端, 十分嚴切。是歲六月分, 各處道人, 額字一張, 時以書之, 頒布各處。其時姜洙來謁。先生曰: "二十餘張中有誠字君持去。" 又書敬信二字授之。

국역 계해년(1863) 정월 초하룻날, 하느님(상제上帝)이 우리 수운 선생에게 결訣(진리의 핵심을 전하는 말)을 내리셨다. 그것을 글씨로 쓴 내용은 다음과 같다: "도를 묻는 그대여! 원단인 오늘을 맞이하여 그대는 무엇을 알고 싶어하느뇨? 내 뜻은 새로운 기원(신원新元) 계해년에 있도다!" (※사람들이 애매하게 해석하는데 그 뜻은 매우 명료하다. 올 1년 동안 벌어질 일이 새로운 기원을 수립할 만한 결정적인 사건들이니 그에 대하여 마음을 준비하라는 상제의 결訣이다).

1863년 1월 6일 흥해 손봉조의 집에서 수운은 최경상과 작별한다. 그때에 간곡히 경상에게 이른다: "그대는 이 길로 영덕과 영해의 지역들을 둘러보고 오라!"(※ 여기 원문에는 "영녕盈寧"으로 되어있는데, 이것은 영덕盈德과 영해寧海를 지칭한다. 흥해興海에서 동해안을 따라, 청하淸河, 영덕盈德, 영해寧海, 평해平海, 울진蔚珍이 대개 비슷한 거리로 포진되어 있다. 이미 동학 포덕 초기부터 영덕과 영해는 엄청 중요한 포스트였다는 것을 알 수 있다. 이것은 최경상과 박하선의 노력이 주축을 이루어 만들어놓은 성과였다).

그리고 수운 선생은 흥해를 떠나 용담의 본가로 돌아오셨다(1863년 1월 6일의 사건이다). 2월달에 선생은 또 임천臨川에 사는 지방서리인 이씨李氏집에 가서 머무셨다. 그 이씨집에서 아동들과 함께 붓글씨 연습을 하시면서 소일하셨다. 그리고는 또 신녕의 하치욱(별명 하처일河處一. 신녕의 접주. 1861년 6월 입도한 최초의 그룹 중 한 사람. 1863년 12월 수운과 함께 체포됨)의 집을 방문하여 그곳에 유숙하기를 며칠을 지내셨다. 그리고나서 용담의 본가로 돌아오셨는데(수운도 참 활동하기를 좋아하는 사람이다), 그때가 바로 1863년 2월 9일이었다(여러가지 일정으로 맞추어 보면, 강수가 2월 9일을 3월 9일로 수정했는데, 『기서』의 3월 9일이 더 맞는 것 같다).

선생은 용담에 돌아오신 후로는 매일 둘째아들 세청世淸이와, 또 김춘발, 성일규, 하한河漢, 김규金奎와 같이 지내시면서 소일하시었다.
(※『기서』에는 앞의 두 이름은 일치하지만 뒤의 두 사람은 "하한룡河漢龍, 강규姜奎"로 되어있다. 단곡본에도 "하한룡, 강규"로 되어있다).

바로 이때, 선생께서는 자신의 독특한 필법筆法을 만드시었다. 그 필법의 도리에 따라 편액에 쓰여진 과거 명필가들의 글씨를 본으로 삼아 연습하시거나, 진晋나라 왕희지의 글씨가 담긴 진첩晋帖을 본으로 삼아

연습을 하시었다.

(※ 우리가 근거하고 있는 규장각본 『대선생주문집』은 "진첩晋帖"으로 되어있는데, 『도원기서』는 "진체眞體"라고 했다. 자료실본도 "진체"로 되어있다. 우리 『문집』이 더 구체적인 상황을 잘 말해준다. 왕희지王羲之, 303~361는 산동 태생의 동진東晋 사람이다. 서성書聖으로 불리는데 수운은 그의 글씨를 모범으로 삼았다).

그런데 며칠이 안되어 선생님의 필치는 왕희지의 글씨와 다름이 없는 독특한 경지를 과시하고 있었다. 그러자 사방에서 도인들이 몰려왔다. 수운 선생님의 필법이 신묘하다는 소리를 듣고 날로 찾아오는 사람들이 문지방을 메웠다.

이 해(1863) 4월에 영덕盈德 사람(본서는 "영덕寧德"으로 잘못 기술. 수정함) 강수姜洙가 용담으로 찾아와 선생님께 동학의 도를 닦는 절차에 관하여 좋은 질문들을 많이 하였다.

(※ 영덕 거천리巨川里 사람 강수는 동학사가로서 최대의 공을 세운 인물이고 오늘의 해월이 있게 도운 당대 최고급의 지성이다. 1894년 12월 강수가 청주 전투에서 패한 후 병영에서 순도했다는 소식을 듣고 해월은 피눈물을 쏟았다. 그런데 강수는 1863년 4월에나 뒤늦게 입도하였다. 이필제도 이 시기에 같이 용담에 왔다).

수운 선생은 강수에게 간결하게 말씀하시었다:

"수도의 절차는 오로지 성·경·신 세 글자에 있을 뿐이다."

수운 선생님께서는 영덕에서 동학운동에 해를 가하는 어떤 사태가 있었다("유사有事"의 내용은 잘 모른다)는 이야기를 듣고 각 도의 도인들에게 각별한 훈계를 내리셨다. 지목을 받을 단서를 도무지 만들지 말라고 부탁하셨는데 그 말씀이 매우 엄하고 칼날 같았다.

이 해 6월에 각 처의 도인들이 선생님께 액자에 넣을 수 있는 서도작품 한 장을 받으려고 몰려들었다. 그때그때마다 선생님은 거절치 않고 써 주시어 각 처에 반포되도록 하시었다. 그때 또 강수가 와서 선생님을 알현하였다. 선생님은 강수를 좋게 여기시었다. 그리고 말씀하시었다:

"내가 써놓은 20여 장 중에서 성誠 자를 쓴 것을 가지고 가라."

그리고는 경敬, 신信 두 글자를 더 쓰시어 강수에게 주시었다.

옥안 내가 크게 첨가할 말은 없다. 번역 속에서 메시지를 다 전하였다. 수운의 삶은 결코 신화적인 이야기가 없다. 그의 필법에 관한 이야기도 매우 건강한 전도과정이었음을 말해준다. 그의 서도작품이 현존하지 않는다는 것이 참으로 안타깝다. 수운의 서도경지에 관해서는 제2권 제18장 「필법」에 자세한 논의가 있다.

수운은 홍해 내곡에서 1862년을 마감하면서 접주제도를 만들었다. 그것은 그가 과감하게 체제와 싸울 용의가 있다는 것을 선포하는 것이다. 그리고 동학의 연원인 용담으로 돌아가 은신의 자태를 벗고 과감하게 활동하기 시작한다. 접주들도 접내의 도인들을 데리고 용담으로 와서 선생과의 공개적 접촉을 시도한다. 이 분위기에서 강수도 입도하였다. 용담은 사람의 물결로 들끓기 시작하고 수운은 이들에게 서도작품으로써 자신의 깨달은 바 도를 전한다. 운명의 시각은 다가오고 있었다.

원문-17 八月, 全時晄來謁。先生授額字, 二十二張中, 特贈利行二字曰: "以表遠來之情。餘二十張, 分賜鑄銅接。" 又作興比歌一章。特賜曰: "此歌亦好誦之思之, 曉明接中以相從, 則亦工夫。愼勿馬山相從也。"云云。

국역 1863년 8월, 전시황(※많은 번역문에서 "전시광"으로 읽기도 하는데 "晄"은 "晃"과 동자이며 반드시 "황"으로 읽어야 한다)이 용담으로 와서 선생님을 알현하였다. 선생께서는 그에게 액자額字를 주시었다("액자額字"라는 것은 당시 수운이 쓴 서도작품인데, 창호지 전지 만한 사이즈에 대강 글자 하나를 쓴 것이다. 천도교 총부 복도에 그것의 실물 크기의 사진 하나가 있다. 그것을 액자에 넣어 표구할 수 있기에 액자額字, 즉 액자로 만드는 글씨라고 한 것이다). 그때 액자가 22장이 있었는데, 그 중에서 특별히 "이利" 자와 "행行" 자가 쓰여진 두 장을 주시면서("타인을 이롭게 하라," "반드시 모든 것은 실천으로 옮겨라"라는 뜻) 이렇게 말씀하시었다:

"그대가 먼곳으로부터 왔기 때문에 나의 정감을 표하노라. 나머지 20장은 주동접("주동鑄銅"은 지명인 듯한데, 표영삼 선생님의 고증에 의하면 바로 전시황의 고장인 영덕 지역이라고 한다)에 나누어 주어라."

그리고 「흥비가興比歌」 한 장을 지으시었는데, 그것을 특별히 하사하시면서 말씀하시었다:

"이 노래는 정말 외우기도 좋고 생각할 거리가 많다. 효명접("효명曉明"도 역시 지명? 대구 부근?) 사람들이 이 가사로써 서로를 존중하고 격려한다면 그 또한 큰 공부가 될 것이다. 그러나 얼마 전에 문제를 일으켰던 마산 사람들과 상종하는 것은 신중하게 생각하는 것이 좋다."

옥안 이 단을 도려내어 여기 따로 부각시킨 이유는 이 단은 너무도 많은 텍스트비평의 문제를 제기하고 있기 때문이다. 이 프라그먼트가 제시하는 문제는 너무 복잡하여 골치가 지끈거린다. 내가 정말 이 『대선생주문집』이라는 텍스트의 세계로 잘못 뛰어들었다는 생각이 들고, 정말 이 미궁에서 벗어날 수 있을지 절망감에 사로잡힌다. 나는 이 한 단을 해석하기 위하여 꼬박 이틀을 소비하였다.

그런데 이 단이 가장 크게 문제가 되는 이유는 제일 먼저 "전시황"이라는 이름부터 시작한다. 전시황全時晄의 원래 이름은 "전성문全聖文"이다. 동학의 역사에서는 "용시용활用時用活의 개명改名"이라는 유명한 사건이 있다. 해월이 1875년 10월에 강수姜洙를 도차주인道次主人으로 임명하고 동월 18일에 여러 도인의 이름을 "시時" 자 돌림으로 바꾼 사건을 가리킨다(최경상崔慶翔 → 최시형崔時亨, 강수姜洙 → 강시원姜時元, 유인상劉寅常 → 유시헌劉時憲). 동학의 사람들은 "때" 즉 "카이로스"를 중시해야 한다는 뜻이 담겨있다. 인생도 사회운동도 결국 "타이밍timing"의 문제라는 뜻이다. 이 계제에 전성문全聖文도 전시황全時晄으로 이름을 바꾸었다. 그만큼 리더 그룹 속에서 위상이 있었던 인물이었다.

전성문은 영덕 출신의 인물로서 지금 우리가 읽고 있는 이 장면에서 최초로 입도한 것으로 보인다(1863년 8월). 전성문은 수운이 처형당한 후에도 용담을 지키면서 용담에서 살다가, 해월이 1865년 태백산중으로 피신할 때 해월 그룹과 함께 다녔다. 그리고 1871년 3월 이필제의 영해교조신원운동에 적극 참여하였다가 도망하여 살아남았으며, 1873년 1월에는 해월과 결의형제를 맺었다. 그리고 『도원기서』에 보면, 1880년 경진년 초판본 『동경대전』을 간행할 때 최시형, 강시원(강수)과 함께 서열 No.3로 등장한다. 『동경대전』 간인刊印을 주도한 감역監役이었다.

자아! 무엇이 문제인가? 만약 나와 삼암장의 가설대로 『문집』이 1860년대, 영해교조신원운동 이전에 박하선에 의하여 성립한 문헌이라고 한다면 어떻게 1875년 이후의 명칭이 그 이전의 문헌에 등장할 수 있는가 하는 의문이 당연히 제기된다. 이 의문을 공식적으로 문서로 제기한 사람은 상지대학교 장영민張泳敏 교수였다. 그는 그의 저서 『동학의 정치사회운동』(경인문화사, 2004) pp.68~70 주25에서 『수운행록』이 『도원기서』의 저본에 틀림이 없다고 말하면서, 『수운행록』에 "전시광全時光"(이름도 정확하게 확인하지 않고 계속 "전시광"으로 일관)이라는 이름이 나타나는 것으로 보아 그 성립연대는 1875년 10월과 1879년 11월 사이로 보아야 한다는 것이다.

그는 『수운행록』과 『대선생주문집』의 차이에 관해서도 충분한 지식을 가지고 있지 못한 듯하며, 심지어 『수운행록』의 저자는 바로 강수일 거라는 과감한 추론을 한다. 그 근거로서 『수운행록』과 『도원기서』는 "최제우 수형 이전의 기사가 거의 일치한다," "문장의 자구조차도 동일한 경우가 대부분이다"는 등의 사실을 제시한다. 그러나 우리가 계속 보아왔듯이 그것은 전혀 사실이 아니다. 『수운행록』과 『도원기서』, 그리고 『대선생주문집』과 『도원기서』는 언뜻 보면 거의 일치하는 듯이 보이지만, 자세히 한문에 민감한 감각을 가지고 보면 거의 매 줄마다 불일치를 발견할 수 있다.

『대선생주문집』과 『도원기서』는 완벽하게 다른 문헌이다. 『기서』가 『문집』을 바탕으로 하고 있으나 『기서』는 『문집』의 레토릭을 있는 그대로 취하지 않는다. 더구나 『수운행록』과 『도원기서』의 수운 기사가 "동일한 저자의 작품"이라는 발언은 문헌학의 기본을 망각하고 있다. 『행록』과 『기서』는 전혀 다른 입장과 관점을 가지고 쓰여진 글이다. 그 차별을 충분히 인지할 수 있는 문헌학적 탐색이 부재했다는 사실만을 지적해둔다.

그러나 장 교수는 『기서』 이전에 그 저본이 있었다는 것을 지적하고 있고, 또 "전시황"이라는 이름이 등장하고 있는 텍스트의 문제점을 지적한 것은 매우 올바른 지적이라고, 나는 높이 평가한다.

그러나 우리가 보아왔듯이, 텍스트 전체에서 크게 비중을 차지하지 않는 이름 하나의 문제에 근거하여 그 텍스트 전체의 성격을 규정하는 것은 문헌비평의 정당한 방법이 아니라는 것이다. 텍스트 자체가 고유명사의 표기에 있어서 매우 느슨하고 부정확한 기억이나 풍설에 의존하고 있는 상황이 수없이 지적될 수 있으며, 더구나 현존하는 텍스트는 모두 후대의 사본이기 때문에, 필사의 과정에서 변형이 이루어지기 십상이며, 더구나 전시황의 경우는 시자개명 이전의 이름을 후대의 필사자들은 전혀 기억하지 못하는 상황이 대체적인 정황이었을 것이다.

그러나 이러한 논의는 장 교수가 제기하는 문제에 대한 정확한 반론이 되질 못한다. 그러나 이 텍스트 단락 그 자체를 자세히 들여다보면 그보다 더 중요한 반론을 가능케 하는 많은 문제가 함장되어 있다. 실제로 장 교수는 전시황이라는 인물에 관하여 충분한 리서치를 못했던 것 같다. "전시광은 최제우 생존 시에는 그다지 중요한 교도가 아니었고 행적도 미미하다"라고 썼는데 결코 그렇게 말할 수 있는 인물은 아니다.

1) 우선 이 단락의 기사는 전체적 기사의 흐름 속에서 매우 고립된 느낌을 준다. 문장의 흐름도 난해하게 엉성하고, 의미도 잘 통하지 않고, 고유명사도 낯설다. 그러니까 후대에 삽입된 독립파편일 수도 있다는 것이다.

2) 1863년 8월 전성문이 용담에 처음 찾아왔을 때의 상황을 묘사하고 있는데, 수운은 그의 인품의 풍석豐碩함과 앞으로의 큰 역할을 기대하면서 "이利" 자와 "행行" 자의 액자를 준다. 여기까지는 그런 대로 이해할 만하다.

3) 그런데 나머지 20장을 주동접에 나누어주라고 했는데 그것도 좀 어색하다. 처음에 온 사람이 어떤 접에 속하여 왔다는 것도 잘 이해되지 않았고, 주동접의 위치나 성격도 불명했다. 그러나 나중에 표영삼 선생님의 논문 속에 주동

접이 영덕을 가리킨다는 멘트가 있는 것을 찾아내고 이 문제는 해결이 되었다. 전성문이 영덕 사람이었기 때문에 자네가 이利와 행行의 두 액자額字는 갖고 나머지 20장은 너의 고향 도인들에게 나누어주라는 뜻인 것 같다.

4) 그 다음에, 또 「홍비가」를 지었다고 했고, 마치 「홍비가」를 지은 것이, 문맥상으로 보면, 전성문에게 전하기 위하여 쓴 것처럼 되어있다. 그리고 그 「홍비가」를 초록한 것을 그에게 주면서 "효명접"에다 주면 크게 공부가 될 것이라고 했는데, 왜 「홍비가」를 효명접에다 주라고 했는지, 효명접이 무엇인지, 어디에 있는 것이며 어떠한 성격의 집단인지를 알 수가 없다. 효명이라는 지명은 우리에게 낯설다. 이 사건이 파접 이후의 사건이므로 정식 접의 이름으로 호칭하지 않고 도인들끼리 아는 은어적 표현으로 부른 것일 수도 있다.

5) 그리고 「홍비가」의 내용이 변절자들이나 음해자, 그리고 중도에 포기하는 자들이 동학운동에 미치는 악영향을 경고한 것이다. 그리고 끈기있게 정진할 것을 권유한다. 이러한 「홍비가」를 새로 온 전성문을 통해 효명접에 전한다는 것이 도대체 무슨 얘기인가? 그 배경에 무슨 곡절이라도 있는가?

6) 우리를 더욱 곤요롭게 만드는 사실은 최후의 한 구절이다: "신물마산상종야愼勿馬山相從也。" 이 문장은 쉽사리 해석이 되지 않는다. 김상기는 "마산馬山"을 "마상馬上"(금방, 곧)으로 고쳐 놓고 해석 그 자체를 기피했다. 원 텍스트를 해석이 안된다고 해서 임의적으로 고치는 것은 별로 바람직한 자세가 아니다. 이이화는 "마산과는 삼가서 상종하지 말라"라고 번역했는데, 마산 전체를 지칭한 것으로는 볼 수가 없고, 마산에서 온 좀 질 나쁜 사람들이 수운에게 와서 사고를 친 사건이 있을 수도 있었다는 전제하에서, "문제를 일으켰던 마산사람들과 상종하는 것은 신중하게 생각하는 것이 좋다"라고 번역했다. 그렇다고 나의 해석이 그 문장에 대한 정확한 번역이라는 보장은 없다. 우리에게 전달되어 있는 정보는 너무 제한적이다.

솔직히 말해서 이 프라그먼트 전체가 하나의 에니그마enigma(수수께끼)라고 말할 수밖에 없다. 그런데 이 밖에도 또 문제가 많다.

7) 이 단락 전체, "전시황"이라는 이름을 포함한 이 단락 전체 스토리를 강수는 빼버렸다. 내 생각으로는 특별한 이념적인 문제라기보다는 이 단락의 문의文義가 불통不通하고, 매끄럽지 못했기 때문에 빼버렸다고 말할 수밖에 없다. 정치적 맥락이 있다면, 전성문이 적극적으로 이필제 교조신원운동에 가담했기 때문에 너무 적극적으로 그를 어필시키는 것이 어려웠을 수도 있고, 또 강수가 『기서』를 쓰는 시절에 전성문이 그 옆에 있었기 때문에 자기가 스스로 겸허하게 그 부분을 지워버렸을 수도 있다.

8) 그런데 강수가 전성문의 단락을 통째 삭제해버린 가장 결정적인 이유는 『대선생주문집』 그 자체 문맥의 복잡성에서 온다는 것을 우리는 알아야 한다.

『문집』 몇 개의 문단 아래에 「흥비가」가 등장하는 또다른 이야기가 쓰여져 있기 때문이다. 앞에서는 8월에 전시황이 왔을 때 액자글씨를 썼고, 또 「흥비가」를 지었다고 말했다. 그리고 몇 줄 아래에서는 그와는 다른 상황의 또 하나의 논리적 맥락을 이야기하고 있는 것이다. 물론 이 두 사태는 집필자의 전체적 의도의 맥락에 따라 선후가 바뀔 수도 있고, 서로가 상충되지 않는 사건들일 수도 있다.

> 八月十三日, 作興比, 無所傳之際, 慶翔適至。先生喜問曰: ……
>
> **8월 13일, 우리 선생님은 용담에서 「흥비가」를 완성했다. 그런데 그것을 타인에게 전할 길이 없었다. 그때에 마침 최경상이 선생님을 방문하였다. 선생님은 너무도 기뻐서 다음과 같이 말씀하시었다: "운운 ……**

재미있는 텍스트의 문제가 아닐 수 없다. 이 두 기사 중에서 강수는 「흥비가」의 8월 13일설을 택한 것으로 보인다. 그리고 그것을 최경상과의 결정적 만남의 계기와 연결시켰다. 강수는 「홍비가」와 전시황과 효명접을 연결시키는 논의는 생뚱맞다고 본 것이다. 그래서 그 전체를 들어내버린 것이다.

9) 그럼 우리는 이런 가설을 세워볼 수가 있다. 강수가 본 저본으로서의 『대선생주문집』에는 "전시황-홍비가" 부분 전체가 없었던 것은 아닐까? 그러나 이러한 가설은 불가하다. 타 본에 이 이야기는 정확히 나오고 있기 때문이다.

10) 그럼 최종적 결론은 무엇인가? 우선 독자들을 실망시켜서 미안하지만 최종적 결론은 최종적 결론이 없다는 것이다. 최종적 결론이 없다는 뜻은 다양한 사태를 총결지을 수 있는 명백한 하나의 사실Fact을 발견하기는 어렵다는 것이다. 문헌이 깔고 있는 사실의 세계는 카오스에 속하는 것이다. 그 카오스 속에서 우리는 자기 나름대로의 코스모스를 발견하려고 노력하지만 궁극적으로 남는 사실은 문헌들을 지배하는 양식들의 흐름만 있다는 것이다.

수운은 1863년 8월에 최후의 한글가사인 「홍비가」를 썼다. 이것은 사실이다! 그리고 그 즈음에 최경상도 만났고 전성문도 만났다. 그리고 최경상에게도 「홍비가」를 전했고, 전성문에게도 전했을 것이다. 그러나 최경상을 사랑하는 강수의 입장에서는 최경상이 혼자서 더 극적인 상황에서 「홍비가」를 수운으로부터 전수받았다는 사실을 어필시키고 싶었을 것이다. 그런데 그가 참고하고 있는 문헌에 두 사람의 선후가 바뀌었고, 수운과 전성문과의 대화에 좀 논리적으로 매끄럽지 못한 이야기들이 삽입되고 있었다고 한다면 당연히 그러한 혼선을 다듬어 매끄럽게 만들려 했을 것이다.

11) 여기서 중요한 사실은 모순되는 이야기들, 그리고 논리적으로 매끄럽지 않은 이야기들이 카오틱하게 얽혀있는 『대선생주문집』이야말로 더 오리지날한 초록본이며, 강수의 『기서』의 저본이 되었다는 이 사실이 부동의 확실태로 남는다는 것이다. 『행록』의 저자는 수운과 해월이 단독으로 만나는 장면을 모

두 복수로 바꾸는 데만 혈안이 되어있을 뿐 이러한 전체적인 카오스를 다듬을 생각을 하지 않았다. 그래서 『문집』의 원양原様을 그 나름대로 유지하고 있는 것이다.

12) 과연 이렇게 복잡한 문제들이 얽혀있는 이 상황에서 "전시황全時晄"이라는 이름 하나 때문에 텍스트 전체의 성격을 규정할 수 있을까? 이러한 문제는 독자들의 상식에 맡기고자 한다.

13) 그럼 이제 또 무슨 문제가 있는가? 아무 문제도 없다! 다양한 텍스트들만이 자신들의 고유한 양식을 과시하고 있을 뿐이다. 나는 이러한 양식들의 "삶의 자리"를 밝히려고 노력할 뿐이다. 그리고 내가 알고 있는, 조사할 수 있는 다양한 문헌의 범위 내에서 성실하게 텍스트에 다가갔을 뿐이다. 우리나라의 국학이 새로운 도약의 전기를 마련하기 위해서는, 이러한 자료비평에 관하여 보다 폭넓고, 정밀하고 개방적인 의견을 수렴해 나가야 할 것이다.

원문-18 先生猝爲發文罷接, 定于七月二十三日。其時會集者, 近爲四十五人。自罷接後, 廢筆書。是時作修道歌, 有詩句, "龍潭水流四海源, 龜岳春廻一世花。" 慶翔適來, 久與相話, 特定主人(北道中主人)。先生親爲歎息, 而如有怒色, 更爲下氣, 怡聲曰: "眞可謂成功者去也。此運, 想必爲君而出也。自此以后, 愼爲干涉, 俾無爲我之訓也。" 慶翔對曰: "何若是有此訓也?" 先生曰: "此則運也。吾於運何誠? 君當明心不忘。" 慶翔又對曰: "先生之教言於生過矣。" 先生笑曰: "事則然也, 勿煩勿疑云云。" 八月十三日, 作興比, 無所傳之際, 慶翔適至。先生喜問曰: "節日不遠, 君何急來?" 慶翔

對曰: “先生獨過節日, 故陪而同過之意, 竟爲來之。” 先生默念良久, 呼慶翔曰: “君可爲斂膝平坐。” 慶翔應其言坐之。先生謂曰: “君之手足, 任意屈伸。” 慶翔卒不對言, 精神如有如無, 身不可屈伸。先生曰: “君之手足, 前何不伸, 今爲伸之, 何也?” 慶翔對曰: “莫知其端也。” 先生曰: “此則造化之大驗也。何患乎後世之亂也。愼哉! 愼哉!” 十五日曉頭, 先生呼慶翔言曰: “此道儒佛仙三道兼出也。” 慶翔對曰: “何爲兼也?” 曰: “儒道投筆成字, 開口唱韻, 用牛羊猪, 是乃儒道也。佛道淨潔, 手執念珠, 頭着白衲, 用米引燈, 是乃佛道也。仙道容貌幻態, 衣冠服色, 祭禮幣帛, 獻酌醴酒, 是乃仙道也。及其時宜, 用合祭之法。”云云。平明, 以守心正氣四字授之曰: “日後用病行之。” 又賜符圖, 特爲執筆, 以受命二字書。告而受訣曰: “龍潭水流四海源, 劍岳人在一片心。” 授之曰: “此詩爲君將來後之事, 而降訣之詩, 永爲不忘天也。” 於是淸河人李敏汝結慕(幕), 出入浪藉, 被人陰害, 而遂入營廉, 以至定配。盈德道中, 收合二百餘金, 納續解配。先生聞之, 特爲稱讚矣。盈德人劉尙浩體當百金, 以爲接賓特資, 其誠可佳矣。

국역 우리 선생님께서는 말씀은 하지 않으셔도 전개되고 있는 시대적 분위기를 잘 파악하고 계셨다. 아무래도 접주제도를 통해 사회운동을 전개하는 것이 불리하다고 생각하신 듯하다. 선생님은 갑자기 어느날 통문을 발하시어 접주제도를 그만두기로 하는 파접罷接을 선언하시었다. 선생은 파접일을 계해년(1863) 7월 23일로 정하셨다. 그날 모두 모이라고 했는데 참석한 사람들은 4·50명 가량에 이르렀다.

(※ 규장각본에는 “사십오인四十五人”으로 되어있고, 『기서』에는 “사오십인四五十人”으로 되어있는데 아무래도 강수의 교정이 더 합당한 것 같다. 규장각본에도

그 앞에 "근위近爲"라는 말이 있기 때문이다. 45인으로 숫자가 정해졌다면 "달어사십오인達於四十五人"으로 표기되었을 것이다. 이와같이 규장각본, 『도원기서』, 단곡본[=『수운행록』]은 거의 매 줄마다 조금씩 다르다. 아마도 이 단의 문장이 3판본의 차이가 가장 극심하게 드러나는 대목일 것이다. 그러나 그 대강은 여태까지 충분히 토의되었기 때문에 일일이 다 지적하지는 않겠다).

파접한 후에는 선생은 서도글씨 쓰는 것도 폐해버렸다.

(※강수의 『도원기서』에는 "자파접후自罷接後, 창필서敞筆書"로 되어있다. 파접한 후 오히려 선생의 글씨가 시원하고 활달해졌다라는 뜻이다. 기존의 번역은 문제가 있다).

이때에 「수도가修道歌」를 지으셨다.

(※「수도가」는 『기서』에는 「도가道歌」로 되어있고, 단곡본에는 「도수가道修歌」로 되어있다. 이와같이 초기에는 고유명사가 제대로 정립되어 있질 않았다. 여기 「수도가」는 「도수가」로 바뀌었다가, 기존에 이미 반포된 「도수사道修詞」[1861년 12월 하순경]와 혼동될 우려가 있어 「도덕가道德歌」로 이름을 바꾸었다. 여기 서술상으로 보면 「수도가=도덕가」가 「흥비가」보다 늦은 것 같이 보이지만 실상 「흥비가」보다 조금 더 빠른 시기에 지어졌다). **그리고 또 이 싯구를 하나 지었다:**

용담의 물은 흘러흘러
온 세상 사해바다로 나아가리
구미산에 봄이 돌아오면
온 세상에 같이 꽃이 만발하리

(※이 싯구는 수운이 해월에게 도통을 전수하는 싯구의 서곡으로 마련된 것

이다. 전일구는 동일하고 후일구가 다른데, 이 양자는 서로 조응照應하는 것이다).

이때, 때마침 최경상이 용담으로 왔다.

(※ 여기서부터 소위 "해월에로의 도통전수 디스꾸르"가 이루어진다. 강수의 『도원기서』는 이 담론을 그대로 계승하였다. 조금 더 은밀하게 장면을 강화하는 수식적 요소만을 첨가했다. 그런데 단곡본[행록]은 완벽하게 이 도통전수 장면을 왜곡한다. 우선 이때 온 사람을 "하선여경상등육칠인夏善與慶翔等六七人"이라고 했고, 단수의 표현을 모두 "군등君等"[너희들]이니 "군제자群弟子"니 하는 말로 바꾸었다. 그러나 바꾸다 못해 두 곳에서는 "군君" 즉 단수를 그대로 노출시킨다. 이것은 단곡본의 필사자가 규장각본을 모본으로 해서 의도적으로 왜곡필사했다는 것을 적나라하게 말해준다. 단곡본의 왜곡필사는 매우 저열하고 악랄한 의도를 그대로 노출시키고 있다. 여기서 명백한 사실은 규장각본이 소략하나마 가장 소박한 원본이고, 규장각본을 『기서』가 그 나름대로 합리적으로 매끄럽게 다듬었고, 단곡본[『수운행록』의 저본]이 규장각본의 도통전수 장면을 철저히 왜곡시켰다는 사실이다).

선생께서는 경상과 오랫동안 대화를 나누시었고, 그 기나긴 대화 끝에 최경상에게 특별한 대우를 하여 그를 "주인主人"으로 정하시었다.

선생님께서 해월을 "북도중주인"으로 특정特定한 이후에도 선생님께서는 몸소 세태를 걱정하시면서 깊은 탄식에 빠지셨다가, 또 노기怒氣가 충천한 듯하다가는, 또다시 기를 가라앉히시고 평온한 소리로 말씀하시었다:

"성공한 사람은 사라지는 것, 그것은 참으로 마땅한 이치이다. 이 운運은 생각해보면, 진실로 그대를 위하여 나온 것이다(자신의 죽음과 해월의 도통을 이미 예견하고 있다. 놀라운 통찰력이다. 이 말을 해월이 충분히 료해하기는 어려웠을 것이다). 이후로는 너는 나의 도를 이끌어가는 직책을 신중히 수행해야 한다. 나의 교훈이 헛되지 않게 하라!"
(※ 여기 "신위간섭愼爲干涉"은 『기서』에는 "도사신위간섭道事愼爲干涉"으로 되어있다. "동학이라는 도에 관한 일을 이제 네가 신중하게 간섭해야 한다"는 뜻이다. 여기 "간섭"이란 우리가 상식적으로 쓰는 부정적 의미가 아니다. "이끌어 간다"는 의미이다. 즉 도에 관한 일의 새로운 리더가 곧 너라는 엄중한 표현이다. 규장각본에는 "비무위아지훈야俾無爲我之訓也"로 되어있는데 『기서』에는 "위爲"가 "위違"로 바뀌어있다. 즉 네가 이제는 도사道事에 간섭하되 나의 교훈을 위배해서는 아니 된다는 뜻으로 풀이된다. 나는 우리 판본의 문자의 의미를 그대로 살렸다. 즉 무위적으로 나의 교훈을 지켜나가라는 심오한 의미가 담겨있다고 본 것이다).

경상은 선생님 말씀에 대하여 묻는다:

"선생님! 어찌하여 이와같은 훈계를 저에게 내리시나이까?"

선생님께서 말씀하신다:

"이것은 곧 운명이다. 내가 이 운명에 관하여 얼마나 극진한 정성을 쏟았는지 너는 알 것 아니냐?(성의를 다했다는 뜻. 『중용』에서 온다. 『기서』는 마지막 "성誠" 자를 없애고 "야也"로 대치했다. "吾於運何也?"). 그대는 마땅히 마음을 밝혀서 내가 쏟은 그 정성을 잊지말라!"(※『기서』는 "명明"을 "명銘"으로 바꾸었다. "마음에 새긴다"는 매우 진부한 표현이 된다).

최경상은 너무 엄청난 말씀들이기 때문에 또 재차 묻는다:

"선생님! 선생님의 가르침의 말씀은 소생에게는 너무 과한 것이외다."

선생님께서 미소지으며 말씀하셨다:

"일인즉 그렇다. 운세가 그렇게 흘러가고 있을 뿐이다. 번뇌하지도 말고 의심하지도 말아라."

8월 13일이 되었다. 한가위를 이틀 남겨놓은 때였다(※이 사건과 전시황 8월 내알來謁은 시간의 선후보다는 맥락적 안배가 있는 것 같다. 전성문은 강수와 함께 액자額字 반포의 맥락에서 한데 묶여진 것이고, 여기 8월 13일 사건은 최경상의 도통전수의 맥락에서 한데 묶여진 것이다). 선생님께서는 드디어 「흥비가」를 완성하시었다. 이를 전할 사람이 없어 아쉬워하던 차였는데, 마침 최경상이 적시에 용담에 왔다. 선생께서는 기뻐 어쩔 줄 몰라 하시며 경상에게 물었다:

"한가위 명절이 멀지 않았는데, 어찌하여 그대는 이리 급히 왔는고?"

경상이 대답하여 말한다:

"생각해보니 선생님께서 홀로 명절을 지내실 생각을 하니 가슴이 아팠습니다. 그래서 선생님을 모시고 명절을 쇠야겠다는 생각이 들어 결국 신나게 뛰어왔지요."
(※『기서』는 그냥 "8월에 「흥비가」를 지었다"라는 명제를 독립시키고, 그것을 경상에게 전하려 했다는 멘트가 전혀 없다. 「흥비가」를 지은 것은 8월이고,

경상은 뜻밖에 8월 13일 나타났다라고 되어있다. 『행록』은 온 사람을 복수로 하여 이야기단편들을 마구 비빔질을 해놓았다. 좀 악의적인 변형이다).

선생님께서는 한참동안 묵념에 잠기시었다. 그러더니 최경상을 불러 말씀하시었다:
(※이 장면에서 『기서』는 "벽좌우辟左右," 즉 "좌우를 물리셨다"는 표현을 써서 비밀스러운 느낌을 강화시키고 있다. 그러나 구조적으로 규장각본과 다른 것은 없다.)

"무릎을 풀고 편히 앉아라."

최경상은 선생님 말씀대로 평좌平坐를 했다. 선생님께서 이어 말씀하시었다:

"그대의 팔과 다리가 뜻대로 움직이느냐?"

최경상은 선생님의 이 말씀에 대답할 수가 없었다. 그리고 정신이 있는지 없는지 도무지 혼미해져서 어찌할 바를 몰랐다. 몸을 도무지 굽혔다 폈다 할 수가 없었다. 선생님께서는 말씀하시었다:

"그대의 팔과 다리가 조금 아까까지만 해도 펴지지 않았다. 그런데 지금은 펴지는구나. 왜 그런지 아느냐?"

최경상은 대하여 말하였다:

"도무지 그 연유를 모르겠습니다."

선생님께서 말씀하셨다:

"이런 게 바로 하늘님 조화의 큰 징험이다. 어찌하여 지금 우리가 후세의 혼란을 걱정할까보냐? 너의 존재를 신중히 생각하여라! 신중히 생각하여라! 지금 여기 우리의 문제를 고민해야 할 것이다."

드디어 한가윗날, 15일 새벽이었다. 선생께서는 최경상을 은밀히 불러 말씀하시었다:

(※ 우리 규장각본에는 "수족굴신"의 이야기가 13일 「흥비가」 완성했을 때의 만남으로 연속되어 있다. 그러나 『도원기서』는 「흥비가」를 그냥 8월의 사건으로 독립시켰고, 이 수족굴신의 이야기를 "14일 3경十四日三更"[밤11시~새벽1시]의 은밀한 사건으로 규정해놓았다. 도통전수는 규장각본이나 『기서』나 지금부터 전개되는 15일 새벽으로 집중되어 있다. 엄밀히 말하면 도통전수는 14일에서 15일 아침에 걸친 이야기이다. 그러나 그 결정적인 시점은 15일 새벽 "수심정기"라는 네 글자와 "검악인재일편심"이라는 결訣을 받은 시점으로 봐야 할 것이다. 그런데 표영삼 선생님은 도통전수를 말씀하실 때마다 14일로 말씀하신다. 아마도 14일 밤과 15일 새벽을 하나의 연속된 시간으로 간주하셨을 것이다. 『도원기서』에도 14일의 사건은 수족굴신 이야기밖에는 없다. 도통전수는 15일 새벽[十五日曉]의 사건으로 기록하고 있다. 후에 성주현 박사에게 물어보니, 나의 생각대로 15일 새벽의 사건으로 보는 것이 옳다고 한다. 그러나 그것은 정확한 시점을 짚어 말한 것이지만, 그 이전에 교단에서 14일로 얘기를 해온 관성이 있기 때문에 그렇게 약정한 것뿐이라고 한다).

"경상아! 우리의 도는 유·불·선 삼도를 다 겸하여 나온 것이다."

최경상이 대하여 여쭈었다:

"겸했다고 하시는데 그게 도무지 뭔 말씀이오니이까?"

선생님께서 말씀하시었다:

"유도라는 것은 붓을 휘두르기만 하면 문장을 이루고, 입을 열기만 하면 시문이 쏟아져나온다. 그리고 제사 때는 소와 양과 돼지를 다 쓰니 이게 바로 유도라는 것이다. 불도라는 것은 정결하기 그지없고 손에는 염주를 굴리며 머리에는 흰 고깔을 쓰고, 제사 때는 쌀을 쓰고 등을 달아 켜니, 이게 바로 불도라는 것이다. 선도仙道라는 것은 용모를 환상적으로 가꿀 줄을 알며 의관복색을 갖추고 제례시에는 폐백을 쓰며 예주醴酒(좋은 술)를 헌작한다. 이게 바로 선도라는 것이다. 우리 도가 유불선을 합친 도라는 뜻이 아니고, 단지 그 시의에 따라 거침없이 그 제례에 합당한 법을 활용할 줄 안다는 뜻이다."
(※이 유불선의 문제에 관해서는 뒤에 옥안에서 다시 설명하겠다. 단지 조선의 상황에서 도가는 도가철학이라기보다는 선도의 신선술이 강한 관념으로 자리잡고 있었음을 알 수 있다).

날이 새자, 수운 선생님께서는 "수심정기守心正氣" 네 글자를 써서 최경상에게 주시면서 말씀하시었다:

"훗날에 병을 고치는 데 사용할 수 있을지도 모르겠다."
(※여기 "수심정기"는 도통전수라는 막중한 사태에서 내린 글자이다. 그러므로 "닦을 수修"보다는 "지킬 수守"가 더 적절하다 할 것이다. 즉 "도통을 지킨다" "도통을 고수한다"는 측면에서 "너의 마음을 지켜라"라고 훈시를 내리고 있는 것이다).

그리고는 선생님께서는 경상에게 특별한 부도符圖를 내리셨다. 그리고는 경상으로 하여금 특별하게 붓을 잡도록 하시고는 "수명受命"(명을 받드옵니다)이라는 두 글자를 받아쓰게 하시었다.

(※ 규장각본에는 "수受" 다음에 "명命" 글자가 빠져있다. 그러면 그냥 "두 글자를 받아썼다"가 되는데 두 글자의 내용이 명시되지 않는다. 『도원기서』는 "수명受命"으로 되어있다. 이곳에서는 나는 『기서』를 따랐다).

그리고 수운 선생님께서는 하늘에 고하시어 다음의 결訣을 받아내시었다:

용담의 물은 흐르고 또 흐르니
사해의 근원이 된다.
검등골에 한 사람이 있어
그의 마음은 일편단심일 뿐이로다.

이 결을 경상에게 주시며 다음과 같이 말씀하시었다:

(규장각본에는 "왈曰"이 빠져있다)

"이 시는 앞으로 닥칠 그대의 후사를 위하여 하늘님께서 내리신 결訣의 싯구이다. 영원히 영원히 하늘님을 잊지 말아라!"

(※ "영위불망천야永爲不忘天也"가 『기서』에는 "영위불망야永爲不忘也"로 되어있다. 이렇게 되면 "하늘을 잊지 말아야"가 아니라, "결을 명심하여 잊지 말아라"라는 뜻이 된다. 강수의 고치는 방식은 평이함을 강조하나 뜻이 좀 얕아진다. 투박한 규장각본의 문장이 모본母本이라는 것은 이런 데서도 드러난다).

이 즈음에, 청하사람 이민여가 도인들이 모일 수 있는 막사를 지어(규장각본에 "막幕"이 "모慕"로 되어있다. 오기이다. 『기서』에 따라 막으로 고치었다) 포덕활동을 했는데, 사람들이 출입이 시끌저끌하게 되니까, 시기하는 자들이 그를 음해를 했다. 그는 곧바로 영營의 감옥으로 들어갔고 결국 유배를 당하는 지경에 이르고야 말았다.

영덕도중의 사람들이 2백여 금을 모아 그의 죄를 납속하고 해배解配시켰다. 우리 선생님께서는 이 말을 들으시고는 특별히 영덕도중의 일을 칭찬하시었다.

또 이와는 별도로 영덕사람 유상호劉尙浩가 몸소 일백 금을 희사하여 용담에서 손님들을 접대하는 자금으로 충당케 하였다. 그 성의가 지극히 가상하다 할 것이다.

옥안 본문에는 "특정주인特定主人"으로 되어있으나, 규장각본에는 그냥 "주인主人"으로 되어있고, 자료실본에는 "차도중주인此道中主人"으로 되어있다. 또 『도원기서』에는 "북도중주인北道中主人"으로 되어있고, 단곡본에는 이 사실조차 싹 빠져있다. 이처럼 모든 판본이 다르다. 어찌하여 동학의 전문가라 하는 학자들이 『행록』과 『기서』가 문자가 동일한 책이라 치부해버리는지 도무지 이해가 가질 않는다.

이것은 우리나라 국학자료를 다루는 사람들 중에서 대가연 하는 사람들일수록 근본적으로 텍스트 그 자체에 소홀한 태도를 취해 왔다는 불행한 현실을 반영한다. 나는 1982년도에 귀국하여 "한문해석학"을 주창하면서 "우리는 동양학을 어떻게 해야 할 것인가?"(『세계의 문학』 통권27. 1983년 봄)을 『세계의 문학』

에 발표한 이래 줄곧 우리학계에 만연된 엉터리 한문인용·해석을 질타해왔다. 그 덕분에 나는 이 나라 학계의 이스태블리쉬먼트로부터 저주의 화신이 되었다. 이 나라 지성계의 암공暗空을 배회해왔던 모든 희비의 추억이 아직도 이 동학문헌의 세계에서는 너무도 기초적인 단계의 아우성 주변만을 맴돌게 된다는 비감이 서린다.

"주인主人"을 둘러싼 4개의 기술 중에서 가장 정통적인 사실에 가까운 표현은 『도원기서』의 "북도중주인北道中主人"일 것이다. 강수는 해월과 가장 긴 인연이 있었던 사람이고, 박하선이라 한들, 수운과 해월 사이의 은밀한 대화를 정확히 기술할 수 있는 입장에 있지는 않았기 때문에 그냥 "주인"이라는 간칭을 쓴 것이다. 그리고 타 본의 "차도중주인"이라는 표현은 "차此"와 "北"이 필사자의 필치에 따라 혼동될 수 있는 자형이라는 사실에서 기인하는 것 같다.

수운이 해월을 "북도중주인"으로 특정特定하였다는 것은 이미 수운의 의식 속에 거대한 새로운 계획이 들어섰다는 것을 의미한다. 우선 "파접罷接"이라고 하는 것은 중대한 결심이 서지 않으면 내리기 어려운 결단이다. 다시 말해서 사회적으로 포교를 선언하고 지역장로들을 설정하여 교회조직을 만들었다가 그것을 전면취소하는 것을 의미한다. 기독교나 세계종교사에서 있기 어려운 상황이다. 그러나 수운은 자신의 카리스마로 그러한 결단을 내린다. 포덕도 자신의 결단이요, 파접도 자신의 결단이다. 그러나 파접을 했다고 해서 포덕을 중단할 수는 없다. 파접은 전략상의 후퇴일 뿐이다.

우리가 지금 문헌상으로만 접해서 그 실제상황을 몰라서 그렇지, 당시 그러니까 1863년 3월부터 8월 사이의 정황만을 따져봐도, 이미 경상도 일대에 엄청난 민중의 호응이 있었고 용담은 입교자의 물결로 넘쳐났다(사람들이 곶감을 한 상자씩 선물로 가져왔는데 곶감꽂이를 뽑아버린 것을 지게로 날랐다는 이야기가 있다). 수운은 이미 자신의 죽음을 예견하기 시작했고 동학의 가르침이 지향하는 사회

변혁은 접주임명으로 해결될 문제가 아니라는 것을 깨닫는다. 일시적 조직운동으로서가 아니라 후계자를 임명하여 자신의 개벽정신을 계승시키고 장기전으로 돌입해야 한다는 것을 깨달은 것이다.

일시적 선풍은 표풍부종조飄風不終朝라 했듯이 지속될 수가 없다. 이 장기전의 핵심은 자신의 사상을 글로 남겼다는 자부감에 있다. 교회나 우중의 케리그마가 아닌, 자기자신의 케리그마를 이미 선포해놓은 것이다. 수운은 자신의 케리그마를 왜곡 없이 계승해나갈 인물을 필요로 했다. 그리고 이러한 인물의 지명은 비밀스러운 것이 되어야만 했다. 그것은 수운과 해월, 불과 세 살 차이밖에 나지 않는 인간과 인간의 엔카운터 속에서 이루어지는 짙은 인간적 교감의 심층이었다.

여기 "북도중주인"이라는 것은 해월이 살고있는 마북동 지역이 구미산에서 북쪽에 있었기 때문에 해월이 앞으로 관장해야 할 모든 지역을 그냥 수운의 입장에서 "북도北道"라 부른 것이다. "중中"이라는 것은 대체로 접에 붙여 부르는 이름이다. 그러니까 "북도중"이라는 것은 파접을 한 모든 접을 합한 "대접중"을 의미한다. 실상 "북도중주인"이라는 것은 살아서 동학을 이끌어나가야 할 동학접주제 전체의 주인, 주체, 리더라는 뜻이다. 해월은 평생 자기 선생 수운이 준 이 칭호를 버리지 않았다. 그런데 이 "북도중주인"이라는 의미가 나중에 왜곡되어 "북접주인"으로 오인되고, 북접 외로 남접이 따로 있는 것처럼 잘못 기술되었다. 동학사에 북접, 남접은 따로 없다. 오로지 북도중주인이 있을 뿐이다. 다시 말해서 동학은 하나의 전국조직이다. 이것은 전봉준 장군 본인이 직접 『전봉준공초』에서 한 말이다.

그 조직 중에서 전라도 지역에서 일어난 문제는 남접의 문제가 아니라 전라도 지역의 문제일 뿐이다. 그것은 그 나름대로 유니크한 가치를 지니는 동학 내의 혁명의 스토리일 뿐이다.

이 단에서 말하고 있는 동학과, 유불선 삼가三家와의 관계에 관하여 결정적인 수운 본인의 입장을 알 수 있는 고사가 하나 있는데, 딴 곳에서는 찾을 수가 없고 단지 야뢰 이돈화李敦化, 1884~1950의 『천도교창건사』에 나와 있다. 은적암에서 거할 때에 수운을 찾아온 송월당松月堂이라는 노승과의 대화인데 아마도 최중희 같은 사람을 통하여 도 내에 남은 이야기가 구전으로 전해 내려왔을 것이다. 노승이 묻는다:

"선생께서는 불도佛道를 연구하십니까?"

"나는 불도를 좋아하지요."

"그러면 왜 승려가 되지 않았소?"

"중이 아니고서 불도를 깨닫는 것이 더욱 좋지 않소?"

"그러면 유도儒道를 하십니까?"

"나는 유도를 좋아하나 유생儒生은 아니오."

"그러면 선도仙道를 하십니까?"

"선도를 하지 않소마는 좋아는 하지요."

"그러면 무엇이란 말씀입니까? 아무것도 하는 것이 없이 아무것이나 다 좋아한다 하오니 말을 알아들을 수 없습니다."

선생님은 안색을 정연正然히 하시고 말씀한다:

"대사는 두 팔 중에 어느 팔을 배척하고 어느 팔을 사랑하오?"

"네~ 알아들었습니다. 그러면 선생은 몸전체를 사랑한다는 말씀입니까?"

"나는 유도 아니요, 불도 아니요, 선도 아니요, 그 전체의 원리原理를 사랑하오. 천도天道는 아니 있는 곳이 없나니, 아니 있는 곳이 없으므로 전체全體를 사랑할 수밖에 없지 않겠습니까?"

"선생님! 그러면 유와 불과 선, 세 가지 중에 어느 것이 비교적 이치가 높고 광대무량합니까?"

"대사께서는 사자의 주검과 개의 주검, 어느 것이 더 무섭다 생각하십니까? 살아있을 때야 사자의 힘은 강하고 개의 힘은 약하다 비교할 수 있으나, 죽으면 개와 사자가 마찬가지지요. 진리라는 것도 또한 그러하오니 무슨 진리든지 그 시대 사람에게 생혼生魂을 넣어줄 수 없고 그 시대의 정신을 살릴 수 없게 되면 그것은 죽은 송장의 도덕일 뿐이요. 이 시대는 불법이나 유법이나 기타 모든 묵은 것으로는 도저히 새 인생을 거느려 나갈 수 없는 시대이지요. 다만 요要할 것은 죽은 송장 속에서 새로 산 혼魂을 불러일으킬 만한 무극지운無極之運을 파지把持하고 신천신지신인新天新地新人을 개벽하여야 하지요."

이미 대답은 명료하게 나와있다. 기존의 어떠한 종교도 그의 무극대도와 비교할 수 없는 것이다. 우리에게 필요한 것은 송장의 종교가 아니요, 생명의 대도이다.

나는 처음 『대선생주문집』의 번역에 착수하면서 과연 이 작업을 끝낼 수 있을까? 너무도 밀려닥치는 텍스트 그 자체의 다양한 문제로 인하여 미궁을 벗어날 수가 없겠다는 공포감마저 들었다. 이제 이 단을 끝내고 나니, 겨우 가닥이

잡힌다. 결국 우리의 텍스트는 『도원기서』와 규장각본과 단곡본(=『수운행록』본), 이 3서로 요약된다. 마태·마가·누가 3복음서를 공관복음서라고 부르듯이 이 3서야말로 수운행장의 3공관복음서라고 할 수 있을 것이다(공관이란 여기서 자료를 공유한다는 뜻이다).

이 3본 중에서 원본은 두말할 나위 없이 규장각본이며 가장 초기에 성립한 행장行狀이다. 이 규장각본을 『기서』와 단곡본이 나름대로의 관점을 가지고 변형시킨 것이다. 규장각본이 가장 오리지날한 바이오그라피의 모든 양식을 보존하고 있다. 이 3자의 관계를 도표로 표시하면 다음과 같다.

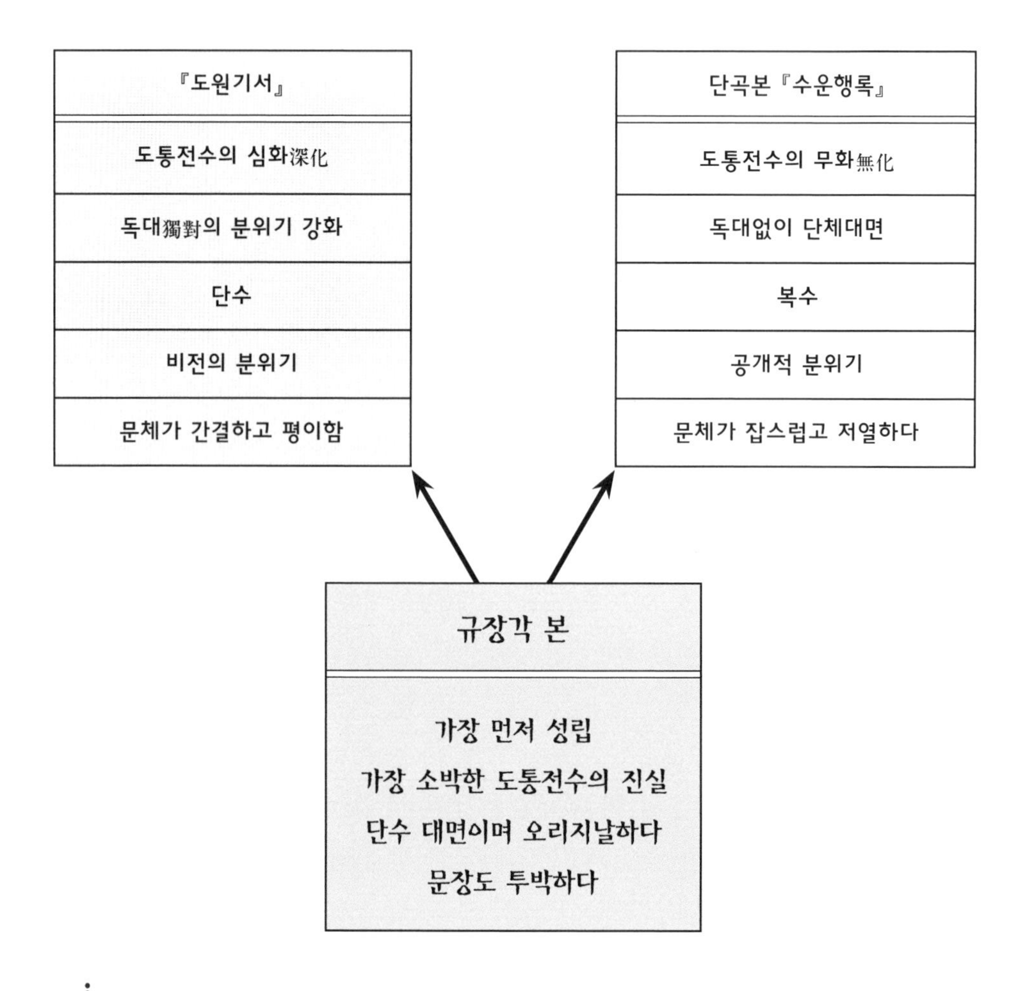

우리가 지금 진행하고 있는 작업의 의의는 한 인간의 삶의 족적을 가장 원초적인 기술(primitive description)에 즉卽하여 따라가고 있다는 데 있다. 그 한계도 명확하지만 모든 담론의 준거가 될 수 있다는 확실성은 보장된다.

제일 마지막에 쓰여져 있는 "이민여李敏汝사건"은 겉으로 보면 도인들의 단합심이 과시된 아름다운 스토리처럼 보이지만 그 이면에 초기동학운동에 대한 박해가 심했다는 것을 알 수 있다. 그 박해는 실제로 관官의 박해가 아니다. 현실상의 문제는 서원중심으로 뭉쳐있는 영남유생들의 편협한 견해에서 기인되는 것이다. 당시 영남유생들은 대개 남인계열의 사람들인데 향반들이래서 소견이 좁았고 또 상당히 이데올로그적인 편향된 신념의 사람들이 많았다. 그런데 그들은 영남지방에 자기들의 철통 같은 방비벽 때문에 서학이 침투하지 못한다는 것을 최대의 자부심으로 삼고 있었다. 그런데 바로 경상도 내부에서 서학 비스름한 것이 발생하여 급속도로 번지고 있다는 사실을 경악스럽게 바라보기 시작했다. 미연에 싹부터 잘라버리지 않으면 큰일 나겠다는 생각이 그들을 공포스럽게 짓눌렀다.

동학이 유학의 본질을 거스르지 않고 있다는 것을 알았더라면 진실로 영남은 근대화의 선구가 되었을 것이다. 영남의 유생들은 개화과정에서 노블레스 오블리주를 과시했을지언정, 진취적 역사의 이념을 선도하지는 못했다. 동학이 경상도에서 발생했지만 전라·강원·충청에서 크게 퍼지게 된 것도 그러한 정황과 관련이 있다. 상주 우산서원愚山書院에서 상급 서원인 도남서원道南書院으로 보낸(1863년 9월 13일 자) 동학배척통문만 보아도 그 정황을 명확히 알 수 있다. 동학이라는 요마는 그 흉측한 술책이 분명한 서학인데, 근본은 바꾸지 아니하고 개두환명改頭幻名하여 마음대로 설치고 있으니 햇빛을 못보도록 그 넝쿨을 뽑아버려야 한다는 것이다. 수운은 이 영남유학의 벽을 넘지 못했다. 본인이 그 정통 주자학의 언어 속에서 성장한 인물이기 때문에 그 불가항력적인 담벼락을 잘 알고 있었다. 이후의 모든 행보가 이런 모순된 비감과 관련되어 있다.

이민여는 영덕의 도인들이 납속해배納贖解配 시켰다. 그러나 그렇게 핍박이 강해질수록 단결심은 더욱 강화된다. 탄압을 받을수록 더 일어났던 로마교회와 비슷한 상황이다. 영덕인 유상호는 백금百金을 쾌척한다. 교세는 더욱 확장일로를 달려간다. 그러나 수운을 기다리고 있는 것은 죽음이었다. 수운은 그것을 잘 알고 있었다. 다음은 그의 생일과 관련된 이야기이다. 아마도 이것을 수운의 "최후의 만찬"이라고 불러도 대차가 없을 것 같다.

원문-19 冬十月二十八日, 卽先生之誕日。若爲通文, 則四方從者, 數其夥多。故先生本意, 設宴之事, 先有未安之動靜。主人密寄盈德各備禮, 設爲大宴。其數其如, 不可勝。先生方爲下箸時, 顧謂左右曰: "世上謂我 天皇氏云云。" 前日作一句詩: "吾心極思杳然間, 疑隨太陽流照影。" 謂於諸人曰: "此詩之意, 君等或有解之耶?" 一座皆不知。先生曰: "興比歌, 前頒布矣。或爲熟讀誦之耶?" 各爲面講也。次第講之後, 姜洙獨出座中, 對先生面讀問旨。先生節節句句先爲問旨, 洙默默不能對, 而先生曰: "前有一夢。太陽殺氣, 着於左股, 而變爲火氣, 終夜寫人字。覺後見股, 則有一點紫痕, 露於三日。是以尙有所憂, 而心獨知禍將至也。" 繼適及先生誕辰, 鑄銅接中, 具酒饌油果幾器, 魚脯數束, 進於宴席。承顔受教而退。歲十一月, 鑄銅全晄應先生八節隻對, 其月十三日也。拜先生各言隻對, 先生觀之微笑曰: "惡是何對也。" 晄跪問曰: "觀先生顔色, 何瘦而憊也?" 先生曰: "吾不知也。余作八節示君等, 欲觀其人。今看隻對, 道中無人。可歎惜處也。" 先生曰: "吾其時商山人黃孟文, 以向道之心適來問。說與布德 勸學等數條件事而別。未知布化者幾人, 修道工果何

等送諸云云。” 時此道風濕之淆濁大熾。勿論男女老弱, 緣厥濕症, 廢多課工。有道人以是爲悶, 告于先生。答曰: “旣去作所志, 來訴於天主也。” 濱海(寧海)人朴夏善聞而爲狀, 往見先生。先生曰: “吾必受命得題。” 遂執筆停息, 俄而降題。書曰: “得難求難, 實是非難。心和氣和, 以待春和。嗚呼! 時運不幸。” 歲癸亥十二月, 巡接道中。是時先生定內夾房寢所, 明燈挑懷, 心神散落, 有豫色, 終而待曙。府中道人來告于先生曰: “生等聞之, 則廟堂之論, 害 先生云。豫避似好耳。” 先生曰: “道則自吾所由而出也, 寧爲當之。況又諸君何爲?” 不聽其言。

국역 계해년(1863) 겨울, 10월 28일은 곧 우리 선생님의 탄신일이다. 만약 통문을 돌리게 되면, 사방에서 몰려드는 사람이 너무도 그 숫자가 많을 것 같았다. 선생님의 본의는 잔치를 벌이게 되면 먼저 불안한 기미가 있는지를 살펴야 하기 때문에 조촐하게 하는 것이 좋겠다고 하시었다.

그래서 북도중주인 해월(여기 “주인主人”이라는 주어를 썼다. 이것은 “북도중주인”을 가리키며, 해월을 의미한다. 해월은 벌써 No2맨으로서 모든 행사를 주관하고 있었다)은 비밀스럽게 영덕의 사람들에게 기별하여 제각기 예를 맡아 준비하게 하였다. 결국 하다 보니 큰 잔치가 벌어지게 되었는데, 마련한 음식의 가짓수가 너무도 그럴듯하여 이루 헤아릴 수가 없었다.

(※“기수기여불가승其數其如不可勝”은 모여드는 사람이 많았다는 뜻으로 많은 사람이 푸는데, 그것은 잘못된 해석이다. 앞의 “사방종자四方從者, 수기과다數其夥多”는 사람이 많은 것을 표현하고 있지만, 여기 “대연大宴”에 연결되는 “기수其數”는 음식 가짓수에 관한 것이다. 표영삼 선생만이 이것을 바르게 해석하

셨다. 『동학』1, p.261. 규장각본에는 "밀기영덕密寄盈德"이 "밀기영덕密奇寧德"으로 되어있다. 너무도 명백한 오기이므로 바로잡았다).

사람들이 큰 잔칫상에 삥 둘러앉아 있는데 선생께서 차려놓은 음식에 젓가락을 대시려고 할 때 좌우를 둘러보시며 유쾌하게 말씀하시었다:

"아~ 이렇게 엄청난 밥상을 받다니, 세상사람들이 나를 천황씨天皇氏라고 놀려대겠구만!"

(※여태까지의 대부분의 해석은 이 문구의 원래적 의미를 왜곡시켜놓았다. "세상위아천황씨世上謂我天皇氏"는 그 뜻이 문자 그대로는 너무 생뚱맞기 때문에 감히 현재형으로 해석하지 못하고 미래형으로 해석한다. 세상사람들이 앞으로 나를 천황씨天皇氏라고 부를 것이다, 무슨 후천개벽세의 주인으로서 나를 말하게 될 것이라는 둥 전혀 어처구니없는 해석을 늘어놓는다. 도인들이 정성스럽게 마련한 생일잔칫상을 받아놓고 그 첫마디가 "세상사람들이 나를 천황이라 부른다"고 얘기했다면, 수운은 천하에 개똥막대기도 안되는 웃기는 인간이 되고 만다. 여기 천황天皇이라 하는 것은 민간에서 흔히 말하는 "삼황오제三皇五帝"의 총댓빵이다. 오제는 소호·전욱·제곡·요·순을 가리키고 삼황은 천황씨天皇氏·지황씨地皇氏·인황씨人皇氏를 가리킨다. 나중에 진시황이 "삼황오제"를 줄여서 자기를 "황제"라 한 것이다. 그렇다면 수운이 자기 생일잔칫상을 받아놓고 자기를 황제로서 선포하기라도 했단 말인가? 수운은 결국 모든 신격화된 초월적 존재나 인간 위에서 인간을 지배하는 모든 권력의 상징체를 거부한다. 그러한 수운에게 수운의 입에서 나온 말로서 "수운=하늘의 황제"라는 메시지를 선포하게 하는 것은 천하에 몹쓸 일이다. 그런데 동학의 이론가들은 이와같이 동학 자체의 가치를 평가절하시키는 터무니없는 짓거리들을 자행한다. 단순한 한문의 부실해석인 것도 모르고 자행하는 것이다. 이

문구는 상식적으로 현재형이며 미래형으로 해석될 수가 없다. 미래형이라면 "세인장위아천황씨世人將謂我天皇氏"라고 했어야 한다. 현재형의 해석난감 때문에 미래형으로 우회시켰으나 그것도 잘못된 해석이기는 마찬가지다. 수운이 기껏해야 이 인간세에서 천황씨로서 기억될 것을 갈망이라도 했단 말인가?

이 문구는 앞에서 말한 "음식가짓수"와 관련하여 나온 수운의 유머 넘치는 골계의 일종이다. "원 세상에! 이렇게 과한 상을 받다니! 세상사람들은 날 보고 천황씨 밥상을 받았다고 놀려대겠네!" 이것은 선생의 본의가 큰 잔치 벌이는 것을 삼가셨다는 멘트와 일관된 것이다. 민간신앙 최고의 존재인 천황씨의 상을 내가 받다니 하면서 도인들을 놀려먹으면서, 동시에 도인들에게 천황씨나 받을 만한 상을 차려준 것, 그 정성과 성의에 감사를 표하고 있는 것이다. 한문은 감感이다! 한문을 제대로 읽는 사람이라면 천이면 천, 나와 같이 읽을 것이다. 이렇게 유머러스하게 읽어야 그 다음의 형이상학적 시의 가치가 돋보이게 된다).

그 전날 그러니까 1863년 10월 27일, 선생님께서는 시를 한 구절 지으셨다:

"내 마음은 저 묘연한 하늘 땅 사이를 끝없이 헤매고 있네.
그러나 나의 그림자는 저 태양을 따라 흐르네."

(※이 시는 경진초판본에는 권6에 "절구絶句"라는 제목으로 들어가있다. 현재의 『천도교경전』에는 "우음偶吟" 끝에 수록되어 있다. 수운의 정신세계는 이미 형이상학적인 "묘연간杳然間"을 달리고 있다. 그러나 이 땅의 나의 존재는 태양을 따라 흐른다. 즉 태양과도 같은 확고한 신념의 기준이 있다고 선포하고 있는 것이다. 그림자와도 같은 인생이지만 태양과도 같은 확고한 존재의 미래를 이미 보장받았다는 뜻이다.)

선생님께서는 이 시를 읊으시면서 그곳에 모인 모든 사람들에게 말씀하시었다:

"이 시의 뜻을, 제군들 중에서 누군가 해석할 자가 있는가?"

거기에 모인 모든 사람이 다 모른다고 했다. 그러자 선생님께서는 또 말씀하시었다:

"내가 일전에 「흥비가」를 지어 반포하였다. 누가 그것을 외워 독송할 수 있겠는가?"

선생님은 한 사람 한 사람 직접 대면하여 그 뜻을 강론하셨다. 사람들마다 차례로 면강을 해주셨는데, 강수가 홀로 좌중에서 나와 선생님을 대하면서 면독하고 그 뜻을 여쭈었다. 그러나 선생님은 수동적으로 대답하지 않으시고, 구구절절 그 뜻을 먼저 물으시었다. 강수는 묵묵히 앉아 대답을 하지 못했다.

(※ 여기서 『행록』은 "불능대이퇴不能對而退"라고 하여 강수도 퇴장시켜 버린다. 그에 반하여 『기서』는 강수와 수운 사이에 중요한 대화들이 계속 오가는 것이 수록되어 있다. 『행록』은 야비하게 해월은 물론, 해월과 친했던 사람들의 일화까지도 다 빼버린다. 앞서 생일잔치를 마련한 주체가 "주인主人" 즉 해월이라는 것도 싹 빼버리고 영덕도인들이 자체적으로 만든 잔치로서 변형시켜 놓았다. 『행록』에는 의도적인 왜곡이 너무 심하게 노출되어 있다).

강수가 대답을 하지 못하자 선생님께서는 이와같이 또 말씀하시었다:

"이보게 내가 며칠 전에 꿈을 하나 꾸었는데, 아 글쎄 태양의 살기殺氣가

내 왼쪽 넓적다리에 꽉 들어붙어서 그게 화기火氣로 변해버리더니 밤새 내 넓적다리에다가 사람 인人 자를 쓰는 거야. 깜짝 놀라 깬 후에 내 넓적다리를 살펴보니 아 글쎄 자색의 상흔이 남아있드래니깐. 그 상흔이 사흘이나 계속 남아있었어. 그래서 항상 근심하는 바는 있었지만 내 심증에 화禍가 곧 닥치겠구나 하고 홀로 알게 되었지."

생신잔치는 하루로 끝나는 것이 아니라 계속되었고, 주동접(영덕사람들) 사람들이 줄을 이었다. 이들은 술과 안주와 유과를 몇 상자 가지고 왔고, 물고기 어포를 몇 다발 연석宴席에 진상하였다. 아름다운 시골의 광경이다. 선생님의 얼굴을 직접 뵙고 가르침을 몸소 받고 물러나는 것을 즐거움으로 여기었다.

이 해(1863년) 11월에 주동鑄銅(영덕)의 전황全晄이 선생님의 「팔절八節」(현재 『동경대전』에 「팔절」·「우팔절」이 수록되어 있다. 『도원기서』에도 「팔절」의 조건절만 수록되어 있다)에 응應하여 척대隻對를 했다. 이 사건은 11월 13일의 일이었다.
(※"전시황"이 "전황"으로 기록되어 있다. 규장각본에 누군가 "時" 자를 방기傍記해놓았지만, 분명히 본문은 "전황"으로 되어있다. 뿐만 아니라 『본교역사本敎歷史』에는 동일사건을 기록하고 있는데, "문인 김황응金晃應이 대신사소작팔절大神師所作八節에 맞추어 자의적으로 작대作對하였다"고 써놓고 있다. 전시황이 전황으로 변하고 또 김황응으로 변하는 고유명사의 부정확한 변천사를 초기문헌에서 쉽게 발견할 수 있다. 따라서 앞서 말했지만 문헌의 연대규정이나 성격규정을 고유명사를 기준으로 삼아 하기가 매우 난감하다.

"척隻"이라는 것은 글자 생긴 그대로 "쌍雙"이 아닌 외로운 하나의 뜻이다. 매 줄 한 줄 한 줄 대구를 만드는 것이다. 시를 짓는 사람들 사이에서 행하여진 일종의 풍류놀이이다. 그러나 척대의 방법도 매우 치밀한, 일례를 들면 동사는 동사끼리, 명사는 명사끼리, 형용사는 형용사끼리, 숫자는 숫자끼리, 정확한 대구를 만드는 방법도 있고, 좀 느슨한 방법도 있다. 수운 팔절이 명明, 덕德, 명命, 도道, 성誠, 경敬, 외畏, 심心이라는 여덟 개의 테마로써 이루어진 물음인데, 이에 대하여 전성문이 8개의 척대를 만들어 올린 것이다. 여기서 말하는 "척대"는 조건절에 대하여 주절을 만드는 것을 말한다. 제2권 제15장 설명 참조).

전성문(혹은 문자 그대로 전황全晄이라는 타자를 설정할 수도 있으나, 전성문의 오기로 보는 것이 무난할 것 같다)은 선생님을 직접 뵙고 자기가 쓴 척대를 일일이 말씀드렸다. 선생님께서 그것을 보시고는 미소지으며 말씀하셨다:

"어찌하여 이걸 무슨 척구의 댓글이라고 내놓는 게냐?"
(※ 내용이 부실했던 것임에 틀림이 없다. 수운에게는 도무지 마음에 들지 않았던 것이다. 전성문도 나중에 『동경대전』 발간의 감역을 맡은 것으로 보면 문장력이 출중했던 사람 같은데 팔절의 깊이 있는 내용에 부합하는 주절을 제시하지는 못했다. 그런데 다음 성문의 반응은 어떤 의미에서는 좀 능청맞다).

전성문은 갑자기 무릎을 꿇더니 선생님을 우러러 보면서 여쭙는다:

"선생님의 안색을 뵈오니 선생님께서 무척 수척하시고 피곤하신 것처럼 보입니다."
(※ 주제를 틀어버린 것이다. 궁색해지자 딴청을 부리는 것이다. 그러나 수운은 그런 멘트에 전혀 감동을 느끼지 않고 본래의 주제로 돌아간다. 수운의 성격의 철저한 측면을 엿볼 수 있다).

수운 선생님이 말씀하시었다:

“내가 말랐는지 안 말랐는지 그런 것은 우리가 논의할 바가 아니다. 내가 팔절을 지어 자네들에게 보여준 것은, 우리 도 내에 사람이 있는가, 참다운 실력자가 있는가 그 사람을 찾아보기 위한 것이었다(“기인其人” 이라는 표현은 『중용』20장에서 온 것이다). 지금 그대들이 척대를 한 것을 살펴보니 우리 도 내에 인물이 빈곤하다는 것을 알겠구나! 이것이야 말로 한탄스럽고 애석한 일이로다!”

(※이 전성문 파편fragment 전체가 『도원기서』에는 들어있지 않다. 『행록』에는 규장각본 모습 그대로 들어있다. 아마도 독립된 하나의 단편인데 전성문의 이름을 빌려 여기 삽입된 것일 수도 있다. 그런데 다음의 황맹문의 단락도 이 이야기와 연결고리가 약하다. “그때에其時”라는 말이 전혀 연결고리로서 적합하지 않고, 어느 때를 가리키는지 알 수가 없다).

선생님께서 말씀하시었다:

“그때에 상산인商山人(“상산”은 상주尙州의 옛이름) 황맹문이 우리 도를 사모하는 마음을 지니고 나에게 달려와 물었다. 그래서 내가 포덕과 권학에 관한 여러 가지 사항들을 잘 설명해주었고, 그리고는 우리는 헤어졌다.

(※여기 “별別”은 윗 문장에 붙는 것으로 끊어야 한다. “…… 수조건사이별數條件事而別。”이 되어야 한다. 그런데 많은 사람이 “별別”을 밑으로 붙여 읽는데 그것은 잘못된 것이다. “수조건사數條件事, 이별미지而別未知 ……”는 잘못된 구두점이다. 전배가 잘못 찍어놓으면 계속 잘못 읽는 습성이 배이는데 항상 냉철하게 문단을 보아야 한다. “수數”는 “여러,” “조條”와 “건件”은 양사量詞이다).

나는 그 뒤로 그가 포덕해서 교화시킨 사람이 몇 사람이나 되고, 또 수도공부에 관하여 어느 수준으로 달성했는지, 그런 것은 전혀 듣지 못했다."

(※ 이것도 이 단락이 여기서 끝난다. 하나의 독립된 파편이다. 문헌비평의 과제는 파편과 파편의 연결고리의 어색함이나 잘못된 자리나 양식적 특성을 밝히는 데 있다).

이때에 우리 도 내에 풍습이 전염되어 크게 번졌다(※ 우선 원문에 "차시도此詩道"로 되어있는데 총부자료실본에 의거하여 "시차도時此道"로 고쳤다. 여기 "풍습風濕"이라 하는 것은 정확한 병명은 모르겠지만 보통 "풍진風疹"[Rubeola]을 가리키는 것으로 "마진麻疹"[Morbilli]이나 "마마"[Variola]의 경증으로 보여진다. 혹은 지독한 유행성감기로 볼 수도 있다. 철종 말년에 콜레라와 함께 유행성감모感冒가 극심했다는 역사기록이 있다). 남녀노약자를 막론하고 이 습증에 감염되어 모여서 공부하는 것을 폐할 수밖에 없었다(꼭 요즈음 코로나19 상황과 동일하다). 어떤 도인이 이 사태로 인하여 가슴이 답답하여 선생님께 찾아와 고하였다. 선생님께서 대답하시었다:

"즉시 집으로 돌아가 그대들이 뜻하는 바를 써서 하느님(천주天主)께 호소하라! 그 이상의 좋은 방도가 없나니라."

이때 영해인(원문에 "빈해인濱海人"으로 되어있는데 민중 사이에서는 영해를 바닷가이기 때문에 "빈해"라고도 하는 모양이다) 박하선이 이 말씀을 듣고 자기 나름대로 호소하는 글을 써서 선생님을 찾아와 뵈었다. 선생님께서 말씀하시었다:

"내가 반드시 하느님의 명을 받아 제題를 얻으리라!"

그리고서는 붓을 잡고 숨을 죽이며 기도를 하셨다. 갑자기 제題가 내려왔다. 선생은 그것을 글로 옮기셨으니 다음과 같다.

"(약방문은) 얻기도 어렵고 구하기도 어려우나 실상 그것은 결코 어려운 것이 아니다. 마음을 화평케 하고 기를 편안하게 하여 봄꽃이 만발하는 평화를 기다려라! 오호라! 시운이 편치 못하구나!"
(※참으로 명시라 하겠다. 이것은 "제서題書"라는 이름으로 경진판 권5 끝머리에 실렸다. 그러나 끝에 있는 "오호! 시운불행"은 보이지 않는다. 그러나 규장각본의 이 마지막 문구는 매우 오센틱authentic한 원래 구절인 것으로 사료된다).

때는 운명의 계해(1863) 12월이었다. 이때 우리 선생님께서는 (마지막을 예감하신 듯) 도 내의 접들을 과감하게 순방하시었다. 그러나 선생 본인은 이때 용담의 후미진 곳 안쪽의 협소한 방에 침소를 정하고 계시었다. 등을 밝히고 회포를 다짐하시지만 심신이 산락散落하는 듯, 애처롭게 주변을 살피시는 기색이 있었다.
(※여기 "예豫"는 『노자』15장에서 왔다. 다산의 호 "여유당與猶堂"도 이 "예"와 관련 있다. cf. 『노자가 옳았다』 pp.204~209). 결국 선생님께서는 이 밤을 꼬박 새시었고 새벽의 동트는 빛을 맞이하시었다.

부중의 도인이 긴급히 달려와 선생님께 고하였다:

"선생님! 선생님! 저희들이 듣기로는 관청 내 사람들이 모여 선생님을 해칠 모의를 논하고 있다고 합니다. 미리 피하시는 것이 좋을 듯합니다."

선생님께서는 태연자약하게 말씀하시었다:

"이 도는 나로부터 나온 것이다. 차라리 나 스스로 감당하는 것이 옳다. 어찌 제군들에게 해가 미치게 하리오?"

제자들의 말씀을 듣지 않으셨다.

옥안 번역과정에서 이미 충분히 설명하였다. 불필췌언不必贅言.

원문-20 當是時, 宣傳官鄭龜龍奉命, 而忽到本府。多率羅將, 不意突入, 以御命招致捉去。其時光景, 不可忍言。時被捉十餘人, 竝到本府。翌日發行, 至永川。率習之惡, 侮陷之風, 甚於厄宋困蔡之日。先生常坐馬上, 足不接地, 移不得步。數十下隷, 大驚惶惶, 告急曰: "小人等果不知先生也。惟望先生平安行次。" 少須臾之間, 馬忽移疾行。到大邱營宿所, 翌日宿所善山, 又發至商州宿所。奉命龜龍, 初意作程鳥嶺, 聞道人數千, 聚會嶺路。心甚大怯, 以化寧作路, 到公忠路, 報恩宿所。其邑首吏, 卽道人也。善待支供, 需資五緡, 奉上先生。早發到懷仁宿所, 又作忠州宿所。發行數日, 艱到果川。歲十二月初七日, 卽哲宗朝昇遐之日。今當于代理之初, 各道頒布, 遲滯多日。先生始聞, 國之報哀。先生曰: "我雖罪人, 設哭斑位。" 北向再拜, 哀痛須甚。留府數日, 殿敎內: "慶尙道慶州罪人東學先生崔某, 還該營招考云云。" 時甲子正月初六日, 到達大邱, 囚在獄中。明査官趙永和監司徐憲淳也。巡使招致問呈之場, 先生着枷入庭。巡使

問曰: “汝何聚黨, 濁亂風俗?” 先生答曰: “敎人誦呪, 則勿藥自效; 勸兒寫書, 則天生筆法。非我求道人, 道人求我, 不亦樂遠方之來乎! 如此爲道, 頹風俗何爲?” 巡使更無問, 爲下獄。

국역 이때를 당하여 선전관宣傳官 정구룡鄭龜龍이 왕명을 받들어 홀연히 경주부에 당도하였다.

(※교내 기록은 정구룡으로 되어 있는데 정부기록은 모두 정운구鄭雲龜로 되어있다. 정운구는 경주 소속 사람이 아니고 중앙관청의 사람이다. 선전관은 군아 소속인데 가장 높은 벼슬은 정3품이다. 정운구는 정3품 정도는 되는 사람이었을 것이다. 그가 어명을 받은 것은 11월 20일이고, 그가 용담을 덮쳐 수운을 체포한 것은 12월 10일 새벽 1시경이었다. 잠결에 모두 어사출도를 당한 것이다. 정운구는 서울서 내려오면서 자기 나름대로 치밀하게 용담의 동향에 관하여 조사하고, 동학에 대한 민심도 살피고, 스파이도 보내면서 주도면밀하게 작전을 짰다. 그의 서계書啓가 보존되어 있는데 동학이 당시 민중에게 복음으로서 얼마나 널리 전파되어 있었는지를 역으로 규탐할 수 있다).

정운구는 나졸과 장수들을 많이 거느리고 불의에 용담을 쳐들어왔다. 어명으로 다스리며 사람들을 잡아갔다. 그 당시 장졸들이 휘두르는 방망이 아래 피비린내 나는 광경은 차마 입에 담을 수 없는 것이었다 (※굵은 몽둥이를 어깨 뒤에 가로 대고 양팔을 벌리게 한 다음 십자가형으로 꽁꽁 묶고, 앞을 보지 못하게 상투는 풀어 머리를 뒤로 제켜 동여매고 끌고 갔다. 수운은 이 모습으로 끌려갔다. 수운은 제대로 입지도 못했고 뼈를 에이는 형산강의 찬바람을 맞으며 묶인 채 끌려갔다. 소한小寒의 절기였다). 당시 같이 체포된 10여 인도 함께 경주부로 갔다.

경주관아에 이르자 지체 없이 조사한 다음, 바로 다음날(12월 11일, 양력으로는 1864년 1월 19일이다) 아침 행렬을 출발시켜 곧바로 영천永川에 도착하였다. 군졸들이 죄수를 끌고가는 악습이나, 모멸감 속에 죄수를 몰아붙이는 버릇은 공자가 송나라에서 깔려 죽을 뻔한 곤욕이나 진채지간陳蔡之間에서 당한 곤궁보다도 더 심했다.
(※"액송곤채厄宋困蔡"에 관해서는 『사기』「공자세가」에 자세한 설명이 있다. 그러나 중국사람들은 "액송곤채"라는 말은 쓰지 않는다. 한국식 표현).

우리 선생님께서는 말위에 묶인 채 타고 있었는데, 말은 발을 땅에 대지도 못한 채 한 발자국도 옮길 생각을 못했다. 선생님을 마구 다루던 수십 명의 하졸들이 크게 놀라 어쩔 줄을 몰라서 급히 선생님께 아뢰었다(※ 대부분의 텍스트가 "급고急告"로 되어있는데 규장각본은 "고급告急"[급함을 알리다]로 되어있다):

"소인들이 선생님을 알아뵙지 못했습니다. 저희들은 그저 선생님께서 평안히 행차하시기만을 바랄 뿐입니다."

이렇게 사죄의 말을 하자 잠깐 후에 말은 홀연히 빠르게 움직여 대구로 갔다. 대구감영에서 하루를 자고, 다음날은 선산善山에서 하루를 자고, 또다시 출발하여 상주商州(이것은 상주尙州의 오기인 듯이 보이나, 실은 상주의 고지명이 상주商州이다. "경상도"라는 말이 경주와 상주를 두고 한 말이므로 상주는 당시 큰 곳이었다)에서 묵었다.

임금의 명을 받은 정구룡(정운구)은 당초 조령으로 해서 충주로 넘어갈 노정계획을 잡았다. 그런데 동학 도인 수천 명이 조령 고갯길에 운집해 있다는 소리를 듣고 마음이 크게 겁도 나고, 안되겠다 싶어서 화령化寧

으로 길을 틀어서 공충로公忠路에 이르러 보은報恩에 숙소를 정했다.
(※이이화는 "공충로"를 공주와 충주를 잇는 길이라고 했는데 이는 마치 공주와 충주를 잇는 고속도로 같은 것이 있는 듯한 느낌을 준다. 그러나 공주와 충주의 직선적 길의 개념은 존재할 수가 없다. 상주에서 화령을 거쳐[율현栗峴을 넘어간다] 보은으로 가는 길은 먼 길이 아니며 그 사잇길에는 공주니 충주니 하는 말이 끼어들 건덕지가 없다. 바로 철종시대에 충청도를 공충도公忠道라고 불렀는데, "공충로"라는 뜻은 공충도의 길에 접어들었다는 일반명사적인 의미로 해석함이 옳다).

보은읍의 으뜸가는 서리(수리首吏: 지방관아의 수석 아전, 곧 이방아전吏房衙前이다)가 때마침 동학의 도인이었다(동학이 이미 충청도 보은에까지 뻗치고 있었다는 것이 입증된다. 나중에 해월이 보은 장내리에 도소를 마련하고 교조신원운동을 벌인 것도 이러한 배경의 역사와 관련 있을 것이다. 보은은 조선팔도의 중앙지점이다. 이 이방 도인은 양계희梁啓熙라는 사람으로 이름까지 알려져 있다). 그 도인은 선생님을 정중하게 모시었고 음식대접도 잘했다. 그리고 노잣돈으로 다섯 꾸러미를 준비하여 선생님께 드렸다. 다음날 일찍 출발하여 회인懷仁으로 가서 그곳에서 하룻밤을 묵었다. 그리고 또 충주忠州에서도 묵었다(이것은 분명한 오기이다. 충주는 전혀 다른 곳이다. 조령을 넘었다면 충주를 갔겠지만, 보은에서는 충주로 갈 일이 없다. 청주淸州일 가능성은 있다. 청주로 해서 목천으로 빠지면 곧 천안 삼거리三巨里에 이른다). 충주(청주)를 떠나 며칠 만에 서울의 관문이라 할 과천에 이르렀다.

계해년(1863) 12월 초7일은 곧 철종이 승하한 날이었다.
(※『철종실록』에는 승하한 날이 12월 초8일 경진 묘시로 되어있다. 뿐만 아니라,

12월 11일 경주를 출발한 정운구 행렬이 과천에 도착한 것이 12월 초7일이라는 것은 도무지 이상하다. 표영삼 선생님의 추론에 의하면 이들이 과천에 도착한 것은 12월 20일이 되어야 한다: 경주[11일] → 영천永川[11일] → 대구大邱[12일] → 선산善山[13일] → 상주尙州[14일] → 청산靑山[15일] → 보은報恩[16일] → 청안淸安[괴산 지역인데, 나는 이것이 청주가 되어야 한다고 생각한다. 『대동여지도』에 의한 추론. 17일] → 직산稷山[18일] → 오산烏山[19일] → 과천果川[20일]. 아마도 철종의 승하를 얘기한 것은 이들이 도착한 날짜와 무관하게 상황설명을 위해 삽입한 것으로 보면 문맥이 통할 수도 있다).

이때는 흥선군의 제2자가 사위嗣位하고, 흥선대원군이 대리청정을 하는 초기에 해당된다. 그래서 각 도에 국상을 반포하느라고, 각 도에 내려가는 공문은 많은 날이 지체될 수밖에 없었다.

우리 선생님께서는 이 나라의 슬픈 소식(규장각본 "보애報哀," 『기서』 "애보哀報")을 처음 들으시고는 이와같이 말씀하시었다:

"내 비록 죄인의 몸으로 여기 끌려오기는 했다마는 반위班位(철종의 신위)를 설하고 곡을 행하리라!"

북쪽을 향해 재배再拜하고, 지극히 애통함을 금치 못했다.
(※ 수운에게는 몸에 배인 예절의 존중이 있다. 수운은 비록 조선왕조에 대한 신념을 가지지 않았다 할지라도 국가의 질서를 유지시키는 예도禮道에 대한 존중까지 버리지는 않았다. 이러한 수운을 서학으로 휘몰아 죽이는 조선왕조는 자멸할 수밖에 없었다).

선생님은 죄인의 몸으로 과천관아에서 수일을 머물렀다.

왕궁에서 내려온 전교의 내용은 이와 같았다:

"경상도 경주 죄인 동학선생 최모는 해당 영營으로 돌려보내 그곳에서 문초 받게 하라!"

우리 선생님이 먼길을 다시 내려오신 것이 갑자년(1864) 정월 초6일이었다(과천 → 용인 → 충주 → 문경 요성역堯城驛 → 유곡역幽谷驛 → 상초곡上草谷 → 상주 → 선산 → 대구). 대구에 도착하시자마자 대구감영의 옥중에 갇히시었다. 명사관明査官(감사가 파견하는 조사관원)은 조영화요, 감사는 서헌순이었다("감사監司"는 각 도 관찰사觀察使의 이칭異稱이다).

순사巡使(순찰사)가 죄수를 불러들여 문초하는 자리에, 우리 선생님께서 큰 칼을 쓰고 감영의 뜰에 들어섰다. 순사(여기 순사는 결국 관찰사와 같은 뜻이다. 서헌순이 직접 문초한 것이다. 그만큼 사안이 중대하다고 보았던 것이다)가 묻는다:

"너는 어찌하여 무리를 모아 이 나라 풍속을 혼탁하게 하고 어지럽게 하였는고?"

우리 선생님께서 답하여 말씀하시었다:

"사람들로 하여금 주문을 외우게 하면 (이렇게 전염병이 창궐하고 민중의 생계가 어려운 이 시절에) 약을 쓰지 않아도 절로 낫고, 아동들을 권면하여 글씨를 쓰게 하면 하늘이 그들에게 필법을 내리시는 법, 내가 도인을 구한 적이 없고, 도인들이 나를 구求한 것뿐인데, 이 또한 공자

님의 말씀대로 원방에서 찾아오는 친구들을 맞이하는 즐거움이 아니겠느뇨? 이와같이 나는 정도를 행한 것뿐인데 내가 풍속을 퇴폐하게 만들었다니 도대체 어찌 된 일이오?"

순사는 더 이상 물을 말이 없었다. 그냥 하옥을 명하고 말았다.

옥안 나는 수운이 서헌순과의 만남에서 한 이 첫 문초의 대담을 동학을 이해하는 가장 진실한 열쇠담론으로서 중시한다. 만약 빌라도 총독이 대구감영에서 예수를 문초했다면 예수는 현란한 비유를 썼거나 하늘나라에 관한 담론을 퍼부었을 것이다. 수운과 같이 순결한 인성의 테두리에서 일어나는 인간의 일상적 담론을 말하지는 않았을 것이다. 수운은 "물약자효勿藥自效," "천생필법天生筆法," "도인구아道人求我" 이 세 가지밖에는 한 말이 없다. 이 세 마디는 자기가 선포한 내용의 민중적 이해의 핵심을 요약한 것이다. 민중의 삶에 있어서 중요한 것은 **1)**질병의 문제 **2)**자식교육의 문제 **3)**공동체적 윤리에 관한 문제이다.

그러나 질병도 "물약자효"라 했고, 필법도 하늘이 준다 했고, 포덕도 자신의 에반젤리즘에 의한 것이 아니라고 말한다. 수운은 종교적 행위나 신앙을 중심으로 한 것이 아니라, 상식적 인간이 걸어가야 할 정도를 가르친 것뿐이다. 동학이 조선의 민중에 급속도로 퍼진 가장 큰 이유는 바로 오백년 유학의 훈도를 거친 도덕적 민중에게 아주 일상적이고 상식적이고 도덕적이며 동시에 치료적인 복음을 제공했기 때문인 것이다.

원문-21 二月再問呈之日, 執杖之下, 忽有雷聲。巡使該問執杖曰: “杖下有聲何壯?” 執杖對曰: “罪人之股折, 而有聲矣。” 卽爲分付刑吏下獄。先生在獄中有詩曰: “燈明水上無嫌隙, 柱似枯形力有餘。” 三月日巡使遂以啓教。十日施威嚴刑, 先生眞受而歿。越三日, 招致先生妻子, 卽爲白放, 分付收尸去。其斂襲人, 金敬弼 鄭用瑞 郭德元 林益商州金德元四五人也。反柩之路, 天地慘肅, 而諸道人見者之痛, 爲如何也? 喪行到慈仁縣西後淵酒店, 日已夕矣, 請夜止宿。主人曰: “自何而來?” 朴夏善曰: “自大邱來。” 店主人知其事機, 請尸入房, 一禁行人。撫體濕熱, 幸或有回蘇之理。料理三日之驗, 守留待。雙虹起淵, 亘天雲霧繞淵及店, 五色玲瓏, 連弊三日。先生上天, 雲捲虹解。其後尸臭卽出, 更斂襲。翌日發行, 到龍潭。先生長侄孟倫, 安葬于龍潭西原。

국역 갑자년(1864년) 2월 다시 문초하는 날, 곤장형을 집행하는 사령이 너무 가혹하게 우리 선생님을 때렸다. 그 곤장 아래서 갑자기 우레와 같은 소리가 났다. 관찰사 서헌순이 집장사령에게 물어 말하였다:

“어찌하여 그 곤장 아래서 그토록 어마어마한 소리가 나느냐?”

집장사령이 대답하여 말하였다:

“죄인의 넓적다리가 부러진 듯하온데 그 부러지는 소리가 천둥소리 같사옵니다.”

관찰사는 즉시 형을 중지시키고 형리에게 우리 선생님을 하옥시킬 것을

분부하였다. 선생은 옥중에서 시를 쓰셨다. 아마도 이것이 선생님의 마지막 유시일 것이다. 시는 말한다:

"물위에 가득 등불이 밝았으니
도무지 어두운 틈이 조금도 없다.
물위에 진 집을 받치고 있는 기둥들은
말라 비틀어진 것처럼 보여도
만세무궁한 힘이 남아있다"

3월 어느날 관찰사 서헌순은 드디어 중앙으로부터 교지를 받았다. 3월 10일 서헌순은 위엄을 과시하면서 엄형을 집행했다. 우리 선생님께서는 그것을 태연하게 받아들이시고 돌아가시었다.

사흘이 지난 후에, 서헌순은 경주감옥에 갇혀있던 선생님의 부인과 아들을 불러 즉시 무죄로 방면하고 시체를 거두어갈 것을 분부하였다. 그 시체를(참수형이므로 목이 떨어진 시신이다) 염습한(수의를 입힌 후 염포로 묶는 일, 머리를 붙여 염했을 것이다) 사람들은 김경필(『기서』에는 김경필 앞에 "김경숙金敬淑"이 있다. 중요한 인물 같은데 생평은 알 수가 없다), 정용서, 곽덕원, 임익林益(『기서』에는 임익서林益瑞로 되어있고, 단곡본에는 임익리林益理로 되어있다), 상주商州 사람 김덕원 등 4·5인이었다.

관을 모시고 고향으로 되돌아가는 길이란, 하늘과 땅이 다 참담했으니, 이 모습을 바라보는 도 중의 모든 도인들의 에이는 아픔이 그 얼마나 컸겠는가? 그러면서도 침묵 속에 조용히 진행할 수밖에 없었다. 상여 행렬이 자인현慈仁縣 서쪽 뒤에 있는 연못가에 있는 주점에 도착했을 때 날은 이미 저물었다. 하룻밤 숙박을 요청했더니 주인이 물었다:

"어디서부터 오시는 길이오니이까?"

박하선이 대답하였다:

(※『도원기서』는 여기 박하선의 역할을 지워버리기 위해서 박하선을 빼버리고 그 자리에 수운의 장자 "세정世貞"을 넣었다. 이때 세정은 나이가 14살밖에 되지 않았다. 그리고 이 지역에 교분을 가지고 있는 존재도 아니다. 재미있는 것은 박하선의 이름을『행록』은 그대로 유지하고 있다는 것이다. 원 텍스트에 박하선이 이 행렬을 안배한 주인공이라는 사실이 분명히 써있었다는 것을 입증한다.『행록』의 저자는 오직 해월을 "지우기"의 대상으로 삼았을 뿐이다. 그래서 박하선을 지우지 않은 것이다. 그러나『기서』의 저자 강수는 박하선의 탁월한 역할을 알고 있었기에 그를 빼버린 것이다. 여기에는 영덕 사람과 영해 사람의 알력도 개재할 수 있고, 또 당시에는 해월의 가장 중요한 지원인이 강수가 아니라 박하선이었다는 사실도 기억되어야 한다. 박하선이 여기 염습인의 리스트에 빠져있는 것은, 그때에 박하선은 상여행렬의 제반문제를 어레인지하고 있었던 것이다. 강수가 박하선의 이름을 지웠다는 명료한 사실이 이『대선생주문집』의 집필자가 바로 박하선이라는 최종적 결론을 이끌어내게 하는 하나의 단서가 된다. 표영삼 선생님의 추론과 성주현, 나의 생각이 일치한다).

"대구로부터 왔습니다."

(※꼭 암호교환 같다. 대역죄인의 시신을 거두어준다는 것은 당시 아무나 할 수 있는 일이 아니다. 주점의 주인은 독실한 도인으로서 박하선과 각별한 사이의 사람이었다는 것을 추론할 수 있다).

이 주막집의 주인은 이 엄중한 사태의 기미機微를 다 알아차리고 있었다. 그는 즉각 시체를 방안으로 들이고, 일체의 행인이 들어오지

못하도록 금줄을 쳤다. 우리 운구하는 도인들은 사흘이 지난 시체이건만 어루만져 보면 체온과 습한 기운이 여전히 느껴졌다. 그래서 행여나 회생할 수 있는 기적이라도 일어날 수 있을까 하고 사흘을 그대로 두기로 했다. 사흘 동안의 증험을 기대하면서 시신을 지키고 기다렸다.

그랬더니 옆에 있는 연못으로부터 쌍무지개가 일어나 하늘의 운무를 가로지르며 연못과 주막을 휘감았다. 오색영롱한 기운이 사흘 동안이나 이 지역을 덮고 있었다. 그러나 선생님의 혼이 하늘에 오르자 구름이 사라지고 무지개가 풀렸다. 그 후로 시신에서 악취가 나기 시작했다. 우리는 다시 시신을 염습했다. 그리고 다음날 아침 행렬을 출발시켜 용담에 닿았다. 선생님의 장조카 맹륜이 선생님을 용담의 서쪽 언덕 기슭에 안장하였다.

옥안 이 단락에도 많은 텍스트의 문제가 있으나 더 이상 탐색하는 것은 무의미하다. 이 단락의 기술이 우리에게 충격을 주는 사실은 너무도 수운의 죽음이 간결하고 소략하고 상식적으로 다루어지고 있다는 것이다. 마가가 "빈 무덤"과 세 여인의 "떨림"으로 대미를 장식한 것보다도 더 간략하고 아름답다. 그러면서도 똑같은 소생, 즉 부활(Resurrection)의 갈망을 표현하고 있다. 수운의 죽음에 관한 타 기록들을 보면 다양한 이적적인 장치가 죽음기술을 동반하고 있다.

그러나 이 『문집』의 저자는 그러한 동반을 단절시키고 있다. 어떻게 그토록 간결하게, 그토록 억울하게, 그토록 위대하게 죽은 사람의 죽음을 처리할 수 있는가? 그 과감한 붓질은 어디서 생겨난 것일까? 이 행장 전체를 훑어보면 수운에 대한 존경심이 너무도 강하게 드러나고 있다는 것을 알 수 있다. 그런데 그런 인물이 그렇게 무참히 쿨하게 죽는 것으로 기술해야 할까?

일차적으로 이러한 위대한 문학양식은 수운의 신념과 삶의 방식에서, 그리고 그의 가르침에서 유래된 것이다. 수운은 신비를 가르치지 않았다. 스치는 바람, 휘날리는 가랑잎 한 닢이 하느님의 더없는 조화라는 것을 가르쳤다.

그러나 이 문집의 저자가 말하고 싶은 것은 수운의 죽음이 아닌 삶이야말로 영원한 부활 그 자체라는 것이다. 수운이 살아간 족적 그 자체가 부활이기 때문에 죽음으로써 삶을 수식할 필요가 없는 것이다. 예수도 예루살렘에서 부활하지 않았다. 오직 갈릴리의 비바람 속에, 그 짙은 풍진 속에, 그 민중의 지평 위에서 부활했던 것이다.

수운도 이미 이 문집의 집필자의 가슴속에 부활한 것이다. 쌍무지개를 기다릴 필요 없이 이미 조선의 민중 속에 영원히 부활하리라는 신념을 지니고 있었다:

> **"선생의 장조카 맹륜**(실제적으로 동학에 처음 입도한 인물)**이 그를 용담의 서원**西原**에 안장했다."**

나는 이 이상의 위대한 부활의 메시지를 전해받은 적이 없다. 수운이 우리에게 전하는 메시지는 이것이다: "부활은 삶에 대한 확신이다."

Ⅲ

조선사상사대관

【朝鮮思想史大觀】

구미용담 찾아오니 흐르나니 물소리요 높으나니 산이로세 … 오작은 날아들어 조롱을 하는듯고 송백은 울울하여 청절을 지켜내니 불효한 이내마음 비감회심 절로난다.

수운이 「용담가」의 이 구절을 읊은 바로 그 자리, 그 옛길을 내가 걷고 있다. 나는 용담의 이 논두렁을 임운길 관장님과 함께 가서 보았다(2004. 5. 9.). 박암博菴 임운길林雲吉, 1929~2016선생은 평안북도 박천博川 사람으로 정주 오산학교를 졸업했다. 재학시 천도교학생접 선전부장을 지내었다. 계속 천도교활동에 헌신하였고 천도교 최고위직인 교령까지 지냈다. 표영삼 선생님과 더불어 내가 동학에 관해 많은 가르침을 얻을 수 있었던 지사였다. 그는 가는 곳마다 때와 곳에 맞게 나에게 경전을 읊어 주었고 인간 수운을 말해주었다.

조선사상사대관
朝鮮思想史大觀

과연 동학이 우리민족 근대성의 출발인가?

『동경대전東經大全』을 눈 앞에 펼쳐놓으면 절로 옷깃을 여미게 된다. 우리 민족에게 진정 바이블이 있다면 오직 이 한 책을 꼽을 수 있을 것이다. 『동경대전』은 한 종교의 개창자의 케리그마가 아니다. 반만년 민족사의 고난의 수레바퀴가 이 한 서물에서 응집되어 신세계의 서광을 발하는 개벽의 심포니라 해야 할 것이다. 그만큼 이 한 서물 속에는 수운이라는 한 인간의 너무도 꾸밈없는 소박한 삶의 모습과, 그 삶에 투영된 민중의 함성이 메아리치고 있다. 그것은 싸늘한 과거의 흑암에 묻혀버린 메아리가 아니라, 오늘 나 여기의 실존 속에 맥동치는 숨결이며 조선역사 엘랑비탈의 발출이라는 데 새삼 우리의 가슴을 저미게 만드는 것이다.

세간의 정론은 동학을 명실공한 조선역사 근대성(Modernity)의 기점으로 꼽는다. 실학은 근대성의 맹아일 수는 있으되 왕정의 체제에 대한 근원적 부정을 포함하고 있지는 않다는 것이다. 동학운동을 바스티유감옥을 무너뜨린 불란서혁명에 비유할 수는 없다. 민民의 주체성을 인정하는 왕권의 굴복이나, 인간의 자유와 평등, 그리고 재산권과 저항권을 보장하는「인간과 시민의 권리들에 대한 선언the Declaration of the Rights of Man and of the Citizen」(1789년 8월 26일)과도 같은 어떤 제도적 장치를 획득해낸 사건은 아니기 때문이다.

그러나 우리가 갑오동학민중항쟁(1894)을 동학혁명이라고 부르는 이유는,[1] 비록 그것이 정치사적으로는 좌절로 끝나고 만 사건이긴 하지만, 그 내면의 제도개혁과 인간개벽에 대한 요구의 본질은 불란서혁명이나 미국독립전쟁이 구현하려고 했던 정신적 가치를 뛰어넘는 것일 뿐 아니라, 그 제도개혁을 가능케 만드는 포괄적 세계관, 그리고 왕정의 축을 민주의 축으로 전환시키는 새로운 인간관을 체계적으로 제시했기 때문이었다. 그 자체로는 좌절로 끝나버린 정치적 사건이었다고는 하지만, 그것은 진실로 향후의 모든 혁명을 주도하는 단초를 제시한 사건이었다. 좌절 그 자체가 완성의 과제를 남겨준 혁명이었다.

다시 말해서 동학의 좌절은 완성되어야 할 혁명의 시작이었던 것이다. 동학의 선포로부터 2002년 대선, 그리고 2016~2017년 촛불집회의 "혁명적 전복an overturnig of the social order"에 이르는 1세기반의 조선의 역사야말로 개화開化

1) 전통적으로 갑오년에 고부에서 발발한 민중봉기의 역사적 사건을 "동학란"이라 불렀다. "동학란"이라는 개념에는 "란"이라고 하는 치자의 그릇된 가치관이 반영되어 있어 잘못된 개념이지만, 최근에 반성없이 사용하고 있는 "갑오농민전쟁"이라는 개념도 잘못된 개념이다. 우선 이것은 남한의 학계에서 주체적으로 사용한 개념이 아니라, 북한학자들이 유물사관에 의하여 날조한 개념을 반성없이 차용한 결과로 생겨난 개념일 뿐이다. 우리가 알아야 할 것은 동학혁명은 농민전쟁이 아니다. 농민이라는 계급성분이 주도한 전쟁이 아니다. 그 운동에 참여한 사람은 신분이나 직업이나 계급으로 규정키 어려운 다중일 뿐이었다. 그런데 북한학자들이 굳이 "농민"을 고집하는 이유는 동학혁명에 참여한 사람들을 프롤레타리아 무산계급의 혁명역량을 아직 갖지 못한 봉건질서 속의 농민으로 규정해야만 직선적 발전사관을 정당화할 수 있고 후대의 공산혁명을 정당화할 수 있기 때문이다. 그들은 동학을 봉건농민의 낙후성을 벗어나지 못한 사상운동으로 간주할 뿐이다. 봉건제도 없었는데 봉건이라 하고, 농민이라 해서 낙후할 것이 아무 것도 없는데 낙후하다 하니 참 한심스러운 역사인식이다. 나는 "갑오동학민중항쟁," 또는 "동학혁명"이라는 말을 채택한다. 현재 대한민국에서 사용하는 "동학농민혁명"이라는 용어는 북한의 용어와는 전혀 다른 맥락에서 규정되는 것이며, 이때의 "농민"은 계급성분과 무관한 것이며 억압받는 민중 전체를 가리키는 것이다.

라는 상투적 말로써 규정되어야 할 역사가 아니라, 세계사의 유니크한 실험무대로서의 근대적 혁명의 가장 온전한 점진적 과정으로서 이해되어야 하는 것이다.

그러나 이때 우리는 매우 곤혹스러운 문제에 봉착한다. 과연 우리는 동학의 출현을 어떠한 근거위에서 근대성의 기점으로서 자리매김할 수 있을 것인가? 과연 동학이 우리민족의 근대성의 출발인가? 이때 우리는 반드시 근대성 그 자체에 대한 질문을 던져야 한다. 근대성(Modernity)이란 근대적 인간(Modern Man)을 규정하는 어떤 추상적 속성이다. 우리는 근대성을 구현한 인간, 즉 근대적 인간이 만들어 가는 역사를 근대(Modern Age)라고 부르는 것이다.

근대란 무엇인가?

그러나 "근대"라는 말은 발전적 단계(Entwicklungsstufentheorie)로서의 시간관을 필연적으로 전제하고 있으며, 그것은 반드시 "전근대" 혹은 "탈근대" 혹은 "포스트모던"이라는 논쟁을 유발시킨다. 근대는 근대라는 말 그 자체로써 자족한 언사가 아니라, 고古・중中・근近・현現이라는 시간적 항렬 속에서 맥락적으로 주어지고 있기 때문이다. 근대 이전은 중세가 되어야하고 중세와 근대는 반드시 봉건제와 자본제라고 하는 하부구조를 지녀야 하는 것이다.

이러한 맥락에서 규정된 다음과 같은 도식이 조선역사에 있어서 전혀 무의미하다는 것은 내가 지난 40년간 외롭게 외쳐온 것이다. 나의 주장이 조선사상사를 외부로부터 부과된 도식으로부터 해방시키는데 일정한 기여를 하였다는 것은 대부분의 학도들이 인정하는 것이다.[2]

---

2) 이러한 주제에 관한 나의 포괄적 논설로서는 도올 김용옥 엮음, 『삼국통일과 한국통일』, 서울: 통나무, 1994, 상권에 실려있는 나의 논문, 「統一論大綱」 중 "역사의 문제"(pp.69~93)를 들 수 있다.

중세	봉건제	성리학	주자학
근대	자본제	실학	반주자학

이제 어느 누구도 이렇게 단순한 도식 속에서 조선사상사의 흐름을 보려고 하지 않는다.

1) 우선 조선왕조는 제도사적으로 봉건제의 틀을 지니고 있지 않다. 그것은 주군主君과 종자從者간의 쌍무적 계약관계에 의한 바살리테트Vasallität의 지방분권적 인적결합국가(Personenverbandsstaat)가 전혀 아니며, 매우 특수한 중앙집권적 귀족관료제 국가라 할 수 있는 것이다. 그러나 이러한 중앙집권적 관료제를 어떠한 성격으로 규정할 것인가 하는 것도 매우 복잡한 역사학적·철학적 논의를 유발시킨다. 왕권王權과 신권臣權으로 나누어진 권력의 다이내믹스, 그리고 신분제의 유동적 성격, 민본주의적 이상, 과거科擧라는 제도의 특수성 등등의 유니크한 성격은 또 다시 "근대—전근대"라고 하는 단순한 틀 속에서 규정되는 것을 거부하기 때문이다.

2) "실학"이 역사적 사실로서의 실존태가 아니며, 20세기 중엽의 한국역사학계에서 발생한 역사서술론적인 개념(historiographical concept)이라는 것은 누구나 수긍하는 사실이다. 실학은 사실이 아닌 개념이며, 의식적 운동체가 아닌 역사기술상의 규합적 개념장치인 것이다. 이러한 역사서술론적 개념은 반드시 그 개념을 잉태시킨 시대정신의 의미체계에 복속된다. 그리고 그것은 시대정신이 바뀌게 되면 새로운 개념적 틀로써 변화하지 않을 수 없는 운명을 지닌다.[3)]

---

3) 이러한 주제는 이미 나의 문제작『讀氣學說－최한기의 삶과 생각』, 서울: 통나무, 1990년 초판에서 설진說盡한 것이다.『讀氣學說』(서울: 통나무, 2004년 개정판)은 도올문집시리즈의 한 책으로 개정판이 나와, KBSⅠ "TV, 책을 말하다"(2004년 3월 25일

현 역사학계의 새로운 문제의식은 실학이라는 개념을 해체(deconstruction)시키고, 여태까지 실학이라는 규합개념이 담당해왔던 자리의 공동空洞을 재구성하는 것이다. 재구성이란 필연적으로 거대한 하나의 개념을 설정하기보다는, 보다 구체적인 개별사상가의 사상맥락에 즉卽하여 갈래갈래 이루어질 수밖에 없을 것이다.

3) 이러한 논란의 핵심은 근대성에 관한 모든 논의의 기준이 서구라파를 모델로 하여 이루어지고 있다는 데에 있다. 즉 어디서 어떻게 근대를 논구하든지 간에, 근대는 이미 서구라파 역사가 선취하였다는 사실을 전제로 하고 있는 것이다. 근대라는 개념이 학문의 쟁점으로 부상하게 된 가장 본질적인 이유는 인류의 역사가 진보한다는 생각에 있다.

이 진보의 관념은 형이상학적으로 헤겔이 구현하였고, 생물학적으로는 다윈이 입증하였으며, 역사주의적으로는 맑스가 논증하였다. 우리가 현금 역사학에서 차용하고 있는 "근대"는 결국 생산력과 생산관계의 모순으로부터 발생하는 생산양식의 변증법적 발전원리로서 칼 맑스가 투영한 인류역사의 한 단계에 불과한 것이다.

재미있는 사실은, "진보Progress"라는 역사의 관념이 인류사를 통하여 지속된 어떤 그랜드한 관념이 아니라 19세기 서구라파 사회의 막연한 낙관주의에서 발생한 일시적 픽션에 불과한 것이라는 사실을 전제로 해서 엄밀하게 문제를 검토한다면, 진보 그 자체가 해체되어버릴 수도 있는 것이다. 진보가 해체되면 근대는 덧없이 사라져 버린다. 근대라는 단계가 인류역사에서 설 자리를 근

방영)에서 토론의 주제가 되었고, 나의 제자 오항녕 교수(전주대)가 지속적으로 이 주제를 발전시켜 다양하게 사학계에 문제를 제기하였다. 중앙일보 배영대 기자는 나의 논점에 근거하여 실학개념을 파기해야 한다는 장쾌한 논문을 총 10회에 걸쳐 "실학별곡-신화의 종언"이라는 제목하에 중앙선데이에 게재하였다(2018년 3월~7월).

원적으로 상실케 되는 것이다.

이럼에도 불구하고 우리가 진보를 해체시키지 않고 있는 이유는 인류학자 모리스 고들리에Maurice Godelier, 1934~의 말대로 서구인들의 편견적인 느낌 때문이다. 첫째, 서구인들은 봉건사회라고 규정되는 자기들의 과거로부터의 벗어남, 신분제로부터의 해방을 진보로 인식하며, 둘째, 자본주의사회가 개인의 권리와 기회를 증대시킨다는 막연한 느낌이 있으며, 셋째, 오직 서양의 몇몇 국가만이 진정으로 인권을 실현했다는 우월감이 있기 때문이다.[4)]

그러나 우리가 진보의 해체를 꺼리는 가장 본질적인 이유는 역사의 의미(the meaning of history)를 상실한다는 근원적인 공포감이 있기 때문이다. 그러나 역사의 의미가 목적론적 구조(teleological structure) 속에서만 발생한다는 생각은 지극히 소아병적인 발상에 불과한 것이다. 헤겔·맑스가 모두 이러한 소아병적 발상에서 한 치도 벗어나지 못한다. 역사의 의미를 인류역사 전체의 목적론적 픽션에 결부시키는 것은 종교적 독단에 불과한 것이며, 그것은 모두 유대교—기독교적 섭리사관(Providence), 그리고 묵시론적 환상의 변태變態일 뿐이다.

바로 우리가 논의하고자 하는 동학東學의 개벽開闢이론은 인류의 역사를 목적론적으로 파악하지 않으면서도 역사의 의미를 얼마든지 부여할 수 있으며, 미래지향적인 역사의 구심점을 창출할 수 있다는 새로운 가능성을 예시하는 것이다. 개벽이론에 있어서 "근대"라는 개념의 단계적 설정은 전혀 무의미한 것이다. 따라서 우리는 동학을 서구적 근대의 기점으로 파악하는 어떠한 논의에도 근원적으로 동의해서는 아니되는 것이다.

4) 근대를 해체하기에 앞서 서구적 근대의 성격을 규정한 근대성의 논의, 다시 말해서 근대적 인간(Modern Man)의 추상적 속성으로서의 근대성(Modernity)의

---

4) "사상가 도올이 만난 사람: 인류학 거장 모리스 고들리에(佛 고등사회과학원 원장)," 『문화일보』 2003년 11월 7일 제18면.

개념을 정확하게 추적해볼 필요가 있다. 서구역사가 추구해온 근대적 인간은 한마디로 이성적 인간(Rational Man)이라 말할 수 있다.

그런데 여기서 말하는 이성이란, 무엇보다도 **먼저**, 신과 인간의 대립을 전제로 하고 있다. 다시 말해서 신본위적인 중세기적 계시(Revelation)에 대하여 인본위적 특질을 가리키고 있는 것이다. 그러나 이러한 신과 인간의 대립은 근원적으로 조선역사에서 설 자리가 없는 픽션에 불과한 것이다. **둘째로**, 서구역사가 추구한 이성성(Rationality)이라는 것은 배제(exclusion)를 전제로 하는 것이다. 다시 말해서 이성적이지 않은 모든 사태에 대한 배타를 내포하고 있는 것이다. 서구의 근대는 비이성적 세계의 감금을 전제로 하고 있는 것이다. **셋째로**, 우리는 서구적 이성이 인간의 기능 중에서 감정과 대립하는 성격을 지니고 있다는 사실을 지적할 수가 있다. **넷째로**, 서구적 이성은 라티오*ratio*라는 인간에게 본구되어 있는 수학적 계산능력을 가리키는 것이며 그것은 전적으로 양적이며, 질적인 사태의 배제를 전제로 하는 것이다. **다섯째로**, 서구적 이성은 희랍인의 누우스*nous*로부터 전승되어 내려온 것이며, 선천성을 그 특질로 삼으며 후천성을 배제하는 경향이 있다. **여섯째로**, 서구적 이성은 연역적이며, 귀납적인 것에 대립하며, 토톨로지tautology의 관념성과 영원성을 확보하는 한에 있어서만 존립가능한 것이다.

과연 이따위 서구적 이성관념이 확보되는 인간만이 근대적 인간인가? 이러한 근대적 인간을 위하여 우리는 과연 개화했고, 근대화했고, 서구화되어 왔는가? 지금 우리는 이러한 질문을 정직하게 던져 보아야 한다. 그러나 이러한 생소한 질문에 답하기에 앞서, 이미 우리는 조선사상사의 모든 흐름이 이러한 서구적 이성성을 확보하지 못한 전근대적 사유의 소산이라는 검증되지 않은 결론에 암암리 합의하고 있다는 사실을 상기할 필요가 있다. 실학에 대한 논의도 성리학적 허성虛性에 대한 폄하와, 성리학적 논의를 전근대적인 것으로서 규정하려는 편견으로부터 출발하고 있다는 상식적 합의도 새삼 재고해볼 필요가 있는 것이다.

근대라는 개념의 후진성, 데카르트의 변명

근대는 과연 우리역사에 도입되어야만 하는 것일까? 과연 우리역사는 서구적 근대를 모델로 하여 어떤 새로운 근대의 국면을 창출하기 위하여 몸부림쳐온 것일까? 실학자라고 부르는 사람들은, 그리고 동학운동에 가담한 사람들은 서구적 근대를 위하여 몸을 바친 사람들인가? 깊게 생각하고 또 생각하여 보면 우리역사의 모든 몸부림이 "근대"라는 말로 규정될 수 있는 엄밀한 근거는 아무것도 확보될 길이 없다는 결론에 이르는 곤혹함에 도달케 되는 것이다.

과연 근대적 인간은 합리적 인간이어야만 하는가? 막스 베버가 말하는 탈주술의 밋선 때문에 합리성만을 유일한 역사의 진로로 받아들여야 하는 것일까! 탈주술을 이야기한다면 우리역사는 이미 삼봉 정도전의 프로젝트에서 그 고도의 완성된 이론체계와 실천강령을 발견할 수 있다. 지금 우리가 물어봐야 하는 것은 "근대성=합리성"(modernity=rationality)이라는 도식의 근원적인 정당성에 관한 것이다.

"근대성=합리성"의 도식에서 가장 두드러지는 합리성의 특질은 인간의 선천적인 수학적, 계산적 능력을 말하는 것이다. 데카르트가 『방법서설』의 첫머리에서 말한 바대로, 만인에게 가장 고르게 잘 분배된 능력으로서의 "봉 상스le bon sens"[5]가 인정된다고 한다면, 그것은 우선 평등주의적 인간관을 확보한다는

---

5) Good sense is, of all things among men, the most equally distributed; for every one thinks himself so abundantly provided with it, that those even who are the most difficult to satisfy in everything else, do not usually desire a larger measure of this quality than they already possess. And in this it is not likely that all are mistaken: the conviction is rather to be held as testifying that the power of judging aright and of distinguishing truth from error, which is properly what is called good sense or reason, is by nature equal in all men; … Descartes, *A Discourse on the Method of Rightly Conducting the Reason, and Seeking Truth in the Sciences*, trans. John Veitch(New York: Dutton, 1978), p.3.

의미에서 근대성의 제1의 원리가 될 수가 있다. 다음으로 수학적 합리성은 특히 자본주의적 사회에 있어서나, 요즈음의 디지탈화된 정보사회에 이르기까지 인간의 상식에 보편적 기준을 제시하며 인간의 삶을 매우 편리하게 만드는 온갖 기능이 있다. 이러한 평등성과 편리성의 측면만 가지고 이야기 하더라도 이성(Reason)은 진실로 근대의 주체가 되기에 충분한 자격을 지닌다고 할 수 있을 것이다.

그러나 이성은 항상 비이성적인 것에 대한 날카로운 배타를 수반한다. 그리고 과연 인간의 삶이 이성적으로 이루어지는 것만이 인간다운 삶의 지고한 가치가 될 수 있는가? 그것은 과연 봉건시대 내지는 모든 전근대적 시대의 가치에 비해 진보한 것일까? 하는 질문에 이르게 되면, 합리성이라는 것만으로는 사회적 인간의 총체성을 설명하기에는 매우 부족하다는 현실적 문제에 봉착하게 된다. 합리성이라는 것 자체가 본질적으로 관념적인 것이다. 그 관념적 진리의 기준은 살아있는 현실적 인간의 감정이나, 습성, 기호, 풍토와 콤뮤니티의 성향, 인간의 모든 관계항의 구체적 문제들을 지배하는 절대적인 그 무엇이 되기에는 너무도 편협하거나, 비현실적이거나, 독단적일 수가 있다.

합리적 능력에 있어서는 탁월하다고 할 수 있는 수학의 천재가 애인과의 사소한 다툼 때문에 자살을 할 수도 있다. 힛틀러도 자신의 관념적 기준 속에서는 매우 합리적 인간일 수도 있다. 정직해지려고 노력하는 한 진보적인 정치인의 언변이나 행동방식이 단지 세련되지 못했다든가, 어쩐지 기분나쁘다든가, 심기를 건드린다든가 하는 하찮은 이유로 그를 감금시켜버리는 권력독점자들의 횡포, 그 광기를 우리는 종종 역사에서 체험할 수 있다.

그러나 이러한 이스태블리쉬먼트는 항상 자신의 광기를 합리로 인식한다는데 그 특징이 있다. 자신의 판단만이 합리적이며 자기들이 생각하는 역사의 진행방식만이 합리며 진보라고 생각하는 것이다. 이러한 합리의 독단은 자신의 신념 이외의 모든 것을 광기로 인식하는 것이다. 자신의 판단력 이외의 모든 것을 비합리·광기로 모는 그 판단력이야말로 광기라는 것을 인식할 길이 없는 것이다. 합리는 무서운 보수적 독단의 옹벽이 될 수도 있는 것이다.

희랍철학으로부터 존중시되어온, 프로네시스(*phronēsis*: 영어로는 prudence), 즉 사려, 분별, 지혜, 슬기로움의 뜻을 지니는 이 프로네시스, 럿셀경이 문명과 야만을 가르는 기준으로 삼은 이 프로네시스는,[6] 결코 합리만으로는 이루어질 수 없다. 인간이 산다고 하는 총체적 행위는 수학적 합리성보다는 보다 포괄적이며 개방적인 느낌(Feeling)의 체계를 요구하는 것이며, 협의의 수학적 계산능력보다는 오히려 정감의 발출이 인간존재의 삶을 결정하는 보다 본원적인 함수가 된다고 말할 수 있을 것이다.

여기서 우리는 왜 공자가 그토록 심미적인 인仁(Aesthetic Sensitivity)을 이야기하며, 왜 자사子思가 희노애락喜怒哀樂을, 맹자孟子가 사단四端을 이야기하며, 왜 조선유학사 전체의 문제의식이 사단칠정四端七情의 논변으로 도배질되어 있는가 하는 문제에 대하여 새로운 의미를 발견하게 되며, 근대라는 서구의 프로젝트에 관한 근원적인 재고의 실마리를 구성하게 되는 것이다.

사실 데카르트René Descartes, 1596~1650만 하더라도, 그가 아무리 수학을 인

---

6) The civilized man is distinguished from the savage mainly by *prudence*, or, to use a slightly wider term, *forethought*. He is willing to endure present pains for the sake of future pleasures, even if the future pleasures are rather distant. … The worshipper of Bacchus reacts against prudence. In intoxication, physical or spiritual, he recovers an intensity of feeling which prudence had destroyed; … Bertrand Russell, *A History of Western Philosophy*(New York: Simon & Schuster, 1972), pp.15~16.
헤도네(hēdonē: 쾌락, 즐거움)와 프로네시스(phronēsis: 지혜, 사려, 분별)의 대립적 맥락은, 박종현 역주 『플라톤의 국가·政體』(서울: 서광사, 1997), p.429(스테파누스 쪽수 505b)에 나타나 있다. "분별있다"는 뜻으로 쓰인 맥락에 관해서는 pp.106~107(349d~e) 등을 보라.

간의 이해력(Understanding)의 중심적 패러다임으로 삼았다 할지라도, 그가 말하는 이성의 함의는 그렇게 배타적인 것만은 아니었다. 그는 이성을 "봉 상스" 즉 "굳 센스Good Sense"라 표현했으며, 그 센스라는 말 속에는 감성적 측면을 포괄치 않을 수 없는 것이다. 그것은 "옳게 판단하는 양식良識"이었으며 "진리를 에러로부터 분별하는 힘"일 뿐이었다.[7]

데카르트의 관심은 모든 지식을 동일한 형이상학적 원리에 의하여 통일하는데 있었으며, 그의 구극적 관심은 수학을 넘어서서, 윤리학이나 심리학이나 의학, 기계학, 영혼의 열정(the Passions of the Soul)과 같은 일상적 삶의 가치에 대한 철학의 효용에 있었다. 그를 후대의 합리적 전통이 엄밀하게 요구하는 의미맥락에서의 이성주의자로 규정하는 것은 매우 부당한 것이다.

그가 그토록 확실성(Certainty)을 추구한 것은, 이성 자체의 논리적 요구라기보다는 그가 살았던 시대의 산물로 보아야 한다. 우리는 철학자의 논리 그 자체만을 그의 삶의 정조情調로부터 분리시켜 논구하는데 너무 익숙해 있다. 그러나 그 철학의 논리 자체가 그가 산 시대정신의 요구 속에서 틀지워지고 있다는 결정적 측면을 외면하고 있는 것이다.

데카르트는, 교황중심의 카톨릭유럽제국의 지도를 돌이킬 수 없도록 갈기갈기 찢어버린 30년전쟁(Thirty Years' War, 1618~48)의 시대를 살았다. 그가 20세에 뽀이띠에르대학(University of Poitiers)에서 법률학학위를 받은 2년 후부터 전쟁은 시작되었으며, 베스트팔렌조약(the Treaty of Westphalia, 1648)이 체결되고 난 두해 후에 그는 스웨덴의 스톡홀름에서 죽었다. 데카르트는 30년전쟁 중의 한 전투였던 프라하전투(the Battle of Prague)에 직접 참여했다. 30년전쟁은 신성로마제국의 붕괴를 의미했으며, 그 제국과 연합된 카톨릭 절대주의(Catholic absolutism)의 붕괴를 의미했다. 30년전쟁 이전의 카톨릭은 매우 관용성이 높았다.

---

7) Descartes, *A Discourse on the Method*, 同上, p.3.

카톨릭이 강렬하게 독단주의적으로 선회하게 된 것은 카톨릭의 권위가 위협받게 되는 30년전쟁을 거치면서였다. 이러한 분위기 속에서 비로소 우리는 갈릴레오Galileo, 1564~1642의 종교재판을 이해할 수 있게 된다. 갈릴레오의 『마씨미 시스테미』(*Massimi Sistemi*: Dialogue Concerning the Two Chief World Systems－Ptolemaic and Copernican)에 대하여 로마교황청이 유죄를 선언했을 때(1633. 6. 21.) 37세의 데카르트는 홀란드에서 물리학에 관한 포괄적인 연구성과를 집필하고 있었다. 그러나 데카르트는 갈릴레오재판의 공포 때문에 이단적인 학설을 주장한 그의 원고 『세계*Le Monde*』를 끝내 발표하지 않았다. 남은 생애 8년간을 자택연금 속에서 보내야 했던 갈릴레오의 수난을 그는 원치 않았던 것이다.

그리고 그는 갈릴레오재판 4년 후에 『방법서설』을 발표하기에 이른다. 그의 『방법서설』은 단순한 그의 철학적 사색의 결과물이 아니다. 그가 해결해야만 했던 시대적 고난에 대한 철학적 대안이었던 것이다. 그가 의심할 여지가 없을 만큼 "명석하고 판명하게"(clear and distinct) 드러나는 것 이외의 어떠한 판단에도 기초하지 않겠다고 표방한 확실성의 제1원리에 대한 집념은, 모든 철학적 성찰은 자명한 제1원리로부터 연역되어야 한다고 믿는 그의 원리주의·환원주의(foundationalism)의 신념은, 결국 30년전쟁으로 모호해져 버린 인간의 모든 가치판단에 대한 새로운 기준을 제시하려는 노력이었다.

30년전쟁(1618~1648)은 거대 유럽제국에 대한 개명한 도시(towns and principalities)들의 반란이었다. 그것은 카톨리시즘과 프로테스탄티즘, 그리고 칼비니즘의 충돌이었던 것이다. 그러니까 종교적 신념의 충돌은 종교간의 쟁론으로써는 해결될 길이 없다는 것을 그는 알고 있었다. 그래서 종교적 신앙체계 외의 어떤 보편적 이성의 자명한 원리로부터 모든 것을 연역해낼려고 그는 시도했던 것이다. 그리고 그것은 반드시 "명석하고 판명해야"만 했던 것이다. 이렇게 명석하고 판명한 판단에 인간이 복속될 때 모든 종교전쟁이 종식될 수 있다고 그는 나이브하게 믿었던 것이다.

그리고 데카르트 생애에 주어진 핵심적 과제상황 중의 하나는 갈릴레오재판이 초래한 공포였다. 데카르트는 과학적 진리, 다시 말해서 인간이성의 추론에 의한 우주에 관한 명백한 결론이, 종교적 독단과 권위에 의하여 억눌리고 자의적으로 곡해되는 상황을 그의 시대의 가장 참혹한 현실이라고 감지하였다. 이러한 문제를 해결하기 위하여 그는 엉뚱한 실체(Substance)개념을 도출하기에 이른다. 그에 의하면 실체란 "자기존립을 위하여 자기 이외의 어떠한 타자에도 의존하지 않고 스스로 존재하는 그 무엇"[8]이다. 이러한 실체관념은 중세철학의 자기원인(*causa sui*)에서 빌려온 것이지만, 그것이 소기하는 바는 결국 물질(matter)이라는 실체와 정신(mind)이라는 두 실체의 독립성을 강조하기 위한 것이다.

이것이 소위 근세철학의 중심과제가 된 카르티지안 듀알리즘Cartesian dualism 즉 데카르트 심신이원론이지만, 그것은 논리적으로도 정합성이 결여된 오류에 속하는 것이며, 또 우리의 명백한 일상체험을 거부하는 비상식적인 것이다. 이러한 비상식과 오류를 신봉하는 그의 속셈, 그리고 그의 이러한 실체관념을 정당한 것으로 계승해나간 근대사상가들의 의도는 결국 물질의 세계와 정신의 세계의 갈등을 해결하기 위한 것이었다.

즉 물질의 세계는 갈릴레오·뉴톤과 같은 과학자들의 세계며 자기원인적인 독자적인 것이라는 것이다. 그리고 정신의 세계는 종교재판을 일삼는 신부들의 세계며 그것 또한 자기원인적이며 독자적인 영역이라는 것이다. 다시 말해서 연장을 속성으로 갖는 물질의 세계와, 사유를 속성으로 갖는 정신의 세계의 자기원인적 성격을 실체의 관념을 통해 확보함으로써, 종교와 과학, 신부와 과학자간의 싸움을 종식시키기를 데카르트는 갈망했던 것이다.

---

8) By substance, we can understand nothing else than a thing which so exists that it needs no other thing in order to exist. Descartes, *Principles of Philosophy*, Principle LI, in *The Philosophical Works of Descartes*, trans. Haldane and Ross(N.Y.: Cambridge University Press, 1979), Vol. I, p.239.

서양정신사 전체를 지배한 "실체"라는 개념의 넌쎈스

이러한 사회적·역사적 관심이 그의 철학적 논리로 표상된 것을 자명한 진리로서 받아들임으로써 성립한 근대성, 그 합리성을 우리 조선의 역사의 과제상황으로서 받아들여야할 하등의 이유를 나는 발견할 수 없다.

생각해보라! 도대체 이 세상에 자기존립을 위하여 타의 존재를 필요로 하지 않는 것이 어디 지푸라기 한오라기라도 있단 말인가? 이 글을 쓰기 위하여 만년필을 움직이고 있는 나의 손가락을 한번 생각해보자! 나의 손가락끝의 손톱이, 손톱의 존속을 위하여 타의 존재를 필요로 하지 않는 손톱이 과연 있을 수 있단 말인가? "일즉일체一卽一切, 일체즉일一切卽一"이라는 화엄華嚴의 논리를 들먹이지 않아도, 내 몸의 어느 한 체세포라도 그 존속을 위하여 타를 필요로하지 않는 세포가 있다는 논리가 성립할 수 있다는 말인가? 존재의 단위를 과연 어떻게 설정할 것인가? 그리고 과연 정신과 무관한 순수물질로서의 손톱이 가능할 수 있단 말인가?

이 우주는 이벤트의 집합일 뿐이며, 이벤트는 개방된 이벤트일 수밖에 없다. 그리고 그 개방된 지평에는 정신과 물질이라는 자기원인적인 실체관념은 성립할 수가 없다. 이것은 서양의 포스트모던post-modern의 논리가 아니라, 우리 동방인의 상식이다.

자기원인적 실체관념을 신God에만 국한시킨다 해도, 그것은 기껏해야 스피노자Bendictus de Spinoza, 1632~1677의 범신론적 결론만이 유일하게 정당한 것으로 받아들여질 수 있으나, 그것도 혜시惠施가 말하는 "지대무외至大無外"의 논리적 귀결일 뿐, 잡다한 이 세계를 설명하는 유용한 도구가 될 수 없다. 다시 말해서 데카르트의 오류를 논리적으로 확대시킨 정직한 결론일 뿐이다.

라이프닛츠의 모나드나 예정조화설도 모두 데카르트의 자기원인적 실체관념의 대전제로부터 논리적으로 연역된 오류에 지나지 않는다. 감성과 오성을 종합한 임마누엘 칸트의 순수이성으로부터 헤겔의 절대이성에 이르기까지 이 모든 합리주의의 추구가 역사적·사회적 요구에 의하여 무리하게 설정된 데카르트주의의 논리적 오류가 확대된 과정에 지나지 않는 것이다. 그것이 제아무리 정교한 자체의 논리를 가지고 있다하더라도 그것이 우리의 근대로서 진입되어야 할 하등의 정당성을 발견할 수 없다.

데카르트는 지동설이 공포스러웠다. 지동설적 세계관에 대한 실험물리학적인 논증으로 인한 카톨릭절대주의의 붕괴, "루터와 칼빈을 합친 것보다도 더 무서운 파괴력을 지닌다"고 지적한 제수이트 검사들의 갈릴레오 공소가 과학적 마인드를 지닌 유럽의 지성에 던져준 긴장감을 그는 공포로서 감내해야만 했다. 그래서 그는 실체관념에 매달려야 했고, 심신이원론을 주장했다.

우리나라의 과학사상가 혜강惠岡 최한기崔漢綺, 1803~1877는 요하네스 케플러의 스승이며, 갈릴레오 이전에 이미 코페르니쿠스의 지동설을 정교하게 수정하여 새로운 세계관을 확립한 덴마크의 천문학자 티코 브라헤Tycho Brahe, 1546~1601의 학설을, 중국에 소개된 책들을 통하여 수용하게 된다.

혜강과 선산

그러나 혜강에게는 지동설에 대한 일체의 공포가 있을 필요가 없었다. 그리고 모든 존재는 자신의 존재를 위하여 타의 존재를 필요로 하는 관계적 존재라고 하는 기의 개념을 정립하고, 기 자체에 활活·동動·운運·화化라고 하는 동적인 성격(dynamic character)을 부여하였다. 다시 말해서 지구가 돈다고 하는 지동의 충격은 혜강으로 하여금 이 우주에 잠시도 정지하고 있는 것은 아무 것도 없다고 하는 다이내미즘의 세계관을 주저없이 표방하게 만든 것이다. 다시 말해서 명明의 유로遺老, 왕선산王船山, 1619~1692이 말한 천지에 정靜은 없으며, 우리가 정靜이라고 생각하는 모든 상태는 "동의 정"(動之靜)일 뿐이라고 하는 기철학적 명제를 과감하게 발전시킨 것이다.[9)]

---

9) 太虛者, 本動者也。動以入動, 不息不滯。其往也, 因來而合之; 其來也, 因往而聽合。王

혜강의 활동운화는 자연현상을 설명하는 기氣를 실체관념으로부터 완전히 해방시킨 것이었다. 혜강의 기는 실체도 아니요, 관념도 아닌, 운동일 뿐이었다. 기의 밝음이 **영**(氣之明曰**靈**)이요, 기의 능이 **신**(氣之能曰**神**)이며, 기의 조리가 **리**(氣之條理曰**理**)며, 기의 경험이 **지**(氣之經驗曰**知**)며, 기의 순환이 **변화**(氣之循環曰**變化**)였다.[10] 여기에는 이미 통通과 화和만 있을 뿐 연장적 물체와 사유적 정신이라고 하는 이원적 실체가 들어설 자리가 없다.

다시 말해서 신과 인간의 대립, 중세와 근대의 대치상황이 근원적으로 무의미한 것이다. 과연 이러한 최한기의 기학을 "실학"이라는 틀에서 이야기할 수 있을 것인가? "근대성"이라는 시대정신 속에서 그 의미를 찾을 수 있을 것인가? 우리는 지금 한국사에 있어서 서양사의 종결을 선언해야 하며, 조선사상사에 있어서 서양철학사의 종언을 선포해야 하는 것이다.

데카르트가 그토록 존경한 몽테뉴Michel de Montaigne, 1533~1592의 말대로, 우리가 그토록 명석하고 판명하게 알수 있는 확실한 지식이라곤 아무것도 없는 것이다. 실재(reality)를 알려는 노력은 마치 물을 손으로 움켜쥐려는 것과도 같은 것이다. 감각적 경험, 이성적 추론, 감정적 편향, 그 모든 인간의 능력이 진리의 의심할 바 없는 영원한 기준을 제시할 수는 없는 것이다. 수학은 단순한 토톨로지의 세계일 뿐이다. 과학도 그 토톨로지적인 연역만으로 이루어지는 것은 아니다. 연역적 가설이 과학적 발견의 결정적인 도약을 가져다주는 것이기는 하지만 경험의 검증을 거쳐야 하는 것이다.

夫之 著, 『周易外傳』卷六, 『船山全書』(長沙: 嶽麓書社, 1996), Vol.1, p.1044. 中華本 교정을 따름.

太極動而生陽, 動之動也; 靜而生陰, 動之靜也。廢然無動而靜, 陰惡從生哉! 一動一靜, 闔闢之謂也。繇闔而闢, 繇闢而闔, 皆動也。廢然之靜, 則是息矣。至誠無息, 況天地乎! 維天之命, 於穆不已, 何靜之有! 王夫之 著, 『思問錄』內篇, 『船山全書』, Vol. 12, p.402.

10) 최한기 저, 손병욱 역, 『氣學』(서울: 통나무, 2004), pp.37~38.

수학적 합리성을 근대의 주요기준으로 삼는 근대성의 프로젝트는 인간성에 대한 편협한 이해에서 우러나온 것이다. 그리고 신과 인간의 대립이라고 하는 패러다임을 전제로 할 때만이 성립하는 프로젝트인 것이다. 즉 은총의 빛(*Lumen gratiae*)에 대한 자연의 빛(*Lumen naturale*)으로서의 이성의 긴장감이 항상 도사리고 있는 것이다. "자연은 수학적 언어로 쓰여진 바이블"이라는 갈릴레오의 유명한 명제대로, 자연에 대한 입법자로서의 신의 존재는 근대적 이성의 배면적인 긴장으로서 유효한 것이었다.

과학은 형이상학적 긴장감을 요구하지 않는다

그러나 현재 과학은 더이상 그러한 형이상학적인 긴장감을 요구하지 않는다. 다시 말해서 근대라는 합리성의 프로젝트가 과학을 산출하는 데 역사적으로 일정한 기여를 했을 지는 모르지만, 과학은 더이상 그러한 근대프로젝트에 종속되지는 않는다. 오히려 과학은 근대로부터 해방되어야 하는 것이다. 다시 말해서 우리민족의 과학적 성취가 반드시 서양의 근대성이라고 하는 전제로부터 도출되어야 하는 하등의 논리적 필연성을 우리는 더이상 발견할 수가 없다. 데카르트가 말하는 확실성의 추구(pursuit of certainty)는 오히려 배타와 독단과 저주의 비과학적 장벽만을 양산했을 뿐이다.

우리는 근대를 요구하지 않는다. 우리는 오직 서양의 근대가 낳은 문명의 성취의 긍정적 측면만을 흡수하면 그뿐이다. 더구나 서양의 근대성을 우리역사의 내재적 논리로서 이식시킨다는 것은 불가능한 일일 뿐아니라, 사본축말舍本逐末의 우매한 소치일 뿐이다. 왜냐하면 훨씬 더 포괄적인 프로젝트가 우리역사의 내재적 논리로서 면면히 진행되어왔기 때문인 것이다.

인간은 합리적 존재(Being of Rationality)가 아니다. 인간은 합정리적 존재(Being of Reasonableness)일 뿐이다. 여기 내가 합정리合情理라고 한 말은 인간존재에 있어서 리理는 결코 정情을 떠나서는 생각할 수 없다는 것이다. 정情을 결여하는 리理라는 것은 있을 수 없다. 수학적 합리성도 결국 사단칠정四端七情이라고 하는 인간의 심적 현상의 토탈리티 속에서 고려되어야 마땅하다. 시비지심是非之心의 순화된 한 형태로서 우리는 수학적 능력(faculty)을 생각해볼 수도 있다는 것이다.

그리고 우리 조선사람들은 리理를 생각할 때에 도덕(morality)이라는 문제를 분리해서 생각해본 적이 없다. 우리가 보통 우리의 일상언어 속에서 쓰고 있는 "합리적 인간"이라는 말의 함의는 "수학적 합리성"에 국한되는 것이 아니라, 이성과 감정의 조화, 사실과 당위의 융화 등, 인간의 모든 가능한 성정의 발란스를 의미하고 있는 것이다.

결국 우리 역사가 추구하고 있는 것은 "근대"가 아니요, 더구나 "서양적 근대"는 아니다. 우리가 지금 추구하고 있는 것은 "인간다움"의 포괄적인 프로젝트인 것이다. 인간이 인간다웁게 살 수 있는 역사, 그 사회공동체를 건설하려고 노력하고 있을 뿐이다.

근대성의 3요소

서양의 근대가 우리에게 그 우월성을 과시한 것으로서 우리가 손꼽을 수 있는 것은 다음의 세가지 밖에는 없다.

그 첫째가 **의회민주주의**라는 정치제도요, 그 둘째가 **자본주의**라는 경제발전의 효율적 모델이요, 그 셋째가 **과학문명**이라는 세계의 이해방식이다. 그러나 이 셋 중에서 의회민주주의와 자본주의는 우리문명이 불과 50년만에 거의 서양문명의 평균수준을 훨씬 상회하는 방식으로 흡수해버린 것이다. 단지 우리가 아직도 겸허하게 배워야할 것은 서구문명이 끊임없이 개발하고 있는 과학의 성과다.

그러나 여태까지 논구해 왔듯이, 이 과학문명의 성취가 반드시 서양의 근대라는 정신기반을 전제로 하는 것은 아니다. 디지털 정보시대에 있어서 과학이란 인간의 창의력의 끊임없는 전진일 뿐이다. 이미 어떤 로칼한 문화적 구속력을 벗어나는 것이다. 따라서 우리는 "과학문명"이라는 테제를 포함하여, 정치·경제·종교·예술·문화전반에 있어서 우리나름대로의 새로운 미래를 구상해야 한다.

아니, 과학이라는 것도 과학만능주의적인 절대적 가치관에 예속시켜서는 아니될 것이며, 보편적 과학의 성과와 보조를 맞추되 우리문명에 맞는 적도適度의 과학의 길을 개척해야 할 것이다. 우리는 그러한 미래적 구상의 투영 속에서 우리의 과거를 이해해야 한다. 우리의 과거처럼 우리의 현실을 잘 설명해주는 프라그마는 없다. 그런데 여태까지 우리의 과거는 "근대"라는 팬텀 속에서 그 존재이유를 말살당해 온 것이다.

나는 동학을 해설하는데 있어서 "근대"라는 개념에 의지하지 아니할 것이다. 근대성이 추구하고자 하는 인간학적인 과제상황 속에서는 도저히 동학을 설명할 길이 없기 때문이다. 역사학에서 동학을 근대성의 출발로서 규정지어 온 가장 큰 이유는 동학을 형성해 간 사람들의 의식 속에 **첫째**, 조선왕조라고 하는 정체政體의 종언에 대한 확실한 믿음이 있었으며, **둘째**, 반상班常·적서嫡庶 등 조선왕조의 기둥을 이루었던 신분제도의 타파에 대한 확실한 요구가 있었으며, **셋째**, 인간평등관에 기초한 인간세의 가치관에 대한 새로운 사상체계를 확립하고 있었기 때문이었다. 따라서 조선왕조의 기존의 어떠한 사상과도 우선 제도적 측면에 있어서 확연한 단절이 있었던 것이다. 그러나 우리는 이러한 동학의 패러다임이 갑자기 공중에서 떨어진 것으로 볼 수는 없다.

불란서 혁명, 근대의 출발?

오늘날 우리사회에서 확연히 감지될 수 있는 민권民權의 승리를 가능케 한 연원적 요소를 우리는 불란서혁명(French Revolution)에서 찾을 수는 없다. 우리사회의 민주의 갈망이 서구민주주의를 가능케 한 불란서혁명과 같은 인류사의 획기적 전환점과 무관한 것이라고 볼 수는 없겠지만, 민주의 수레바퀴를 굴러가게 만든 우리역사의 역량은 일차적으로 우리역사에 내재하는 원동력, 즉 동학과 같은 민중의 에너지에서 찾을 수밖에 없다.

조선의 역사는 조선민중의 역사일 뿐이다. 외래적 요소가 때때로 자극과 비젼을 제시하기도 하지만 그 원초적 임피터스는 항상 내재적인 것이다. 개벽, 즉 문명의 패러다임의 대전환, 인간의 삶의 가치관에 근원적 변혁을 초래하는 대전환은 보통 3세기의 시간을 요구한다고 본다면, 『동경대전』으로부터 촛불혁명까지 꼭 1세기반, 그러니까 다시개벽의 정오正午에 해당되는 시점에 우리는 서있는 것이다.

이 1세기반 동안 꾸준히 진행되어온 역사의 흐름을 우리는 불연속적으로 파악할 수가 없다. 오늘의 우리자신의 가능성의 모든 씨앗이 이미 동학에서 뿌려졌다는 역사적 사실을 인정할 때만이 우리는 한국민주화의 빠른 템포와 그 독특한 성격을 설명할 수 있게 되는 것이다.

동학으로부터 촛불혁명까지 민중의 혁명적 의지가 확대되어간 1세기반의 역사를 우리가 연속적인 내재적 맥락에서 파악할 때에도, 우리는 또 다시 동학이라는 걸출한 사상체계의 출현이 그 이전의 조선사상사와의 단절에서 생겨난 것이라는 테제를 내걸 수만은 없다. 화엄華嚴의 말대로, 총상總相과 별상別相, 동상同相과 이상異相, 성상成相과 괴상壞相은 일체법一切法속에 동시적으로 내재하는 것이다.

다시 말해서 동학이 이전의 조선사상사와 단절적 측면이 있다고 한다면 동시에 연속적 측면이 공재共在·혼재混在 한다는 사실을 우리는 인정할 수밖에 없다. 동학은 기나긴 조선역사의 연속적 토양에서 피어난 정미한 꽃이다. 따라서 우리가 "근대"라고 하는 분절적·단계적 개념을 쓸 수 없는 이유가 바로 여기에 있는 것이다.

"근대"라는 개념 자체가 고대·중세·근세·현대라고 하는 분절적인 단계발전사관을 전제로 한 것이며, 이러한 사관은 직선적인 시간(linear time)을 특징으로 한다. 이러한 직선사관은 창조론에서 종말론에 이르는 종교적 구속사관의 형이상학적 전제를 가지고 있다. 서양의 역사는 역사가 아니다. 그것은 하나의 관념이다. 이러한 직선적이고 단계적이며 구속적救贖的인 틀 속에서는 도저히 동학이 말하는 "개벽"이라는 이념을 이해할 길이 없다. 그러나 역사에 가치를 부여하기 위해서는 모든 규합개념(organizing concept)을 배제할 수만은 없다. 그리고 우리에게 "근대"라는 개념은 그것의 오리지날한 의미맥락과는 무관하게 너무 친숙하고 일상화되어있다.

따라서 과연 "근대"라는 개념이 없이 역사기술이 가능한가라는 질문까지 던져보게 되는 것이다. 그러나 근대라는 용어를 방편적으로 받아들이게 되면 또다시 전근대, 탈근대라는 구태의연한 의미맥락의 제약성을 탈피할 길이 없다. 여기서 우리는 동학의 기술을 위하여, 아니 한국사상사 전체의 정당한 기술을 위하여서는, "근대"라는 크로놀로지chronology적인 개념을 근원적으로 폭파시켜버릴 수밖에 없다는 결론에 이르게 된다. "근대"와 "근대성"을 폭파시켜 버린다면 과연 무엇이 남는가? 무엇을 가지고서 근대가 남겨놓은 공동空洞을 설명할 수 있을 것인가?

희랍 직접민주주의의 특성

이에 나는 근대의 근대성(modernity)을 대치할 수 있는 새로운 개념의 도입의 필요성을 절감한다. 그러나 이것은 대치가 아니다. 같은 자리에 다른 이름을 메꾸는 작업이 아니다. 근원적으로 역사의 자리, 그 자체를 해체시키는 작업이 되어야 하는 것이다. 그것은 우리의 역사를 비서구적, 그러니까 본래적 관점에서 바라보게 하는 것이면서도 오늘 우리의 현실, 우리의 방금운화方今運化를 구조적으로 설명해주는 것이어야 할 것이다. 이와같은 맥락에서 근대성을 대치하는 개념으로서 나는 "민본성民本性"이라는 새로운 용어를 주창한다.

민본성이란 단순히 데모크라티아*demokratia*의 다른 이름이 아니다. 데모크라티아란 데모스*demos*의 지배(*kratia*)를 의미하는 말이지만, 우선 "민民"과 "데모스*demos*"는 개념에 큰 차이가 있다. 희랍사회에 있어서 실제적으로 데모스는 자유민에만 한정되는 개념이었으며, 폴리스의 상층부를 점하는 노예소유주 엘리트들이었다. 따라서 민주民主의 민民의 개념에는 재산의 일부로 간주된 노예들은 제외되었다. 따라서 희랍의 민주주의는 귀족주의(aristocracy)의 일종의 변형태라는 부정적인 의미맥락을 떠나지 않는다. 그리고 그것은 페리클레스시대에 잠깐 현실태로서 존재했지만, 역사의 거품과도 같은 정치행태에 불과한 것이었을 뿐, 후대의 데모크라시에 하등의 직접적 영향을 주지못한 것이다.

근대적 데모크라시라고 하는 것은 희랍에서 연원한 것이 아니라, 기나긴 중세기의 신중심주의 가치관에 대한 반동으로 형성된 것이며 실제로 희랍민주주의와는 별 관련이 없다. 근대민주주의의 핵심을 이루는 천부인권설이니, 인간의 자연권이니, 평등이니 하는 것은 모두 유럽의 계몽주의 사조(Enlightenment Thought) 속에서 형성된 것이며, 그 연원은 모두 중세기 신학의 관념과 중세기 정치제도에 있는 것이다. 근대사상가들에게 있어서 희랍민주주의라는 것은 현실태가 아니라 그들의 이상을 투영한 관념태에 불과한 것이었다.

방금의 세계에 있어서는 "민주"란 말처럼 보편적으로 용인되고 있는 찬사(a universally accepted honorific term)도 없을 것이지만, 플라톤에게 있어선 민주주의란 준법적 정치형태로서는 최악의 것으로 간주되었던 것이다. 그것은 모든 신념과 신뢰가 무너진 무법적 사회에 있어서의 최선의 방책에 지나지 않는 것이었다.

우선 희랍의 민주주의와 근대적 민주주의는 그 정체의 단위가 전혀 다른 것이다. 희랍의 민주주의는 폴리스를 단위로 하고 있는 것이다. 그것은 1만에서 10만 명 정도의 인구를 대상으로 하는 것이다. 그리고 정치적 과정에 참여하는 데모스는 극히 소수에 불과한 것이었다. 그러나 근대사회에서 말하는 민주주의는 대부분 광범위한 인구를 단위로 하는 것이며, 소수 폴리스시민의 소꼽장난 같은 민주주의가 아니다.

둘째로 희랍의 민주주의는 문자그대로 데모스 개개인이 모두 물리적으로 참여하는 직접민주주의이며 그것은 일종의 "돌려해먹기 소꼽장난governing in turn"이나 "집단적 자치collective self-governing" 같은 것이었다. 그러나 근대사회가 말하는 민주는 대의민주주의이며, 시민의 직접적 참여보다는 대의(representation)라는 간접성을 중심으로 발전하여 온 것이다. 희랍민주주의의 직접성은 오늘날의 시각에서 보면 정치적 원시성(political primitivism)에 불과한 것이다.

셋째로 희랍의 민주주의는 삼권분립을 전혀 전제로 하지 않는 것이다. 따라서 의회라고 하는 입법기관이 상설기관으로서 존재하질 않았다. "반상회"같은 개념의 동네모임에서 행정·입법·사법의 안건을 모두 처리하는 그런 민주주의(town-meeting democracy)였을 뿐이다. 그리고 모든 관직은 정치적 기능의 분화나 차별성이 거의 없었다.

넷째로 희랍민주주의와 근대민주주의를 차별화시키는 가장 결정적인 기준은 "개인" "인권" "자유"와 같은 개념의 유무에 있다. 근대적 민주주의는 개인의 인권과 자유를 보호하는데 그 일차적 소이연이 있다고 할 것이나, 희랍의 민주주의는 개인의 인권이나 자유보다는 폴리스라는 공동체의 공동선에 개인을 철저히 복속시키는 데 그 일차적 소이연이 있었다. 소크라테스가 아테네의 청년들을 타락시켰다는 죄목으로 죽어가야만 했던 비극도 그러한 민주적 과정에서 일어난 것이다.

따라서 희랍인들이 "자유"라고 부르는 것은 오늘날 우리의 입장에서 보며는 "억압"에 해당되는 것이다. 폴리스라는 공동체의 존립 이유자체가 "전쟁의 승리"를 위한 것이며, 성공적인 전쟁의 수행을 위하여 개인은 공동체에 복속되어야만 했다. 요새말로 하면 시민을 위하여 국가가 존립하는 것이 아니라, 국가의 존립을 위하여 시민이 존재하는 것이다. 폴리스는 "쌈꾼들의 집단"일 뿐이었으며, 민주주의의 모든 윤리도 그러한 쌈꾼들의 윤리에 불과한 것이었다.

희랍의 민주주의는 근대사회에서는 실제로 불가능한 하나의 해프닝에 불과한 것이었음에도 불구하고 18·19세기 사상가들에 의하여 그 이상화된 유명唯名(*nomina*)만이 전승되어 마치 서양의 민주주의가 희랍의 민주주의로부터 유구한 연속적인 발전의 역사를 가지고 있는 것 같은 착각을 불러일으키고, 상대적으로 동양의 정치적 행태의 전 역사를 민주와 대립되는 독재나 전제(autocracy)의 전승으로만 도배질 해버리는 사고의 오류에 우리자신이 먼저 함몰되어있는 것이다.

내가 생각키에 "민주民主"란 문자 그대로 민民이 주主가 된다는 그러한 상황을 가리키진 않는다. "데모크라티아"에 있어서, "데모스*demos*"라는 개념의 한계도 이미 지적하였지만, 더 큰 문제는 "크라티아kratia" 즉 "지배한다"는 개념에 있다. 다시 말해서 "민民 전체가 지배하는 사회"라는 것은 근원적으로 불가능한 개념이다. "민民 전체가 민民 전체를 지배한다"는 것은 논리적으로 불가능한 것이다. 동네 반상회 정도의 민주주의에서는 혹시 가능할지 몰라도 민 모두가 직접 참여하고 지배한다는 것은 조금만 규모가 커지고, 복잡다단한 인간세의 주제를 총제적으로 콘트롤해야하는 시스템 속에서는 불가능하거나, 엄청 비효율적인 작동체계일 수밖에 없다.

그리고 인간세의 모든 조직에 있어서 하이어라키hierarchy가 배제되는 효율성이란 상상하기 어렵다. 따라서 "데모크라티아"(엄밀하게 번역하면, "전민치全民治"가 될 것이다)라는 것은 인간세의 사실적 사태를 기술하기보다는 하나의 이상적 개념을 규정하는 것이다. 불교학자 에드와드 콘체Edward Conze,

1904~1979의 말대로 민주(Democracy)라는 것은 20세기 인간들의 명언종자에 불과한 언어적 신神, 영원히 규정할 수 없는 팬텀일지도 모른다.[11]

플레타르키아: 우리 민족 고유의 "민본"의 원리

내가 생각키에 민주란 뭐 대단한 이상이 아니다. **한 사회를 지배하는 권력의 정당성(legitimacy)이 보다 더 많은 다수의 합의(consent)를 지향하는 모든 정치형태를 추상적으로 지칭하는 것**이다. 따라서 나는 민주民主보다는 민본民本이 보다 더 현실적이고 구체적이고 정직한 개념이라고 생각한다. 다시 말해서 권력의 정당성의 뿌리(本)에 관한 논의라는 것이다. 권력의 정당성이 신적인(Divine) 것, 하늘적인(Heavenly) 것에 뿌리를 둔 것이 아니라, 민적인(Civil) 것, 땅적인(Earthly) 것에 뿌리를 둘 때만이 합법성이 보장된다는 것이다. 나는 이 민본성이라는, 보다 해석의 여지를 남기며 구체적이고 현실적인 이 개념을 기술하기 위하여 "플레타르키아pletharchia"라는 조어를 사용키로 하였다.[12]

"플레토스*plēthos*"는 "데모스"보다는 보다 광범위한, 계층적 제약이 없는 그냥 다중多衆을 가리키며, "아르케*archē*"도 "지배한다"는 의미보다는 "본원"이라는 의미로 사용한 것이다. 그것은 정체의 권력이 민중의 권위와 합의에 뿌리를 둔다는 프린키피움*principium* 즉 원리를 의미하는 것이다. 나는 이 플레타르키아라는 개념으로써 아사달 신시로부터 오늘날 촛불에서 보여준 민중의 혁명역량에 이르기까지의 역사를 연속적으로·단절적으로 전관全觀하려는 것이다.

---

11) But where formerly Athene, Baal, Astarte, Isis, Sarasvati, Kwan Yin etc., excited the popular imagination, it is nowadays inflamed by such words as *Democracy, Progress, Civilisation, Equality, Liberty, Reason, Science*, etc. A multitude of personal beings has given way to a multitude of abstract nouns. Edward Conze, *Buddhism: Its Essence and Development*(New York: Harper & Row, 1975), p.41.

12) 나는 "플레타르키아"라는 조어를 만드는 데 있어서, 타이뻬이(臺北) 스지엔(實踐)대학의 토마스 한Thomas Han 교수와 캐나다 토론토대학 희랍미술고고사학과의 종신 교수인 나의 딸 김승중金承中의 도움을 받았다.

희랍민주주의의 엘리티즘적 성격은 근대적 민주주의를 가장 단적으로 구현했다고 하는 미국의 성문헌법의 역사에도 그대로 반영되어있다. 미국의 독립전쟁을 리드한 건국의 부조父祖들, 죠지 와싱턴, 토마스 제퍼슨, 죤 아담스, 제임스 매디슨, 알렉산더 해밀턴, 벤자민 프랭클린 등, 이 모든 사람들이 노예주였으며 인간의 평등에 관한 철저한 인식을 소유한 사람들은 아니었다. 미국의 『독립선언서』(*Declaration of Independence*, July 4, 1776)는 "모든 사람이 평등하게 태어났다"[13]는 것을 명문화하고는 있지만, 여기서 말하는 "모든사람"(all men)의 개념에는 여자나 흑인(노예)은 포함되어 있지 않은 것이다.

백인 와스프wasp들의 여성인식은 그들이 야만으로 간주한 아메리칸 인디언 모계사회의 여성지위보다 훨씬 더 미개한 것이었다. 아메리칸 인디언 사회의 추장제도는 권력의 집중을 근원적으로 거부하는 매우 민주주의적, 평등주의적 성격의 것이었다. 미국에 있어서도 여성의 참정권(woman suffrage)은 1920년 헌법수정안 제19조에 이르러서나 보장을 받게 되었고, 흑인이 사람대접 받기 시작한 것은 1960년대의 민권운동(the civil rights movements of the 1960s)이후의 일이다.

물론 우리가 미국의 역사를 민주의 전위로서 평가하는 것은, 그러한 건국의 부조들이 자신의 좁은 이해관계를 뛰어넘어 인권을 확대하려는 보편주의적 지향성을 가지고 있었다는 측면을 부정할 수는 없다는 데 있지만, 초기공화국에 있어서의 해밀턴주의(Hamiltonianism)와 제퍼슨주의(Jeffersonianism)의 대립도[14] 결국 인간의 자율적 권리를 무제약적으로 허용할 수 없다는 보수적 전통 속에

---

13) We hold these truths to be self-evident, that all men are created equal; that they are endowed by their Creator with certain inalienable rights; that among these, are life, liberty, and the pursuit of happiness.

14) 해밀턴은 강한 중앙정부와 중상주의를 주창한 반면, 제퍼슨은 약한 중앙정부와 중농주의를 주창했다. 최웅·김봉중, 『미국의 역사』(서울: 소나무, 1999), pp.112~140.

미국역사의 출발이 간혀있다는 것을 의미한다. 성악과 성선의 대립, 중앙집권과 지방분권의 대립, 이러한 이론과 체제의 요소들이 "노예해방"의 문제와 얽히면서 남북전쟁이라는 피비린내나는 골육상쟁을 연출해야만 했던 미국의 역사는, 부시의 이라크침공이라는 터무니없는 부조리에 이르기까지 민주의 구현체로서 인류사에 어떤 전범을 제시한다고만은 볼 수 없는 것이다. 따라서 우리는 서구적 민주라는 개념과 기준에 의하여 인류사를 바라보는 모든 단계론적 사관에 근원적인 회의를 표방할 수밖에 없는 것이다.

맹자와 미국의 독립선언서

우리역사가 추구한 민본성, 플레타르키아는 그 문헌적 연원을 유교전통에서부터 찾을 수 있을 것이다. 유교적 플레타르키아는 희랍적 데모크라티아와 우선 민民의 개념을 달리하고 있다. 공자가 말하는 민民은 본시 제후국의 성외城外에 거주하는 야민野民을 가리키는 것으로 성내城內의 국인國人과 대별되는 개념이었다. 민民은 『효경孝經』이 말하는 바, 천자天子·제후諸侯·대부大夫·사士·서인庶人의 다섯 층차의 하이어라키에서 이야기한다면, 제일 밑바닥의 서인庶人에 해당되는 들판의 백성들(野民)이다.

공자의 민民의 개념에는 그 하위에 노예라든가 어떤 더 비천한 계층을 전제로 하고 있질 않다. 공자는 사士로 살고 사士로 죽었다. 공자는 사士의 에토스를 형성한 최초의 인물이었다. 사士는 대개 성내城內에 거주하는 무인·관료집단이며 민民보다는 국인國人계층에 해당되는 사람들이었지만, 사士와 민民사이에 엄격한 신분적 규정이 있는 것은 아니었다. 사士와 민民 사이에는 계층이동(mobility)이 가능했으며 그 이동의 기준은 오로지 "배움好學"이라는 추상적 가치였다. 공자가 가장 가까이 두었던 제자, 자로子路의 인생역정은 그러한 계층이동의 한 전범이다.

공자는 비록 주周대의 봉건질서를 이상적인 것으로 생각하기는 했지만, 그

봉건질서(Feudal Order)는 현실적인 것이라기보다는 공자의 사유체계 내에서 관념화된 이상질서(Ideal Order)였다. 우리가 확실히 말할 수 있는 것은 공자 자신이 당시 노나라의 사회구조 속에서 가능한 최하위의 계층에서 성장한 인물이었으며, 따라서 그의 이상질서 속에서 "인간"이란 "인仁"의 가능성을 소유하는 보편적 인간이었다. 유교무류有敎無類(교육에는 인간의 계층이라는 것이 있을 수 없다)라는 말이 암시하듯이 그는 인간의 계발가능성만을 존중했으며, 신분적 차등을 인정하지 않았다.

공자가 살았던 춘추春秋시대는 서양사에서는 중세기(8세기~14세기)에서나 경험할 수 있는 봉건제도(feudalism)의 시대였다. 다시 말해서, 천자天子와 제후諸侯사이에, 또 제후諸侯와 대부大夫 사이에 봉토封土(land tenure)를 중심으로 한 인적결합(personal relationships)의 확고한 유비가 성립하는 그러한 시스템이었다. 그러나 공자의 시대는 이미, 계씨季氏의 팔일무 행태가 과시하듯이 그러한 체제가 붕괴해가던 시기였다.

그렇다면 공자의 시대야말로 서양사로 말한다면(칼 맑스의 사관을 따른다해도), 근대(Modern Age)에나 비유될 수 있는 시기였다. 다시 말해서, 데카르트의 "봉상스le bon sens"나 공자의 "인仁"이나 비슷한 시대구조에서 발생한 보편주의적 인간관이라 말할 수 있다는 것이다. 이러한 나의 언급에 거품을 뿜어댈 사학자군의 분노를 두려워하기 전에, 우리는 우리가 여태까지 얼마나 터무니없는 직선적 발전사관의 제 개념 속에 인류역사를 농단질해 왔나 하는 것을 본질적으로 반성해야 하는 것이다.

공자는 인간의 평등을 말하지 않는다. 그는 오직 인간의 인仁·불인不仁만을 말할 뿐이다. "인간이 평등하다"고 하는 것은 "평등해야 한다"는 당위명제는 될 수 있을지언정 사실판단은 될 수가 없다. 인간이 현실적으로 평등하기에는 너무 많은 인간내적·외적 장벽들이 많다. 체질·신분·유전·유산·학력·지능·재능·성격·기호… 이 모든 것이 현실적인 인간의 평등을 말하기에는 너무 인간을 차등화시키는 것이다. 이러한 차등적 현실을 제외하고 인간의 평등을 말한다면 그것은 현실성이 없는 매우 공허한 레토릭에 그칠 뿐이다. 공자는 모든 인간이 주어진 현실적 제약이나 직분 속에서라도 인간다웁게 대접받을 수 있는 사회의 가능성을 위하여 노력한 사람이었다. 그것이 그가 말하는 정명正名의 정치였다. 그것이 바름의 정치였고, 그 바름에는 분명히 보편적 인간의 지향성이 있었다.(政者, 正也。)

맹자는 이러한 공자의 정명正名사상을 혁명革命사상으로 발전시켰다. 맹자에게는 더 이상 공자가 말하는 주나라의 이상적 문물이 전제되어 있질 않다. 인간사회는 끊임없이 변하는 것이며 그 변화에는 민본성 즉 플레타르키아 이외의 어떠한 기준도 정칙으로 부과될 수 없는 것이다. 따라서 공자가 정명正名을 말했을 때의 명名도 인간의 절대적 제약조건이 될 수가 없다. 인간은 인간스스로 자기의 명名을 개척해나가는 것이다. 맹자는 인간의 조건으로서 어떤 결정론적인 제약을 허락하지 않는다. 그가 산 시대는 전국戰國의 시대였고, 패도霸道의 시대였던 것이다. 미국의 『독립선언서』에는 다음과 같은 문장이 있다:

> **지배기구의 정당한 권력은 지배받는 자들의 합의로부터 도출된다. 어떠한 형태의 지배기구(정부)라도 이 목적을 파괴하게 될 때에는, 이를 변혁하거나 폐지하고, 지배받는 사람들의 안전과 행복을 가장 잘 보장해 줄 수 있는 형태로서 권력을 새롭게 조직하고, 그러한 원리에 기초를 두는 새로운 권력기구를 설치하는 것은 인민의 권리이다.**[15]

---

15) That, to secure these rights, governments are instituted among men, deriving their just powers from the consent of the governed; that, whenever any form of government becomes destructive of these ends, it is the right of the people to alter or to abolish it, and to institute a new government, laying its foundation on such principles, and organizing its powers in such form, as to them shall seem most

맹자는 말한다:

> **지배받는 백성들이야말로 가장 존귀한 것이요, 국가를 떠받치고 있는 신들은 다음으로 존귀한 것이다. 그리고 지배하는 군주는 가장 가벼운 것이다. 그러므로 모든 평범한 백성들의 마음을 얻는 자라야 천자가 될 수 있고, 천자의 마음을 얻는 자가 제후가 되고, 제후의 마음을 얻는 자가 대부가 된다. 그러나 한 나라의 군주(제후)가 그 나라의 사직을 위태롭게 하면, 그 군주는 곧 변혁하여 새롭게 갈아치워야 하는 것이다. 제물을 바치고, 제삿밥을 담을 그릇을 정결히 하여 성의를 다하여 때에 맞추어 제사를 지내는 데도 가뭄이 들고 홍수가 넘치면 그러한 신들은 곧 변혁하여 새롭게 갈아치워야 하는 것이다. 그러나 평범한 백성들이야말로 영원히 갈아치울 수 없는 것이다.**[16]

혹자는 18세기 말의 미합중국의 상황과 기원전 4세기 맹자가 살았던 전국戰國의 상황을 동차원에서 비교하는데 어불성설이라고 혀를 찰지는 모르겠지만, 인간의 사유체계와 그 사유체계가 처한 인간세의 상황의 근원적 디프 스트럭쳐에는 보편적 테마가 있다는 사실을 누구도 부정할 수는 없을 것이다. 미국의 『독립선언서』는 영국 명예혁명(Glorious Revolution, 1688)의 이론적 토대가 되었던 죤 록크John Locke, 1632~1704의 사회계약설을 반영한 것이지만 당시 독립선언서의 작성에 참여한 식민지회의의 대표들이 얼마나 이러한 계약의 이념을 양심적으로 신봉하고 있었는지는 별개의 문제다.

---

likely to effect their safety and happiness. *Declaration of Independence*, by the Representatives of the United States of America in General Congress Assembles, July 4, 1776.

16) 孟子曰:「民爲貴, 社稷次之, 君爲輕。是故得乎丘民, 而爲天子; 得乎天子, 爲諸侯; 得乎諸侯, 爲大夫。諸侯危社稷, 則變置。犧牲旣成, 粢盛旣潔, 祭祀以時, 然而旱乾水溢, 則變置社稷。」『孟子』「盡心」下, 14. 마지막 일구는 의미맥락에 따라 생략된 내용이므로 복원하여 놓았다.

많은 노예를 거느린 남부의 농장주들과 노예무역으로 치부한 북부의 상인들은 독립선언서를 고상한 이념으로서보다는 자기들의 이권을 고수하기 위한 정치적 선전으로 활용한 측면이 더 강하다. 죤 록크의 사상 또한 편견없는 경험을 중시하고 개인의 권리와 자유를 존중하며, 계약을 위반하는 정부의 교체를 지지하고 신앙에 대한 관용을 주장했다는 의미에서 매우 고전적인 자유주의의 한 전형이지만, 계약의 바탕을 이루고 있는 그의 자연법사상이나 도덕철학·종교철학의 배면에는 매우 고루한 유신론적 전제들이 깔려있다.

민본의 조건: 하나님을 갈아치워라!

그러나 맹자의 혁명사상에서 우리가 충격을 받는 사실은 혁명이 단순히 눈에 보이는 국가지배권력의 변치變置만을 말하고 있는 것이 아니라, 한 국가권력을 지지하고 있는 모든 종교적 실체, 즉 신神의 변치變置를 동시에 주장하고 있다는 것이다. 즉 하나님도 얼마든지 인간사회의 공동선에 대한 유익·무익에 따라 얼마든지 갈아치울 수 있다는 것이다.

즉 인간존재의 존엄성의 기반이 신에게서 오는 것이 아니라는 주장이다. 모든 신학적 개념이나 실체가 모두 인간보다 하위적 개념으로 전락하고 마는 것이다. 여기서 다신론과 유일신론의 차원적 층차를 논한다는 것은 매우 유치한 발상일 뿐이다. 샤머니즘적 데이티deity나 유일신론적 데이티나 모두 인간세의 문화적 요구에 따라 적응된 개념일 뿐, 차원을 달리하는 그 무엇은 아니다. 다신多神이든 일신一神이든 그것은 신神일 뿐이요, 혜강惠岡의 말대로 신이란 인간에게 있어서 불가측不可測·불가지不可知의 다른 이름일 뿐이다.[17]

맹자의 시대에도 유대인들의 야훼와 같은 초월적 인격신으로서의 "하늘天"

---

17) 蓋神通神奇之神, 指其不可測不可知而言也。苟使人之經驗, 至於可測可知, 則推前測後, 自有其方。承天化人, 亦有其術。在於斯人, 無所謂神通神奇也。在於不知之人, 神通神奇, 轉益深焉。事物之可致疑惑, 與不足疑惑者, 皆歸之于神。可除却者, 不能除却; 可究明者, 不能究明。崔漢綺 著, 『氣學』, 2-91.

의 관념이 있었다. 어느날 만장萬章이 맹자에게 묻는다: "요임금이 순임금에게 천하를 주었다하니, 그런 일이 있었습니까? 堯以天下與舜, 有諸?" 이에 맹자는 단호히 대답한다: "그런 일은 있을 수 없다. 천하는 천하의 천하일 뿐 한 사람이 타인에게 건넬 수 있는 그런 것이 아니다. 천자라 할지라도 천하를 타인에게 줄 수는 없는 것이다. 否! 天子不能以天下與人。" 만장은 다시 묻는다: "그렇다면 순임금이 천하를 소유하게 된 것은 과연 누가 주신 것입니까? 然則舜有天下也, 孰與之?" 맹자는 대답한다: "하늘이 주신 것이다. 天與之。"

이에 만장은 되묻는다: "하늘이 주셨다 함은, 어떤 사람이 어떤 사람을 만나 간곡히 부탁의 말을 하면서 주었다는 것과 같은 의미입니까? 天與之者, 諄諄然命之乎?" 이에 맹자는 대답한다: "아니다! 하늘은 말하지 않는다. 하늘은 오로지 행동과 일로써 보여주실 뿐이다. 否! 天不言, 以行與事示之而已矣。" 만장은 되묻는다: "하늘이 오로지 행동과 일로써 보여주실 뿐이라함은 과연 무엇을 어떻게 한다는 것입니까? 以行與事示之者, 如之何?"

여기서부터 기나긴 논의가 이어진다. 그리고 맹자는 최후의 결론을 이와 같이 내린다.

> **하늘은 우리백성이 보는 것으로부터 보며, 하늘은 우리백성이 듣는 것으로부터 들을 뿐이다.**
>
> 天視自我民視, 天聽自我民聽。

여기서 우리는 플레타르키아의 원형을 발견한다. 야훼라든가 알라라든가 티엔天이라든가 데우스라든가 갇, 신, 카미, 하나님, 하느님 … 이 모든 것이 바로 인간의 소리의 투영에 불과하다는 것이다. 하늘의 소리는 오직 민의 소리일 뿐이요, 하늘의 마음은 사람의 마음일 뿐이요, 하늘로부터 명命하여지는 모든 권력은 백성이 명하는 권력일 뿐이다.

포이에르바하와 니체

우리는 이미 맹자에게서 신이란 단순히 사람의 내면적 본성의 투영에 불과하다는 포이에르바하Ludwig Andreas Feuerbach, 1804~1872의 명제나 신의 죽음을 선포한 니체Friedrich Wilhelm Nietzsche, 1844~1900의 절규를 듣게 될 뿐이다.

니체의 위대성과 정직성은 초인(Übermensch)의 권력에의 의지(Wille zur Macht)에 있는 것이 아니라, 땅에로의 회귀에 있는 것이다. 권력에의 의지는 위선의 거부를 주테마로 삼고 있는 것이다. 신이 죽었다(Gott ist tot.)는 명제는 신이 죽어야 한다는 당위명제가 아니라, 이미 죽었다는 사망진단이며 선고요, 선포다. 니체는 이 사실적 사태로부터 모든 당위적 명제를 연역해내고 있는 것이다. 신이 죽었기 때문에, 하늘에 대한 반역은 당연히 사라지게 되며 인간의 원죄 또한 사라지게 되며, 따라서 구원이니 회개니 양심이니 악마니 천국이니 영혼불멸이니 하는 따위의 모든 협박이 사라지게 될 것이다.

이 모든 신성한 거짓말(heilige Lüge)은 결국 자연적인 것에 대한 증오에서 생겨난 허위의식일 뿐이다. 여기에 요청되는 것은 여태까지 우리의 삶을 지배해왔던 "모든 가치의 전도"(Umwertung der aller Werte)이다. 노예도덕(Sklavenmoral)으로부터 주인도덕(Herrenmoral)으로 전도되어야 하며, 모든 약자의 연대성으로부터 해방되어야 하는 것이다. 초인은 땅의 의미일 뿐이다(Der Übermensch ist der Sinn der Erde). 이제 우리는 더이상 하늘나라에 들어가기를 원하지 않는다. 이제 우리가 원해야하는 것은 땅의 나라며, 땅으로의 회귀이다. 그리고 이제 우리는 땅에 대한 반역만을 두려워해야 하는 것이다.

이러한 20세기 벽두의 니체의 외침을 서양문명은 결코 받아들이지 못했다. 그의 "땅의 사상"을 이해못하고, 오히려 그를 초인의 진화론자로, 권력에 광분한 자로, 정신분열증에 걸린 단순한 무신론자로 휘몰았을 뿐이다. 오늘날 21세기에도, 예수는 역사적 메시아의 바이오그라피가 아니라 단지 지중해연안 문명의 흔해빠진 이방신화의 한 유대인적 변용에 불과하다(a Jewish adaptation of the ancient pagan Mystery religion)는 프레케와 간디의 예수설화가설(The Jesus Mysteries Thesis)을 수용할 수가 없는 것이다.[18] 내가 생각키에 프레케와 간디의 가설은 불트만Rudolf Karl Bultmann, 1884~1976의 양식사학적인 비신화화론(Demythologization)의 번쇄한 분석을 뛰어넘는 발상이다.

그러나 서양문명은 아직도 기독교라는 가위에 짓눌려 있을 뿐 아니라, 그 미신의 체계를 근원적으로 탈피하지 못하고 있는 것이다. 그들은 아직도 진정 "땅"(die Erde)을 보지 못하고 있는 것이다. 따라서 플레타르키아의 핵심소재가 끊임없이 흐려지고 있는 것이다. 따라서 맹자의 경군중민주의輕君重民主義가 단순히 권력의 전도만을 외친 것이 아니라, 하늘과 땅의 전도를 외친 것이며, 모든 가치의 전도를 외친 것이라 할때, 천심天心은 곧 민심民心일 뿐이라고 하는 조선민중의 상식적 바탕은 서양의 모든 포스트모더니즘적 고뇌를 이미 초탈하고 있는 것이다.

인간의 존엄은 과연 신권에서 오는가?

서구의 계몽주의사상가들은 한결같이 인간의 존엄성의 구극적 근원을 신권에서 찾았다. 데카르트·록크로부터 칸트·헤겔에 이르기까지 그 어느 누구도 예외가 아니다. 그러나 맹자에게는 인간의 존엄성을 보장할 수 있는 신이나 본체계나 초월계가 없었다. 그렇다면 인간의 존엄성은 어디서 확보하는가? 바로 이 물음에 대한 맹자의 대답이 곧 그의 성선性善이다. 「고자告子」편에 나오고 있는 맹자孟子와 고자告子사이의 번쇄한 아규먼트에 대하여 진위나 승부를 가리는 것은 별 의미가 없다. 고자의 모든 주장도 결국은 맹자의 입장을 정당화

---

18) We have become convinced that the story of Jesus is not the biography of a historical Messiah, but a myth based on perennial Pagan stories. Christianity was not a new and unique revelation but actually a Jewish adaptation of the ancient Pagan Mystery religion. This is what we have called *The Jesus Mysteries Thesis*. Timothy Freke & Peter Gandy, *The Jesus Mysteries*(New York: Harmony Books, 1999), p.2.

하기 위한 수단으로서 기술된 것이기 때문이다.

고자의 주장은 결국 순자荀子로 이어졌으며, 인간의 선함이 본성에 내재하는 것이 아니라 후천적인 상황이나 교육에 의하여 그렇게 형성된 것일 뿐이라는 것이다. 저수지의 물이 동쪽으로 트면 동쪽으로 흐르고, 서쪽으로 트면 서쪽으로 흐르듯이, 인간의 본성은 선善한 상황을 만나면 선하게 형성되고 불선不善한 상황을 만나면 불선하게 형성된다는 것이다.[19] 이에 대하여 맹자는 물에 동·서의 구분이 없을 지는 모르지만, 상·하의 구분은 반드시 있다고 말한다. 어떠한 상황에서도 물은 위에서 아래로 흐른다는 것이다. 그것은 물의 절대적 본성이라는 것이다.[20]

나는 이러한 맹자의 메타포의 진실성여부를 말할 필요가 없다고 생각한다. 그것은 인간의 본성이 본래 선하다는 하나의 형이상학적 선포일 뿐이기 때문이다. 그것 자체가 하나의 케리그마인 것이다. 맹자는 왜 이렇게 말하는가? 하늘을 대치하는 인간의 존엄성을 확보하기 위해서는 인간 그자체를 지선至善한 존재로 만들지 않을 수 없기 때문이다. 천명天命을 민명民命으로 만들기 위해서는 민명의 지선한 본성을 확보하지 않을 수 없는 것이다. 맹자의 영원한 혁명은 오로지 인간의 성선이 있기 때문에만 가능한 것이다.

유대교·기독교·이슬람 등 모든 중동의 종교나 그에서 비롯된 서양역사 전체의 문화패턴 속에서는 인간은 항시 성악性惡의 존재로 묘사된다. 원죄(Original Sin)가 그것이요, 인간은 본시 죄인이라는 것이다. 인간을 성악의 존재로 규정하는 이유는 인간의 한계상황을 본성적으로 설정함으로써 본체계나 초

---

19) 告子曰:「性, 猶湍水也。決諸東方則東流, 決諸西方則西流。人性之無分於善不善也, 猶水之無分於東西也。」『孟子』『告子』上2.

20) 孟子曰:「水信無分於東西, 無分於上下乎? 人性之善也, 猶水之就下也。人無有不善, 水無有不下。」『孟子』『告子』上2.

월계, 그리고 신적인 인격체를 위압적으로 확보할 수 있기 때문이다.

고자나 순자는 성악性惡을 말한 적이 없으며 성불선性不善만을 말했을 뿐이다. 그러나 서양종교는 단도직입적으로 성악性惡을 말한다. 그것은 현상계에 대하여 본체계를 따로 설정하고, 현세에 대하여 천국을 따로 설정하고, 악마에 대하여 천사를 따로 설정해야하기 때문이다. 기독교 신학과 서양철학의 전체 역사가 바로 이러한 성악이라는 인간의 부정적 기술을 통하여서만 인간의 평등을 발견하고, 신 앞에 선 원죄적 인간의 겸손을 말한다. 그것은 거의 예외가 없다.

그러나 맹자적 플레타르키아의 출발점은 인간의 본성에 대한 긍정적 기술이다. 인간의 본성에 대한 온전한 선함의 긍정이다. 이러한 이상을 향한 끊임없는 인간의 함양! 인간의 불선不善한 현실은 오로지 인간의 선단善端을 확이충지擴而充之하는 긍정의 프로세스를 통해서만 극복되는 것이다.[21] 맹자가 말하는 바, 그 기氣가 천지지간天地之間 꽉 들어차는 호연지기浩然之氣의 대장부大丈夫야말로, 단순한 대인이 아니라, 그것은 신적인 인간(Divine Man)이며, 성선의 당연한 귀결이 아닐 수 없는 것이다. 민본성의 출발은 성선이며 그 과정은 사단四端의 확충이며 그 귀결은 대장부다. 이것은 맹자의 도덕철학의 알파와 오메가며, 인간에 대한 더할 나위 없는 긍정적 기술인 것이다.

플레타르키아의 장점과 단점

그러나 여기서 더 엄밀하게 맹자가 말하는 플레타르키아의 장·단점을 분석해볼 필요가 있다.

첫째, 맹자적 플레타르키아가 서구근대의 민주주의가 말하는 개인의 존엄과 권리를 얼마나 확보하고 있느냐 하는 것이다. 다시 말해서 맹자에게 얼마나 투철한 개체성(individuality)의 의식이 있느냐하는 것이다. 물론 맹자가 말하는 대

---

21) 凡有四端於我者, 知皆擴而充之矣。若火之始然, 泉之始達。苟能充之, 足以保四海; 苟不充之, 不足以事父母。『孟子』「公孫丑」上6.

장부는 개인을 말한 것이며, 그 개인이 원칙적으로 인간보편을 말한 것이며, 특정한 사회계급에 국한된 것은 아니다. 그러나 실제로 맹자가 말하는 민民은 집단적 개념이며, 민 일인一人의 개체적 개념은 아니라는 것이다. 혁명의 주체는 민民이라는 집단의 마음心이라 할 때, 그 집단의 마음을 진정으로 진단하고 반영할 수 있는 구체적 메카니즘이 문제가 될 것이다.

둘째, 맹자는 혁명을 시인하였고, 민심을 배반하는 군주는 "한 똘마니 새끼 一夫"에 불과하다는 폭언을 서슴치 않을 정도로 과격하지만, 평소 군주의 권력을 제한할 수 있는 어떤 제도적 장치를 제시하질 않았다. 군주의 현실적 파우어의 제약에 관한 제도적 고민이 결여되어 있고, 그 제약에 관한 도덕주의적 철학적 성찰만 있었을 뿐이다. 그는 유세를 통하여 부국강병富國强兵의 패도覇道에 대하여, 인의仁義의 왕도王道를 설파했고, 왕정하에서의 민생民生의 안정만을 제시했다. 맹자의 정치철학 체계내에서는, 왕정 체제내에서의 왕권의 변화만을 용인했지 왕정 그자체의 제도적 변혁의 실마리를 발견하기는 어렵다. 그러나 모든 정치적 리더십의 도덕성을 강조하고 있다는 의미에서는 오늘날까지도 적용될 수 있는 어떤 보편적 가치는 살아있다.

셋째, 맹자의 핵심사상인 인의仁義는 효제孝悌와 같은 실천덕목을 중시하고 있으므로 어디까지나 가족공동체윤리를 그 출발점으로 하고 있을 뿐, 개인의 내면성에 대한 철저한 자각이 좀 부족하다는 것을 지적할 수도 있을 것이다. 그러나 이 또한 가족이라는 최소공동체가 국가보다 더 지속적인 제도라고 한다면 개인의 구원을 가족공동체로부터 출발시키는 유교의 이념은 오늘날까지도 무의미한 것은 아니지만, 사회적 가치가 너무 패밀리즘에 치우쳐 공동체의 공동선을 위한 보편적 사고가 저해받을 위험성이 내포되어 있다.

바로 이러한 맹자적 플레타르키아의 한계의 극복은 바로 20세기 조선민중이 해결해야만 했던 과제상황이었다고 말할 수 있을 것이다. 그리고 이러한 과제상황의 해결을 위하여 조선민중은 서구역사에서 많은 것을 배웠다. 개인의 권리에 관한 의식의 확대, 법을 통한 민권의 신장, 의회민주주의, 공정한 선거제도를 통하여 민심을 반영하는 제도의 확립, 그러한 제도를 통하여 지배권력의 대세를 바꾸는 역동적 역사진행… 이런 것들의 상당부분을 서구역사의 경험에서 빌어오기는 했지만 이러한 경험을 모두 외인적(exogenous)인 것으로만 간주해버리기에는 너무도 다양한 플레타르키아의 전승이 신라의 화백和白제도로부터 조선역사의 구비구비에 숨결치고 있는 것이다.

더구나 조선왕조의 성립은 불교라는 종교제도와 결탁된 지배세력의 부패와 전횡 아래서 신음하던 민생의 문제를 조직적으로 개선하기 위한 신흥사대부 문신文臣관료들의 **집단적** 개혁운동의 결과로 이루어진 것이며, 그 개혁의 핵심은 토지개혁에 있었지만 그 총체적 이념은 적확하게 맹자적 플레타르키아의 구현에 있었다. 이 플레타르키아의 구현이 신흥엘리트관료들의 집단적 개혁운동을 통하여 성취된 것이라는 점과, 조선왕조의 성립이 비록 역성혁명易姓革命이긴 하지만, 혁명을 위한 혁명, 다시 말해서 새로운 권력창출을 위한 혁명이라기보다는 진정한 이념적 개혁을 위한 결과로 이루어진 점진적인 과정이었으며, 선양에 의한 평화적 교체였다는 점이 아무리 강조되어도 지나치지 않는다.

그것은 단순한 정치적 혁명이라기보다는 개혁이념의 구현의 필연적 결과였으며 어떤 소수의 권력의 야욕을 만족시키기 위한 폭거는 아니었다는 것이다. 그 개혁이념이란 바로 맹자적 플레타르키아의 구현이었다. 조선왕조 헌법의 총강이라고 할 수 있는 『조선경국전』「정보위正寶位」는 다음과 같이 말하고 있다:

> **성인聖人의 대보大寶를 위位라하고, 천지天地의 대덕大德을 생生이라 하는데, 그 위位는 어떻게 지킬 수 있는가? 그것이 바로 인仁이다. 그렇다면 인仁이란 무엇인가? 그것은 바로 군주가 천지생물지심天地生物之心을 마음으로 삼고 불인인지정不忍人之政을 행하는 것을 말하는 것이다.**[22]

---

22) 도올 김용옥, 『삼봉 정도전의 건국철학』(서울: 통나무, 2004), pp.36～47. 그 내용을 압축적으로 인용하였다.

추상적인 듯이 보이는 이 메시지는 천지天地의 대덕大德인 생물지심生物之心을 모든 사람이 구현하고 있다는 인간평등관을 전제로 하고 있으며, 군주君主의 위位란 바로 이러한 인간의 보편적 덕성을 구현하는 한에 있어서만 인정되는 권력이라는 것이다. 여기 군주의 위位의 근거가 추상적 인간의 평등에 기초하고 있는 것이 아니라, 구체적으로 민생民生을 생생生生케 하는 덕정德政의 실현에 있다. 이것은 군주의 권력에 대한 자연법적 제약을 말하는 것으로, 어떠한 경우에도 군주의 권력은 자의적일 수 없으며 철저히 조건적이라는 것을 못박은 것이다. 그 조건이란 바로 맹자적 플레타르키아인 것이다.

따라서 민의나 민생이나 민심을 위배하는 군주의 권력은 가차없이 갈아치울 수 있다는 혁명사상을 헌법의 강령으로서 명백하게 내걸고 있다. 아무리 하천한 백성일지라도 그들은 지극히 약하게 보이지만 힘으로 겁줄 수 없고 지극히 어리석게 보이지만 지혜로써 속일 수 없는 것이다.

정도전의 혁명적 구상

이 신흥관료집단의 우두머리격인 삼봉三峰 정도전鄭道傳, 1342~1398은 이러한 맹자의 혁명사상을 막연한 도덕주의적 위협만으로 포장하지는 않았다. 맹자적 플레타르키아의 한계를 이미 명료하게 인식한 그는 『맹자』를 보완하는 전거로 『주례周禮』를 끌어들인다. 『주례』는 본시 『주관周官』이라는 서물書物이었다. 그것은 왕망王莽과 유흠劉歆이 새로운 왕조를 개창하기 위한 새로운 질서의 구상으로서 주제周制를 빙자하여 유토피아적인 관제를 그려놓은 것이다.

그런데 이 『주관周官』의 특징은 군주를 허군虛君과 허위虛位로 만들어 놓은 것이다. 즉 실위實位는 천관총재天官冢宰에게 집약되는 것이다. 천관天官·지관地官·춘관春官·하관夏官·추관秋官·동관冬官 6관의 모든 기능이 천관총재天官冢宰 일인一人으로 집약되는 것이다. 설관분직設官分職의 민극民極은 왕이 아니요 천관총재이다. 왕은 천관총재를 세우는 것으로 그 소임을 다할 뿐이다.

『주관』은 말한다.

> **왕은 천관총재를 세워 모든 관료를 그에게 속하게 하여 통솔케 하고, 나라의 다스림을 관장케 한다. 그리하여 왕을 보좌케 하고 나라를 균등하게 한다.**
> 惟王建國, … 乃立天官冢宰, 使帥其屬而掌邦治, 以佐王均邦國。

여기 명백하게 표출되고 있는 건국의 이데올로기는 "균방국均邦國"이라고 하는 평등주의적 이상(egalitarian ideal)이다. 그러나 이러한 "균방국均邦國"의 이상을 실현키 위해서는 왕일인王一人의 전권과 전횡으로는 불가능한 것이며, 광범한 관료뷰로크라시가 제대로 작동해야하며, 이 관료뷰로크라시의 총책임과 권한은 왕이 아닌 천관총재天官冢宰라는 재상이 쥐게 되는 것이다. 천관총재는 관료뷰로크라시의 총책임자로서 왕王을 보좌케 되는 것이다(佐王). 왕망이 왜 이러한 관제를 구성하려 했는가에 대한 평가에는 많은 역사학적 논란이 있다. 그러나 『주관』은 왕권에 대하여 신권臣權의 독립적 질서와 권위를 마련해주었다는 의미에서 매우 획기적인 것이다.

그리고 이러한 『주관』의 이상이 중국에서는 실현된 적이 없다. 오직 한반도의 조선왕조에서 최초로 구현된 것이다. 삼봉三峰은 사병을 혁파하고, 차경제借耕制의 불합리한 지대地代를 없애고, 경자유전耕者有田의 원칙에 따라 계민수전計民授田하는 래디칼한 자영농의 균산주의均産主義를 실현하며, 중앙집권적 엘리트관료체제를 정비하여 그 전권을 재상에게 위임하고, 국가의 모든 주요정책결정에 있어서는 반드시 왕과 재상이 동등하게 참여하는 새로운 정치질서를 구상케 되는 것이다. 삼봉三峰은 이러한 질서야말로 맹자가 말하는 플레타르키아의 진실한 구현이라고 확신하였다. 그러나 이것은 신권臣權에 의하여 왕권王權이 극도로 제약되는 새로운 플레타르키즘pletharchism인 것이다.

그러나 이러한 정도전의 구상은 이방원에 의하여 좌절된다. 이방원에 의한 정도전의 격살은 단순히 이태조의 배면에서 일어난 권력암투의 기복으로서 이해되어서는 아니된다. 그것은 바로 조선왕조의 기본성격을 신권臣權중심으로 가지고 갈 것이냐, 왕권王權중심으로 가지고 갈 것이냐, 그 심층구조의 결정을 두고 필연적으로 벌어질 수밖에 없었던 투쟁의 비극으로 해석되어야 할 것이다.

만약 삼봉 정도전의 구상이 보다 철저하게 구현되는 방향에서 그에게 상당기간 전권이 주어졌더라면 조선왕조는 독특한 입헌군주제(constitutional monarchy)의 체제를 개발시켰을 것이다.[23] 이방원의 집권이나 단종애사를 만들어낸 수양대군의 찬탈이 모두 신권의 강화에 대한 끊임없는 왕권의 강화로서 해석될 수밖에 없는 조선왕조 초기의 국가 구조조정에 관한 마찰들이다.

그러나 조선왕조의 기본틀이 정도전의 『맹자』·『주관』적인 플레타르키아를 정면으로 거부하면서 왕권의 전횡으로 나아간 것은 아니다. 이방원은 기본적으로 정도전의 제자였으며, 정치적으로는 그를 살해했지만 사상적으로는 그의 이념을 존중했다. 조선건국초기부터 성종조까지의 모든 제도문물의 기본구상이 정도전의 틀을 크게 벗어나는 것은 아니다. 세종조로부터 세조때까지의 명신들이 대부분 권근계열에서 배출되었고, 권근의 사상은 정도전의 기본틀을 벗어나지 않는다. 정치적 노선에 있어서 권근은 정도전과 분도양표分道揚鑣할 수밖에 없었지만 이념적으로는 그를 충실히 계승했다. 조선왕조는 단순히 왕정이나 군주제(monarchy)라고 하는 한마디로 쉽게 처리될 수 없는 복잡한 정치구조를 가지고 있었다.

조선왕조 왕권의 구조적 한계

조선왕조에 있어서의 왕은 인류사상 어느 정체에 있어서도 그 유례를 보기

23) 한영우는 조선왕조를 입헌군주제에 가까운 국가형태로 보고 있다. 한영우, 『왕조의 설계자 정도전』(서울: 지식산업사, 2002), p.114.

어려운 "규격화된 제약"(regularized restraint) 속에 갇혀진 존재였으며 그의 말은 삼사三司(사간원司諫院·사헌부司憲府·홍문관弘文館)의 공론을 거치지 않으면 실제적 효력을 발휘할 수 없었다. 일례를 들면 경연經筵(Royal Lectures)제도만 하더라도, 매일 2·3번 실시되었으며, 그 경연의 내용은 고전이나 의례에 그치는 것이 아니라 당면한 시국에 관한 모든 정치적 잇슈를 포괄하였다.

오늘날도 한국의 대통령이나 미국의 대통령이 매일 당대 석학들의 강의를 의무적으로 들어야하는 그런 제도는 상상하기 어렵다. 그리고 왕은 2명의 사관을 대동하지 않고서는 신하를 만날 수 없었으며, 그의 언행 그 모든 것이 기록되었다. 이러한 사관의 "역사쓰기"는 곧 "정치적 행위"였으며, 그것이 왕권에 가해진 제약이었다. 오늘날보다도 훨씬 더 정치에 있어서 "투명성"(transparency)과 "책임성"(accountability)을 보장하는 제도였다고 보아야 한다.[24)]

이것은 곧 한 사회의 지도자가 유교적 질서가 이상시하는 플레타르키아를 실현하기 위해서는 얼마나 철저한 사상적·도덕적 디시플린을 소유해야 하는가를 말해주는 것이다. 조선왕조 "한오백년"의 장수는 우연한 사건이 아니라 왕권과 신권의 끊임없는 발란싱으로 이루어진 필연적 결과였다.

조선왕조의 역사는 왕권과 신권의 균형 사이에서 꾸준히 민권이 성장해간 역사라고 볼 수 있다. 수많은 민란의 역사를 보아도, 그러한 사실로 인해 상대적으로 탐관오리의 부패만을 연상할 것이 아니라, 일반백성의 상식적 정의감이 숨쉴 수 있었던 어떤 공간의 확대를 생각해야 한다. 동학도의 대규모 봉기도 결국 이러한 민권의식의 꾸준한 확대과정이라고 하는 역사의 축적을 전제로 하지 않고서는 설명하기 어려운 것이다. 치자의 도덕성도 끊임없이 교육되어야 하는

---

24) 조선왕조의 경연經筵제도와 간언諫言제도의 헌법적 의미에 관하여는 함재학 교수의 다음 논문이 참고의 가치가 있다. Ham Chaihark, "Constitutionalism, Confucian Civic Virtue, and Ritual Propriety," in *Confucianism for the Modern World*, ed. Bell & Hahm(N.Y.: Cambridge University Press, 2003), pp.50~53.

것이라면 그 도덕성을 요구하는 백성의 도덕성도 끊임없이 교육되어야 하는 것이다.

동학, 꾸준히 민권이 성장해간 역사의 결실

조선왕조는 "교육의 왕국"이었다. 왕과 권신을 포함한 전국민이 인의예지라는 사단四端의 도덕규범속에 복속되어야하는 그런 사회였다. 왕권을 제약하는 헌법의 정당성이 결국 그 헌법을 구현하는 일반백성의 삶 속에 내재하는 그런 불문법의 도덕적 왕국이었다. 그런 왕국의 규범윤리적 경직성의 위험성은 충분히 지적될 수 있는 문제이지만 동시에 조선왕조문화가 달성한 평균적 국민교육 수준은 제도권·비제도권을 불문하고 20세기 대중교육의 시대로 넘어가기 직전까지 세계역사상 어느 문명도 달성키 어려운 높은 수준을 과시하고 있었다.

그리고 사화니 당쟁이니 하는 문제도 그것은 왕권과 신권 사이의 갈등의 소산이며, 그것은 오히려 역사의 다이내미즘을 표출하는 것으로 간주되어야 한다. 탕평책 이후의 정국이 오히려 고착된 세도정치의 질곡으로 빠져들어가고 민권의 제약이 오히려 더 심해졌다고도 볼 수 있다면, 그러한 상부권력내부의 다이내미즘은 민권의 확대과정으로 해석될 수도 있다는 것이다.

이러한 조선사상사의 문제점을 이야기하기 전에 우리는 불교의 심층적 의미에 관해 약간 언급해야할 필요성을 느낀다. 인류사상사에 있어서 불교처럼 다양한 문화영역과 사고영역을 포괄하는 광범위한 주제도 없기 때문에 불교를 한마디로 축약해서 논의하기는 어렵다. 그러나 불교의 플레타르키아적인 의미를 앞서 언급한 맹자적 플레타르키아의 제약성의 제3주제와 관련지어 상고해보는 것은 매우 유의미한 일이다. 삼국시대 초기에 이미 유입되어 고려 말까지 조선민족의 사유체계의 주류를 형성한 이 불교는 과연 어떻게 이해되어야 할 것인가?

불교의 특질

나는 삼국시대로부터 고려 말까지 1천여 년에 이르는 불교사가 우리 조선민중에게 가르쳐 준 것은, 바로 맹자의 인의仁義사상의 집체적 성격에 대하여 철저한 개인의식(individuality)을 고취한 점이라고 생각한다. 다시 말해서 불교는 맹자적 플레타르키아의 공동체윤리적인 한계를 극복하고 유아독존의 개체성, 인간실존의 고독과 고뇌를 가르쳤던 것이다. 이러한 나의 언급에는 매우 모순적이고 복합적인 요소들이 엉켜져 있다.

불교는 주부와 술부의 확연한 구분을 특성으로 하는 인도·유러피안어군에서 태어난 사유체계이며 따라서 주어의 개체적이며, 초감성적이며, 관념적인 성격에 대한 확연한 의식이 전제되어 있다. 역사적인 싯달타가 아리안계통의 정복계급의 사람인지, 비아리안계의 피정복 토착민인지, 그 소상한 진실은 알 수가 없으나 그 원시불교의 혁명성은 바로 무아無我(*anātman*)라고 하는 주어적 세계의 부정에 있음에 틀림이 없다. 그것은 인도·유러피안 문명 내에서 그 문명의 문법의 핵심적 구조를 파기하는 최대의 반역이었다.

무아라고 하는 주어의 부정은 술부적 연기緣起(*paṭiccasamuppāda*)의 철저한 긍정으로 이어지지만, 이러한 긍정의 궁극적 소이연은 고苦·집集·멸滅·도道라고 하는 사성제四聖諦로 집약되는 것이다. 무아라는 결론에 이르게 되는 기나긴 사색의 출발은 윤회를 계속하게 만드는 인간의 업業으로부터의 해방이라고 하는 해탈解脫(*mokṣa*)의 종교적 과제상황이 있었다. 그러나 이러한 해탈은 어떠한 경우에도 집단적으로 이루어질 수가 없는 것이다. 계戒·정定·혜慧라고 하는 삼학三學의 모든 공부가 개인의 책임 속에서 이루어질 수밖에 없는 개인의 정진精進인 것이다.

불교는 "자아"(*ātman*)라고 하는 초월적·선험적·불변적 실체를 부정하지만 그러한 부정을 통하여 도달하는 해탈의 세계는 철저히 개체적(individualistic)인 것이다. "나"가 오온五蘊(*pañca-skandha*)의 집적태에 불과한 것이며, 공空에 불과한 것이라고 하는 그 자각이 결국 주체적이고도 개체적인 깨달음을 통하여 이루어지는 것이다. 따라서 불교의 무아론은 개인주의의 철저한 부정인 동시에 개인주의의 철저한 긍정이라고 하는 모순된 양면을 항상 지니게 되는 것이다.

우리는 원효元曉, 617~686의 일심一心사상에서 이미 이러한 부정과 긍정의 양면을 발견한다. 통일신라의 통일이데올로기를 제공했다고도 말할 수 있는 원효의 화쟁和諍사상은 모든 모순과 대립을 회통시켜려는 매우 그랜드한 구조를 가지고 있다. 그러한 현실적 관심에서인지, 원효의 일심一心은 개체적 현존재 내면의 주관적 의식을 고립적으로 가리키지는 않는다. 그것은 안과 밖의 구분을 거부하는 범우주적인 것이다. 그러나 지눌知訥, 1158~1210의 자심自心에 오면 사정은 매우 달라진다.

이것은 교종敎宗과 선종禪宗의 차이에서 유래되는 것일 수도 있지만, 지눌의 자심自心은 매우 개체적이며 주관적이며 실존적인 심지心地로서 모든 깨달음의 출발점인 동시에 귀착점인 것이다. 지눌의 자심自心은 자성自性이며, 그 자성自性은 여래장如來藏(*tathāgata-garbha*)적 성격을 명백하게 드러내는 것이다. 그리고 "직지인심直指人心," "견성성불見性成佛"이라는 선불교적 테제가 지눌에게는 철저히 개인의 수행과 자각으로서 내면화되어 있는 것이다.

그리고 지눌의 "돈오점수頓悟漸修," "정혜쌍수定慧雙修"의 사상은 원효의 일심一心사상에 비해서는 훨씬 더 강한 도덕적 성향을 지니며, 시대적 해이를 개탄하는 엄숙주의(rigorism)가 깔려있다. 원효사상에는 통일신라의 새벽의 낙관주의가 깔려있는데 비해, 지눌사상에는 고려중기사회의 말법末法적 비관주의가 깔려있다고도 말할 수 있을 것이다.

여기 자세한 역사적 상황을 상술할 수는 없겠으나 이러한 지눌의 독창적인 선풍禪風과 결사結社운동에도 불구하고 고려사회는 부패의 일로를 치달았고 기득권층인 승려세계는 그러한 불교혁신운동을 수용할 수가 없었다. 이미 자기갱생이 불가능한 고목이 되어 썩어갈 뿐이었다. 따라서 고려 말 개혁을 주도한 세력은 토지적 기반을 가지지 않은 "신흥유신新興儒臣"[25] 엘리트였으며 이들은 철저히 배불정책으로 일관할 수밖에 없었다. 조선왕조 초기에 있어서의 벽불闢佛은 불교에 대한 이론적 비판이라는 단순한 차원을 넘어서는 국가의 이념을 재정립하는 중대한 문제였으며, 사병혁파·토지개혁을 성공시키기 위한 현실적 투쟁의 이념적 근거였다.

칼 맑스는 "계급없는 사회"를 꿈꾸었으나 정도전은 "종교없는 사회"를 꿈꾸었다. 종교라는 권위조직의 속박이 있는 한, 정치적으로나 정신적으로 진정한 플레타르키아의 사회는 도래할 수가 없다고 믿었던 것이다. 유교는 가족이외의 종교조직을 따로 인정하지 않으며, 더구나 음·양의 교합까지 거부하는 성직자계층을 별도로 존립시킬 수가 없다. 모든 종교적 열망은 세속화될 수밖에 없는 것이다.

20세기의 온갖 해방론적 분위기에도 불구하고, 한 세기의 꿈이 지나간 오늘에도 "계급없는 사회"란 요원한 과제상황으로 남아있을 뿐이다. 과연 조선조 초기 유신들이 꿈꾸었던 "종교없는 사회"의 이상은 실현될 수 있었던가?

첫째, 우리는 승병까지 거느렸던 사찰이라는 거대조직이 무기력화되고 해체되면서 사찰에서 행하여졌던 모든 종교제식이 가족단위의 조상숭배 제식으로 세속화되는 과정을 목격할 수 있다. 그리고 이러한 세속화 과정은 왕족에게 있어서는 종묘·사직이라고 하는 거대한 국가조직의 제식으로 확대되어 나타났다.[26]

---

25) 이익주, "고려말 정국에서의 정도전의 정치적 위상," 『제1회 三峰學 學術會議 정치가 정도전의 재조명』(삼봉정도전선생기념사업회, 2003. 11. 29.), p.29.

26) 조선조 유교사회의 종교적 측면에 관한 통찰력 있는 논문을 하나 소개한다. 김현

둘째, 해탈이라고 하는 우주론적 과제상황이 현세적 인간의 심성론이라고 하는 도덕형이상학(moral metaphysics)으로 내면화되는 과정을 겪었다. 불교는 궁극적으로 탈윤리적이며 초윤리적(trans-ethical)이다. 그러나 초윤리성의 궁극에는 항상 윤리적 정조가 있다. 맹자는 심성을 말하지만, 심心과 성性의 확연한 구분이 없었다. 측은지심惻隱之心이나 식색지성食色之性, 기류지성杞柳之性(『맹자』「고자」상-1에 나오는 개념. 인간 천성의 본래적 성격)이 모두 감정이나 욕망의 경향성(tendency)이나 성질에 관계된 술어들이며 어떤 체계적 구분을 가지고 있지 않았다.

그러나 자사子思철학에 있어서는 성性이 천명天命으로서 보다 근원적이고 본질적인 함의를 띠게 되었고, 불교에 오며는 심心과 성性은 확연하게 구분된다. 현상(phenomena)과 본체(noumena)라는 인도유러피안적 사유구조 속으로 대비되어 나타나는 것이다. 심心은 현상을 가리키는 것으로 염습染習된 감정일반을 포괄적으로 지칭하는 것이다. 그러나 성性은 그러한 염습을 벗어나 있는 청정淸淨한 본체로서 심心이라는 현상일반의 배면에 있는 해탈의 가능성으로서의 불성佛性이다.

그러나 대승불학의 과제상황은 이 심心과 성性을 현상과 본체라는 주主·술적述的 관계로서 이원시키지 않는 데 있다. "색즉시공色卽是空, 공즉시색空卽是色"이라는 대승사상은 근원적으로 현상과 본체의 대립을 해소시키는 데서 진정한 반야(*prajñā*)의 가능성을 선포하는 것이다. "직지인심直指人心, 견성성불見性成佛"이라는 선불교의 명제도 결국 인심人心이 곧 불성佛性이라는 것이므로, 심心과 성性은 대립적인 것으로 나타나지 않는다. 지눌이 『수심결修心訣』이나 『진심직설眞心直說』에서 계속해서 강조하고 있는 것도 나의 실존적

金炫, "유교: 종교적 염원과 세속적 가치의 이중주," 『조선시대, 삶과 생각』(서울: 고려대학교 민족문화연구원, 2000), pp.85~112.

마음(己心)을 떠나서 부처(佛)는 존재하지 않는다는 것이요,[27] 진심眞心이 곧 불성佛性이며, 진심眞心의 자리는 곧 망심妄心의 자리라는 것이다. 망심妄心이 사라진 자리가 곧 보리며, 생사生死와 열반涅槃은 본래 평등한 것이다.[28]

선불교의 선포: 생사가 곧 열반이다

그러나 이러한 선禪적인 선포는 또 다시 인간의 심적현상에 궁극적인 본래적 자아의 실체를 인정하는 위험성을 내포하며, 그것은 무아론無我論이라고 하는 근본불교의 가르침에 위배되는 새로운 가능성을 유발시킨다. 그러나 중국인들은 이러한 위험성을 심각하게 생각하지 않았다. 왜냐하면 그러한 대승불학과 대승불학의 중국화의 정점에 서있는 선불교의 주장은 맹자가 말하는 성선性善적 플레타르키아의 재확인으로 해석되었기 때문이다.

인간의 본성은 원래 선하다고 하는 맹자의 주장은 명백하게 윤리적 목적을 가지고 있다. 불교가 말하는 불성佛性은 윤리적 가치를 거부하는 측면을 가지고 있지만, 불성의 실제적 공용功用에 있어서는 결코 선善함의 궁극적 의미가 배제되지는 않는다. 단지 그것이 규범적인 것이 아닐 뿐이다. 따라서 나에게 만물이 모두 구비되어 있으며(萬物皆備於我), 인간이면 누구든지 요순이 될 수 있다(人皆可以爲堯舜)고 하는 성선의 평등주의, 그 플레타르키아는 범부凡夫라도 자신의 본성의 본래모습을 깨달으면 곧 부처라고 하는 선적禪的인 명제에서 보다 발전적인 의미를 발견하였던 것이다.

그 발전적 의미라 하는 것은 확연한 개인의 주체의식이며, 모든 권위를 거

---

27) 不識自心是眞佛, 不識自性是眞法, 欲求法而遠推諸聖, 欲求佛而不觀己心。若言心外有佛, 性外有法, 堅執此情, 欲求佛道者, 縱經塵劫, 燒身煉臂, 敲骨出髓, 刺血寫經, 長坐不臥, 一食卯齊, 乃至轉讀一大藏教, 修種種苦行如蒸沙作飯, 只益自勞爾。「修心訣」, 『普照全書』(전남 승주군 송광면: 불일출판사, 1989), p.31.

28) 或曰: "眞心在妄, 則是凡夫如何得出妄成聖耶?" 曰: "古云: '妄心無處卽菩提, 生死涅槃本平等。'「眞心直說」, 『普照全書』, p.55.

부하는 자아의 온전성이다. 다시 말해서 조선왕조를 개창하였던 신흥유생들이 이념으로 삼고자 했던 맹자적 플레타르키아는 단순히 고전적인 인의仁義의 민본성이 아니라, 려말의 선풍禪風이 심어놓은 개인의 주체적 자각의 필터를 거친 민본성이었으며, 인도·유러피안어군의 주·술관계에 있어서의 확연한 주어적 주체성이 이념적으로 전제된 민본성이었다.

불교라는 종교조직은 무기력화 되었지만, 그리고 불교적 언어는 철저히 배제되었지만, 불교가 제시한 심성론의 문제는 조선사상사를 통하여 또 다시 유교적 심성론으로 확대되고 심화되는 과정을 겪게 되는 것이다. 불교적 심성론의 궁극적 목표는 출세간적인 해탈이지만, 유교적 심성론의 궁극적 목표는 현세적 인간으로서 어떻게 순선純善한 본체를 보존하면서 살 것인가하는 도덕적 규범의 실천이었다. 이러한 도덕적 규범의 실천은 일차적으로 권력을 잡는 왕과 신하들의 규범성과 관련되는 것이었지만, 그들에게 그러한 도덕성을 요구하는 일반백성들의 규범이기도 하였던 것이다.

리기론적 심성론: 동·서문명의 융합

조선왕조의 건국엘리트들이 수용한 유교는 선진先秦의 오리지날 유교가 아니라 리기론理氣論이라고 하는 서방적 사유의 체계를 빌린 주자학(ChuHsiism)이며, 송유학(Sung-Confucianism)이며, 신유학(Neo-Confucianism)이었다. 여기 "서방西方"이라 하는 것은 "천축天竺"을 가리키며 그것은 인도문명을 가리킨다. 인도문명은 황하유역중심의 한자문명권에 친화력을 갖는 문명이 아니요, 중동과 유럽에 친화력을 갖는 아리안계통의 문명이다. 오늘날에도 인도문명은 유교문화와는 별 관계가 없으며 힌두이즘과 이슬람의 짙은 종교적 정서가 지배하는 종교문명이다. 따라서 우리가 조선사상사나 조선역사를 생각할때 우리 조선민족이 서양을 19세기에 접했으며, 따라서 그 서양과의 접촉을 중심으로 "개화"와 "근대"를 운운하는 모든 사유는 근원적인 재성찰을 요구하는 오류에 속한다.

우리는 이미 신라시대때부터 서양을 깊게 접했으며 그것은 불교라는 서방의 종교문명뿐 아니라, 서양언어의 심층구조에서 우러나오는 사유체계를 심각하게 체험했으며, 또 그와 더불어 서방의 코스몰로지, 의학, 음악, 무용, 미술, 건축, 의상 등 막중한 물질문명의 영향을 받았다. 따라서 거시적으로 볼때, 19세기 개화의 컬쳐쇼크는 일시적인 표층적 충격이며, 심층적 충격이 아니다.

다시 말해서 우리는 **이퇴계가 그의 리기론적 심성론을 통하여 구성해놓은 고도의 동·서문명의 융합의 수준을 20세기 조선역사에 있어서의 동·서문명의 다시 만남의 과정이 아직도 달성치 못하고 있다는 아이러니를 충격적으로 자각할 필요가 있다.** "근대"의 논의가 얼마나 천박하며, 얼마나 무근거하며, 얼마나 우리역사의 실상에 눈멀게 만드는가에 관하여 깊은 성찰과 정직한 토론의 장이 요청되는 것이다.

퇴계에 있어서 리理·기氣의 문제는 비록 그것이 우주론적인 것이라기 보다는 심성론적인 것이라 해도, 기본적으로 본체(실체)와 현상이라는 주·술적 문법에 관한 문제이며, 이러한 문제의식은 우리 조선언어적 감각으로 보면 매우 이질적인 것이다. 우리 조선말은 구조적으로 주부·술부를 그 필연적 패턴으로 삼지 않는다. 술부에 대하여 주어가 반드시 전제되어야 할 필요충분조건이 아니다. 주·술구조(Subject and Predicate Pattern)에 대해 주제와 진술(Topic and Comment Pattern)을 말하는 최근의 문법학적 논의는 많은 새로운 시각을 암시하는 것이다. 퇴계의 주리론적 성향은 이러한 조선말의 문법에서 본다면 매우 이질적인 것이요, 이단적인 것이다.

조선왕조 사림의 등장

세조의 집권은 세종조에 성장한 집현전 학사들의 세력에 대하여 새로운 왕권의 클레임으로 해석할 수도 있지만, 집권과정에서 세조는 조선지성의 도덕성에 크나큰 타격을 주었다. 사육신이나 생육신의 비극보다, 더 큰 비극은 살아남은 자들에게 치욕감을 안겨주었다는 것이다. 명明나라 세 번째의 황제 영락제永樂帝가 건문제建文帝의 위位를 찬簒하면서, 금화학파金華學派 송렴宋濂 문하의 일재逸才 방효유方孝孺와 그의 10족 3천여 명을 학살한 사건이 결국 명明나라의 도덕성을 약화시켰으며 끝내 지성인들의 냉소 끝에 쇠망의 길로 접어 들어가야만 했던 명조明朝의 비사悲史를 우리는 기억한다.

세조의 찬위는 영원히 치유되기 어려운 왕권의 도덕적 결함이었고 신권의 비겁한 좌절이었다. 따라서 세조의 찬위과정을 통해 살아남은 모든 공신들은 훈구파로 전락될 수밖에 없었다. 따라서 이후의 사림士林의 등장은 매우 도덕주의적 엄격주의를 표방하게 되었으며, 이러한 새로운 사림의 물줄기는 점필재佔畢齋 김종직金宗直, 1431~1492으로부터 시작된다.

연산조의 무오·갑자 양대사화를 거친 후에 중종조에 등장한 정암靜庵 조광조趙光祖, 1482~1520는 바로 김종직金宗直의 문인門人 한훤당寒暄堂 김굉필金宏弼의 제자이며, 지치주의至治主義를 표방한 이른바 조선 도학道學의 영수라 할 수 있다. 김종직金宗直의 아버지 강호江湖 김숙자金叔滋는 야은冶隱 길재吉再의 문인門人이므로, 정암 조광조는 포은 정몽주 → 야은 길재 → 강호 김숙자 → 점필재 김종직 → 한훤당 김굉필 → 정암 조광조로 이어지는 도통道統의 정맥正脈을 이었다고 말할 수 있다.

조선사상사에 있어서 조광조의 위치는 향후 모든 사림의 연원으로서 사림적 가치관의 표준처럼 봉숭奉崇되어 왔으나, 기실 그는 이상에만 불탔고 현실에 아둔했으며, 도덕적 엄격성만 내세웠고 인간의 모순적 상황에 대한 포용적 판단력이 결여되었으며, 도덕적 이상의 실현에 있어서도 초조감만 앞섰지 현실적 전략이 부재하였다. 결국 기묘사화己卯士禍로 조광조는 죽음을 맞이하게 되고 그가 표방한 지치주의至治主義의 도학정치道學政治는 좌절을 맛보게 되지만, 조광조의 죽음은 오히려 그를 도덕적으로 순선純善한 인간의 표상으로서 이상화시켰을 뿐이다.

이것은 동시에 왕권을 제약하는 신권의 방식이 현실적이고 제도적인 것이 아니라 점점 도덕적으로 이상화되어 갔다는 것을 의미하는 것이다. 이것은 곧 세조찬탈의 부작용적 측면이라고도 말할 수 있는 것이다. 즉 이런 맥락에서 사림은 왕권으로부터 유리되어 갔고, 유리되어 가는 만큼 관념적이 되었고, 도덕적 우월성을 주장하게 된다. 이러한 도덕적 우월성 내지는 순수성을 대변한 철학이 바로 정암의 정맥을 이었다고 자처하는 퇴계의 주리론적 성리학이었다.

사칠논변: 조선유학의 디프 스트럭쳐

퇴계와 고봉의 사칠논변四七論辨을 살펴보면, 논리적으로는 고봉이 더 정합적이요, 주자학의 정통을 잇고 있다고 할 것이다. 맹자孟子의 사단四端도 그것이 어떤 인의예지仁義禮智라는 궁극적 덕목 그 자체를 말한 것이 아니라, 그 덕목의 단초(端)로서의 측은지심, 수오지심, 사양지심, 시비지심과 같은 심적 현상을 말한 것이기 때문에 사단四端도 칠정七情과 동일한 정情일 뿐이다. 따라서 사단四端을 리理의 자리로서 내세워 칠정七情의 기氣로부터 변별시킬 수 있는 논리적 근거가 박약하다.

맹자에게서는 사단四端과 칠정七情을 대립시키는 따위의 논리는 근원적으로 찾아보기 어렵다. 그에게 더 본질적 변별은 소체(小體, 이목지관耳目之官)와 대체(大體, 심지관心之官) 같은 것이다. 그것은 인간의 감각기관의 국부성(小體)과 그 국부성들을 통괄하는 의식의 총체성(大體)의 변별을 가리키는 것이다. 그리고 전국戰國 말기로부터 한대漢代에 걸쳐 형성된 중국적 코스몰로지의 대세는 기를 중심으로 한 세계관일 뿐이며, 기적 현상을 지배하는 리理가 치립峙立하여 있지는 않았다. 기氣적인 세계의 조리條理로서의 리理 이상以上을 말하는 순수한 초감성적·본체적·관념적·오성적 리理라고 하는 것은 근본적으로 용납될 수가 없는 것이다. 따라서 사단四端을 칠정七情의 한 패턴으로서 귀속시키는 고봉의 논리는 주자학적 세계관의 정통논리라고 할 수 있다.

고봉이 오히려 주자의 정통이다

그러나 이러한 고봉의 평면적 논리에 대하여 "소종래所從來"라고 하는 사四·칠七의 입체적 본원을 도입하는 퇴계의 입장은 어떠한 경우에도 인간의 심적 현상을 기일원氣一元의 상황논리에 맡길 수는 없다고 하는 매우 도덕주의적 리·기 이원二元의 엄격성(dualistic rigorism)을 깔고 있다. 그리고 리理에다가 능동적 발현성(理發)까지 부여하는 퇴계의 입장은 성리학의 기본틀을 깨는 과감한 발상이며 정통적 주자학에서 본다면, 설사 그러한 구절이 『주자어류朱子語類』 속에서 발견될 수 있다 하더라도, 그것은 이단적인 사상이다. 리理는 무위無爲래야 순선純善을 보장받을 수 있는 것이다. 그러나 퇴계는 그러한 소극적인·무위적인 리理에 만족할 수가 없었다. 그는 인욕人欲에 대한 천리天理의 절대적 우위를 사실적으로 입증하려 하였다. 사실적으로 입증하려했다는 것 자체가 퇴계의 관념성이요, 종교적 집착이다. 퇴계는 인간의 순선純善한 심체心體의 능동성을 끝까지 포기하지 않았다.

내가 생각키에 고봉의 논리는 현실에 참여하고 현실을 개혁하려는 실천주의자의 입장이라고 말할 수 있다. 리理·기氣가 상잡相雜된 현실을 고려하면서 사회를 개혁하려는 개혁주의자들의 논리임에 반해, 퇴계의 논리는 그러한 사회적 참여로부터 유리된 사림의 도덕적 순수성을 지키려는 은둔주의적 색깔이 짙게 배어있으며 또 그 배면에는 주어적 초월성에 대한 종교적 집착이 깔려있다. 이러한 퇴계의 종교성은 논리적으로는 허점을 많이 드러내지만, 그 이상주의적 측면은 항상 도덕적 우위와 그만큼의 순수한 매력을 보지保持한다.

조선성리학의 주류, 그 복합적 성격

조선성리학의 정통적 주류는 퇴계의 영남학파나 남인계열로 흘러가지 않았다. 율곡이 기고봉의 손을 들고 호발설互發說을 비판하자, 주기론적 성향은 기호학파의 대세를 형성하였고, 조선성리학의 주류를 이루게 된 것이다. 고봉 → 율곡 → 사계沙溪 김장생金長生 → 우암尤菴 송시열宋時烈의 서인·노론계열이야말로 조선성리학의 적통이요 주류라고 말할 수 있지만, 재미있는 사실은 이러한 주류의 저변에는 끊임없이 퇴계의 종교성, 그 도덕적 순수성에 대한 지향이 있다는 것이다.

논리적으로 퇴계는 아웃사이더였지만, 조선사람의 심정적 대세로 본다면 퇴계는 인사이더 중의 인사이더였다. 그만큼 퇴계 이후의 조선사상사의 흐름이 정치현실의 프라그마로부터 유리되어 관념화되어갔다는 것을 의미하기도 하는 것이다. 퇴계는 세계를 바라보는 눈이 낙관적이다. 그는 인간의 마음의 도덕적 본성이 능동적으로 이 세계를 이끌어갈 수 있다고 보았던 것이다. 사실 퇴계는 양명학을 극구 이단으로 배척했지만, 그 자신이 "심즉리心卽理"를 말하는 양명학적 심학의 경지에 도달했다고 말할 수도 있다. 퇴계의 성性은 심心의 주인으로서 심心을 지배할 수 있는 모든 능동성을 지니고 있었기 때문에 그의 심心은 실제적으로 성적性的인 심心일 뿐이었다.

율곡과 퇴계

이에 비하면 율곡은 예리한 현실감각을 잃지 않았으며, 그의 기氣에 대한 중시는 결국 현실에 대한 비관적 정조를 깔고 있다고도 말할 수 있다. 율곡에서 송시열에 이르는 서인·노론계열의 주기론적 철학은 정통귀족관료의 현실주의를 반영하는 것일 수 있다. 즉 지고한 리理는 기가 발현될 수 있는 이상적 기준만 제시할 뿐 그 자체가 작위적으로 움직이는 것이 될 수는 없는 것이다. 이것은 국가체제에 있어서도 국가운영의 주체는 기의 현실을 담당하는 관료들일 뿐이며 왕의 존재는 그 관료들의 바른 행위의 준거가 될 뿐, 능동적으로 움직이는 리理가 되어서는 아니 된다는 것이다. 리理의 무위성無爲性은 주자朱子에게 있어서는 거대한 남송관료체계 속에서의 "왕권의 무기력함"을 대변했다고 한다면,[29] 율

---

29) 리理가 기氣를 관제管制하지 못하는 현실에 관한 사회철학적 함의를 남송관직체계 속에서 분석한 좋은 논문이 있다. 이승환, "주자심성론朱子心性論의 사회철학적 함의," 『송대심성론宋代心性論』(서울: 아르케, 1999), pp.165~191.

곡·우암에게 있어서는 "신권의 적극성"을 대변했다고도 말할 수 있는 것이다.

그러나 퇴계는 강력하고 능동적인 기氣에 의하여 리理가 일방적으로 제약받고, 추상적이고 수동적인 그 무엇이 되는 것을 참을 수가 없었던 것이다. 리理가 관념적이고 추상적인 것이 아니라 도덕적 내용을 함유하는 리얼한 것이 되어야만 했다. 인간의 도덕적·비도덕적 감정의 발출이 기氣에만 전적으로 의존한다면 인간의 순결한 도덕능력은 과연 어디서 찾을 것인가? 퇴계는 기의 제약성을 초극할 수 있는 리理의 자발성을 인정해야만 했던 것이다. 그리고 주기론을 주장하는 서인학파 내에서도 시간이 흘러갈수록 이러한 퇴계의 주장에 동조하는 사람들이 늘어만 갔다. 이러한 기호학파내의 분열을 우리는 호락논쟁湖洛論爭이라고 부르는 것이다.

호락논쟁

호락논쟁이라는 것은, 주자학 정통주의(ChuHsiist Orthodoxy)를 고집하는 우암 송시열의 죽음을 지킨 그의 수제자 수암遂菴 권상하權尙夏, 1641~1721의 강문팔학사江門八學士 중에 걸출했던 남당南塘 한원진韓元震, 1682~1751(남당은 충남 홍성군 서부면의 지명)과 외암巍巖 이간李柬, 1677~1727(외암은 충남 아산군 송악면의 지명) 두 사람 사이에서 벌어진 논쟁으로 발단된 것이다.

일제시대 관변학자 타카하시 토오루高橋亨, 1878~1967가 호락논쟁을 너무 단순하게 "인물성동이론人物性同異論"으로 규정하였고[30] 그 논리를 배종호와 같은 후대의 사가들이 지나치게 확대해석하여 마치 호락논쟁의 핵심이 인성人性과 물성物性이 같으냐 다르냐라고 하는 좀 황당한 문제를 놓고 쟁론을 일삼은 것같은 인상을 주지만,[31] 문제의 핵심은 인물성동이에 있었던 것이 아니라 인

30) 타카하시 토오루 지음·조남호 옮김, 『조선의 유학』(서울: 소나무, 1999), p.229.

31) 그 대표적인 저술이 배종호裵宗鎬 저著, 『한국유학사韓國儒學史』(서울: 연세대학교출판부, 1978)이다.

간의 미발심체未發心體가 순선純善한 것이냐, 선악병존善惡竝存하는 것이냐에 대한 논의에 있었던 것이다.[32]

인물성이人物性異라고 하는 것은 결국 기氣의 제약에 의하여 구체화되는 리理도 달라진다는 뜻으로, 기氣의 주체성을 강조하는 주기론主氣論의 정통논리이다. 인물성동人物性同이라고 하는 것은 기氣의 제약에 영향을 받을 수 없는 리理의 보편성과 절대성을 강조하는 것이다. "리통기국理通氣局"으로 말한다면 이론異論은 "기국氣局"만을 강조한 것이고, 동론同論은 "리통理通"의 측면을 확대한 것이다. 이론異論은 자연주의적(naturalistic)이고, 과학적(scientific)이고, 심리학적(psychological)인데 반해, 동론同論은 도덕주의적(moralistic)이고, 이념적(ideological)이고, 보편주의적(universalistic)이라 할 수 있는 것이다.

남당 한원진이나 외암 이간이 모두 충청도 시골사람들(湖中)이었으나 외암 이간의 논리를 서울지역(洛下)의 대유이며 우암의 제자인 농암農巖 김창협金昌協, 1651~1708과 그의 동생, 삼연三淵 김창흡金昌翕, 1653~1722계열에서 지지했기 때문에 낙론洛論이 되었고, 남당 한원진의 논리는 그의 선생인 수암 권상하가 손을 들어줌으로써 호론湖論이 된 것이다. 수암과 남당이 호론(인물성이론)의 종주라면 농암·삼연은 도암陶庵 이재李縡, 1680~1746와 함께 낙론(인물성동론)의 종장이라 할 수 있다.[33]

---

32) 이러한 문제에 관하여 매우 핵심적인 논리를 명쾌하게 직설한 좋은 논문이 있다. 김현, "조선후기 미발심론未發心論의 심학적心學的 전개," 『민족문화연구』(서울: 고려대학교 민족문화연구원, 2002), 제37호, pp.1~27. 그리고 그가 고려대학교 철학과에 박사학위논문으로 제출한 『녹문鹿門 임성주任聖周의 철학사상哲學思想』(1992)은 비단 녹문 임성주의 사상에 대한 포괄적인 논설일 뿐 아니라, 조선사상사 전체를 조감하는데 매우 중요한 논리를 제공하는 좋은 논문이다.

33) 이병도李丙燾, 『한국유학사韓國儒學史』(서울: 아세아문화사, 1989), p.396. 이병도 선생의 『한국유학사』는 한국유학의 흐름을 개설적으로 살펴보는데 있어서는 현재까지 나온 책 중에서는 가장 소상하고 평이하게 서술된 역저임을 밝혀둔다.

"미발심체未發心體"라는 것은 발현되기 이전의 인간의 마음의 모습에 관한 것으로, 그것은 『중용』 제1장에서 희노애락이라고 하는 인간감정의 이발已發, 미발未發이 논의되었기 때문에 제기된 개념이다. 인간의 감정이 발현되기 이전의 마음의 중中의 상태, 그 상태(心體) 속에 과연 악의 요소가 있는가, 없는가?

물론 인물성이론을 주장한 남당 한원진은 심心은 어차피 기氣일 수밖에 없기 때문에, 악의 요소가 심心 속에 내재한다고 본다. 기론氣論의 정맥을 계속 고수하는 것이다. 이들이 기氣의 부제不齊하고 잡雜한 성격을 계속 강조하고 기氣에만 운동성을 부여하는 이유는 현상적 악의 책임을 기氣에 돌림으로써 리理의 순수성을 보존하려는 데 있었다. 인간은 기적氣的인 선·악병존의 세계 속에서 살지만 항상 리적理的인 순수한 도덕이념을 향해 끊임없이 노력하는 존재이어야 한다는 것이다.

그러나 외암 이간은 미발심체는 순선純善한 것이라고 주장했다. 인간의 마음 그 자체는 악의 요소가 없는 순수한 도덕적 실체라는 것이다. 이렇게 되면 외암 이간의 생각은 주기론적 입장에 있으면서도 그 도덕주의적 입장은 퇴계와 같아지게 되는 것이다.

그런데 우리가 주의해야 할 것은, 이들이 논의하고 있는 것은, "심통성정心統性情"(북송의 대유 장횡거張橫渠, 1020~1077의 논의로부터 유래된 기본테제. 심은 성과 정을 통솔한다)이라는 신유학의 기본테제에 있어서, 심心 일반을 말하고 있는 것이며 심의 도덕적 코아로서의 성性을 말하고 있는 것이 아니라는 것이다. 그러므로 외암 이간도 심이 기라는 입장을 벗어날 수는 없다. 기는 차별의 원리며, 운동의 원리며, 정감의 기복이며, 선·악 양면의 근원이 될 수밖에 없는 것이다. 따라서 남당이나 외암이나 기氣의 부제不齊와 차별성은 동일하게 인정하지 않을 수 없는 것이다. 그렇다면 심체心體의 선善·불선不善의 문제는 결국 기氣의 부제不齊는 똑같이 인정하지만, 그것이 심心 안에서 본래적으로 부제不齊한 것인가, 혹은 심心 밖으로부터의 영향으로 부제不齊한 것인가의 문제로 전환되게 되는 것이다.

남당은 심체心體 내에 이미 선·불선의 가능성이 구유되어 있다고 보지만, 외암은 심체心體가 비록 기氣라 할지라도 기氣에는 정미(精)한 것과 조박(粗)한 것의 구별이 있으며 심체心體는 조박한 것이 아닌, 정미한 것으로 신령스러운 것神明이라고 생각한다. 악의 근원으로서의 신身적 현상은 정미한 기의 심적心的 현상이 아니고, 심心 밖의 조박한 기체氣體인 혈기血氣, 기질氣質, 그러니까 뼈와 살, 근육, 오장육부와 같은 사재渣滓에서 연원되는 것이라고 보는 것이다. 그래서 이간은 말한다:

> **심체心體는 지정至精한데 기질氣質은 지조至粗하며**
> **심체心體는 지대至大한데 기질氣質은 지소至小하다.**[34]

다시 말해서 이간은 심心의 순선을 확보하기 위하여 논의의 외연을 확대시킨 것이다. 즉 우리가 논의하고 있는 것은 "몸Mom"의 총체적 현상이므로 선·악의 문제를 심 안에서 모두 해결하려고 노력할 필요가 없다는 것이다. 물론 외암 이간의 논의를 결과적인 함의는 유사하다 하더라도 서구적인 심心·신身이원론二元論의 문제로 환원시켜서는 아니 된다. 그것은 어디까지나 몸의 현상내에서의 기氣의 정精·조粗에 관한 논의로 보는 것이 옳다. 따라서 이간에게 있어서 심心과 성性은 그 도덕적 함의에 있어서 분리될 필요가 없다.

리理와 기氣도 이름만 다를 뿐(名異), 그 실내용은 같게 되는 것이다(實同).

---

34) 夫氣一也, 而語其粗則血氣也, 語其精則神明也。統精粗而謂之氣, 而所謂心則非血氣也, 乃神明也。心體也至精而氣質也至粗, 心體也至大而氣質也至小。李柬, 「未發辨後說」, 『巍巖遺稿』, 雜著, 卷13, 1a~b.

따라서 리기동실理氣同實이니 심성일치心性一致니 하는 주장이 생겨나게 되는 것이다. 그러나 인심人心이라는 것은 유위惟危한 것이요, 도심道心이라는 것은 유미惟微한 것이다. 같은 심心이라도 이러한 차이가 있는 것이다. 인간의 "존천리거인욕存天理去人欲"의 과제상황은 결국 미약한 도심道心을 위협적인 인심人心으로부터 보호하는 것이다. 이것은 소극적인 무위적無爲的 기준으로는 이루어지지 않는다. 인간의 마음心이 스스로 도덕적 주체가 되어 역동적으로 세계를 움직여 나가야 하는 것이다. 퇴계가 궁극적으로 외치고자 한 측면도 인간의 심心에 대한 윤리적 자긍심과 신뢰를 깔고 있는 것이다.

외암 이간의 이러한 주장은 결국 서인·노론계열의 주기론적 자연주의(naturalism)와 퇴계학파의 엄격한 도덕형이상학(moral metaphysics)을 화해시키고 타협시키는 새로운 차원의 논의로 발전된 것이다.

녹문 임성주

우리는 바로 이러한 이간의 논리를 찬동하는 도암 이재李縡의 문하에서 걸출한 기일원론적氣一元論的 사상가 녹문鹿門 임성주任聖周, 1711~1788가 배출되었다는 사실을 한번 상기해볼 필요가 있다. 녹문에게는 심체心體가 곧 도체道體였으며, 리일분수理一分殊는 기일분수氣一分殊의 다른 이름이었으며, 태극太極도 원기元氣이며, 형이상자形而上者와 형이하자形而下者가 모두 기氣의 소이연所以然과 소당연所當然의 구분일 뿐이었다. 모두 즉기卽氣하여 이름지어지지 않은 것이 없다.

그러나 이러한 녹문의 과격한 기일원론적 세계관을 아주 단순하게 과거 서경덕류의 기철학의 계승인 것처럼 보는 것은 매우 위험한 것이다. 화담 서경덕의 "일기장존一氣長存"의 기불멸론氣不滅論은 아무리 그 독창성을 주장해도, 장재張載, 1020~1077(앞서 언급한 장횡거의 본명. 주돈이, 소옹, 정이, 정호와 함께 북송오자北宋五子로 불림)의 태허론太虛論의 틀 속에 있는 것이요, 그의 "기자이機自爾"도 노자가 말하는 "도법자연道法自然"에서 이미 설진說盡된 것이다("도법자연"

에 관해서는 나의 책 『노자가 옳았다』 pp.250~273을 볼 것). 그리고 그의 리기론도 리理가 기氣의 조리條理일 뿐이라는 상투적 명제의 범위를 벗어나는 것이 아니다. 다시 말해서 화담의 기론氣論은 우주론적인 담론(cosmological discourse)이며, 주리론적 우주론과의 대립을 의식한 세계관이다.

그러나 녹문의 기론氣論은 리론理論에 대립하는 우주론적 테제가 아니라, 기나긴 심성론의 내면화를 거친 인성론적 테제이며, 그것은 우주적 기에 대한 객관주의적 긍정이라기보다는 기조차도 순선純善한 도덕의지에 복속시키려는 도덕형이상학적 긍정이었다. 그러니까 그것은 어찌보면 퇴계의 리理에 대한 종교적 열망을 기氣에까지 확대시킨 것이다. 녹문의 기氣는 리화理化된 기氣였다. 그러니까 기의 객관세계까지도 리의 순선의지에 포섭하려는, 그러한 기였다. 그러니까 노론의 주기론적主氣論的 성향도 녹문에 오면, 이미 관료선비주의의 현실적·역동적·상황적 감각을 상실하고 순선한 인간의 심체心體에 대한 종교적 열망 속으로 관념화되어갔다는 것을 의미하는 것이다.

녹문이 예찬하는 "생의生意," "천지생물지심天地生物之心"은 결국 자인Sein의 세계까지도 졸렌Sollen의 세계로 귀속시키는 어떤 도덕주의적 접근, 그 종교적 열정을 나타내주는 것이다.

퇴계의 리발에서 녹문의 생의까지

퇴계의 리발론理發論의 리理가 결국 녹문의 생의生意의 기氣로까지 발전되어가는 과정은 꼭 서양철학사에 있어서 칸트형이상학의 과제상황으로 남은 물자체(Ding-an-sich)가 헤겔관념론의 절대정신(absoluter Geist)으로 확대되어가는 것과도 유사하다. 헤겔의 관념론은 객관주의를 표방하는 것이며 현상을 포섭하는 것이다. 다시 말해서 사단四端의 소종래所從來인 본연지성本然之性으로서 심적 현상의 배후에 물자체처럼 자리잡고 있던 퇴계의 리理는 녹문에 이르러서는 생생지덕生生之德의 모든 현상까지 포섭하게 되는 것이다. 하늘의 생물지심生物之心이나 인간의 측은지심惻隱之心이나 모두 하나의 인仁의 리理일 뿐이라고 말하는 녹문의 사유에는 모든 대립을 해소하는 헤겔변증법적 사유가 깔려있다고도 말할 수 있는 것이다.

조선왕조의 건국의 부조, 삼봉 정도전이 그 헌법적 총강, 「정보위正寶位」에서 말했던 "천지생물지심天地生物之心"이라는 테제가 녹문의 생의철학生意哲學의 "천지생물지심天地生物之心"에까지 발전하여 오는 치열한 사유의 수레바퀴는 세계철학사상 유례를 보기어려운 치열한 논전論戰의 세계며, 인간의 심성에 대한 심오한 탐구이다. 그것은 다름아닌 플레타르키아의 확대과정이었던 것이다. 「정보위」의 생물지심生物之心은 명백히 왕권의 제약을 겨냥하고 있으며, 왕 자신의 품성이, 인仁해야 함을 말하는 것이다. 그러나 녹문의 생물지심生物之心은 평범한 인간의 심心을 하늘의 신神(Divinity)에까지 격상시키는 유기체론적 생명사상이다.[35]

여기서 우리는 플레타르키아의 확대과정을 지켜보게 되지만, 조선사상사의 끊임없는 종교적 열망, 퇴계적 리理에로의 회귀는 조선왕조의 사대부가 임진왜란과 병자호란의 양난兩亂을 거치면서도 현실감각을 회복하지 못했다는 것을 입증하고 있다. 정치를 농단하는 엘리트들의 의식세계는 점점 현실감각을 상실하는 방향으로 관념화되어갔던 것이다. 그럼에도 불구하고 민중의 의식세계는 꾸준히 플레타르키아를 확대시키는 방향으로 진행되고 있었다.

예송, 조선의 황혼

광해군의 실각, 효종의 북벌계획, 노론의 영수 송시열의 종교적인 열정에 가까운 숭명사대주의, 그리고 내실 없는 북벌의 표방, 게다가 모처럼만에 찾아온

---

35) 夫在天曰神, 在人曰心, 其實一個能而已。故以天言之, 則生長收藏者, 氣也; 而能生能長能收能藏者, 則神也。以人言之, 則喜怒哀樂者, 氣也; 而能喜能怒能哀能樂者, 則心也。是以氣有偏正, 而所謂神者, 則未嘗有偏正也。『鹿門集』卷二, 4a~b, 「答渼湖金公」.

현종시대의 평화를 소란케 한 예송禮訟, 그리고 장희빈의 기구한 일생의 기복을 완농玩弄하는 왕권의 유희에 놀아난 노론·소론·남인의 득세와 몰락, 이러한 기복에 염증을 느끼고 탕평책을 실천한 영조마저 자기 아들을 뒤주 속에 가두어 죽이는 실책을 범하게 되는 이러한 역사의 대세는 이미 조선의 지배층인 사대부 귀족관료들이 살아있는 역동적 역사의 큰 물결을 장악하지 못하고 부유浮遊하고 있었다는 사실을 입증하는 것이다.

그럴수록 그들은 반청反淸의 감정 속에 소중화의 도덕주의적 이상만을 종교적으로 고집했다. 인물성이론을 주장한 기호학파의 남당계 정맥 호론湖論은 하이지분夏夷之分을 엄격하게 주장하면서 청나라를 오랑캐로만 휘몰아가는 존명배청尊明排淸의 어리석은 사유에 물들어있었을 뿐이었다. 이에 비하면 인물성동론을 주장한 낙론洛論의 입장은 보다 보편주의적이고 개방적이며 포용적이었다고 말할 수도 있겠으나, 그들의 주리론적 성향은 사상적 틀과 제도적 장치를 시대와 더불어 적합하게 변용해나가기에는 너무도 관념적이었다.[36] 조선의 황혼은 한마디로 사상의 공동空洞이었다.

남인과 서학, 남인의 본향에서 태어난 동학

조선말기 서학 즉 기독교를 수용한 남인들의 사상이 퇴계학풍의 주리론적 성향에서 연역된 것이라고 말할 수는 없다. 그러나 당시 핍박을 받았던 남인들에 의하여 기독교가 주체적으로 수용되는 과정에는 조선유학의 뿌리깊은 종교적 열망이 깔려있다고도 말할 수 있다. 보조 지눌의 기심己心·진심眞心사상에 깔려있는 여래장적 요소, 그 돈오頓悟적 성격, 그리고 칠정七情과 준별되는 사단四端의 소종래所從來로서의 퇴계의 리발론理發論, 그리고 남인들에 의하여 수용된 천주天主라는 인격신人格神의 범애汎愛, 이것은 우리민족사에 퇴적된 불

36) 이러한 조선후기 유림의 상황을 잘 분석한 역저로서는 하기의 책을 꼽을 수 있다. 권오영, 『조선후기 유림의 사상과 활동』, 서울: 돌베개, 2003. 앞머리글, "기호유림의 사상과 활동"을 참고할 것.

교·유교·기독교의 기층이지만 여기에는 하나의 공통된 주제, 즉 플레타르키아의 열망이 깔려있다.

인간의 평등에 대한 종교적 열망과 동시에 인간을 완전하게 보고 싶어하는 초월주의가 교착交錯되어 있는 것이다. 인간의 평등성과 완전성의 열망을 그들은 수직적인 구도 속에서 추구해 들어갔던 것이다. **이 수직적인 구도를 수평적인 구도로 전환시키는 과제**, 이 과제야말로 조선사상사의 플레타르키아의 최종적 문제상황이었다. 이 문제상황 속에서 바로 우리가 말하려는 동학東學이 등장케 되는 것이다.

19세기 초만 하더라도 "서학西學Western Learning"(넓게는 조선 중기 이후 조선에 전래된 서양사상과 문물을 가리키지만 좁게는 카톨릭교 즉 천주학을 가리킨다)은 이미 가볍게 치지도외 해버릴 수 있는 외래사상이 아니었다. 조선조 후기의 사상적 공동을 기독교는 맹렬한 추세로 메꾸어갔다. 18세기 중엽에 이미 언문판『천주실의天主實義』가 유포되어 있었다는 놀라운 사실이 이러한 추세를 입증한다. 이미 공허해져버린 유교적 플레타르키아는 조선인의 심성 속에서 하나의 레토릭이었을 뿐 어떤 감동을 불러일으키기에는 너무도 역부족이었다. 기독교는 성악적 인간의 타락을 가르치며 조선사회의 현실을 질타했고, 또 그러한 죄악적 현실 속에서의 인간의 평등과 강력한 구원의 메세지를 전파했다.

이러한 메세지의 전파자들의 배경에는 수운이 갈파한 대로 제국주의적 침략의 야욕과, 자기와 다른 삶의 양식을 묵살하는 환원주의적 문화우월주의의 오류가 깔려있기는 하지만,[37] 남녀노소 귀천을 불문하고 한자리에 모여앉아 추상

---

37) 하원갑 경신년에 전해오는 세상말이
요망한 서양적이 중국을 침범해서
천주당 높히세워 거소위 하는도를
천하에 편만하니 가소절창 아닐런가

적인 보편자 하나님을 찬송할 수 있다는 것 자체가 하나의 감격이었고 감동이었다. 순선한 미발심체未發心體를 관조하려는 유학자들의 종교적 열망과, 하늘에 계신 인간의 본원으로서의 천주天主님을 만나려는 종교적 열망은 유사한 측면이 있다. 물론 전자의 경우는 그 초월성이 지극히 내면화되어 있지만, 그 상향上向의 심층구조는 동일하다.

낙론洛論이 성선性善에서 심선心善으로 그 논의를 확대시킨 것은 두 가지 중요한 함의를 지닌다. 첫째는, 성性이 지닌 고고한 엘리티즘의 성격이 평범한 심心의 대중성으로 확대되었다는 것을 의미한다. 인간의 도덕적 구현을 사대부 엘리트에서 일반대중에게로 확대시킨 양명학적 보편주의와 상통하는 측면이 있다는 것이다. 둘째는, 활활발발活活潑潑하는 동적인 심心의 현실 속에서 직접 미발지중未發之中, 즉 도체道體를 체인하려는 실천론적 측면이 있다. 어찌 본다면 조선에 유입된 기독교는 이러한 낙론洛論에서 구현화된 조선유학의 지향점을 매우 쉽게 달성시켜 주는 것이었다.

조선말기의 기독교는 명말 양명학 좌파의 운동과 상응하는 측면이 있다. 그것은 매우 유치했지만 이해가 쉬웠고, 조선인의 초월적 열망을 노골적으로 대

증전에 들은말을 곰곰히 생각하니
아동방 어린사람 예의오륜 다버리고
남녀노소 아동주졸 성군취당 극성중에
허송세월 한단말을 보는듯이 들어오니
무단히 하늘님께 주소간 비는말이
삼십삼천 옥경대에 나죽거든 가게하소
우습다 저사람은 저의부모 죽은후에
신도없다 이름하고 제사조차 안지내며
오륜에 벗어나서 유원속사 무삼일고
부모없는 혼령혼백 저는어찌 유독있어
상천하고 무엇할꼬 어린소리 말았어라 … 『용담유사』「권학가」

중화시켰던 것이다. 기독교는 이미 조선민중의 열병이 되어버린 것이다. 우리는 이러한 열병 속에서 조선인의 기질 속에 면면히 흐르고 있는 샤머니즘적 파토스를 읽을 수 있다. 조선민중은 이러한 샤머니즘적 파토스 속에 인도유러피안어의 주어적 세계를 재발견하게 되는 것이다. 불교와 유교와 기독교, 그것은 이명異名이지만 동실同實이었을 지도 모른다. 그 반만년의 누적된 기층 속에는 하나의 주제가 달리고 있었다. 플레타르키아라는 하나의 주제가!

그러나 전통적 플레타르키아의 민본성에 내재하는 왕정적 수직구조를 근원적으로 수평적인 관계구조로 바꾸는 작업은 동학에 이르러서나 이루어지게 되는 것이다. 동학의 사람들은 그것을 "다시개벽"(최수운의 창발적 개념)이라 불렀다. 그리고 이 개벽의 사상은 단계론적·직선적 역사인식 속에서는 이해될 수 없는 것이다. 이러한 개벽의 사유의 틀을 성취하기 위하여서는 우선 심성론적 이론성이나 심학적 관념성을 모두 초탈해버리지 않으면 안된다. 그리고 기독교적인 사유로부터 근원적으로 벗어나지 않으면 안된다.

조선사상사의 뚜렷한 흐름: 서학은 극복되어야 한다

이러한 문제의식이 19세기 조선사상가들의 새로운 도전으로 등장했던 것이다. 이 도전의 웅혼한 금자탑을 우리는 한양 도성내 회현방會賢坊 송현松峴 상동尙洞 기화당氣和堂에서 활活·동動·운運·화化의 기氣를 말하고 있었던 혜강惠岡 최한기崔漢綺, 1803~77의 기학氣學에서 만나게 되는 것이다. 많은 무지한 자들이 횡거, 화담, 선산船山, 녹문, 혜강을 동류의 기론氣論으로 일괄처리 해버리는 오류를 범하고 있으나, 혜강의 기학과 이전의 기론의 사이에는 근원적인 패러다임 쉬프트가 존存하는 것이다. 혜강의 기학은 "기론"이 아니요 "기학"이다.

혜강의 기는 심성론적 색채가 완전히 탈색된 기다. 그것은 형이상학이 아닌 과학이요 "경험經驗"이다. 혜강에게 있어서 심성론은 기통氣通의 인식론일 뿐이다. 혜강의 우주론은 과거의 도덕형이상학적 우주론이 아닌 계측가능한 객관적 우주론이다. 그의 우주론은 일신운화一身運化와 통민운화統民運化와 천지운화天地運化를 일통一統시키려는 비센샤프트로서의 우주론이다. 그의 경전은 이미 성경聖經이 아닌 천경天經이다.

그리고 혜강은 이러한 과학주의적 낙관론의 틀 속에서 인류의 모든 초월적 종교를 객관적 기의 운화運化에 대한 경건심으로 환원시켰다. 종교의 조직이나 성직자의 존재를 인정치 않았으며 자연발생적인 수신·제가·치국·평천하의 운화적 사업속에 인간의 모든 종교적 열망을 귀속시켰다. 그것은 과학적 합리주의의 극치였으며, 세련화된 코스모폴리타니즘이었으며, 인문·사회·예술·종교의 영역에까지 확대된 과학의 새로운 패러다임이었다. 논리적으로 본다면 최한기의 기학은 동시대의 최수운의 득도得道의 패러다임을 이미 준비해놓고 있었다.

다산의 억지스러운 서학의 정당화

다산茶山 정약용丁若鏞, 1762~1836은 천주교의 도전을 깊게 이해했다. 그러나 기실 그의 천주교에 대한 태도는 매우 애매하다. 그것을 자신의 실존적 신앙체계로서 받아들이기에는 그의 학문적 패러다임이 너무도 정통적인 유교의 틀을 고집하고 있었다. 그러나 그에게 있어서 기독교의 "상제上帝"라는 것은 유교적 "신독愼獨"의 근거로서 충분한 존재이유를 갖는 인격적 존재였다.

> 인간의 본성은 원래 스스로 선善을 좋아하기 때문에 조심戒愼케 하는 것까지는 가능하겠지만 대저 두려워恐懼한다는 것은 구체적 까닭이 없이는 불가능한 것이다. 선생이 가르쳐서 두려워한다는 것은 가짜 두려움이다. 군주가 명령을 내려서 두려워한다는 것도 기만적인 두려움이다. 두려움이 어찌 속임수로 얻어질 수 있겠는가? 밤에 공동묘지를 지나가면 두려워할려고 안해도 저절로 두려워지는 것이니 그것은 그곳에 도깨비가 있는 것을 알기 때문이다. 밤에 산림 속을 지나가다 보면 두

려워할려고 하지 않어도 저절로 두렵게 될 것이니 그것은 그곳에 호랑이가 있다는 것을 알기 때문이다. 군자가 캄캄한 방 속에 홀로 앉아 있어도 전전 율율하면서 감히 악한 일을 저지르지 않는 것은 상제가 그를 굽어내려다 보고 있다는 것을 알기 때문이다. 이제 명命과 성性과 도道와 교敎를 모두 일리一理에 귀속시킨다면, 리理라는 것은 본래 지각도 없고 위엄도 없는 것인데, 어떻게 그것으로 인하여 조심하고 두려워할 수 있게 되겠는가? 성인의 말씀은 지극히 진실된 것이므로 체면만 세우는 그러한 말로써 자신을 속이고 타인을 속이는 그런 일은 없을 것이다.[38)]

다산의 신독론에 관해서는 여러가지 평가가 있을 수 있겠으나 그의 방대한 경학사상의 전체구조 속에서 볼때, 좀 어색한 느낌이 드는 것이다. 『중용』의 핵심논리인 신독愼獨이 감시적인 인격존재에 의하여 타율적으로 이루어지는 것이라면 그는 인간의 본성에 대하여 근원적인 신뢰감을 보류해야만 한다. 물론 그는 인의예지라는 것이 인간의 행위의 결과로서 성립하는 것일 뿐이며 인간의 마음에 내재하는 현리玄理일 수는 없다고 생각한다. 인간의 마음에 있는 것은 그러한 행위의 가능성으로서의 영명靈明한 능력일 뿐이다.[39)]

그는 인심人心을 선으로도 기울 수 있고 악으로도 기울 수 있는 저울(權衡)로 보아 위태로운 것이라고 말한다. 그리고 성性이란 것은 단순히 기호嗜好라고 말한다. 그것은 기호이되, 선善을 좋아하고 악惡을 미워하며, 덕德을 좋아하고

---

38) 人性原自樂善, 使之戒愼, 猶之可也。夫恐懼爲物, 非無故而可得者也。師敎之而恐懼, 是僞恐懼也; 君令之而恐懼, 是詐恐懼也。恐懼而可以詐僞得之乎? 暮行墟墓者, 不期恐而自恐, 知其有魅魈也; 夜行山林者, 不期懼而自懼, 知其有虎豹也。君子處暗室之中, 戰戰栗栗, 不敢爲惡, 知其有上帝臨女也。今以命性道敎, 悉歸之於一理, 則理本無知亦無威, 能何所戒而愼之, 何所恐而懼之乎! 聖人所言, 皆至眞至實, 必不作矯僞體面之話, 以自欺而欺人矣。『中庸自箴』卷1, 5a.

39) 仁義禮智之名, 本起於吾人行事, 並非在心之玄理。人之受天, 只此靈明, 可仁可義可禮可智, 則有之矣。若云上天以仁義禮智四顆, 賦之於人性之中, 則非其實矣。『中庸講義』卷1, 2b.

더러움을 부끄러워하는 기호라고 말한다. 그것이 바로 도심道心이다.

그러나 이러한 인심人心이 도심道心으로 기울게 되는 기호적 선택의 도덕성의 근원에 대해 그는 말하지 않았다. 그 도덕성의 근원을 감시적인 상제上帝에 두었다면 그것은 혜강 『기학』의 서문이 지적하고 있는 바대로, 무형적인 것으로써 유형적인 것을 제압하려는 중고지학中古之學의 오류에 불과한 것이다. 인간의 기호가 반드시 선善을 좋아하고 악惡을 미워하며, 덕德을 좋아하고 오汚를 수치스럽게 생각하는 것만은 아니다. 인간의 기호의 문제는 그러한 도덕적 방향보다는 선善을 싫어하고 악惡을 좋아하며, 깨끗한 것을 싫어하고 더러운 것을 좋아한다는데 있는 것이다. 그의 기호론은 이미 도덕적 방향성이 결정된 형이상학적 기호론이다. 인간의 적나라한 문제에 관하여 하등의 새로운 해결을 제시하는 이론이 아닌 것이다.

그리고 공동묘지의 도깨비는 실재하는 것이 아니다. 그리고 산림山林의 호랑이는 가능성일 뿐이요, 항존하는 것은 아니다. 인간의 도덕적 외경의 근원으로서 삼을 만한 실체는 아닌 것이다. 호랑이가 두렵다면 총을 준비하거나 딴 대책을 마련하여 마음가짐을 편하게 가지는 것이 더 옳다. 신독愼獨의 도덕성의 궁극적 연원을 상제上帝와 같은 헛깨비에서 찾는다는 것은 다산茶山과 같이 실사實事, 실리實理, 실용實用, 실증實證을 중시하는 사람이 취할 논리는 아닌 것이다. 그의 신독론愼獨論은 그의 훈고적 치밀성에 비한다면 명백한 사상적 후퇴를 의미하는 것이다. 다시 말해서 다산茶山은 수기치인修己治人에 있어서 어떠한 획기적인 새로운 패러다임을 제시하지 못한채 경전해석학의 고답적 굴레에 매몰되어 있었던 것이다.

다산은 구시대의 종장終章

그리고 기독교의 논리를 전폭적으로 수용하지도 못했고 또 동시에 전폭적으로 배척하지도 못했다. 그는 기독교에 대하여서는 결국 판단유보상태에 머물러 있었다고 말할 수밖에 없다. 그의 사랑하는 가족들이 이미 신앙체계로서 수용한 기독교를 조선문명의 새로운 패러다임으로서, 그의 삶의 비젼으로서 표방하기에는 조선역사에 대한 보수적 희망을 버릴 수 없었고, 또 그의 경학의 전체틀을 총체적으로 개혁할 수는 없었다.

다시 말해서 그가 파악한 조선역사 그 자체에 부분적 수정이나 개혁을 도입할 수는 있었으나 새로운 문명의 패러다임을 전폭적으로 수용할 수는 없었다. 그리고 그의 경학經學사상도, 성경聖經아닌 천경天經이라고 하는 혜강의 기학적인 새로운 방법의 틀이 부재했던 것이다. 다산茶山의 세계는 "다시개벽"이 아닌 구시대의 라스트 채프터the last chapter에 불과했던 것이다. 이러한 구개벽세의 틀을 깨고 태어난 사상으로서 우리는 기학氣學과 동학東學을 이야기해야 하는 것이다.

수운水雲이 동학東學운동의 단초를 형성하고 있던 즈음, 중국에는 홍수전洪秀全, 1814~1864이 중국근대사상 최대의 반란이며, 사상·종교·사회·경제 전영역에 걸쳐 변혁을 요구한 혁명운동을 전개하고 있었다. 홍수전은 최수운과 같은 해에 죽었다. 그리고 양인 사이에는 많은 공통점이 있다. 최수운의 아버지 근암공이 과거에 계속 낙방했고 수운 자신도 재가녀再嫁女의 자손으로 문과에 응시할 자격이 없었다. 수운은 동남방의 빈벽한 경주 가정리에서 태어났고, 홍수전도 광동성廣東省 화현花縣의 객가客家사람으로 태어났다. 홍수전도 4번이나 과거에 낙방했다. 아편전쟁 직후 도광 23년(1843) 남경조약이 비준되던 해, 4번째 과거에 낙방하며 공맹孔孟의 가르침과 인연을 끊는다.

홍수전의 무병

그런데 그는 두 번째 과거에 응시하러 성도省都인 광주에 갔을 때 거리에서 영국인 전도사로부터 『권세양언勸世良言』이라는 팜플렛을 받았다. 한번 훑어보았지만 별 관심을 갖지 않았다. 24세 때의 일이었다. 그 뒤 세 번째 낙방한 후

슬프고 분한 나머지 화현으로 돌아와 40일 동안 중병을 앓게 된다. 고열과 환각이 계속되었는데 아마 홧병으로 시작된 무병이었을 것이다(1837년, 25세).

그의 무병의 무의식세계를 지배한 것은 『권세양언』에서 읽은 메시지의 암시였을 것이다. 그는 꿈 속에서 한 노인으로부터 칼 한자루와 더불어 요마妖魔가 이 세상을 어지럽히고 있으니 그것과 싸워 몰아내라는 명령을 받는다. 그리고 "천왕대도군왕전天王大道君王全"이라는 일곱 자를 하사 받는다.

꿈에서 깨어난 그는 그가 읽은 『권세양언』의 장면과 자기의 체험이 매우 유사하다는 것을 발견한다. 여기서부터 그는 기독교에 탐닉하게 되었고, 하느님, 예수 그리스도, 속죄, 천당과 지옥, 참회, 예배등의 관념을 이해하게 된다. 그리고 그의 무병의 체험은 다양하고도 리얼한 승천昇天의 체험으로 둔갑되어 기술된다.

그는 무병의 환각 속에서 현세를 떠나 하늘에 올라가서, 하느님과 예수를 만났으며 그들로부터 이 세상의 구원에 대한 전투적 임무를 부여받았다고 확신하게 되었다. 그의 유명幼名은 화수火秀였는데, 여호와 하나님으로부터 선택되어 하사받은 일곱자의 마지막 글자인 "전全"을 써서 이름을 "수전秀全"으로 바꾸어버렸다. "전全"자를 분해하면 "인왕人王"이 된다.

그는 여호와 하나님을 "천부天父"라 불렀고, 예수 그리스도를 "천형天兄"이라 불렀고, 자기는 "천왕天王"이라 불렀다. 홍수전이 만난 하나님은 아주 인격적인 신이었으며, 따라서 그와도 아주 인격적 관계를 갖고 있었다. 그것은 수운이 체험한 "노이무공勞而無功"의 하느님이 아니라 매우 구체적인 형상을 지닌 존재였다. 위엄있는 자세로 황제처럼 앉아 있었으며, 금빛 턱수염에 높은 테의 모자를 쓰고 무릎에 손을 얹은 채 천상의 가족과 궁정신하에 둘러싸인 당당한 모습이었다. 그가 만난 하나님은 끊임없이 인간적 대화로써 세상형편에 대한 비애감과 분노를 표현했다.

홍수전에게 기독교는 신과 악마의 투쟁이었으며, 이 투쟁은 그의 마음속에선 매우 인간적인 투쟁이었다. 하나님을 위해 싸워서 요마들을 죽이거나 지옥으로 보내는 것이 그의 사명이었던 것이다. 하나님은 그의 아들 예수 그리스도를 지상에 내려보내 인간의 죄를 대속케 하였다. 홍수전이 하늘에 영접되었을 때, 그는 그가 바로 예수 그리스도의 아우이며, 형님이 행하셨던 일을 승계받아 투쟁을 계속해야 한다는 것을 깨닫게 되었다. 지상에서 백성들을 회개시켜 하나님을 경배케하고 요마들을 주멸하는 것이 그의 과업이었다. 이 요마들이 바로 만주족이었다. 그의 이러한 신념은 청말에 일어난 모든 신흥종교, 비밀결사의 공통된 정치성향이었다. 묘족苗族의 반란, 백련교白蓮敎, 천리교天理敎, 천지회天地會, 삼합회三合會, 이 모든 운동이 "반청흥한反淸興漢"적 가치를 들고 나오면서 대중의 인기를 얻을 수 있었던 것이다.

그는 구약성서의 창세·홍수·인간에 대한 신의 분노를 중국역사에 결부시켰다. 하·은·주 삼대三代의 시절까지 중국사람들은 하나님을 잘 경배했으나 그 다음부터는 타락해버렸다는 것이다. 공자孔子도 백성을 오도하였다. 공자는 천상에서 백성을 오도한 것에 관하여 하나님의 힐책을 받고 매를 맞았다. 이러한 비젼은 과거시험의 불운한 응시자였던 홍수전에게는 더없는 심리적 만족을 안겨 주었을 것이다. 홍수전은 지상에서의 신국神國 건설의 사명을 자신의 임무로 확신케 되었던 것이다.

홍수전은 1847년 3월 광주로 가서 미국 남부 침례교 목사인 아이사커 로버츠Issachar T. Roberts(羅孝全)를 만나, 비로소 『구약』과 『신약』을 접한다. 그전까지 그가 전파한 기독교는 『권세양언』이라는 어설픈 팜플렛을 자기 나름대로 해석한 것이었다. 홍수전은 몇 달 동안 로버츠의 집에 머물며 세례를 받으려 했다. 그러나 로버츠는 세례를 거부했다. 아마도 홍수전에게 이미 형성된 관념의 위험성과 무속적 행태의 과격성을 감지했을 것이다.

홍수전의 배상제회, 태평군의 남경입성

세례를 거부당한 홍수전은 죽마고우 풍운산馮雲山과 함께 "배상제회拜上帝會"를 조직하기에 이른다. 아편전쟁 이후 은의 심한 해외유출로 경제적 평형이 파괴되면서 많은 실업유민이 발생하였다. 광서성 계평현桂平縣 자형산紫荊山 일대를 거점으로 일어난 배상제회에 모여든 사람들은 대부분이 은광의 광부들이었다. 이들에게 전파된 것은 소박한 권선勸善과 신상·불상·위패 등의 우상파괴, 여자의 전족금지, 천부天父의 자녀로서 천하天下가 일가一家며 따라서 모든 남자는 "형제兄弟"요 모든 여자는 "자매姉妹"라는 인간평등의 메시지였다. 회원은 엄청난 세력으로 급증했다.

1850년 음 12월 10일(홍수전의 생일날, 양력으로는 1851년 1월 11일) 배상제회는 태평천국의 건국을 선포하고, 광서 계평현桂平縣 금전촌金田村에서 1만 명의 병력으로 궐기하였다. 1851년 9월(양력)에 광서 영안주성永安州城을 점령하고 국가로서의 각종 제도를 정비하기에 이른다. 1853년 3월 29일, 홍수전은 100만 명의 태평군을 거느리고 남경南京에 입성한다. 1만여 척의 배가 장강을 휘덮었고 돛대가 숲을 이루었다. 관병은 남기지 말고 백성은 해치지 말라! 만주족의 주방기병駐防旗兵 3만 명은 한 명도 남김없이 살해되었다. 양강총독의 관서를 천왕부天王府라 고치고 남경을 천경天京이라 불렀다. 태평천국의 새로운 역사가 시작되었던 것이다. 이때 수운水雲은 장사꾼으로서 팔도를 유람타가 기나긴 방황을 마무리하고 쓸쓸하게 고향 용담으로 돌아갈 채비를 차리고 있었다.

지금 시대가 바뀌어 태평천국의 난이든 동학난이든, 난亂이라 부르지 아니하고 태평천국혁명, 동학혁명이라 부른다. 혁명이란 결과적 성공의 여부를 불문하고 반드시 명命을 혁革한다고 하는 분명한 의식이 있어야 한다. 태평천국의 역사에 헌신한 수많은 민중의 함성 속엔 분명 혁명革命에 대한 갈망이 있었을 것이다. 그러나 태평천국의 역사를 만들어간 리더들의 정신세계 속에 과연 그러한 혁명에 대한 분명한 의식과 가치관의 변혁이 있었는지는 의문으로 남는다.

동학과 태평천국을 비교하여 보면, 조선역사의 유교적 합리주의의 치열한 논리의 연속성과, 그 축적된 인간지성의 승리, 플레타르키아의 꾸준한 확대에 의한 폭발적 힘의 위대성을 감지하게 된다. 혁명은 결코 일시적 광분이나 광기로써는 이루어지지 않는다. 동학을 리드해간 사람들의 의식 속에는 뜨거운 종교적 열정조차도 냉혹한 이성의 대해大海로 귀속시키는 차분한 역사적 비젼이 자리잡고 있었다.

태평천국과 동학의 차이

첫째, 태평천국이든 동학이든 서세동점에 압박당한 동아시아사회 자체의 말법적 병폐현상을 광정하고자 하는데 그 일차적 동인이 있지만, 태평천국의 이념은 외래적인 서학 그자체였다. 동아시아 역사를 압박하고 있었던 제국주의적 사유의 본원을 그대로 수용한 것이었다. 하지만 동학은 그 외래적인 서학을 수용하거나 배척한다는 단순한 대립적 의식을 초월하는 어떤 본질적인 새로운 사유구조와 가치의식을 주체적으로 창조하였다. 태평천국의 이념이 외래적인(exogenous) 것이라면 동학의 이념은 내래적인(endogenous) 것이며 주체적인 것이며 창조적인 것이며 새로운 것이었다. 바로 이 점이 태평천국과 동학의 최대 분기점이며, 또 모든 분기점의 출발점인 것이다.

많은 사람들이 태평천국의 이념이 기독교 그 자체가 아니라 기독교의 심볼리즘이나 언어의 외투를 빌린 중국의 토착신앙의 발현이라고 말하기도 하지만, 그것은 기독교의 본질을 망각한 책임회피적인 망언에 불과한 것이다. 기독교가 초월적인 인격신에 대한 인간의 숭배와 복속을 포기하지 않는 한, 기독교가 인간의 문화 속에 전파될 때 태평천국에서 발생하는 모든 요소가 필연적으로 도출될 수밖에 없다고 하는 명백한 사실을 인정하지 않으면 안된다. 그것이 태평太平의 도래이든 미륵의 하생下生이든 종말론적 유대교의 변양이든 예수의 재림이든 영지주의적 광란이든, 그것은 조로아스터교를 배출한 이란문명권의 토양으로부터 내려오는 인류의 기나긴 천년왕국 신앙(millenarianism)의 한 고리에 지나지 않는 것이다.[40] 동학은 어떠한 경우에도 그러한 밀레네리아니즘의 한 형태로 규정될 수 없다.

둘째, 태평천국은 천년왕국 신앙의 한 전형태인 선·악 이원론의 원리에 따라 요마妖魔를 설정했고, 그 요마는 만청滿淸이었다. 그들은 화이華夷사상을 철저하게 반청反淸종족주의로 해석했다. 그리고 오히려 서양오랑캐는 상제上帝의 자녀로서 "형제"요 "자매"였다. 따라서 중국이라는 나라의 아이덴티티가 분열되어있던 시기에 태어난 사상이었다. 따라서 편협한 중화우월주의를 깔고 있었다. 이스라엘의 선민사상을 중국이라는 땅에 대한 지역주의적 선민사상으로 해석했다. 중국은 상제가 선택한 신주神州인데 만주족이 훔쳤다는 것이다. 그것이 곧 만주족의 죄목이었다.

동학 또한 조선왕조의 지배계급에 대한 강력한 불만을 품고는 있었지마는 조선사람이라는 아이덴티티의 분열은 찾아볼 수가 없었다. "개같은 왜적 놈"(「안심가」), "요망한 서양적"(「권학가」)과 같은 표현에서 볼 수 있듯이 남의 나라 민중을 무력으로 짓밟는 외세에 대한 적개심만 노출시키고 있을 뿐이다. 그리고 그들의 최종적 관심은 이들 외세의 침략에 대한 "보국안민輔國安民"에 있었다. 이 "보국輔國"이라는 것도 국수주의적 "보국保國"이 아니라, 어떻게 그릇

40) 인류사에 등장하는 다양한 밀레네리아니즘의 종교현상을 포괄적으로 논구한 명저로서 다음의 책을 들 수 있다. 鈴木中正 編, 『千年王國的民衆運動の硏究』, 東京: 東京大學出版會, 1982. 스즈키씨는 천년왕국신앙의 명백한 원형을 조로아스터교의 세계관에서 발견한다. 이 종말론과 구세주의 사상이 바빌로니아 유치시대를 거치면서, 그 유치를 종료시켜 준 페르시아인에 대한 호감 때문에, 유대교의 신앙체계 속에 조로아스터교적인 선善·악惡 이신적二神的인 요소와 함께 유입되었다고 본다. 그것이 구약의 「다니엘서」와 신약의 「요한묵시록」으로 나타났고, 그것이 후대에는 이슬람을 악마로 간주하는 십자군의 천년왕국신앙으로 발전되었다.

된 나라를 바로잡냐 하는 "정국正國"의 문제였다. 이것은 "정자政者, 정야正也."라고 하는 공자의 현세적 관심의 적통에서 벗어나지 않는다. 분명히 말하지만, 동학은 조선사람의 분열을 획책하지 않았다.

셋째, 태평천국은 기독교 선교사의 배타적 문화정책을 그대로 수용하고 십계명에 나타난 우상파괴론을 철두철미 신봉하였다. 홍수전이 승천昇天으로 비젼을 획득한 후 자기동네에서 최초로 마찰을 일으킨 사건이 바로 이 우상파괴였다. 자기가 가르치던 서당에서 공자의 위패를 없애버려 학부형들의 항의를 받게 된 것이다. 그리고 어느 곳에 가나 사당과 묘의 위패나 신상을 파괴하는 데 열심이었다. 정통적 주자학을 신봉했으며 공맹孔孟의 적통을 잇는다고 생각한 증국번曾國藩이 상용湘勇을 조직하여 태평천국에 "성전聖戰"을 선포하게 되는 명분도, 바로 태평군의 전통문화에 대한 도전에 대하여 중국의 도道를 수호한다는 것이었다.[41]

그러나 동학은 "다시개벽"을 말하지만 기존의 문화관습에 대하여 배타적인 태도를 취하지 않았다. 수운은 조선조 5백년의 유교적 전통에 대하여 결코 배타적이질 않았다. 수운은 심지어 자기를 죽이려 했던 철종의 승하에 대해서도 예를 갖추어 배례를 행하였다.

---

41) 증국번曾國藩과 증국전曾國荃이 태평천국의 천경天京인 남경南京을 함락시키고 난亂을 진압한 직후 금릉절서金陵節署에서 『선산유서船山遺書』를 간행한 사실도 기억해 둘 만하다(1862~66). 선산船山 왕부지王夫之(1619~1692)는 일어나는 만청과 싸우는 데 평생을 바쳤고 그의 철학체계 속에서도 하이지분夏夷之分을 엄격히 하여 만청을 용납하지 않았다. 그런데 기울어가는 만청을 끝까지 사수하는데 평생을 바친 증국번형제에 의하여 왕부지王夫之의 전집이 발간되었다는 아이러니를 한번 생각해 볼 만하다. 증국번은 왕선산王船山을 동향同鄕의 대유大儒로만 생각했으며, 주자학朱子學의 정통사상을 발휘한 인물로만 숭앙했을 뿐 그의 정치사상이나 기철학적 통합적 세계관의 과격성은 인지하지 못했다.

요망한 서양적이 중국을 침범해서
천주당 높이세워 거소위 하는도를
천하에 편만하니 가소절창 아닐런가
증전에 들은말을 곰곰히 생각하니
아동방 어린사람 예의오륜 다버리고
남녀노소 아동주졸 성군취당 극성중에
허송세월 한단말을 보는듯이 들어오니
무단히 하늘님께 주소간 비는말이
삼십삼천 옥경대에 나죽거든 가게하소
우습다 저사람은 저의부모 죽은후에
신도없다 이름하고 제사조차 안지내며
오륜에 벗어나서 유원속사 무삼일고
부모없는 혼령혼백 저는어찌 유독있어
상천하고 무엇할꼬 어린소리 말았어라 「권학가」

이 짧은 가사 속에도 서학이 가족단위의 현실적 인륜을 중시하지 않고 천당중심의 이기주의적 개체구원에만 매달리고 있다는 것에 대한 통렬한 비판의 메시지가 있다. 그리고 아동방(조선)의 예의오륜禮義五倫과 제사중심의 문화적 관습, 그리고 사자死者를 포함하는 가족윤리의 유대성을 중시한다는 태도를 내비치고 있다. 동학은 결코 문화적으로 아이코노클라스틱iconoclastic한 운동은 아니었다.

넷째, 태평천국은 처음부터 기독교라는 종단의 교리와 조직을 흉내내는 철두철미한 종교운동이었다. 공동체의 결속과 군사기율을 지탱하는 종교적 금욕윤리는 개인을 철저히 종교집단에 복속시키는 것이었다. 형제자매의 세계공동체적 보편윤리도 가족윤리에 대한 상위적 권위주의를 보지하는 것이었다. 종교라는 조직이 개인의 실존에 우선하는 것이었다. 이에 반하여 동학은 사회적 관심에서 출발한 운동이며 종교적 조직을 만들기 위한 운동이 아니었다.

동학은 종교운동이 아니었다. 동학이 평범한 종교운동으로서 전화한 것은 제3대 교조 의암義菴 손병희孫秉熙가 동학東學을 천도교天道敎라 이름하고 하나의 종교로서 선포한(大告天下) 1905년 12월 1일 이후의 사건이었다. 그 이전의 동학도들은 자유로운 활동의 결사체였으며, 조직윤리에 개인윤리를 복속시키는 종교적 권위주의로부터 완전히 해방되어 있었다. 그들은 "동학을 한다"고만 말했으며 "동학을 믿는다"고 말한 적이 없다. 동학은 간단間斷없는 삶의 실천일 뿐이었으며 새로운 가치관을 수립하는 매우 느슨한 인적 관계망의 활동이었고 운동이었을 뿐이다. 동학은 인간의 각성을 지향했을 뿐 종교조직에 인간을 복속시키지 않았다.

다섯째, 배상제회拜上帝會는 조직되면서부터 정치세력화되는 것을 지향했다. 홍수전 자신이 처음부터 태평천국의 혁명을 꿈꾼 것은 아니었지만, 세력이 급격히 불어나면서 그들은 지상에서의 천국의 실현을 매우 리얼하게 설계했다. 그것은 단순한 종교가 아닌 지상에서의 천국의 실현을 위한 전투적 종교였다. 그러나 수운은 자신의 운동과 집단이 정치세력화되는 것을 거부했다.

그가 서학으로 오인받아 정치적 탄압을 받는 것을 피하려는 목적도 있었지만, 수운은 자신의 득도의 내용이 충분히 전달되기도 전에 집단화되고 정치세력화되는 것을 매우 싫어했다. 그래서 남원 교룡산성 은적암으로 피신하기도 했다. 그리고 용담으로 돌아와선 도유道儒들에게 정치적으로 오해받아 도둑놈 취급을 당하느니 차라리 "도를 버릴 것棄道"을 종용한다(「통문通文」). 수운은 자신의 도가 정치적으로 실현되는 차원의 문제일 뿐만 아니라 근원적인 삶의 모든 가치관이 변혁되는 구원久遠한 문제라고 생각했다. 그래서 조급한 정치적 실현보다는 순결한 이상의 실천의 족적만 이 세상에 남기기를 원했다.

1890년대의 동학혁명과정에 있어서도 해월이 취한 태도 또한 동일한 것이다. 피상적으로 동학을 이해하는 사가들이 남접과 북접을 나누어, 동학사를 남접을 이끈 진취적 전봉준과 북접을 이끈 보수적 해월의 대결의 역사인 것처럼 터무니 없는 무지한 논변을 날조하고 있지만 남접과 북접의 이분은 체제적으로나 사상적으로나 존재하지 않았다.

비록 전라지역에서 김덕명 휘하의 소접주였던 전봉준이 고부군수 조병갑의 학정에 항거하여 기의한 것을 기화로 무력혁명의 기치는 타올랐으나 그러한 기의起義에 대해 해월이 시종 신중한 입장을 취한 것은 수운의 가르침의 본바탕이 "수심정기修心正氣"("守心正氣"로 쓸 때도 있으나 양자는 맥락에 따라 다르게 쓰였다)와 같은 인간내면의 문제에 있었고 사회적 실천 또한 휴먼 네트워크에 의한 점진적 변화를 통해 달성되는 것이라고 생각했기 때문이었다. 사회적 불의에 대한 정의로운 항거 또한 폄하할 일은 아니지만, 동학의 이념적 순결성을 역사에 남기려했던 해월의 포괄적 비젼 또한 깊은 이해를 요망하는 것이다.

여섯째, 모든 종말론자, 구세론자, 혁명론자들은 그들이 믿는 신념의 성취를 즉좌적으로 생각한다. 당장 즉좌적으로 이루어진다고 믿는 것이다. 홍수전과 그를 따르는 다섯왕(동왕東王: 양수청楊秀淸, 서왕西王: 소조귀蕭朝貴, 남왕南王: 풍운산馮雲山, 북왕北王: 위창휘韋昌輝, 익왕翼王: 석달개石達開)도 예외는 아니었다. 그러나 수운水雲은 그러한 긴박한 성취에 대한 환상이 없었다.

그는 항상 도유道儒(수운이 따르는 도인들을 일컬은 말)들의 마음이 급하고 초조한 것을 개탄하였다. 그래서 "탄도유심급歎道儒心急"이라는 글까지 썼다. 풍운대수風雲大手(세상이 뒤집어지는 시기)는 인간의 기국器局(사람됨)에 딸려있는 것이며, 현기玄機(자연의 비밀)는 쉽게 노출되는 것이 아니니, 마음을 조급히 가지지 말라고 권면하였다.[42] 그는 개벽의 도래를 긴박한 시점으로 생각치를 않았다.

---

42) 風雲大手, 隨其器局。玄機不露, 勿爲心急。「歎道儒心急」, 『東經大全』.

그리고 말을 조심할 것을 권면하였으며 함부로 현기를 노출시키지 말라고 훈계하였다. 다음과 같은 시문은 매우 시사적이다.

병속에 신선 술이 있으니
백만사람을 살릴 만하다
빚기는 천년전에 빚은 것이나
크게 쓸곳있어 지금까지 간직해온 것이다
부질없이 한번 봉한 것을 열면
냄새도 흩어지고 맛도 엷어진다
지금 우리 도를 하는 자들은
입다물기를 이 병같이 하라

瓶中有仙酒, 可活百萬人。
釀出千年前, 藏之備用處。
無然一開封, 臭散味亦薄。
今我爲道者, 守口如此瓶。

예수도 긴박한 천국의 도래를 외쳤고, 사도 바울도 긴박한 파루시아(Parousia: Second Coming of Christ)를 믿었으며, 홍수전도 긴박한 지상천국의 실현을 꿈꾸었으나, 수운水雲은 그러한 환상에 압도된 적이 없다. 수운水雲의 문제의식은 어디까지나 인간의 내적 상황이었으며 인간외적인 어떤 초월적 건조물에 의하여 해결될 수 있는 그런 것이 아니었다.

『천년왕국의 추구*The Pursuit of the Millennium*』(1970)의 저자 노르만 콘Norman Cohn, 1915~2007(영국의 역사가)이 지적한 대로, 밀레네리아니즘은 대체적으로 다음의 다섯가지 성격을 보지한다. 1) 신자 전체가 구원을 향수한다는 의미에서 **집단적**이다. 2) 구원이 피안의 천국에서 이루어지는 것이 아니라 지상에서 실현된다는 의미에서 **현세적**이다. 3) 그것이 곧바로 실현된다는 의미에서 **즉좌적**이다. 4) 구원이 지상에서의 삶을 완전히 변화시키며, 그에 따라 새롭게 도래되는 시대는 개선이 아닌 완벽 그 자체라는 의미에서 **전면적**이다. 5) 구원은 항상 초자연적 힘, 신의 섭리에 의하여, 혹은 그의 도움으로 이루어진다는 의미에서 **기적적**이다.[43)]

홍수전의 태평천국은 이 5가지 조건을 기막히게 만족시킨다. 홍수전의 태평천국은 이란—중동—유럽역사 그리고 이란—중앙아시아—인도역사에 보편적으로 나타난 모든 밀레네리아니즘의 전형적인 요소를 모두 완벽하게 구현하고 있는 것이다. 그러나 수운의 동학은 이 다섯가지 요소를 모두 거부한다. 수운이 말하는 다시개벽은 신의 섭리나 초자연적인 힘에 의하여 이루어지는 기적이 아니며, 일시적으로 전면적으로 즉좌적으로 이루어지는 것이 아니다. 그리고 수운은 집단 전체의 구원을 말한 적이 없다. 수운의 개벽이 노르만 콘이 말하는 현세적이라는 조건은 만족시킬 수 있겠지만, 여기 밀레네리아니즘이 말하는 현세성은 어디까지나 초자연성을 전제로 한 현세성이기 때문에 수운이 말하는 다시개벽과 관련이 없다.

일곱째, 홍수전이 생각한 지상의 천국天國의 이상성은 자신의 오욕, 좌절, 빈곤의 과거에 대한 보상기재로 판타스틱하게 구성된 것이며, 보편주의적 이념과 달리, 매우 가족주의적인 것이었다. 그가 승천昇天하여 직접 가본 천국天國에는 어호와 하나님도 부인(天母)이 있었고, 예수형님도 아내가 있었다. 홍수전은 하늘나라에서 성경공부를 게을리했다고 예수형님에게 야단을 몹시 맞았는데 예수형님의 아내는 예수의 화를 누그러뜨리는 영향력을 미쳤다. 그는 하늘나라에서 매우 행복했었다고 한다.

그가 천경天京(南京)에 꾸민 천왕부天王府는 호화스러움과 사치의 극치였

---

43) 스즈키 츄우세이鈴木中正 편編, 『천년왕국적 민중운동의 연구千年王國的民衆運動の研究』(東京: 東京大學出版會, 1982), p.3. Norman Cohn, *The Pursuit of the Millennium*, Oxford University Press, 1970, Introduction.

으며 그는 간택된 최상의 미녀 80인 궁녀 속에 둘러싸여 일반민중의 사정에 대하여서는 전혀 관심도 없었으며 하늘나라에 관한 사색을 즐겼다(그는 주로 『구약』을 즐겨 읽었다). 결국 이러한 타락과 부패는 즉좌적 구원을 도모하는 모든 초자연적 종교신앙의 필연적 귀결일 뿐이다.

태평천국은 증국번曾國藩 형제兄弟의 상용湘勇과 이홍장李鴻章의 회용淮勇에게 망한 것이 아니다. 태평천국의 명장 이수성李秀成, 1823~1864이 이끌고 남경함락 최후까지 항전한 태평군은 타락하지도 않았고 사기가 떨어지지도 않았으며 한 명도 투항하는 자가 없었다. 10만여 명이 한 명도 남김없이 스스로 고귀한 생명을 던졌고 남경의 산하를 선혈로 물들였다. 태평천국이 망한 것은 순전히 지상 천국天國 내의 내홍內訌 때문이었다.

동왕 양수청은 여색과 사색에만 탐닉하는 천왕 홍수전을 거세할려고 계략을 꾸몄고 천부하범天父下凡이라는 특별한 샤머니즘적 강신예식을 통해 홍수전에게 모욕을 주었다. 동왕 양수청은 결국 홍수전의 사주로 북왕 위창휘에게 주살된다. 그런데 양수청을 주살한 북왕 위창휘는 곤장 400대의 장형杖刑을 받기로 되어있었다. 이 장형의 제식에 무장이 해제된 채 초대된 동왕의 부하 5천 명이 다시 주살되는 대학살극이 벌어졌던 것이다.

그런데 양수청을 거세한 위창휘는 기대와는 달리 더 천왕 홍수전에게 위협적이었다. 위창휘는 끝내 천왕부를 습격했으나 천왕의 위세에 겁질린 북왕부 군사들의 소극적 행동과 작전실패로 좌절되고 만다. 포위당한 그는 몸을 토막내어 죽이는 지해支解라는 극형에 처해졌다. 토막난 그의 살점은 남경성 내의 여기저기에 매달렸다. "북간北奸의 살이다. 그냥 보기만 해라. 가져가서는 안된다."는 팻말과 함께!

이렇게 천국의 왕들이 서로를 죽이는 모습을 본 천경天京의 민중들이 천국天

國에 대한 신앙과 신뢰를 잃게 될 것은 너무도 뻔한 일이었다. 이러한 암투의 과정에서 가장 젊고, 유식했고, 의협심이 강했고, 또 탁월한 재략가였던 익왕翼王 석달개石達開는 20만의 정병精兵을 이끌고 천경天京을 탈출한다. 이것은 결국 태평천국의 실제적 종언을 예고하는 사건이었다.

이에 비한다면 동학은, 경주 월성군 용담에 모여든 사람들의 "신앙공동체" 비슷한 집단이 있었지만, 그것은 실상 신앙공동체가 아닌 생활인들의 자발적인 모임이었다. 서로 가르치고 배우고 아픔을 예방하고 건강한 삶을 건설하는 공동체운동이었다. 수운은 교주로 인지된 적이 없었으며, 그냥 "선생님"(先生主)이라고만 불렀다. 수운은 바른 삶을 인도하는 스승일 뿐이었다. 수운과 해월, 그리고 동학혁명에 가담한 모든 지도자들은 정착된 지역에 일정한 콤뮤니티를 형성하고 민중조직을 활용하여 복락을 누린 유례가 없다. 정착하여 종교적 울타리 속에서 타락할 수도 있는 기회를 허용하지 아니하면서 끊임없이 "고비원주高飛遠走"하는 "도바리꾼"들의 삶을 살았을 뿐이다. 따라서 내홍內訌의 저주는 그들에게 찾아올 수가 없었다. 내홍內訌이 있었다면 그것은 모두 종교교단이 조직된 이후, 즉 1905년 이후의 사건일 뿐이다.

태평천국의 간부들은 무창武昌에서 아름다운 미녀를 고르는 선비選妃의 제식을 행하였다. 60명의 빼어난 용모의 젊은 여인들이 선발되었고 그 중에서 천왕이 한두 명을 취하고 나머지는 제왕들에게 분배되었던 것이다. "상제上帝의 명령에 따라" 일부다처의 향락을 허용했던 것이다. 이와 같이 태평천국의 인간평등관의 구호와는 달리, 구태의연한 관습의 잔재를 떨쳐버리지 못했던 것이다.

수운이 포덕의 수단으로 활용했던 접제도接制度도 인맥조직人脈組織일 뿐 지역을 일차적 기반으로 하는 조직은 아니다. 따라서 이러한 인맥조직에서는 각 단위가 "정상적인 가정생활을 한다"는 것이 전제되어 있다. 그러한 정상적인 가정생활 속에서의 최소한의 의례규범만을 수운은 제시했을 뿐이었다.

태평천국이나 동학이나 그 지도자들은 무참히 목숨을 잃었다. 태평천국의 지도자들은 내홍內訌과 호상배반으로 인한 무가치한 죽음에 희생당했다. 천왕天王 홍수전도 남경이 함락되기 이전에 80궁녀에 둘러싸인 채 홀로 음독자살하고 말았다(양력 1864년 6월 1일). 그러나 동학을 이끈 사람들은 자신의 신념에 충실한 최후를 맞이하였고, 자랑스러운 가치관을 후세에 남겼다.

그들의 죽음은 그 자체가 하나의 혁명이었다. 수운은 대구 남문밖 관덕당觀德堂 뜰에서 참수되었고(음력 1864년 3월 10일), 해월은 서울 단성사 뒷켠 육군법원에서 교수되었다. 해월이 교수된 것은 1898년 6월 2일이었다. 그렇게 조선의 19세기는 저물었고 또 20세기는 밝았던 것이다. 근대세기에 있어서 하나의 종교운동이 50년 이상 동안 내분이나 분열이 없이 "다시개벽"이라는 단일한 이상적 가치를 위해 30만 명 이상의 사람들이 목숨을 잃으면서 순결하게 헌신한 사례를 이 지구상에서 찾아볼 수 없다. 그만큼 동학은 위대했다.

여덟째, 태평천국이나 동학이나 샤머니즘적 요소를 강렬하게 지니고 있다. 그러나 태평천국의 샤머니즘은 철저히 수직적인데 반해 동학의 샤머니즘은 철저히 수평적이다. 태평천국의 샤머니즘은 철저히 기복적인데 반해 동학의 샤머니즘은 철저히 휴매니스틱한 것이다.

태평천국의 관습에 "천부하범天父下凡"과 "천형하범天兄下凡"이라는 것이 있다. 이것은 여호와 하나님(天父)과 그리스도 예수(天兄)가 인간세로 하강한다는 것인데 이것은 광서지방의 신들리는 무당들의 입신入神과 강신降神의 풍습을 채용한 것이다. 그런데 배상제회拜上帝會 최초의 조직자 중의 한 사람인 풍운산馮雲山이 체포되고, 또 그를 구출하기 위해 홍수전洪秀全이 광주로 떠났다. 가장 중요한 이 두 인물이 배상제회의 기지를 1년반 동안이나 비우게 되었다. 이 부재기간 동안에 양수청楊秀清이라는 자가 천부하범天父下凡의 제식을 독점하고, 소조귀蕭朝貴가 천형하범天兄下凡의 제식을 독점하게 되었다.

여호와 하나님은 양수청을 통해서만 말하고 천형인 예수는 소조귀를 통해서만 말한다는 것이다. 다시 말해서 양수청의 소리는 여호와 하나님의 말이요, 소조귀의 소리는 예수의 말이 되므로 형식상 천왕 홍수전보다 위계가 더 높은 존재들의 말을 전하게 되는 것이다. 이들은 모두 태평천국의 핵심멤버가 되었지만 이러한 샤머니즘의 강신(下凡)의식은 결국 태평천국의 내홍內訌의 원인으로 발전한다. 여호와의 강언降言은 야비한 권력암투의 노리개로 최적격이다. 권력구조는 임의로 뒤집힌다. 서로가 서로를 비열하게 죽이게 된다.

모든 초자연적 힘을 전제로 하는 종교는 미신일 뿐이며, 그 미신은 결국 인간을 지배하고 인간을 분열시킨다. 수운은 이러한 병폐를 깊게 자각하고 있었다.

무지한	세상사람	아는바	천지라도	
경외지심	없었으니	아는것이	무엇이며	
천상에	상제님이	옥경대에	계시다고	
보는듯이	말을하니	음양이치	고사하고	
허무지설	아닐런가	한나라	무고사가	
아동방	전해와서	집집이	위한것이	
명색마다	귀신일세	이런지각	구경하소	
천지역시	귀신이요	귀신역시	음양인줄	
이같이	몰랐으니	경전살펴	무엇하며	
도와덕을	몰랐으니	현인군자	어찌알리	「도덕가」

결국 여기서 말하는 "천상에 상제님이 옥경대에 계시다고 보는듯이 말을하니"라는 표현은 태평천국의 "천부하범天父下凡"의 작태와 정확히 일치하는 것이다. 그러나 이러한 작태는 결국 "천지에 대한 경외심의 결여"에서 비롯되는 것이라고 수운은 갈파한다. "상제가 옥경대에 있다"는 것은 신관의 구조가 철저히 수직적인 것임을 나타낸다.

그러나 수운이 말하는 "천지에 대한 경외심"은 철저히 수평적인 것이며 범신적인 것이며 자연적인 것이다. 대자연을 생명으로 파악하는 수평적인 근원성을 나타낸 것이다. 중국 한나라 때부터 "무당과 사기꾼의 작폐"(巫蠱事)가 우리나라 조선에 전해와서 집집마다 퍼진 것이, 온갖 귀신을 경배하는 풍습이 되었다는 것이다. 이에 대해 수운은 말한다: "천지天地 역시 귀신鬼神이요, 귀신鬼神 역시 음양陰陽일 뿐이다." 이것도 모르면서 뭔 경전을 안다 말할 것이며, 뭔 도道와 덕德을 말할 것인가?

수운은 조선인의 샤머니즘에서 신관을 빌려왔다. 수운은 그것을 "하늘님"이라 표현했는데 그것은 조선의 민중에게 생활화되어 있는 인격적 "님"이었다. 그러나 그 "님"은 철저히 수평적인 것이었다. 그것은 대자연의 생명이며, 음양의 조화였다. 모든 귀신도 이 음양의 조화이치의 표현에 지나지 않는다. 그것이 인간을 위압하는 존재일 수는 없다. 하늘님은 존재자(Seiende)가 아니다.

그리고 수운은 조선민중의 샤머니즘으로부터 "청수 한 그릇"의 제식을 빌려왔다. 자신의 호도 수운水雲이라 한 것은 땅(水)과 하늘(雲)을 순환하는 생명을 상징한 것이다. 그러한 생명의 보편적 흐름(周流)에 대한 경외심, 그것이 수운의 신관의 핵심이었다.[44] 수운은 말한다.

> **나의 도는 너르고 너르지만**
> **지극히 간략한 것이다.**
> **그래서 많은 말이 필요없다.**
>
> 吾道博而約, 不用多言義。

44) 신학자 김경재金敬宰는 수운의 신관을 유신론과 범신론을 극복한 汎在神論(Panentheism)이라고 규정했는데, 이러한 규정은 수운의 신관을 이해하는데 수용될 수 있는 하나의 좋은 관점이라고 생각한다. 金敬宰, "崔水雲의 神槪念," 『崔水雲研究』(서울: 한국사상연구회, 1974), pp.45~62.

홍수전의 샤머니즘은 권위적이고 어둡고 칙칙하다. 그러나 수운의 샤머니즘은 맑고 깨끗하며 담담한 것이다. 홍수전의 태평천국은 오늘날에도 중국공산당의 수직구조로 계승되었고, 최수운의 다시개벽은 3·1혁명정신을 계승한 대한민국임시정부를 거쳐 21세기 촛불혁명에 이르고 있다.

아홉째, 태평천국은 민중종교로서 출발하였지만 결국 국가이념으로서의 국가종교(state religion)로 발전하였다. 태평천국에는 종교와 정치의 분리가 없었고 그것은 거대한 신앙집단이었으며 그 조직의 하이어라키는 결국 전제왕조였다. 이것은 니체가 비판한 바 노예도덕(Sklavenmoral)의 충실한 구현이었다.

그러나 수운은 동학을 국가종교로서 설계한 적이 없다. 근원적으로 동학을 종교조직으로 생각하질 않았기 때문에 너무도 당연한 귀결이었을 것이다. 어떠한 경우에도 종교는 국가를 이끄는 이념이 될 수는 없다. 국가가 종교적 이념의 실현의 수단이 될 수는 없는 것이다. 그리고 수운은 성직자라는 개념도 인정하질 않았다. 접接이라는 인간조직망의 책임포스트만을 지명했을 뿐이다.

해월에게 "도통"을 전했다 하는 것도 대단한 종교적 도통을 전한 것이 아니다. 자신이 세상에 남기는 업에 대한 책임있는 관리를 부탁한 것이다. 죽음을 앞둔 그의 마음을 전하였고, 자기를 따르는 사람들로 하여금 그를 선생님으로 모시도록 하였을 뿐이다. 사람들은 해월을 선생님(先生主)으로 부름에 따라 수운은 큰 선생님(大先生主)이라 불렀을 뿐이다. 해월에게 전하여진 것은 수운의 삶의 진실일 뿐이었다. 그러한 순결한 삶의 진실이 아니었더라면 그 실오라기 같은 전수가 30년 후에 전국조직망을 지닌 동학도들의 대규모 봉기로서 조선역사 속에 드러나는 일은 없었을 것이다.[45)]

---

45) 나는 대학교시절부터 동학과 태평천국의 비교연구에 관심이 있었다. 그래서 한때 태평천국의 난에 관하여 많은 자료를 모았다. 내 서재에만도 태평천국에 관한 백여 권의 책이 쌓여있다. 그런데 한국에서 나온 자료 하나만 소개한다. 조병한 편저, 『太平天國과 중국의 농민운동』, 서울: 인간, 1981. pp.20~27쪽에 실려있는

조선의 20세기 종교사: 서학 아니면 동학

20세기 조선의 역사에는 수없는 종교가 명멸하였다. 수없는 신흥종교가 탄생하고 소멸하였고 또 그 명맥을 유지하고 있으며, 인류의 거대종교, 소위 고등종교라 하는 모든 가능태가 이 땅에 들어와 활약하였고 수없는 분파를 낳았다. 그 분파나 지파, 혹은 독립교회단위가 신흥종교와 다름이 없는 성격을 지니고 있다. 그런데 사실 알고보면 조선의 20세기 종교사의 원점은 동학이다. 무극대도라는 동학의 원점으로부터 모든 종교활동이 전개된 것이다. 서학의 제 형태도 궁극적으로 민중의 동학수용으로부터 그 활력을 얻게된 것이다. 진정한 의미에서 조선땅에 기독교는 존재하지 않는다. 기독교의 다양한 격의형태格意形態만 존재할 뿐이다. 20세기의 다양한 민족종교나 신흥종교가 치성할 수 있었던 그 배면에는 동학혁명의 좌절된 원혼들의 외침이 있다. 그러나 20세기 지성사는 이러한 원한의 해원을 외면했다.

이것은 20세기 조선의 역사가 얼마나 사상적으로 공허한 시간의 흐름이었나 하는 것을 말해주는 단적인 사례인 것이다. 일제日帝와 미제美帝라는 거대한 양대제국주의의 마수가 조선역사의 국체와 주체를 상실케 했으며 역사의 비젼을 모두 외래적인 것으로 만들었다. 사상과 종교, 정치와 경제와 예술과 문화의 모든 모델이 "나"로부터 우러나오는 것이 아니라 "밖"으로부터 주어지는 것 뿐이었다.

이상李箱(본명은 金海卿), 1912~1939은 말한다: "19세길랑 봉쇄해 버리시오." 나 도올은 말한다: "20세길랑 봉쇄해 버리시오." 주체를 상실한 자기배반적 역사의 공백을 메운 잡다한 가치관이 21세기에 또 다시 연속되는 그러한 비극을 연출해서는 아니되는 것이다.

자아! 이제 우리의 본론이었던 플레타르키아의 성격규정에 관하여 마감적

"태평천국의 이념"도 참고할 만한 좋은 글이다.

논의를 감행하여 보자! 플레타르키아는 본래 모더니티modernity를 대체하는 개념으로 설정된 것이었다. 우리는 이러한 개념을 고찰함에 있어서, 모더니티가 하나의 시대구분을 정당화하기 위한 사람됨의 추상적 속성을 의미했다면, 플레타르키아는 그러한 단계적 시대구분을 뛰어넘는 통시적인 보편성을 가지고 있는 개념이라는 것을 발견했다.

플레타르키아의 전개, 동학까지

그것은 이미 공자에게서 확연한 주제의식으로서 발현되었으며 맹자에 이르러 정치·사회·경제학적, 그리고 인성론적 함의를 공고히 하는 하나의 사상체계로서 개화되었다. 그리고 그것은 기나긴 중국불교사를 통하여 개체의식을 확보하였고, 선불교를 통하여 세속적 인간의 즉각적 완성(見性成佛)이라는 자신있는 테제를 표방하기에 이르렀다. 조선왕조를 개국한 신흥관료엘리트들은 이러한 불교적 테제를 다시 철저한 해탈이나 저승을 거부하는 세속적 일원론으로 도덕화시켰다. 이러한 도덕형이상학은 한편으로는 왕권의 제약과 사대부의 윤리성을 지향하며 한편으로는 인간의 모든 가치관을 몸Mom이라는 우주로 내면화시키면서 리理라는 도덕적 이상을 추구하게 만들었다.

이러한 주리론적 대세에 반기를 들고, 관료주의적 현실감각을 표방하는 주기론적 주류가 현실정치를 장악하지만 결국 그들의 기 또한 현실정치의 올바른 방향성과 장악능력을 상실하면서 관념화되어갔고 리화理化되어갔을 뿐이다. 임진·병자 양란兩亂을 거치면서 지식인의 성찰이 현실적으로 역사의 바른 대세를 장악한 것이 아니라, 북벌을 운운하는 소중화주의에 매몰되어 명분없는 당쟁에만 휩쓸렸을 뿐, 현실을 창조적으로 리드하는 생산적인 작업에 참여할 수가 없었던 것이다. 이러한 관념성은 조선말기의 위정척사衛正斥邪론에까지 이어지고 있다.

우리 사학계에서 무비판적으로 칭송하고 있는 "실학자"들이라고 하는 사람들도 당대로 보면 "깨인" 인물들이었음에도 불구하고, 진정한 의미에서 대세를 창조적으로 장악하고 현실적 대안을 제시할 수 있는 환경을 제공받지 못했다. 그 새로운 환경을 주체적으로 창조한다는 것은 조선왕조의 관성상 불가능한 일이었다. 창조적인 지식인의 역할을 상실한 관념론자들이 관심을 다변화시키기는 했지만 시대를 개벽하는 핵심적 논리를 장악하지 못하고 자질구레한 잡설들만을 제기하고 있었던 것이다. 반계 유형원(1622~1673)이나 성호 이익(1681~1763)이 모두 현실에서 유리된 아까운 천재들이었다. 다산의 학문도 예외가 아니었다. 이들에게 두드러진 것은 관심의 방만함이나 학업의 우수성에 비해, 그들이 살고 있었던 역사와의 창조적인 교감이 부재했었다는 것이다. 그들의 실학은 허학虛學 속의 한 측면으로서의 실학일 뿐이었다. 더더욱 그것은 결코 "근대성의 맹아"는 아니었다.

그리고 인간의 순수한 도덕적 심체 혹은 본성에 대한 열망이 그들의 관념성과 비례하여 증대하였으며, 이러한 관념적 순결성은 종교적 열망으로 표출되었다. 이러한 내면적 초월의 열망이 외면화되면 곧 "서학의 수용"으로 전화된다. 성리학은 어렵고 서학은 쉽다. 서학이 조선민중의 샤머니즘적 파토스와 결합되면 매우 폭발적인 대중성을 확보하게 된다. 그것은 조선사상의 공동을 전염병처럼 메꾸어나갔다. 이러한 위기의식 속에서 성리학과 서학이 제시하는 내재와 초월의 모든 패러다임을 만족시키면서 그것과는 전혀 다른 새로운 패러다임을 구축하려는 운동이 19세기 중엽에 조선에 잉태하게 된다. 그 이론적 표현이 **기학**이었고, 그 실천적 표현이 **동학**이었다.

동학에 이르러 조선역사에 내재해온 플레타르키아의 열망은 이전과는 전혀 다른 새로운 패러다임을 구축하게 된다. 그것이 "다시개벽"이었다. 그리고 조선의 20세기의 암흑과 21세기의 희망은 모두 이 개벽의 패러다임 속에서만 논의될 수 있는 것이다.

합리성과 합정리성

모더니티의 인간학적 규정이 합리성(Rationality)이라고 한다면, 플레타르키아의 인간학적 규정은 합정리성合情理性(Reasonableness)이라고 표현될 수 있는 것이었다. 합리성은 인간의 이성(Reason)을 감정이나 현상론적 감각으로부터 분리시키지만, 합정리성은 인간의 이성을 칠정七情이라는 감정의 한 측면으로 귀속시킨다. 보다 정확하게 말하면 인간의 모든 생명현상을 느낌(Feeling)으로 일원화시킨다. 인간의 수학적 계산능력이라는 것도 인간의 몸의 느낌으로부터 분리될 수 없는 것이다. 제아무리 고도화된 계산능력이라도 그것은 의식의 현상이며, 의식은 느낌의 고도화에서 발생하는 사태이다. 그것이 토톨로기적인 세계를 대상으로 한다고 해서 몸의 느낌으로부터 분리될 수 있는 것은 아니다. 토톨로기는 하나의 약속체계에 불과한 것이다.

"합정리적" 판단이란(그냥 상식적으로 통용되고 있는 "합리적" 판단이라 말해도 좋다) 토톨로기라는 특수영역을 대상으로 하는 것이 아니라 일반적 삶의 판단을 지칭하는 한, **어떠한 신념에 도달하는 데 있어서 가능한 한 많은 타당한 증거자료와 보다 더 많은 사람들의 공감을 획득할 수 있는 과정을 개방적으로 거치는 습관** 같은 것을 의미한다고 나는 생각한다.

삶의 판단은 개연적일 수밖에 없고, "보다 더 많은 타당한 증거"와 "보다 더 많은 사람들의 공감"도 개연적일 수밖에 없기 때문에 완벽한 합정리적 "리理"라고 하는 것은 불가능하다고 나는 생각한다. 그러기 때문에 "리理"는 그러한 완벽성을 지향케 하는 하나의 순결한 이념으로서만 존재할 뿐이다. 리理가 곧 현실일 수는 없으며, 리理가 현실적으로 파악되는 한에 있어서는 리理도 개연적일 수밖에 없으며 정감적일 수밖에 없는 것이다. 모든 기氣적인 사회(Society)의 지향점으로서의 이상을 제시하면서도 그 사회에 내재하는 것일 수밖에 없다. 기와 리는 연속적이다.

합정리성에 대한 완벽한 객관성(objectivity)의 보장이란 근원적으로 불가능한 것이다. 인간의 모든 판단은 몸의 판단일 뿐이며, 이 몸의 판단은 순리純理적인 판단일 수가 없으며, 퇴계가 말하는 바, 리발理發과 기발氣發은 동시적으로 이루어질 수밖에 없다. 몸은 일차적으로 이기적 욕망(欲)의 체계이다. 여기 일차적이란 말은 근원적이며 저변적이라는 말이다. 모든 객관성의 외투에는 이기적 욕망을 정당화시키려는 노력이 숨어있는 것이다. 심지어 과학자의 과학적 판단에도 과학자의 주관적 경험이나 기호의 정당화의 의도를 배제할 수 없다. 매일 매스 미디어에 쏟아지는 과학적 실험의 결과도 일차적으로 어떤 합목적적 구도 속에서 도출되는 것이다.

그 합목적성에는 과학자가 처해있는 사회의 정치권력의 구도나, 그의 주관적 감정과 기호 등등의 요소가 내재해 있는 것이다. 모든 경제가 정치경제인 것처럼, 모든 과학도 알고보면 정치과학이다. 따라서 인간의 본질을 누우스*nous*로부터 규정하려고 한 희랍철학이나, 이성(Reason)으로부터 규정하려고 한 근세철학은 매우 편협한 것이다. 그러한 편협한 이상을 근대적 인간(Modern Man)의 지향점으로 삼을 수는 없는 것이다. 인간의 본질을 희喜・노怒・애哀・구懼・애愛・오惡・욕欲의 칠정七情으로부터 규정하려고 한 조선유학의 모든 논리는 훨씬 더 포괄적이고 구원하며 콘템포라리한 프로젝트라 할 수 있는 것이다. 플레타르키아의 인간(Man of Pletharchia)은 결국 칠정의 인간(Man of Seven Sentiments)인 것이다.

인간의 욕망은 순간적이며 찰나적인 특성을 갖는다. 순간적이며 찰나적이고 강렬한 충동에 나의 행동을 복속시킬 때, 우리는 종종 후회를 낳게 된다. 그 후회는 반드시 도덕적 규범 때문에 발생하는 것만은 아니다. 찰나적이고 강렬한 충동에 나를 복속시킴으로써, 나에게 보다 더 많은 쾌락이나 이익을 가져다 줄 수 있는 다른 욕망을 희생시켰다는 자각이 생겨나기 때문이다. 즉 인간은 공간적으로나 시간적으로나 보다 더 보편적인 이익을 추구할 수 있게 되는 자기욕망에 대한 바른 견해(正見)에 도달하게 될 때 욕망의 규제라는 것이 가능하게 되는 것이다.

결국 인간의 도덕이라고 하는 것은 이렇게 "각성된," 보다 더 본원적인 어휘를 고른다면, "해탈된" 욕망의 체계일 뿐이다. 이렇게 해탈된 욕망의 체계에 인간이 도달할 수 있을 때 그 인간의 사회는 충돌과 대립과 마찰이 최소화되고, 이해와 화해와 조화가 우세화되는 사회가 되는 것이다. 이것을 나는 "정情의 리화理化"라고 부르는 것이다. 이것은 바로 주자학朱子學이 지향한 "존천리거인욕存天理去人欲"이라는 명제였다. 이것은 궁극적으로 "인욕人欲의 천리화天理化"를 의미하는 것이다. 나는 이것을 "합정리合情理"라고 표현한 것이다.

자유 아닌 협동, 평화의 느낌

플레타르키아의 사회, 민본의 사회는 일차적으로 "자유로운 사회"일 수가 없다. 그것은 자유를 향한 민의 "자율의 사회"일 수밖에 없는 것이다. 자율이란 자기의 규율을 자기 스스로 만들어가는 것이다. 그것은 칠정七情의 관계망 속에서 끊임없이 형성되는 것이다. 민본의 사회의 이념은 자유(Freedom) 아닌 협동(Cooperation)이며, 대립 아닌 화해며, 분열 아닌 통일이다. 그러나 이때 조심해야 할 것은 자율적 규율은 어떠한 경우에도 규범적일 수 없는 것이다.

공맹지도孔孟之道는 규범적 도덕의 체계가 아니다. 인의예지仁義禮智의 표출로서의 사단四端의 모든 덕목이 인仁 하나로 귀결되는 것이다. 인이란 도덕적 규범이 아니라 끊임없는 심미적 완성을 향한 인간의 느낌의 체계이다. 인이란 궁극적으로 천지생물지심天地生物之心이며, 파괴의 아픔을 생성의 즐거움으로 승화시키는 평화의 느낌(Feeling of Peace)이다. 평화는 개인의 만족을 넘어서는 것이며, 공감에 대한 갈망이다. 평화야말로 진眞을 끊임없이 진으로 만들며, 선善을 끊임없이 선으로 만들며, 미美를 끊임없이 미로 만든다. 평화는 비극의 역할을 감지하는 정서의 순화이다.

오늘날 우리사회의 문제는 국가체제가 꾸준히 합정리적 방향으로 나아가고 있다고 말할 수 있음에도 불구하고, 종교, 언론, 사법제도가 거의 모두 비합정리적 인간, 흔히 우리가 보수적이라고 부르는 인간들에 의하여 장악되고 있다는 사실로부터 유래되는 것이다. 이들을 특징지우는 것은, 혜강의 표현을 빌리자면, 신기神氣의 불통不通이다. 구규九竅가 모두 꽉꽉 막혀있는 것이다. 목통目通, 이통耳通, 비통鼻通, 구통口通, 생통生通은 결국 주통周通과 변통變通이 없으면 신기통神氣通이라 할 수 없는 것이다. 그들의 기氣는 신성神性을 상실한 것이다. 조선유학의 궁극적 명제는 인간의 욕망을 천리의 실현으로 전환시키는 것이며, 이러한 전환은 영원히 완벽할 수는 없을지라도 영원한 인간의 과제상황으로 인지될 수밖에 없는 것이다.

리理의 순선純善이나 불성佛性의 돈오頓悟는 실체적인 개념으로 파악해서는 아니된다. 선善은 도덕적 실체(moralistic entity)가 아니라, "잘 善," "착할 善"이라는 우리말의 훈訓이 말해주듯이 그것은 인간의 술부적 행위를 수식하는 "부사적"인 것으로 모든 주어진 상황이 "잘 기능하도록 되어가는 과정의 좋음"을 나타내는 말일 뿐이다.

21세기 우리 조선의 역사는 이 지구상에서 어떠한 민족의 역사보다도 더 진취적이며 더 변통적이며 더 유동적인 모습을 과시하고 있다. 더 보편적인 공동체의 선을 구현하는 방향으로 나아가는 도약의 단초들을 마련해가고 있다. 나는 이러한 우리 민족사의 기회를 남·북통일로 수렴하고, 또 남북통일을 통하여 인류문명의 새로운 인도주의적 가치를 구현해나가는 전범으로 제시해야 한다고 믿는다. 이러한 나의 신념의 저변에는 동학에 헌신한 동포들의 선혈이 숨쉬고 있다.

동학은 고조선의 부활이다. 그것은 고조선이라는 하나의 국가체제의 부활이 아니라, 인류사회의 가장 완만하고도 개방적인 질서의 완성을 의미하는 것이다. 고조선은 "홍익인간"의 다른 이름이다. 우리 조선민중은 지금 세계사의 최전위에서 걸어가고 있다. 이제 나는 동학을 말하려 한다. 동학에 관하여 말하려는 것이 아니라, 동학 그 자체를 말하려 한다. 수운의 삶과 말, 그 자체로 진입하려 한다.

Ⅳ

하늘님 천주天主에 관하여

현금 천도교에서 수운이 말한 하늘님을 "한울" 또는 "한울님"이라 부르고 있는데, 이는 경전의 근거가 없을 뿐더러 수운의 원어와 원의를 저버리는 그릇된 발상의 소치일 뿐이라는 것을 밝혀두고자 한다. 내가 지금 여기서 말하려는 것은 매우 단순한 것이다. 수운의 신관神觀에 대한 복잡한 철학적 논의가 아니라 그 신神을 나타내는 말의 표기에 관한 것이다.

수운은 경신년(1860) 4월 초5일 신비체험을 통해서 신神을 만났다. 그 신에 대한 최초의 표현은 그 한달 후에 쓴 한글가사 「용담가」에 "ᄒᆞ놀님"으로 표기되었다. 그리고 다음해(1861) 4·5월경에 지은 주문呪文에는 "천주天主"로 표기되었다. 그리고 신유년(1861) 7월 중순경에 자신이 깨우친 덕德을 선포하기 위하여 최초의 한문문장 「포덕문布德文」에도 "천주天主"라 하였다. 세상사람들이 자기를 이르기를 "상제上帝"라 한다고 하여 객관화된 개념으로서의 "상제上帝"라는 표현도 덧붙였다. 그리고 주격으로 천주天主 자신과 수운을 지칭할 때는, "여余"(나)와 "여汝"(너)를 썼고, 목적격으로는 "아我"(나를, 나로부터)를 썼다.

여기서 "천주天主"라는 표현은 분명 서학西學을 의식한 개념이다. 그리고

“상제上帝”라는 표현도 『천주실의天主實義』에서 공론화된 개념을 쓴 것이다. 즉 마테오 리치가 “천주天主”가 중국 고경에 나오는 “상제上帝”와 같다고 한 논의를 받아들인 것이다.[46] “세인위아상제世人謂我上帝”라 한 것은 곧 당시에 서학이 조선민중에게 널리 유포됨에 따라 “천주天主＝상제上帝”의 도식이 통념으로 존재했었음을 가리킨다. 그리고 유학의 소양을 지닌 수운 입장에서도 유교의 고경古經에 나오는 “상제上帝”의 개념을 굳이 거부할 필요는 없었을 것이다.

그러나 수운의 위대성은 당시 서학西學에서 통용하던 개념의 표기를 과감하게 있는 그대로 받아들이고 그것을 자기 나름대로 새롭게 의미부여를 함으로써, 서학에 미혹된 사람들까지를 포함해서 모든 동포들로 하여금 그 본원적 의미를 깨우치게 하려한 도량의 스케일감에 있다고 할 것이다. 따라서 그가 전달하려고 한 신의 가장 원초적 표기는 최초의 한글발설인 “ᄒᆞᄂᆞᆯ님”이다. 나는 이 수운의 표기를 있는 그대로 가감없이 써야한다는 것이다.

ᄒᆞᄂᆞᆯ은 천天과 대응하는 것이요, 님은 주主와 대응하는 것이다. “ᄒᆞᄂᆞᆯ”은 물론 지금 우리말 표기로 “하늘”이다. “ᄒᆞᄂᆞᆯ님”은 당연히 “하늘님”이다. 이것은 있는 그대로 명명백백한 것이요, 전혀 나의 새로운 주장이 아니니다. 그런데 현재 수운이 고집한 원표기인 “하늘님”을 쓰는 사람이 없다. 어찌 이렇게 황당한 일이 있을 수 있는가? 결론부터 말하자면 이유인즉 단순한 것이다. 그것은 순수한 자기 말, 특히 언문전통을 폄하하고 부끄러운 것으로 알아온 우리민족의 자비감 때문이요, 20세기를 걸쳐 자기배반의 역사를 살아온 식자들의 비주체적·의타적 인식구조에서 기인한 것이다.

---

46) 吾國天主, 華言上帝, 與道家所塑玄帝·玉皇之像不同。彼不過一人修居于武當山, 俱亦人類耳。人惡得爲天帝皇耶? 吾天主, 乃古經書所稱上帝也。『天主實義』(杭州 重刊本, 1607), 上卷, 20a.

ᄒᆞᄂᆞᆯ	님
天	主
하늘	님

하늘님이라는 표현은 『용담유사』에 모두 24번 나온다. 그런데 현존하는 최고의 판본인 계미판癸未版(1883, 목천에서 간행) 『용담유사』를 기준으로 고찰하건대 다음의 3가지 표기방법이 있다.

ᄒᆞᄂᆞᆯ님	22번
하ᄂᆞᆯ님	1번「교훈가」
ᄒᆞ날님	1번「교훈가」

그런데 이 중 "ᄒᆞᄂᆞᆯ님"이 가장 많이 쓰였지만, 전통적인 표기법을 따르자면 "하ᄂᆞᆯ님"이 가장 적합한 것으로 보아야 할 것이다. "천天"의 훈으로 "ᄒᆞᄂᆞᆯ"보다는 "하ᄂᆞᆯ"이 쓰여왔기 때문이다. 『광주천자문光州千字文』(1575)에도 천天의 훈은 "하ᄂᆞᆯ텬"으로 되어있고, 『석봉천자문石峰千字文』(日本國立公文書館本, 1583)에도 "하ᄂᆞᆯ텬"으로 되어있다. 수운이 쓴 "하ᄂᆞᆯ님"이라는 표현은 문헌상으로 그 동일한 용례를 찾아보기 어렵다. "하ᄂᆞᆯ"만으로도 하늘님이라는 뜻을 내포했기 때문이다. "태자太子를 하ᄂᆞᆯ히 골ᄒᆡ샤" "백성百姓이 하ᄂᆞᆯ히어늘"과 같은 『용비어천가』의 용법에서 우리는 "하ᄂᆞᆯ"이 이미 인격적 천신天神의 의미를 포함하고 있음을 알 수 있다.

단지 박인로朴仁老, 1561~1642가 지은 『태평사太平詞』와 『노계가蘆溪歌』에 "하ᄂᆞ님"이라는 표현이 실려있다.[47] 이 "하ᄂᆞ님"은 오늘날의 표기법으로는 "하나님"으로도, "하느님"으로도 전화될 수 있는 것이다. 그러나 여기서 "하ᄂᆞ"라는 것은 "하ᄂᆞᆯ"과 동일한 것이며, 오늘날 우리말의 "하나"(一)라는 뜻은 내포되어 있지 않다. 하늘타리가 "하ᄂᆞ타리"로 표기된 것으로 볼 때, "하ᄂᆞ님"도 실상은 "하ᄂᆞᆯ님"에 가까운 발음이었을 것이다. 하여튼 16세기 말엽부터는 하ᄂᆞᆯ과 님을 결합한 표현이 나타나고 있음을 알 수 있다.

여러가지 정황을 종합적으로 검토할 때 수운은 "하ᄂᆞᆯ님"을 매우 의도적으로 쓴 것이다. 그는 분명 "천주天主"를 의식하고 "하ᄂᆞᆯ님"을 쓴 것이다. 그에게 있어서 "하ᄂᆞᆯ님"이란 분명 "천天의 님"이었다. 그에게 있어서 천天이란 단순히 천지天地라는 단어 속의 지地의 한짝으로서의 천天이 아니다. 그것은 그의 신神에 대한 모든 관념을 상징하는 그 무엇이었으며, 결국 그의 사상적 투쟁의 역사는 천天에 대한 의미부여의 역사였으며, 또 그 의미부여와 관련된 모든 실존적 고뇌의 역사였다.

따라서 그가 의도했던 "하ᄂᆞᆯ님"의 표기를 원문 그대로 존중해주어야 마땅하다. 수운은 「논학문論學文」에서 "하ᄂᆞᆯ님"에 대하여 명백한 규정을 하고 있으며, 그 규정은 "하ᄂᆞᆯ님"(하ᄂᆞᆯ+님)이라고 하는 복합개념을 전제로 해서만 유의미한 것이다. 1912년 조선총독부 학무국에서 보통학교용 언문철자법을 마련하면서 "ㆍ"(아래아: 훈민정음 28자모중의 하나. "아"와 "으"의 중간음 정도라고 하는데 당대의 발음은 정확히 구성되기 어렵다. 요즈음 표기로 [ʌ]에 가깝다)가 폐지되었다. 그 이후의 우리말 변천을 따르자면 "하ᄂᆞᆯ님"은 "하늘님"으로 표기될 수밖에 없는 것이다.

---

47) "天運 循環ᄋᆞᆯ 아옵게다 하ᄂᆞ님아 佑我邦國ᄒᆞ샤 萬世無疆 눌리소셔" 『太平詞』(1598). "一生에 품은 뜻을 비옵ᄂᆞ다 하ᄂᆞ님아" 『蘆溪歌』(1636).

그런데 왜 천도교에서는 수운이 명기한 "ᄒᆞ놀님" "하놀님"을 있는 그대로 "하늘님"이라 하지 않고 "한울님"이라 했는가?

우선 전통적으로 "ᄒᆞ놀" "하놀"의 사투리발음이 "한울" 비슷하게 나는 사례가 많았다. 평안도·함경도·강원도·경상도 지역에서 하늘을 "한울" "하눌"로 발음하는 경향이 있었다. 순조 4년(1804)에 서울에서 간행된『주해천자문註解千字文』에는 천天의 훈訓이 "한을텬"으로 되어있다. 이것은 물론 "하늘텬"의 다른 표기이며, 이미 19세기로 오면 아래아가 "으"로 전화된 것을 나타내주는 용례이지만, "한을"처럼 "한울"의 표기도 생겨날 수 있다는 것을 암시해준다.

그런데 "ᄒᆞ놀님"을 "한울님"으로 정착시킨 것은 야뢰夜雷 이돈화李敦化, 1884~?였다.『신인철학新人哲學』제1장 "한울"에서 그 명의名義를 규정하여, "한"이란 "크다"의 뜻이며, "울"은 "울타리"(範圍)의 뜻이며, 또 "우리"(we)와 통한다고 자의적인 해석을 내렸다. 전자의 뜻을 취하면 "큰 울타리" 곧 "대우주大宇宙"가 되고, 후자의 뜻을 취하면 "큰 나," 곧 "대아大我"가 된다는 것이다. 그리고 "한울"은 범신관적汎神觀的이며 만유신관萬有神觀으로 해석할 수 있다고 하였다. 그 경전의 근거로서「홍비가」말미에 있는 "무궁한 이 울속에 무궁한 내 아닌가?"라는 구절을 들었다. 이것은 소아小我와 대아大我의 융합을 의미한다는 것이다(윤석산은 그의 저서『동학교조 수운 최제우』pp.200~201에서 나의 지적을 반박하며 한을, 한울, 한우님, 한울님 등의 용어가 이돈화 이전에 교단에서 쓰였다는 것을 강조하고 있다. 나도『천도교회월보』같은 기관지를 다 열람해본 사람인데 어찌 그것을 모르겠는가? 나는 야뢰가 그 개념을 창발했다는 말을 한 적이 없다. 단지 이론적으로 정립하여 그 호칭을 고착화시키는데 공헌했다고 말했을 뿐이다. 지금 그것이 설사 의암이나 구암에 의해 사용된 언어라는 것이 입증된다 해도 그것은 전혀 나의 주장에 영향을 끼치지 않는다. 나는 수운과 해월을 말하고 있을 뿐이다. 의암 이후의 천도교역사에서 발생한 문제에 근거하여 수운 본인의 사상이나 명칭을 왜곡할 수는 없는 것이다. "한울님"을 주장하는 것은 오직 천도교사내의 관행에 의한 것이고, 그것을 지금 고수하려는 사람들은 그 관행을 고수하는 것이 교내에 소음을 일으키지 않는 안전한 방편이라고 믿기 때문이다.

"한울"은 수운의 가르침이 아니라, 후대 천도교에서 만들어진 "조어coinage"일 뿐이다. 누가 만들었어도 그것은 후대의 조어일 뿐이다. 물론 이 조어를 고집하는 것이 방편적으로 더 교세확장에 도움이 된다고 한다면 그 목적을 위해 방편적인 동의를 사람들에게 구할 수 있다. 그러나 우리나라 민중의 언어와 정서 속에 "한울"은 없다. 1970년대 유신투쟁 때 잠깐 유행하기는 했지만 그것은 소수 도인들 이외에는 매우 제한된 사람들의 테두리에 머물렀다. 수천년 우리 민중의 언어는 "하느님"이다[하늘님의 전화]. 이 하느님이 기독교의 전유물이 되고만 것이다.

그러나 수운은 처음부터 "하늘님" 즉 "천주"라는 용어의 보편성을 깨닫고 그것을 빌어 말하는 서학의 신봉자들까지도 궁극적으로 동학에 포섭시킬려는 웅대한 포부를 말한 것이다. 내가 지금 수운선생의 정도正道를 말하는 것은 천도교를 위한 것이지 천도교를 깎아내리고 폄하하려는 뜻은 추호도 없다. 야뢰는 야뢰 나름대로의 시대정신이 있었고 현명한 작전이 있었겠지만 그 정신과 작전은 이제 먹히지 않는다. 천도교는 현재 너무 위축되어 있다. 과연 "한울"이라는 낯선 개념으로 한국의 청년들을 다시 교내로 끌어들일 수 있다고 생각하는가? 천도교 도유들은 나 도올, 이 시대의 공인된 사상가로서의 진정성을 이해해 주어야 한다. 최동희 선생님의 말씀대로 "천天"의 우리말 표기는 하늘이고, "천주天主"의 현대화된 우리말 표기는 "하느님"이다. 최동희 선생님은 더 이상의 논의는 있을 수 없다고 단언한다. "한울"을 주장하고 싶어하는 사람들의 문제는 "동학" 자체 내의 문제일 수 없다. 수운과 관계 없는 "한울"을 주장하고 싶어하는 사람들은 한울교단을 따로 만들지언정 수운의 정맥임을 주장해서는 아니될 것이다).

천도교역사를 야뢰 이돈화 없이 말한다는 것이 어려울 정도로 천도교 교리정립에 일생을 헌신한 야뢰이지만, 야뢰의 한계를 우리는 지금 정확히 이야기해야 할 때가 온 것이다.

첫째, 야뢰는 체계적 학문의 바탕이 빈곤한 인물이다. 따라서 자기가 차용하고 있는 언어개념에 대한 정확한 의미맥락을 본인이 충분히 숙지하지 못하고 발휘하는 경우가 허다하다.

둘째, 그만큼 고증학적 탐색이나 원전의 문헌비평에 충실했다면 그러한 단점을 카바할 수 있을 것이나 야뢰는 지나치게 관념적이고 훈설적이며 교리강요적이다. 내가 보기에 야뢰는 주관적 자기관념을 부연할 뿐, 경전에 대한 치밀한 이해가 부족하다. 그리고 경전 자체를 곡해하여 인용한다. 그는『동경대전』텍스트 그 자체를 치열하게 공독하지 않았다.

셋째, 야뢰는 동학경전의 내면적 논리를 가지고서 동학을 해설하는 것이 아니라, 지나치게 동학경전 외적인 통속철학의 논리를 가지고서 동학을 규정하려고 하였다. 그러나 그가 기초한 통속철학은 그 당시 사람들을 계몽시키는 데는 일조하였을지 모르지만 지금 일별하면 너무도 고루한 것이다. 그리고 그 지식은 체계가 너무 엉성하며 논리가 매우 부정확하다.

넷째, 야뢰는 교리이론가로 자처하였기 때문에 지나치게 조직의 논리를 선행시켰으며 교리해설방식이 도식적이고 이론적이고 호교적이다. 그리고 수운과 해월의 삶의 실천적 예지를 충분히 계승하여 자신의 삶 속에 내면화하고 있다는 깊이있는 인상을 주지 못한다.

다섯째, 야뢰의 기술 속에는 수운이 거부한 초자연성에 대한 존중이 있다. 교리작전가로서의 뚜렷한 성격이 부각된다.

물론『개벽開闢』,『부인婦人』,『신인간新人間』을 창간하고 그 잡지를 중심으로 활발한 활동을 벌인 그의 역사적 소명과 그 장처長處는 장처대로 훌륭한 평가를 받아야 할 것이지만, 이제 동학은 야뢰시대의 인식의 울타리를 벗어

나야 할 때가 온 것이다.[48)]

첫째, 천주天主는 "하늘님"일 뿐이며 "한울"과는 아무런 관련이 없다. "천天"과 "한"(크다)은 아무런 어원적 관련이 없다. 더구나 그것을 "울"이라는 제약적 개념과 관련시킨다는 것은 근원적으로 어불성설이다. 최수운은 최초의 득도의 경지를 "무극대도無極大道"라고 표현했으며, 그것은 어떤 "울"이라는 극極의 개념을 거부하는 것이다.

둘째, 천주天主는 소아小我·대아大我니, 소우주小宇宙·대우주大宇宙하는 따위의 상투적 통속언어로써 규정될 수 있는 그러한 개념이 아니다. 그것은 그러한 분별적·도식적 개념을 거부하는 체험적 세계로부터 출발하는 것이다. 범신관汎神觀이니 만유신관萬有神觀이니 하는 말도 그냥 함부로 뇌까릴 수 있는 말들이 아니다. 그런 개념들이 보다 엄밀한 맥락 속에서 논의되어야 하며, 그러한 개념들이 일양적一樣的으로 적용되기에는 너무도 중층적이고 복합적인 구조가 천주天主(하늘님) 속에는 함축되어 있는 것이다.

셋째, 그가 경전의 전거로 든 「홍비가」의 마지막 구절은 "천주天主"의 개념과는 무관한 그의 흥興을 나타내는 하나의 비유(比)적 표현일 뿐이다. 그것은 천주天主에 관한 전체 논의에서 보자면 너무도 사소한 맥락일 뿐이며, 천주天主의 개념정의의 일차적 논거가 될 수 없다. 그리고 여기서 말하는 "울"과 "하늘"은 차원과 맥락을 달리하는 것으로 서로 비교되거나 등식화될 수 없는 것이다.

48) 천교도청년회를 조직하고 『개벽』지를 창간한 것이 야뢰 이돈화의 이름으로 되어 있지만 그 실제적 일을 수행해낸 것은 소춘小春 김기전金起田, 1894~1948이다. 방정환方定煥, 정순철鄭淳哲(해월의 외손자), 이정호李定鎬 등과 함께 천도교소년회를 조직하여 소년운동을 전개하였다. 『개벽』지의 주간으로서 많은 논문을 발표하였다. 20세기 천도교사에 소리없이 중요한 업적을 쌓아올린 인물로서 기억되어야 할 사람은 야뢰보다는 소춘이라는 것만 부기해 둔다.

그런데 도대체 왜 "하늘님"을 말하지 않고, "한울님"을 말하는가? 기독교 개역한글판에서는 하나님을 썼고, 공동번역에서는 하느님을 썼다. "하나님"을 쓴 것은 "하나"라는 유일신관을 명백히 표방한 것이며, 이 말은 아직도 대부분의 기독교 대중 속에 관습적으로 널리 유포되어 있다. 1968년부터 시작된 공동번역의 위원들은 하늘과 관련된 전통적인 우리의 관념을 회복한다는 뜻에서 "하느님"을 썼다. 그리고 야뢰와 그를 맹목적으로 추종한 천도교인들은 동학의 천주天主는 기독교와 명칭이 달라야 한다고 생각했기 때문에 "한울님"을 쓴 것이다. 그러나 "하늘님"은 이유여하를 막론하고 수운 본인의 선택이다. 그리고 그것은 가장 자연스러운 우리말 본연이다. 그런데 왜 수운이 명시했고 『용담유사』가 표기하고 있는 "하늘님"을 포기하고 쓰기를 꺼리는가?

이유인즉 간단하다. "하늘님"하면은 뭔가 유치한 듯한 느낌을 주기 때문이다. "하늘"이라는 우리의 일상언어가 지시하는 외연이 너무 명백하다고 생각하기 때문에 그 "하늘"에 "님"을 붙이면 너무 즉물적이라서 포괄적이거나 추상적이거나 보편적인 의미가 격하된다고 생각하기 때문이다. 그러나 19세기 말기까지 우리민족의 대중이 사용했고 동학도유들이 사용한 용어는 분명 "하늘님"이었다. 그것은 우리의 일상언어인 "하늘"을 님화한 것이다. 그 얼마나 소박하고 직접 와닿고 구체적인 표현인가?

수운의 신관에 관한 모든 논의는 바로 우리의 일상적 "하늘"을 님화하는 데서부터 출발하는 것이다. 저 푸른 저 하늘! 그 시적 상상력에다가 무한한 상징적 의미부여는 얼마든지 가능한 것이다. 왜 하늘님을 버리고 촌스럽게 야뢰라는 한 인간이 인위적으로 조작하여 만든 "한울님"에 집착하는가? 더구나 1970·80년대에 우리나라 반체제적 의식화운동에 동학사상이 영향을 주면서 "한울"이라는 표현이 무비판적으로 수용되었고, 마치 그것이 수운의 본래적 용어인 것 같은 착각을 준 것은 심히 유감스러운 일이다.

수운은 "한울"을 말한 적이 없다. 그냥 "하늘"을 말했을 뿐이다. 그리고 그것을 그냥 님화하여 "하늘님"이라 말했을 뿐이다("하늘님"은 편하게 발음하면 "하느님"이 된다. "아들님"이 "아드님"이 되는 것 처럼. 우리말의 보편적 함의로서 "하느님"은 자연스럽게 수용된다). 1985년에 나온 『東經大全・용담유사』(정민사正民社 발행)에 보면, 두 경전을 원본영인과 함께 섬세하게 번역한 책인데, 다음과 같은 후기가 실려있다:

> 이 책의 현대문의 풀이에 있어서는 원전의 "ᄒᆞ놀님"을, 고문에서 현대문으로 옮겨가는 변천과정이 ᄒᆞ놀님 → 하놀님 → 하늘님 → 하느님으로 되어 왔기에 "하느님"으로 통일 표기한다.

원문역자는 김경창金京昌, 현대문역자는 임영식任英植으로 되어 있다. 그리고 편집위원으로서, 심하균, 김창훈, 김영신, 정문화, 박정영, 한화, 심형탁, 오종환, 이정관, 윤용호, 황서담, 노재극, 정열, 김성원, 임성필, 박행점, 정규원, 한원빙, 한길호의 이름이 올라있다. 정론이라고 생각한다.

왜 수운의 종지宗旨를 그르치려는가? 지금이라도 늦지 않았다! 우리는 『용담유사』의 원문으로 복귀해야 한다! 수운의 생각 그 자체로 복귀해야 한다! 천도교 동덕들과, 소박한 우리말, 그리고 동학을 사랑하는 모든 사람들의 자성을 촉구한다.[49)]

---

49) "한울님"이 잘못된 표현이며, 야뢰 이돈화의 개념규정은 전적으로 잘못된 것이라는 생각은 비단 나의 생각일 뿐만 아니라, 평생을 몸바쳐 동학을 실천해 오신 표영삼 선생의 고견이다. 표영삼 지음, 『동학 1』(서울: 통나무, 2004), pp.111~112. 단지 표영삼 선생이 "한울님"이라는 표현을 계속 쓰는 것은 천도교내의 관행에 파문을 던지지 않기 위함일 뿐이며, 표 선생님 자신은 "ᄒᆞ놀님"의 본래적 맥락대로 사용할 뿐이라고 천명한다.

V

수운, 그 사람에 관하여

그의 삶의 4단계

최수운은 순조 24년(1824) 음 10월 28일 새벽 첫닭이 울 때 경주 월성군月城郡 현곡면見谷面 가정稼亭1리 315번지, 금곡산 안태봉 아래에서 태어났다. 그리고 고종 1년(1864) 음 3월 10일 하오 2시경 대구 남문밖 관덕당觀德堂 뜰에서, 아이러니칼하게도 그가 평생 극복하려고 노력한 서학西學의 사술邪術의 죄목으로 참수되었다. 41세였다. 그는 37세에 득도하여 38세 6월부터 포덕布德하다가 40세 12월에 체포당했으니 그의 공생애는 2년 반밖에 되지 않는다.

기나긴 탐색 끝에 3년의 공생애를 살았다는 것은 예수와 비슷하고, 늙은 아버지와 젊은 엄마 밑에서 불우한 처지로 태어난 것은 공자와 비슷하며, 생애의 어느 시점에 어쩔 수 없는 운명적 힘에 의하여 계시를 받았다는 것은 마호메트와 비슷하며, 시대를 어지럽혔다는 사회적 죄목으로 참형을 받은 것은 소크라테스와 비슷하고, 기존의 사유체계와 가치관을 완전히 뒤엎는 새로운 논리적 사고를 하였다는 측면에서는 싯달타와 통한다. 나는 최수운이라는 인간의 생애에 관하여 디테일한 정보를 나열할 생각은 없다. 나는 이미 모든 전기자료의 기준이 되는 『대선생주문집』의 엄밀한 해석을 통하여 프로토타입의 원사료를 독자들에게 제공하였다. 현재 수운이라는 인간과 그 삶에 관하여 총체적인 의미를 밝혀

주는 가장 일반적인 우리말 정보체계는 삼암 표영삼 선생님의 『동학』이다.[50)]

여태까지 나온 어떠한 전기자료보다도 광범위한 정보가 상세히 수록되어 있으며, 더 중요한 사실은 모든 정보가 사실적 근거 위에서 검증되고 있으며 신화적·종교적 색채가 탈색되었다는 것이다. 그가 검증의 수단으로 삼은 것은 "맨발"이다. 그는 모든 사적지를 남김없이 맨발로 다녔다. 불트만이 성서에 대한 고등문헌비판(양식사학)의 기준으로 제시한 것이 "비신화화"(demythologization)라고 한다면, 삼암장의 기술은 "맨발화"를 통해 모든 가능한 신화의 의미를 전달해주고 있다고 할 것이다.

수운의 일생에 관하여, 동학을 이해하는 데 필요하다고 생각되는 몇 가지 추상적 주제만을 여기 열거하여 본다.

1) 수운의 일생은 대체적으로 4단계로 구분될 수 있다.

제1단계: 태어나서 19세 때 울산의 밀양 박씨와 결혼할 때까지.

제2단계: 결혼한 후 31세 때까지 장사꾼으로서 전국을 돌아다니며 방랑하던 시기.

제3단계: 방랑을 끝내고 용담으로 돌아온 후, 울산 여시바윗골로 갔다가 다시 용담으로 돌아와서 득도의 체험을 하기까지.

제4단계: 득도의 체험으로부터 순도의 순간까지.

---

50) 내가 이 장의 글을 최초로 집필한 해는 수운 탄신(갑신년)으로부터 세 갑자가 돌아간 2004년 갑신년이었다. 이 해를 기념하기 위하여 표영삼 선생은 평생의 작업을 전3권으로 마무리 지어 나의 역주작업과 함께 통나무에서 상재하기로 하였던 것이다. 표영삼 선생의 『동학』 제1권에 수운의 삶에 관한 상세한 정보가 수록되어 있다. 삼암 표영삼 지음, 『동학 1—수운의 삶과 생각』(서울: 통나무, 2004). 독자들은 이제 수운의 삶과 생각을 알기 위해서는 표영삼 선생의 노작을 다 녹여낸 나의 『동경대전1』과 『동경대전2』 이상의 책을 발견할 수 없을 것이다.

제1단계는 수운의 삶과 인격의 기초적 틀과 학문의 탄탄한 바탕이 마련되는 시기였다. 제2단계는 수운의 안목이 세계화되고 학문의 기초가 외화外化되는 시기였으며 확고한 역사적 비젼을 획득한 시기였다. 제3단계는 이전의 모든 체험이 구도와 기도로 압축되면서 학문이 내화內化되고 자기실존의 구극적 진리에 도달케 되는 시기였다. 제4단계는 그러한 무극대도를 사회화시키고 인간세의 비젼으로 제시하는 작품을 쓰고 그것을 실천해나간 시기였다.

그는 자기비젼의 사회화과정의 댓가로서 그가 처한 역사적 환경의 사회적 판결을 받았다. 즉 그의 비젼은 죽음을 초래할 수밖에 없을 정도로 그가 살고있던 사회적 가치의 통념과는 걸맞지 않는 것이었다. 그 괴리에 그는 타협하지 않고 자기 신념을 지켰으며 죽음을 회피한 것이 아니라 능동적으로 선택하였다.

제1단계	**기초화**(laying foundation)
제2단계	**외면화**(externalization)
제3단계	**내면화**(internalization)
제4단계	**사회화**(socialization)

2) 임마누엘 칸트의 『순수이성비판』과 『실천이성비판』의 웅대한 철학체계의 배면에는 매우 경건한 도덕주의가 흐르고 있는데, 그것은 그가 어려서부터 몸에 배인 어머니의 피에티스무스Pietismus(경건파) 신앙의 영향이라고 보통 평評하여지고 있다. 그런데 수운의 경우 칸트처럼 강렬하고 은은한 어머니의 이미지는 별로 찾아볼 수 없고, 그 자리를 아버지의 이미지가 메꾸고 있다. 칸트는 모친심상형母親心像型이었다면 수운은 부친심상형父親心像型이었다고 말할 수 있을 것이다. 그가 최초로 지은 경전문학인 「용담가」에, 그가 생업에 낭패하여 처절한 심정으로 고향으로 돌아오는 광경을 묘사하는 대목이 있다.

"불효한 이내마음 그아니 슬플소냐
오작은 날아들어 조롱을 하는듯고
송백은 울울하여 청절을 지켜내니
불효한 이내마음 비감회심 절로난다"

이 짧은 구절 속에서도 수운은 "불효한 이내마음"을 두 번씩이나 이야기를 하고 있는데, 이때 그의 "불효"라는 심상 속에는 아버지만 있고 어머니는 없는 것 같다. 연이어 말하기를:

"가련하다 이내부친
여경인들 없을소냐"

수운은 "가련한 이내모친"은 말하는 적이 없다. 아버지는 비록 연로했지만 17세 때까지 수운을 지켜주었다. 어머니 곡산谷山 한씨는 10세 때 홀연히 세상을 뜨고 말았다(『대선생주문집』은 수운의 어머니를 청주 한씨로 기술한다. 그러나 표영삼 선생은 교중의 전언에 따라 곡산 한씨라고 말한다. 실제로 경주지방에는 곡산 한씨의 집성촌이 많았다). 20살 때 청상과부가 되어 30살 때 재가하여 수운을 낳았고 40살 때 저승의 객이 된 것이다. 수운의 심상 속에 구체적으로 어머니의 모습이 아롱거리지도 않았지만 그보다 수운은 부계의 내력에 대해 엄청나게 강렬한 자부심을 지니고 있었다. 어머니는 삼취三娶의 재가녀再嫁女로서 그에게 과거에 응시할 수 없는 좌절의 멍에를 안겨주었고, 건천乾川 엄마 친정집안은 별로 내세울 것이 없었던 모양이다.

우리는 수운과 수운의 아버지 근암공近庵公 최옥崔鋈, 1762~1840과의 관계를 다음의 세 측면에서 고찰해볼 필요를 느낀다. 하나는 유전적 성품이며, 하나는 가학家學의 연원淵源이며, 하나는 수운의 일생을 지배한 사상적 기저에 관한 것이다.

첫째, 수운은 아버지 근암공으로부터 매우 영민穎敏한 지력智力을 물려받았다. 한마디로, 수운의 아버지 최옥은 머리가 비상하게 좋은 사람이었다. 이종상李鍾祥이 쓴 최옥의 행장行狀에 이르기를:

> **天姿穎悟, 髫齔受十九史, 一過目輒誦, 能通其大義。八歲作鳳德鍾賦, 膾炙人口。**[51]
>
> **타고난 자질이 영민하고 쉽게 깨우쳐, 이미 아동시절에 중국의 『십구사十九史』를 배웠다. 눈이 한번 스치기만 하면 외워버렸고, 그 대의를 파악해버렸다. 여덟살 때 이미 『봉덕종부鳳德鍾賦』를 지어 세인들을 놀라게 만들었다.**

『봉덕종부』에 관해서는 상고할 길이 없으나 어려서부터 시부詩賦에 능하였고,[52] 고찰컨대 뛰어난 암기력과 이해력의 소유자였던 것이 분명하다. 이렇게 뛰어난 부친, 최옥의 머리를 수운은 이어받았다. 수운이 결코 머리가 아둔한 사람이 아니라 선천적으로 매우 총명한 사람이라는 이 단순한 사실은 수운의 생애와 사상을 이해하는데 매우 중요한 것이다. 다시 말해서 그의 종교체험이 평소 뛰어난 지력智力을 바탕으로 한 것이며, 아둔한 인간이 도통 한번하고 싶어서 무리한 발심을 한 사태가 아니라는 이 사실이 명료하게 반추되어야 하는 것이다.

---

51) 『近庵集』 卷六, 29a.

52) 수운의 아버지 근암공이 열두살 때 지었다는 七言律詩가 『근암집』에 실려있다. 「敬次壽巖族叔南厓李公斗遠函丈畸窩公韻」. **野色如圍地勢幽, 巋然新閣畵中浮。長灘月到頻開戶, 遠岫雲歸更上樓。百里絃歌吾太守, 一場文酒是名區。欲知父老經營意, 勉讀詩書莫浪遊。**(저 들판의 경색이 울타리를 두르고 지세는 그윽하여 아름답기 그지없다. 새로 지은 서재가 울타리 위로 우뚝 솟아 그림 속에 떠있는 것 같네. 가까이 흐르는 긴 여울에 명월이 비치니 지게문 열고 들락날락. 먼 봉우리 구름은 돌아가고 나는 다시 서재 누각으로 올라갔다네. 백리에 걸쳐 거문고 타며 글읽는 소리 여기저기 들리니 우리 고을 사또 좋은 사람이라네. 이 자리에서 벌어지는 글과 술, 그 어느 모임보다 유명해! 이 마을 어른들 서재지어 후학을 기르는 뜻 깊이 알고 싶구나! 시와 글 힘써 읽고 함부로 놀아서는 아니되겠지!) 어린 시절의 포부와 기개, 그리고 정다운 동네분위기를 읊은 수준 높은 율시이다.

다시 말해서 "견딜 수 없는 어떤 도약에 대한 몸부림," "정신적 비상에 대한 갈망," 그의 삶의 저변을 흐르는 이러한 용솟음이 범용한 인간의 구도가 아니라, 비상한 이해력과 암기력, 발군의 총기를 바탕으로 이루어진 것이라는 사실을 명심해야 하는 것이다. 총기聰氣를 바탕으로 하지 않은 무기巫氣는 하찮은 광기狂氣일 뿐이다. 그러한 자들이 하나의 종교를 창도할 때 그것은 사회적 광란狂亂이 되어버리고 마는 것이다.

둘째, 수운은 7대조 할아버지인 잠와潛窩 정무공貞武公 최진립崔震立, 1568~1636과 자기 부친에 대하여 엄청난 프라이드가 있다. 아버지에 관하여 자랑한 것을 보면:

> 家君出世, 名蓋一道, 無不士林之共知。[53)]
> **우리 아버지가 이 세상에 태어나서, 그 이름이 경상도 일대를 휘덮었다. 이곳 사림치고 우리 아버지를 모르는 사람은 없었다.**

과장된 표현같이 보이지만 『근암집』을 깊게 상고해보면, 이러한 수운의 자만감은 결코 무근거한 것이 아니다. 근암공은 자타가 공인하는 확실한 학통을 가지고 있는 대유大儒였다. 그 학통은 영남유림의 대간大幹이었으며 퇴도退陶의 정맥正脈이었다. 근암공은 8세 때 기와畸窩 이상원李象遠의 문하門下로 들어가 공부했으며 평생 기와를 스승으로 모셨다.[54)] 그리고 근암공의 아버지가 구미산 북쪽 기슭 용담 위에 있던 원적암圓寂庵이라는 절을 사서 개축한 와룡암臥龍庵, 바로 수운이 득도한 바로 그 초가 5칸짜리 집의 이름도 기와 이상원이 명명한 것이다.[55)]

---

53) 『東經大全』, 「修德文」.

54) 「墓誌銘」에는 "十三以先大人命受業于畸窩李公象遠之門, 得聞爲學次第, 而其於詞則天得也."라고 되어 있어 13살때 入門한 것으로 보이나, 「行狀」에는 대강 8세 때 쯤으로 되어 있다.

55) 吾師畸窩公命名臥龍庵。請記於府伯金公尙集。金公曰: 「臥龍庵三字, 千載下, 令人眼

기와 이상원은 후세에 자신의 학문을 남기겠다는 뜻이 별로 없었기 때문에(先生未嘗留意於傳後。) 그의 작품이 산일되어 별로 남아있는 것이 없으나 우리가 주목해야 할 사실은 그가 대산大山의 문하생門下生이라는 것이다. 그리고 근암 자신이 14살때 향시를 보러가는 길에 대산大山선생을 직접 만나뵙고 주朱·퇴退의 정맥을 이으라는 훈시를 받았다는 실존적 체험을 아주 감격적으로 토로하고 있다.[56]

대산大山은 바로 영남 남인학파南人學派의 거두, 이상정李象靖, 1711~1781! 그의 고매한 명망이 그에게 "소퇴계小退溪"라는 이름을 안겨주었던 바로 그 대산大山이었다. 대산은 영남 남인의 물줄기로 보면 거대한 저수지였다. 모두 그로 흘러들어와 그로부터 나갔다. 근암공이 자기 스승 기와를 평하는 글을 한번 살펴보자!

> 惟退陶夫子, 集東儒之大成, 紹朱子之嫡統。下以啓鶴敬, 存葛密諸賢之淵流。大山先生得密翁正傳, 扶植吾道, 興起斯文。(畸窩)先生以葛密賢孫, 受學於大山門下, 則先生之道之文, 其眞有所本矣。[57]
>
> 오로지 퇴계선생만이 조선유학자들의 모든 갈래를 집대성하여 주자학의 적통을 이었다. 그리하여 아래로 학봉鶴峰과 경당敬堂의 학문을 열었고, 그리고 갈암葛庵과 밀암密庵 등 영남유림 제현의 대세를 형성하였다. 대산선생은 바로 밀암의 정통적 가르침을 얻어, 유도를 북돋우고 사문을 흥기시켰다. 나의 스승 기와선생은 바로 갈암의 증손이며 밀암의 친손자이다. 그러면서도 사촌간인, 대산의 문하에서 직접 수학하였으니, 우리 선생의 도학에서 우러나온 문장은 참으로 그 뿌리가 깊다 하겠다.

醒」云云。『近庵集』 卷二, 14a.

56) 「墓誌銘」과 「墓碣銘」에 각각 다른 맥락으로 수록되어 있다.

57) 『近庵集』, 「畸窩先生文集序」, 卷五, 1a~b.

여기 영남유림의 양대산맥인 병파屛派(서애 유성룡계열의 학파)와 호파虎派(학봉 김성일계열의 학파) 중, 호파의 계보가 정확하게 나열되고 있음을 잘 알 수 있다. 학봉鶴峰 김성일金誠一, 1538~1593이 퇴계의 문인으로서 퇴계의 학통을 가장 잘 이어간 인물이라는 것은 주지의 사실이다. 경당敬堂 장흥효張興孝, 1564~1633는 학봉 김성일의 문인이다. 그리고 갈암葛庵 이현일李玄逸, 1627~1704은 경당 장흥효의 외손이다.

갈암은 숙종조에 이조판서에까지 이르렀으나 서인 안세징安世徵의 탄핵을 받아 종성鍾城에 유배되었다. 그는 율곡이 사단을 칠정에 포함시킨 것을 맹렬하게 비판하고 퇴계의 이기호발설을 강력히 주장하였다. 퇴계에 대한 갈암의 존모尊慕는 마치 신神을 대하는 것 같았으며 "퇴도선생退陶先生의 사단칠정四端七情에 관한 해설은 백세 후에라도 의심이 없으리라" 칭송하였다. 퇴계학파에서의 갈암의 위치는 율곡학파에서의 우암의 비중과 유사하다.[58]

밀암密庵 이재李栽, 1657~1730는 바로 갈암의 아들이며 가학을 충실히 계승하였다. 대산大山 이상정李象靖, 1711~1781은 바로 밀암의 외손이다. 대산은 문과에 급제하여 벼슬이 형조참의刑曹參議까지 올랐으나 학문에 뜻이 있어 사직하고, 평생토록 안동安東 대석산大夕山 기슭에 대산서당大山書堂을 짓고 퇴계 이황의 학통을 펼치는데 주력하여 많은 후학들을 양성하였다. 근암공이 14세 때 대산大山을 만난 것도 바로 안동 어느 호수가에서였다.[59] 근암공이 평생을 스승으로 모신 기와畸窩는 바로 대산大山의 문도門徒였다. 그들은 모두 퇴계의 일언일구一言一句를 모두 금과옥조로 여겼다. 대산大山이 지은 「사단칠정설四端七情說」은 퇴계의 학설을 충실하게 서술하고 밀암의 학설을 부연한 것이었다.

---

58) 李丙燾, 『韓國儒學史』(서울: 아세아 문화사, 1989), pp.288~290.

59) 吾年十四, 赴鄕解, 過謁大山先生于湖上。先生頗加愛賞, 勸以此事。『近庵集』, 「墓誌銘」, 卷六, 26b.

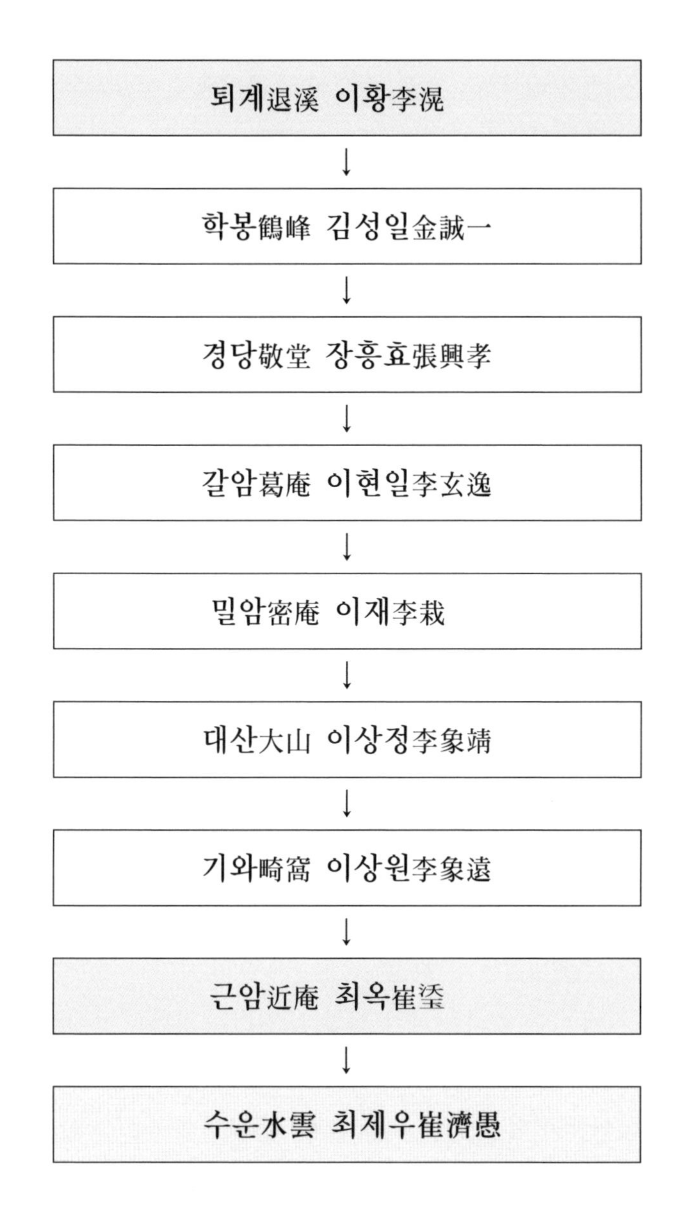

근암은 노경에 예기치 못했던 삼취三娶에서 평생 얻으려다 못얻은 아들을 얻게 된다. 그가 북슬이福述 수운이었다. 북슬이는 서자도 아니요, 상처 후에 정식으로 결혼한 부인에게서 낳은 소생이지만, 재가녀再嫁女의 소생인지라, 『경국대전』의 규정상 과거에 응시할 수가 없었다. 그렇다면 과거도 못볼 자식 공부

가르쳐 무엇할까? 보통 같으면 농사나 짓게 했을지도 모른다. 그러나 근암은 이미 성숙한 노경의 대석학이었다. 수운이 가정리에서 고고지성을 울렸을 때 그는 이미 63세였다.

근암이라는 호의 연원

근암도 젊었을 때는 과시에 뜻을 두었다. 향시에 8번이나 응시해서 족족 다 붙었다. 그러나 경시에 두어 번 응시해보고는 사환의 길을 포기한다. 경주 최씨 남인간판으로 그 당시 벼슬길에 오를 길이 막막하다는 것을 깨달은 것이다. 부패한 세태를 자각한 그는 영남유림의 도덕주의적이고 이상주의적인 학통에 전념케 된다. 그는 영남 남인의 적통을 이은 것이다. 그리고 학문의 본령은 벼슬길에 있지 아니하고 수신修身에 있으며, 퇴계가 말하는 선험적 도덕적 자아(道心)를 구현하는데 있다고 생각케 된다. 그가 과시에 뜻을 두었을 때 그의 호는 근암謹庵이었다. 그런데 그러한 세속적 관심을 버리면서 그는 근암謹庵을 근암近庵으로 바꾸어 버린다.

그 자신의 설명에 의하면, 근암謹庵의 근謹이란 근언謹言, 근행謹行, 근독謹獨의 근謹이다.[60] 그런데 이러한 삼감(謹)은 목적성 있는 삼감이다. 이러한 삼감은 멀리 있는 것만 힘쓰고 가까운 것을 소홀히 하며, 먼 것만을 취하려 하고 가까운 것을 버리는(騖遠而忽近, 取遠而舍近。) 우를 범하기 쉽다. 그러한 리고리즘rigorism을 이제 나는 탈피할 때가 되었다. 진리는 가까운 곳에 있는 것이다. 나의 삶과 몸의 가까운 곳에 궁극적 진리가 있는 것이다. 『주역』「계사」 하편에 "가깝게 나의 몸에서 취한다"(近取諸身) 했고, 『논어』「옹야」에 "가까운 곳에서 공감할 진리를 취한다"(能近取譬)라고 하지 않았던가?

근암공이 호를 근암謹庵에서 근암近庵으로 바꾼 직접적 계기는 주희의 『근

60) 夫謹者, 謹言謹行謹獨之謹。謹固美號, 而今者改謹爲近, 何意焉? 『近庵集』, 「近庵記」, 卷五, 10b-11a.

사록近思錄』에서 받은 충격 때문이었다. 1175년(乙未) 여름, 주희는 복건성 건녕부建寧府 천호산天湖山 기슭에 있는 그의 서재 한천정사寒泉精舍에 머물고 있었다. 그런데 역사학에 일가견이 있었던 친구 여조겸呂祖謙이 찾아와 열흘을 머문다. 그와 같이 주돈이周敦頤, 정명도程明道, 정이천程伊川, 장횡거張橫渠의 책을 읽으며 세미나를 벌이다가 이들의 학문의 내용이 너무도 광범위하고 주제가 다양하여 새롭게 유학을 공부하려는 자들이 도대체 어디서 손을 대야할지 모르겠다는 깊은 우려를 느끼게 된다.

그래서 이 4명의 송宋 선하先河(신유학을 개척한 북송의 거장들)의 책들 중에서 중요한 문장 622조를 골라 그것을 14권의 주제로 나누어 편집하게 된다. 도체道體, 위학爲學, 치지致知, 존양存養, 극치克治, 가도家道, 출처出處, 치체治體, 치법治法, 정사政事, 교학敎學, 경계警戒, 변이단辨異端, 관성현觀聖賢의 주제가 그것이다. 바로 이것이 『근사록近思錄』이라는 천하의 명저다. 결국 신유학운동은 이 『근사록』이라는 앤톨로지를 통하여 보편화되었고 지식인들의 삶 속으로 내면화되었다. 근사近思라는 뜻은 "가까운 데서부터 삶의 진리를 반추해 나간다"(*Reflections on Things at Hand*)는 뜻이다.[61)]

근암의 선생, 기와는 퇴계가 편찬한 『주자서절요朱子書節要』(주희의 사상을 총정리한 것으로 우리나라 성리학 발달의 근간이 된 책)를 마치 자기얘기 하듯이 외워댔으며, 그의 책상 위에는 『심경心經』(남송 진덕수眞德秀, 1178~1235가 경전과 도학자들의 저술에서 심성수양에 관한 격언을 모아 편집한 책. 불교와 관련없다.)과 『근사록近思錄』이 펼쳐져 있지 않은 날이 없었다.

근암謹庵에서 근암近庵으로 바뀐 최옥崔鋈! 그는 말년에 아들을 얻었을 때, 아들의 출세여부는 관심에도 없었다. 그리고 그에게 있어서 학문이란 오로지

---

61) 『논어』「자장」편에 다음과 같은 구절이 있다: 子夏曰:「博學而篤志, 切問而近思, 仁在其中矣。」

"사람되기 위한 배움"이었고 "자기를 위한 배움"이었다. 그는 말년에 얻은 자식을 애지중지 키우면서 무엇보다도 학업에 열중케 하였다. 11조로 된 그의 가훈家訓 제2조에 정이천程伊川의 말을 빌어, 자녀교육에 관하여 간곡히 타이르는 말이 있다.

> 噫! 今之敎子者, 入學後, 或使之牧畜馬牛, 或適野灌漑, 俾不專意於讀書。此豈有成材之望! 自八歲至十五, 其材不材, 成不成, 判矣。若昏暗鈍滯, 下愚不移, 則縱而之農畝, 使之耕牧灌漑, 未爲晚也。
>
> 아! 한심하도다! 요즈음 자식을 가르치는 사람들은 입학 후에도 마소에 꼴먹이게 하거나, 들판에 나가 물대게 하거나 하는 등, 글공부에만 전념치 못하게 하니, 이래 가지고서야 어찌 자식이 재목이 되기를 바랄 수 있으리오! 여덟살 때부터 열다섯살 때까지는 무조건 공부를 시켜보면 재목이 될지 안될지, 성공을 할지 못할지 판가름이 나게 될 것이다. 만약 머리가 아둔하여 잘될 가망이 없거나, 도무지 타고나기를 교육이 안 먹힐 수준이라고 한다면, 그때 가서 농사일을 배우고 꼴멕이고 물대게 해도 늦지 않을 것이다.

이러한 근암공의 이념에 따라 수운은 17세 때 아버지가 돌아가실 때까지 죽으라고 공부만 했다. 수운이 부모를 다 여의고 19세 때 결혼한 후 살길이 막막했던 것도 농사일을 전혀 못배운 서생이라는 처지 때문이었다. 그래서 하는 수 없이 장사길을 나설 수밖에 없었던 것이다.

여기서 우리는 중요한 사실을 발견하게 된다. 수운은 어디까지나 아버지 근암공의 가학을 이은 선비로서 성장했다는 것이다. 우리는 동학을 후대의 갑오동학혁명이라는 역사적 사건으로부터, 그 원인제공의 남상濫觴으로서 거슬러 올라가 인식하는 데만 익숙해 있다. 그리고 후대에 성립한 천도교라고 하는 종교사의 틀 속에서 그 시조始祖로서의 수운을 이해하는 데만 익숙해 있다. 그러나 모든 시발역은 종착역이기도 한 것이다.

우리는 수운이 혁명이나 종교의 창시자로서가 아니라, 평범한 선비로서 가학을 잇고 성장한, 기나긴 조선사상사의 종착역으로서의 중요한 한 측면을 완벽하게 망각해왔는지도 모른다. 최소한 37세 득도 이전의 최수운은 평범한 조선의 선비였으며, 그에게는 중요한 학통이 있었다. 이 학통을 여태까지 아무도 말하지 않았다. 그 학통은 영남 퇴도退陶의 학통이었다. 그의 아버지 근암공은 최진립 장군 가문을 빛낸, 우리의 상식적 기대를 뛰어넘는 당대의 대유였다.

근암의 학풍과 수운사유의 바탕

이러한 학풍은 수운의 일생에 매우 중요한 사상적 기저를 형성했다고 나는 굳게 믿는다. 그가 서학을 극복하는 지력을 과시할 수 있었던 것도 이러한 학통, 그 조선사상사의 저력이 없이는 설명이 될 길이 없다. 그리고 내가 제시한 학통은 어설픈 꿰어맞춤이나 주관적 억측이 아니라, 수운이 그토록 존경하고 따른 근암공 자신이 의식적으로 제시한 명백한 계보다.

이러한 명백한 사실이 우리에게 생소하게 느껴지는 것은 우리 학계의 그 어느 누구도 『근암집』과 『근암유고』를 열심히 읽지 않았다는 단순한 사실에서 유래되는 것이다.[62] 『근암집』 권1에는 수운의 부친인 근암공이 주렴계의 『태극도설』을 읽고 난 후에 소감을 읊은 오언율시가 있다.

濂溪極圖後, 密付陶山翁。[63]

---

62) 고려대학교 철학과 칸트전공의 최동희 교수가 『근암집』을 완역하였다. 최옥 지음, 최동희 옮김, 『근암집』, 서울: 창커뮤니케이션, 2005. 최동희 선생님은 나의 고려대학교 철학과 은사선생님이시다. 엄밀한 칸트학의 대가 자격이 있는 분이지만 평생 동학연구에 주력하시어 매우 훌륭한 동학관계 논문을 남기시었다. 동학의 개척자 중의 한 분으로 높게 평가되어야 한다. 『근암집』은 정말 난해한 문헌인데 최동희 선생님은 매우 꼼꼼하게 번역하시었다. 『근암집』 번역으로 이 방면의 연구가 활성화되기를 기대한다.

63) 『近庵集』, 「奉讀天命圖說感吟」, 卷一, 6b.

나는 주렴계의 『태극도설』을 공독한 후에 더욱 퇴계 이황의 학설에 신념을 가지게 되었다.

이 짧은 한 구절에서 우리는 근암공의 학문성향을 충분히 사료할 수 있다. 그리고 또한 이러한 학통이 수운의 의식의 저변에 깊게 깔려 있다는 것을 우리는 쉽게 알아차릴 수 있다. 근암은 14살 때 대산선생大山先生을 알현하였는데, 그때 대산大山은 시부에 능한 근암을 매우 기특하게 여겼으며, 주朱・퇴退 양서兩書에 힘을 기울이라는 훈시를 내렸다. 그러나 그때는 너무 어려서 대산선생의 뜻을 충분히 알아듣지 못했다. 그러나 그 뜻을 깨달았을 때는 너무 늙어버렸다고 개탄하였다.[64] 그리고 사장詞章도 의리義理를 바탕으로 하여서만 발휘하였다고 자부하였다.[65]

다시 말해서 그의 문학적 세계에도 주朱・퇴退의 철학적 논리가 깔려있다는 것을 의미하는 것이다. 『근암유고』에는 율곡의 사칠리기四七理氣에 대한 변론을 비판하는 글이 실려있다. 물론 퇴계의 입장에서 율곡을 비판하는 대산大山의 논리를 그대로 계승한 것이다. 그렇지만 사례를 들어 구체적으로 논리를 전개하지는 않는다. 근암은 본질적으로 의리義理보다는 사장詞章에 강한 사람이었다. 수운이 『용담유사』와 같은 가사를 쓴 것도 시부를 즐긴 부친의 영향으로 보인다.

老先生理氣互發之說, 建天地, 質鬼神, 俟後聖, 不悖不疑不惑, 至大至公至正之論。栗谷於此指有病於無病之中者, 眞栗谷之病也。[66]

---

64) 『近庵集』, 「墓誌銘」, 卷六, 26b.

65) 『近庵集』, 「墓誌銘」, 卷六, 34a.

66) 『近庵遺稿』, 「栗谷四七理氣辨後議」, p.339.

퇴계선생의 리기호발설은 하늘과 땅에 세우고, 귀신에게 물어보고, 훗날의 성인을 기다려도, 어긋남이 없고 의심됨이 없고, 미혹함이 없다. 그것은 지대하고, 지공하고, 지정한 천하의 정론일 뿐이다. 율곡이 퇴계선생의 학설에 아무런 병통이 없는데도 불구하고 그 속에서 병통을 지적한 것이야 말로, 진짜 율곡의 병통일 뿐이다.

근암은 리기에 대한 논의는 천하고금의 공적인 시비(天下古今之是非)가 되어야 한다고 주장한다. 그런데 지금은 모든 사람들이 밴댕이 콧구멍 만한 자기 심중의 소견을 가지고 경중취사輕重取舍를 함부로 형량한다는 것이다. 그래서 요즈음의 시비는 모두 공평성을 잃어버렸다는 것이다. 리기는 학문의 가장 중요한 핵심이며, 나라는 존재도 리기 속의 일물一物이며, 천지의 리기를 부여받은 존재이기 때문에, 리기의 법칙을 모를 수는 없는 것이지만 함부로 논의해서는 아니 된다는 것이다. 그러면서 근암은 다음과 같이 결론을 내린다.

今於退栗兩集, 以公心證之, 以公眼見之, 則偏說渾淪, 不若兼說分開。然理氣一物, 朱子言也; 理氣二物, 亦朱子意也。莫如兩存之, 以俟後之君子爾。

지금 『퇴계집』과 『율곡집』 양 문집을 공변된 마음으로 검증해보고, 공변된 눈으로 살펴보면, 결론은 역시 리기를 두리뭉실 하나로 만들어 기발 하나만을 편향되게 이야기하는 것은 리기를 명료히 나누어 기발·리발로 양자를 겸설하는 것만 같지 못하다는 것이다. 그러나 리기가 하나일 뿐이라는 것도 주자의 말이요, 리기가 둘이라는 것 또한 주자의 뜻이다. 따라서 퇴·율의 논변은 양자를 다 존중해주고, 후대의 군자가 나타나서 이 문제를 해결해주기를 기다리는 수밖에 없다.

과연 후대의 군자(後之君子)가 누구였을까? 과연 근암은 자기가 노경에 얻어 기른 자식, 북슬이가 이 문제를 해결하는 새로운 패러다임을 제시하는 후대의 군자가 되리라는 것을 알았을까? 꿈에라도 기대를 했을까?

우리는 분명 최수운의 정신세계를 말하는데 있어서 가학연원家學淵源을 말하지 않을 수 없다. 그런데 가학연원은 주朱·퇴退의 적통을 의미하는 것이었다. 그렇다면 우리는 퇴계 이황의 철학과 동학의 관계를 논해야 할까? 동학에 내재하는 주리론적 요소는 무엇일까?

플레타르키아의 신세계

그러나 우리는 가학의 연원을 밝히는 작업과 동시에, 수운의 정신세계는 결코 이런 방식으로 논구되어서는 아니된다는 것을 못박아둘 필요를 절감한다. 수운은 성리학적 리理를 말하지는 않는다. 그는 "혼원지일기渾元之一氣"를 말하며, "내유신령內有神靈, 외유기화外有氣化"를 말하므로, 오히려 기일원론적氣一元論的 세계관에 가깝다. 그러나 "기일원론氣一元論" 운운云云하는 것도 잘못된 표현이다. 즉 오백년을 지속해온 리기론적 맥락에서의 주기론적 기론이 아니기 때문이다. 수운의 가학연원으로 말하자면, 동학은 가학에 대한 반역이요 반란이라 할 수 있는 것이다. 그것은 전혀 새로운 패러다임 속에서의 자득自得한 세계였다! 그것은 플레타르키아의 신세계였던 것이다.

그러나 여기 굳이 가학연원을 따지는 것은, 동학의 언어와 주제의식의 상당부분이 조선유학의 성과와 연장선상에 있다는 것이며, 특히 그가 「포덕문布德文」에서 득도得道체험의 결론으로 제시한 "성경誠敬"[67]은 영남 대산大山학풍의 핵심적 과제였다는 것이다. 이 "성誠"과 "경敬" 등의 성리학적 개념에 대한 깊은 이해와 실천적 태도는 안동·경주지역 유림의 삶의 보편적 기반이었으며,

---

67) 此非受人之誠敬耶? 「布德文」. 성경이자誠敬二字 지켜내어 차차차차 닦아내면 무극대도無極大道 아닐런가 「도수사」.

1895년 이후에는 안동지역 의병운동의 이념과 행동으로 바로 연결되기도 하였던 것이다.[68)]

그러나 바로 이 지역의 이러한 정서가 수운을 이단자로, 사문난적으로 몰아 죽음에 처하게 만들었다는 아이러니도 동시에 기억해야 한다. 바로 근암의 호론적虎論的(병산서원을 중심으로 한 류성룡학파와 호계서원虎溪書院을 중심으로 한 김성일학파 사이의 시비를 병호시비屛虎是非라고 하는데, 근암의 학통은 호계서원학통이다) 학통은 중앙정계로 돌파구를 찾지못한 재야유림들의 자기보존을 위한 폐쇄적 투쟁이었으며, 학연·지연·혈연의 공고한 기반 위에서 가학의 유대감으로 전해져 내려온 학통이었다. 이러한 학통에서 보자면 수운 이상의 반역자는 없었다.

근암의 「행장行狀」과 「묘지명墓誌銘」을 쓴 정헌定軒 이종상李鍾祥, 1799~1870도 사학邪學을 금하는 포유문을 발송하여 이단을 배척하는데 앞장설 것을 호소한 당대의 거유다. 그는 경주지역의 유림을 대표하는 가장 큰 학자였다. 천주학을 믿는 자가 발각되면 마땅히 영營에 보고하여 처리하되, 죄가 큰 경우는 죽이고, 작은 경우는 형을 가하고 유배를 보내야 한다고 하였다.[69)] 이종상과 수운과의 관계를 구체적으로 살필 수는 없으나 이러한 인물들이 수운을 어떻게 생각했을지 그 추론의 결론은 명백한 것이다. "눌로대해 음해하노." "눌로대해 이말하노." "눌로대해 저말하노." "애달하다 애달하다 너희음해 애달하다." 끊임없이 서학으로 지목되어 음해를 받아야만 했던 수운의 이러한 절규는 바로 관념적인 위정척사를 성리학적 과제상황과 직결시킨 영남유림의 분위기 속에서는 너무도 당연한 것이었고 너무도 애달한 것이었다.

셋째, 가학연원을 살피는데 있어서 우리가 수운의 일생을 지배한 긍정적인 측면을 지적하자면, 바로 주자학-퇴계학의 정통주의가 고집한 반이단주의와

68) 권오영, 『조선후기 유림의 사상과 활동』(서울: 돌베개, 2003), p.247.

69) 『同上』, p.395.

플레타르키아적인 합정리성의 기반이라 할 수 있을 것이다.(우리의 상식적 어휘로서 "합리성"이라 말해도 대차없다. 우리말의 "합리성"은 문자 그대로 "合於理"일 뿐이며, 엄밀한 의미에서의 "래서날리티rationality"는 아니다.)

수운의 세계에는 초월과 내재, 미신과 상식, 비합리와 합리, 유신과 무신, 인격과 비인격의 세계가 항상 혼재되어 있다. 아니, 혼재라기보다는 모순적 양극의 세계가 한 장場에서 여과없이 충돌한다. 그러나 수운에게는 무서운 상식과 합리주의가 의식의 저변을 지배하고 있다. 수운이 서학에서 받은 충격은 초월적 인격자의 존재였고, 또 우리가 체험하는 세계를 넘어서는 본체계(noumenal sphere)의 존재였다. 그러나 그러한 존재를 그는 끊임없이 상식적인 생성의 세계로 환원시키며, 모든 영적 존재(numinous beings)를 건강한 나의 몸Mom의 영성으로 귀속시킨다.

결국 모든 초월은 외면적 상향上向이 아니라 내재적 생성의 끊임없는 초극으로 환속되는 것이다. 모든 귀신은 음양의 생성의 일환이 되어버리고 마는 것이다.[70] 끊임없는 상식과 합리로의 회귀, 끊임없는 초월의 욕구에 대한 초월의 거부, 바로 이렇게 치열한 일상성의 긍정을 우리는 아버지 근암공의 "근近" 한 글자에서 발견하는 것이다. 『근사록』에는 "변이단辨異端"이라는 장이 있다. 그곳에는 다음과 같은 말들이 실려있다.

> **지식인은 항상 마음을 가다듬고 정도를 고집해야 한다. 조금이라도 느슨한 외도의 기미를 허락해서는 아니된다. 처음에는 아주 미미한 것 같지만 나중에는 구제할 길이 없도록 벌어지고 만다.** (儒者潛心正道, 不容有差。其始甚微, 其終則不可救。)
>
> **도 밖에는 사물이 있을 수 없다. 사물 밖에는 도가 있을 수 없다. 그러니까 하**

70) 천지역시 귀신이요 귀신역시 음양인줄 이같이 몰랐으니 경전살펴 무엇하며… 「도덕가」.

늘과 땅 사이에 도가 아닌 것은 아무 것도 없다. (道之外無物, 物之外無道。 是天地之間, 無適而非道也。)

불교는 본래 삶과 죽음을 두려워한다. 그래서 근원적으로 이기적이다. 그러니 이런 종교를 어찌 공도라 할 수 있겠는가? 오직 위로만 초월하기를 힘쓰고 평범한 아래의 주변에서 배우는 것이 없다. 그러니 그들의 위로의 초월이라고 하는 것이 과연 정당할 수 있겠는가? 그들의 세계관에는 원래 위와 아래가 연속되어 있질 않은 것이다. 무엇이든지 둘로 단절되어 있는 것은 도라 할 수 없는 것이다. (釋氏本怖死生爲利, 豈是公道? 惟務上達而無下學。 然則其上達處, 豈有是也? 元不相連屬, 但有間斷, 非道也。)

이러한 가르침이 곧 수운에게 당부된 근암공의 가르침이었을 것이다. 불교니 기독교니 하는 것을 떠나서 모든 종교에 대하여 근원적인 상식의 도道를 선포하는 것이다. **인류에게 유교 이상의 상식은 없다.** 수운은 이렇게 철저한 상식의 훈도 속에서 성장한 인간이었다. 그런데 재미있게도 그의 구도의 과정은 분명 초월적이고 인격적인 신과의 만남을 추구한 과정이었다. 여기에 바로 수운이라는 인간의 아이러니와 창발성이 있는 것이다. 이것이 바로 동학의 난해함이다. 이것이 바로 동학이 표피적 인간들에게 곡해되기 쉬운 측면이다.

수운이 글을 쓰는 태도를 살펴보면 자기체험의 기술방식이 놀라웁게 정직하다. 매우 솔직하게 자기의 체험을 털어놓는다. 이렇게 정직하고 과장됨이 없는 인품을 그는 근암공에게서 물려받았다. 인류사의 모든 종교적 창시자와 수운을 구별짓는 것은 바로 이러한 정직성과 상식성에 있다. 허세를 부리지 않는 것이다. 뻥을 까지 않는 것이다. 협박하지 않는 것이다. 그에게는 근원적으로 케리그마가 부재한 것이다.

3) 이제 우리는 그의 생애의 제2단계를 살펴볼 필요를 느낀다. 17세 때 존경하고 따르던 아버지 근암공이 세상을 뜬다. 퇴계종손인 고계古溪 이휘녕李彙

寧이 쓴 「묘갈명墓碣銘」에는 근암공의 죽음이 다음과 같이 간결하게 묘사되어 있다.

> 庚子春忽感疾, 語家人曰: 「吾今八十歲人, 安用醫藥爲?」 使之整枕席, 翛然而逝。卽二月二十日訃出。[71]

> **경자년(1840) 봄에 홀연히 병에 걸렸다. 근암공은 집안사람들을 둘러보며 말하였다: "난 이제 80이나 된 사람이다. 뭔 약까지 쓸 필요가 있겠냐?" 그리곤 벼개와 요를 반듯하게 정돈해달라고 당부하였다. 순간 새 깃털이 날아가듯 아무 미련없이 세상을 떴다. 2월 20일 부고가 나갔다.**

근암공의 인품을 잘 말해주는 최후의 장면이다. 이제 수운은 고아가 되었다.

---

71) 수운의 아버지 근암공의 「묘갈명」을 퇴계집안의 종손인 고계古溪 이휘녕李彙寧이 썼고, 「묘지명」과 「행장」은 당시 경주지역 유림의 가장 영향력이 컸던 대유 정헌定軒 이종상李鍾祥이 썼다는 사실은 근암공의 위상을 말해 주는 것이다. 특히 퇴계종손이 「묘갈명」을 썼다는 것은 참으로 특기할만한 경이로운 사실이다. 종손의 성세로 보아 아무에게나 함부로 묘갈명을 쓸 수 없는 것이다. 근암공이 서거했을 때 아마도 수운의 형님인 제환濟寏(수운의 아버지는 수운을 낳기 전에는 손이 없었으므로 그의 동생 규珪의 아들을 양자로 맞이했다. 제환은 매우 인품이 좋은 인물이었다. 제환의 아들 세조世祚는 최초의 입도자일 뿐 아니라 수운의 사후에도 수운의 가족을 잘 보살폈다)이 퇴계종가를 찾아가서 「묘갈명」을 받아왔을 것으로 사료된다. 「묘갈명」의 문장 속에 고계 이휘녕의 묘갈명을 부탁한 사람으로서 상상上庠 최세린崔世麟(최부자집 지식인, 사마시 합격자)의 이름이 거론되고 있다. 최세린과 최제환, 그리고 17세의 수운이 동행한 것으로 추론된다. 퇴계종손이 묘갈명을 쓴다는 것은 근암이 퇴도退陶의 적전嫡傳임을 만세에 선포하는 것이다. 결코 쉬운 일이 아니다. 그런데 오늘날 경주 서면 도리 관산冠山에 있는 근암의 묘소에는 진성眞城 이씨李氏 휘녕彙寧이 쓴 비문은 온데간데 없다. 아마도 수운이 역적으로 몰리면서 파기되었을 것이다. 이러한 정황으로 미루어 보아도, 수운이 일으킨 동학운동이 영남유림에게 얼마나 거대한 풍파를 일으킨 사건이었나 하는 것을 규탐할 수 있다. 수운의 반역은 참으로 힘든 반역이었다. 가학연원에 숨은 이러한 작은 사실 하나로 우리는 너무도 많은 역사의 풍랑을 추측해볼 수 있는 것이다.

10세에 어머니를 여의고, 17세에 아버지를 잃었다. 옛 풍속에는 한 집안내력에 남자가 장가드는 나이가 정해져 있었다. 수운은 17세에 장가들기로 되어있었으나 아버지가 돌아가시는 바람에 3년상(대개 만 2년)을 치른 후 19세 때에 울산에 사는 밀양박씨(월성박씨) 부인을 얻는다. 그런데 설상가상, 결혼 후 1년쯤 되었을 때 태어나고 정든 가정리 생가가 홀라당 불에 타버리고 만다. 그리고 1년 후엔 유랑길에 오른다.

아버지의 죽음, 결혼, 화재, 유랑! 이것은 결코 예사로운 사건들이 아니다. 이 세상에 태어나서 엄마·아버지가 모두 돌아가시는 체험을 해본 사람은 알 것이다. 마치 하늘과 나와 땅을 맺고 있는 탯줄이 싹둑 잘리는 듯한 느낌을, 천지간에 달랑 혼자 남아있는 느낌을! 아버지의 죽음! 그것은 수운에게는 참으로 중대한 의미를 안겨주는 사건이었다.

지금은 시대가 바뀌어 수운이라 하면 동학의 창시자로서 존경을 받을 만한 위대한 인물로서 생각한다. 그러나 역사적 수운은 가정리 용담골 일대에서 존경받는 인물이 아니라 천시받는 인물이었을 것이다. 서자는 아니지만, 삼취 재가녀의 소생인지라, 실제로 서자보다도 못한 취급을 받았을 것이다. 옛날에 한 동네에서 서자의 위치는 참으로 고달픈 눈총을 받아야하는 삶이었다. 이러한 눈총을 막아준 사람이 바로 근암공이었다. 세인의 따가운 눈총을 다 막아주었을 뿐 아니라 수운에게 위대한 학문의 훈도를 흠뻑 젖게 하고, 농사일도 손대지 못하게 하면서 고귀하게 길렀다.

그 동네에서는 가장 큰어른으로 존경받던 촌장이며 교육자였던 아버지가 돌아가셨을 때 수운에게 찾아온 고독감, 그것은 무엇이었을까? 그것은 바로 자기 실존의 직시였다. 수운은 그야말로 키엘케골이 말한 "신 앞에 서는 단독자"로서의 실존을 10대에 체험케 되는 것이다. 그는 다시 천시받는 인간이 되었고, 단독자로 홀로 서기에는 너무도 무기력한 자신을 발견하기에 이른다. 결혼, 화재! 결혼에서 생의 반려를 얻었지만, 화재에서는 생의 기반을 상실한다. 그는 이제 용담을 떠날 수밖에 없었다.

> 大先生居憂三年, 家產漸衰, 學書不成, 返武二年, 藏弓歸商, 周遊八方。[72)]
>
> 큰선생님께서 상을 지낸 지 삼년, 가산이 점점 기울고, 학문은 이룰 길이 없고, 무예나 익힐까 두 해 헤매다가, 활을 거두고 상인의 길을 나섰다. 천지팔방을 주유키 시작하였다.

여기 용담을 떠난다는 것은 단순히 고향에서 먹을 것이 없어 이향離鄕한다는 의미가 아니다. 그의 거룡지지去龍之志(용담을 떠나는 의도)에는 몇 가지 중요한 실존적 의미가 함축되어 있다.

그의 출생지 용담은 수운에게는 천지간에 태어나는 위대한 생명의 축복을 가져다 준 보금자리이지만 동시에 그에게는 끊임없는 저주의 땅이었다. 질시와 천시의 눈총이 끊이지 않았고, 개벽세의 모든 죄악이 응축되어 있는 곳이었다. 향촌의 폐쇄성, 그리고 영남유림의 보수적 도덕 형식주의가 끊임없이 인간의 사유를 옥죄는 그러한 편벽한 곳이었다. 근암공이 17세에 별세하였다는 것은 수운에게는 더할 나위 없는 축복이다. 만약 근암이 수운 30세까지 살았더라면 수운은 정말 별볼일 없는 평범한 향유鄕儒가 되고 말았을 것이다.

근암의 죽음은 수운에게 이 세상사람들에게 빚진 것이 없다는 느낌을 가져다 주었고, 그를 묶고 있던 모든 향촌의 사슬로부터 그를 해방시켰다. 수운의 거룡

---

72) 『대선생사적大先生事蹟』(丙午六月始謄). 1900년대 초반에 김연국계열의 인물이 편찬. 1906년 필사. 전북 부안 천도교 호암수도원 박기중 종법사가 소장하고 있던 것을 표영삼·박맹수가 발견. 타처에서 못 보는 매우 소중한 정보가 실려 있다. 귀중한 원사료. 『도원기서道源記書』(1879년 기묘년에 초고가 작성됨)와는 다른 시각에서 쓰여진 사료이다. 『동학농민혁명국역총서 13』에 이이화의 번역이 실려있다. 앞으로 이러한 방계 자료들도 상세한 주석과 함께 우리말로 번역되어야 한다. 논문을 쓰는 것보다 이런 자료의 번역이 우선이다.

去龍(용담을 떠남)은 바로 영남유림과의 결별이며, 대산大山의 학통에 대한 소속감의 단절이며, 향촌의 질시에 대한 차단이며, 가장 중요한 것은 사칠리기四七理氣로부터의 해방이다!

이제 그는 더 이상 그를 키워왔던 모든 전통에 대한 충성심을 고수할 필요가 없어진 것이다. 아버지의 죽음, 결혼, 화재, 이 모든 것이 그의 삶의 부정과, 독립과 단절을 의미하는 것이었다. 거룡去龍의 수운에게 남은 것이라곤 오직 아름다웠던 성장의 추억, 근엄하고 인자한 아버지의 인품의 훈도뿐이었다. 떠날 때는 모든 것은 아름답게 기억되는 것이다. 부정적인 면은 추상되고 긍정적인 면만 남게 된다. 그러나 막상 다시 돌아왔을 땐 부정적인 측면, 삶을 압박하는 제 현실이 다시 살아나고 나를 묶게 된다. 1844년 이후 수운의 일생은 끊임없는 거룡去龍과 귀룡歸龍(용담으로 돌아옴)의 반복이었다. 마지막 거룡은 그의 죽음이었다. 그것은 용담의 모든 죄악의 단절이었으며, 의도된 선택이었다.

藏弓歸商。

활을 거두고 장사길에 나서다.

수운은 본시 무인기질이 강한 사람이었다. 문약하기만 한 사람은 아무리 지식이 뛰어나도 새로운 것을 개창하는 인물이 되기는 어렵다. 어쩔 수 없이 치밀어 오르는 강력한 몸의 에너지를 느끼지 못하는 사람은 방황과 모험을 감수할 수가 없다. 수운은 어려서부터 눈동자가 부리부리하고 광채가 있어 그 형광熒光이 사람을 엄습하였다. 동무들이 수운을 희롱하여, 곧 잘 "네 눈은 역적逆賊의 눈이라"하면 수운은 평연平然히, "나는 역적逆賊이 되려니와 너희는 순량純良한 백성百姓이 되라"고 되치곤 하였다.[73]

---

73) 야뢰夜雷 이돈화李敦化 편술編述, 『천도교창건사天道教創建史』(서울: 경인문화사 영인본, 1982), p.2. 그리고 『천도교회월보天道教會月報』(통권 167호, 1924년 8월)에 실린 현파玄波 박래홍朴來弘의 「전라행全羅行」 속에 수운을 친견한 도인 양형숙梁亨淑의 증언이

수운은, 병자호란 때(인조가 남한산성에 갇힌 후 그를 구하기 위해 달려간 부대 중의 하나) 용인 선바람고개에서 한 몸으로 청군의 화살을 고슴도치처럼 맞고 장렬히 전사한 7대조 할아버지 정무공 최진립崔震立, 1568~1636을 평생 사모하였는데, 어려서부터 무예에도 큰 뜻이 있었다. 아마도 그가 2년간 무예를 단련했다 하는 것은 재가녀 소생이라 할지라도 무과에는 응시할 수가 있다는 관례가 있어 뜻을 두었을지도 모른다. 그러나 그는 활을 거두고 상商으로 나섰다. 출세에 대한 미련을 아예 버린 것이다. 남인 계열의 경주 최씨로서 출세할 기회란 전무에 가깝다는 것을 안 것이다.

"장궁귀상"은 그의 삶의 거대한 터닝 포인트를 의미하는 것이다. 그러나 그의 무인기상은 그에게서 떠난 적이 없다. 그가 포덕을 결심하면서 「주문」을 지었을 때, 「검결劍訣」을 같이 지었다는 것도 그러한 무인기상의 일면을 잘 나타내준다: "시호시호 이내시호 부재래지 시호로다…… 용천검 날랜칼은 일월을 희롱하고 게으른 무수장삼 우주에 덮혀있네 만고명장 어데있나 장부당전 무장사라……" 호방豪放한 대협의 기질을 잘 나타내준다. 수운은 대장부였다.

귀상의 방랑

귀상歸商의 방랑 10년! 여기서 우리의 주인공 북슬이는 무엇을 보고 무엇을 깨달았을까? 우리는 이 귀상의 방랑을 검토함에 있어서 최소한 다음의 네 가지 주제를 반드시 기억해야 한다.

첫째, 수운은 사士로 컸다. 그리고 그가 유랑을 시작할 때 대단한 학식을 겸비한 수려한 청년이었다.(키는 크지도 작지도 않은 알맞은 키라 했다.)[74] 그런데 그가

있다: "눈은 가느시고 좀 노르스름하며 심甚히 맑아 정기精氣가 쑥쑥하야 바로 뵈옵기가 어려웟스며 눈의 흰자우도 좀 노르시고 눈을 바로 쓰시면 금金불이 쏫는 듯 무서워서 뵈옵기가 어려웟소."

74) "키는 그리 크도 적도안은 알맛는 키시고, 거름거리는 다른 사람과 別로 다름이 업

선택한 신분은 장사꾼이었다. 사士·농農·공工·상商의 신분사회에 있어서 이러한 회전은 거의 코페르니쿠스적인 전환을 의미하는 것이었다. 최상의 신분에서 최하의 신분으로의 전업은 무엇보다 그의 세계관을 넓혀주었고, 사士라는 도덕관념질서로부터 해탈되는 해방감을 만끽시켜 주었던 것이다. 그리고 민중의 삶의 현장 속에서 역사를 새롭게 인식하고, 얼마나 자기가 살고 있는 조선사회가 부패한 사회인가를 체감할 수 있는 기회를 얻었다. 모든 진리는 체득하지 않으면 진리의 자격이 없다. 『근사록』의 아름다운 경구들도 삶의 체험을 거치지 않으면 공허한 관념의 메아리로 끝나버리고 말 뿐이다.

그의 새로운 삶의 체험이란 근엄한 선비로서의 관념적 도약이 아니라, 와글거리는 시장바닥의 약동하는 민중의 삶의 체험이었다. 솔개 나르고 물고기 튀어오르는 천지생명의 약동을, 짓눌린 민중의 이그러진 삶 속에서 그는 새로 발견하였던 것이다. 이는 마치 1970·80년대 지식인들이 위장취업을 통해 억압받는 최하층민의 삶의 현장으로 뛰어들었던 상황과도 유사한 역사적 곡절이 있다. 7·80년대 위장취업자들의 체험은 합목적적이었고 교훈적이었고 의식적이었지만, 수운의 전업은 그러한 목적이나 교훈이나 의식이 없는 순수한 것이었다. 그래서 그만큼 순수하게 배울 수 있었던 것이다.

그가 나중에 그의 체험을 기술할 때도 한문보다 한글을 앞세웠던 것도 이러한 그의 역사의식과 민중의식을 단적으로 예시하는 것이다. 『용담유사』는 그가 민중과 체험을 나누기 위하여 의식적으로 선택한 위대한 문학이었다.

둘째, 일설에 그의 주유팔방周遊八方이 북쪽으로는 서울 삼각산과 동쪽으로

스시며, 恒常 對人接物에 恭敬과 精誠으로 하시며 사람의 老少를 莫論하고 아조 더 할수업는 恭敬으로 待하시며, 恒常 亭上에 儼然히 坐定하사 人을 對하시고, 擧止가 愼重하시며 威儀가 正當하시고, 其側에는 寧海道人 李春發이가 恒常 모시고 잇는바, 先生을 한번 拜別한 뒤로는 一生을 두고 다시 그런 어른을 뵈옵지못하엿스며 아마 다시 못볼가보오." 「全羅行」, 『天道敎會月報』, 통권 167호, p.37.

는 통천 금강산을 넘어 올라가지는 않았다고 하나 그것은 낭설에 지나지 않는다. 수운 자신의 말을 빌리면, 「몽중노소문답가」에 "처자산업 다 버리고 팔도강산 다 밟아서 인심풍속 살펴보니 무가내라 할길 없네"라 하였고, 「화결시」에 "방방곡곡행행진方方谷谷行行盡, 수수산산개개지水水山山個個知"라 한 것을 보면 그는 팔도강산을 아니 누빈 곳이 없었다. 『천도교백년약사』에도 "오직 청려장을 벗삼아 동으로는 금강산, 서로는 구월산, 남으로는 지리산, 북으로는 묘향산 등 이렇게 넓은 지역의 산천을 편답하면서 …" 운운했지만 모두 그의 활동범위가 광막했음을 표현하는 말들이다.

나의 추론에 의하면, 그가 뼛속 깊이 놀라운 국제적 감각을 가지고 있는 것을 볼 때, 그의 행보가 압록강을 건너 대륙의 지경을 헤매었다고도 볼 수 있다. 심양까지만 갔어도 중국의 문제가 무엇인지, 인류의 미래가 어떻게 흘러갈지, 조선의 운명이 어떠한지에 관해 깊은 통찰을 얻을 수 있었을 것이다(나의 추론은 결코 허황된 것이 아니다. 동학에 뿌리를 둔 창련처사蒼蓮處士 진주하씨 중희重喜가 조선말기에 구라파, 미국, 남빙양을 포함한 세계일주를 했는데, 그는 수운선생의 넓은 견문을 얻기 위해 그러한 여행을 감행하였다고 고백하고 있다. 그의 묘비는 포천시 관인면 중리 보개산 사기막고개에 있다).

특기할 사실은 그가 전라도를 일찍이 넘나들었다는 행보에 관한 것이다. 이 방랑의 시기에 이미 전라도를 다녔기 때문에, 그가 나중에 득도 후 관원의 박해와 향리의 음해를 피해 남원 교룡산성 은적암에 은신하는 발상을 한 것이다. 그리고 그러한 연유로 동학이 전라도 일대에 퍼지게 된 것이다. 그리고 결국 이런 계기들이 발전하여 갑오동학민중항쟁이 전라도에서 발발하게 된 것이다. 수운의 삶은 우리민족의 분열된 지방구도를 일찍이 탈피한 삶이었으며, 역으로 수운의 시대에는 오늘날 우리가 경험하는 전라·경상의 고질적인 지역감정이나 붕당의식은 없었다는 것을 말해주는 것이다.

그리고 우리는 이 유랑길에 하나의 재미난 상상적 일화를 삽입시켜 볼 수 있다. 수운은 장사꾼으로 서울을 수없이 들락거렸으며 그래서 국제정세에 관한 많은 정보를 수집할 수 있었다. 수운이 남대문시장을 들락거렸을 때, 그곳 회현방會賢坊 송현松峴 상동尙洞(지금의 한국은행 본점자리) 기화당氣和堂에서는 희대의 석학 혜강 최한기가 신기통神氣通을 말하고, 기학氣學을 논하고 있었다. 혜강은 수운보다 나이가 21년이나 위이다. 그러나 동시대의 사상가들이다. 수운은 혜강과 같은 이들을 무수히 만났다. 이 두 사람은 가까운 거리에서 스쳐 지나갔을 것이다. 당대에서 버림받았지만 시대를 앞서 살았던 두 거인은 제각기 다른 모습으로 같은 공기를 숨쉬며 공통된 시대정신을 구현하고 있었다. 기학은 과학적 패러다임이었고 동학은 종교적 패러다임이었지만, 이 두 사람에게 있어선 과학과 종교가 모두 인간학적 과제상황일 뿐이었다.

셋째, 수운은 이 시기에 안 해본 짓이 없다. 장사꾼으로서 돈벌기 위한 것이라면 가능한 모든 시도를 다 해봤을 것이다. 백목(포목)장사, 의술, 복술(卜術), 잡술, 손 안 대본 것이 없었다. 이러한 다양한 삶의 체험 속에서 그는 기존의 모든 가치관의 몰락을 발견한다. 유교나 불교는 민중의 삶을 떠난 공허한 언어의 유희일 뿐이었다.

> 유도불도 누천년에 운이역시 다했던가?
>
> 「교훈가」

그에게 충격적으로 다가온 것은 민중의 삶에 전염병처럼 퍼져가고 있는 두 사조의 발견이었다. 하나는 천주학이었고, 하나는 도참신앙이었다. 다시 말해서 민중이 난세의 시대에 의존하려는 것은 건전한 상식이나 사회윤리가 아니라, 초월적 미신이었고 예언적인 안위였다. 여기서 수운은 이 두 사조에 대하여 깊은 체험을 하게 된다. 결코 무시해버릴 수 없는 만만치 않은 사조였다. 수운은 천주학의 비밀집회에도 수없이 참여했으며, 그들의 예배과정이나 제식을 직접 체험했을 것이다. 수운의 서학에 대한 관심은 매우 집요한 것이었다. 수운은 이 서학으로부터 "천주天主"라는 초월자에 대한 문제의식을 물려받았다. 그리고 도참으로부터 "영부靈符"를 물려받았다.[75]

넷째, 이 시기에 수운에게 가장 큰 충격을 준 것은 아편전쟁(1840~42)과 그에 잇따른 태평천국의 난(1851~1864) 등 어지러운 국제질서의 변화였다. 그것은 조선반도의 민중에게 있어선 그 반도가 소속되어 있는 대륙질서의 근원적인 붕괴를 의미하는 것이며, 그것은 그들의 중화중심의 티엔시아天下 세계관에 있어서 하늘이 무너지는 것과도 같은 경천동지의 사건이었다. 이 사건을 수운은 『좌전左傳』의 표현을 빌어 "순망지탄脣亡之歎"(「포덕문」)이니 "순망지환脣亡之患"(「동학론」)이니 절규하고 있지만, 그것은 대륙의 질서의 함몰은 곧 조선의 멸망을 의미한다는 절박한 예감이요 예언이었다. 그것은 어떤 한가로운 상수학적인 예언이 아니라, 조선이라는 오백년을 유지해온 폴리테이아(정체政體)의 근원적인 해체를 의미하는 것이었으며, 그 정체政體를 믿고 살아온 모든 민중의 삶의 붕괴를 의미하는 것이었다.

현재도 우리나라는 미군철수 한 문제를 놓고도 민심이 동요하는 사태를 느낄 수 있다. 당시 조선민중에게 있어서 중국의 존재는, 오늘 대한민국에 있어서 미국의 존재보다도 훨씬 더 근원적인 소속감의 대상이었다. 그것은 그들 삶의 지

---

75) 일설에 의하면 수운이 한때 일부一夫 김항金恒, 1826~1898(수운보다 두 살 어림)의 스승인 연담蓮潭 이운규李雲圭 밑에서 수학한 적이 있다고 하나, 이것은 『정역正易』의 저자인 김일부金一夫를 추앙하기 위하여 꾸며낸 낭설에 불과하다. 김일부의 『정역』과 수운의 개벽사상은 계보를 달리하는 것이며 직접적인 관련이 없다. 그리고 김일부의 『정역』은 수운보다 훨씬 후대에, 1880년대에 형성된 것이다. 김일부의 역학易學은 순수한 상수학적 재구성이지만 수운의 개벽사상은 그러한 상수학에서 도출되는 것이 아니라 상식적인 의리지학에서 도출되는 것이다. 그리고 수운의 체험은 그냥 일상적인 민중의 적나라한 삶의 모습에 관한 것이지, 괘상을 조작하고 재배치해서 예언을 하려는 상수학적 선후천론이 아니다.

반이었다. 이 지반이 서양오랑캐들의 침략 아래 무기력하게 무너지는 것을 목격하는 느낌은 9·11테러에 의하여 맨해튼 한복판의 트윈 타워가 붕괴되는 것을 바라보는 충격보다도 몇천만배 허무한 느낌이었을 것이다. 이러한 절망감을 당대의 조선을 이끌어가고 있는 지식층이 전혀 느끼지 못하고 있다는 불감증에 대한 절망감이야말로, 수운의 좌절감의 본원이었다.

도대체 어떻게 살아갈 것인가? 도대체 조선이라는 국가체제의 멸망 후에 조선의 민중은 어떻게 생존할 것인가? 19세기 중엽에 그 어느 누구도 이러한 문제의식을 가지고 고민한 지식인이 없었다. 다산은 일표이서一表二書를 썼지만 조선왕조라는 체제의 붕괴는 상상치도 못했다. 혜강은 신기통을 말하고 기학을 말하고 지구전요를 말했지만, 활동운화의 승순承順이라는 낙관론으로 일관했다. 수운에게는 그러한 낙관론적 관념의 여백이 없었다. 수운이 체험한 세태는 절망, 절망, 그리고 또 절망일 뿐이었다. 바로 이러한 절망감에서 수운의 "다시개벽"에 대한 새로운 모색이 시작되는 것이다.

4) 수운의 삶의 제3단계를 고찰하는 데 있어서는, 그의 종교체험의 분기점으로 천도교사에서 흔히 신비롭게 묘사되고 있는 "을묘천서乙卯天書"라는 주제에 관하여 나 도올의 정확한 견해를 밝히려 한다. 을묘천서乙卯天書에 관한 모든 논의는1860년대 중반에 박하선이 집필한 것으로 추정되는 『대선생주문집大先生主文集』과 이 『문집』을 참고하면서, 해월을 모시고 다닌 탁월한 지식인 강수姜洙, ?~1894가 1879년 11월 10일에 탈고한 『최선생문집도원기서崔先生文集道源記書』에 근거한 것이다.[76] 이 외의 전거는 언급할 가치가 없다.

---

76) 『崔先生文集道源記書』는 한양대 국문과 명예교수 윤석산尹錫山에 의하여 『초기동학의 역사』라는 이름으로 국역되었다. 윤석산 역주, 『초기동학初期東學의 역사歷史』(서울: 신서원, 2000). 을묘천서에 관한 것은 19~25쪽에 실려있다. 그리고 표영삼의 『동학 1』(서울: 통나무, 2004), pp.69~73에 "을묘천서"에 관한 이야기가 잘 해설되어 있다.

수운은 귀상의 10년 방랑길에서 얻은 절망의 고뇌를 풀기 위하여 수없는 지식인들을 만나보았으나, 수운의 문제의식을 정확히 간파하지도 못했을 뿐 아니라, 자신들의 관념에만 빠져 동문서답을 내뱉을 뿐이었다. 이러한 모색 속에서 수운은 당대 지식인들에 대한 모멸감을 얻었을 뿐이다. 그리고 이러한 문제는 자신 스스로가 풀 수밖에 없다는 최종적 결론에 도달한다. 그것은 마치 소크라테스가 "소크라테스보다 더 지혜로운 자는 아무도 없다"는 델포이 신전의 신탁의 결과를 반증하기 위하여 당대의 유명한 정치인, 시인들, 비극작가들, 예술가 장인들을 찾아가 대담을 벌인 그 과정의 결론과도 상통하는 자각이었다.

귀룡, 을묘천서

이렇게 해서 귀룡歸龍은 이루어진다. 고향 용담에 돌아오게 된 것이다. 그러나 용담에 돌아온 그를 바라보는 시선이 달갑지 않았다. 고향사람들의 몰지각한 냉대와 천시에 혐오를 느낀 수운은 다시 용담을 떠나야 했다. 이미 구차스럽게 향토인들에게 자기변명을 늘어놓아야 할 정신적 상황이 아니었던 것이다. 그래서 새로운 보금자리로 정한 곳이 육 두락의 농토가 붙어있는 울산 유곡동裕谷洞 후미진 여시바윗골이었다(1854년 10월경, 31세). 아마도 울산에 살았던 부인 밀양박씨의 친정과 커넥션이 있었을 것이다. 그곳에서 한 반년을 지냈을 때였다.

을묘(1855)년 춘3월, 노곤한 봄바람에 실눈을 뜨고 꿈결인지 아닌지 오락가락 하던 차에 용모가 청아하고 풍채가 의젓한 선승 한 사람이 문을 두드렸다. 선승을 초당에 오르게 하고 찾아온 연유를 물은즉, 그는 다음과 같은 진지한 소청을 늘어놓았다.

그는 금강산 유점사의 선승인데 불서를 읽어도 별 신험이 없고 하여 백일정진을 하게 되었는데 정진을 마치는 날 탑 아래에서 우연히 잠이 들었다는 것이다. 홀연히 깨어나보니 탑 위에 한 책이 놓여 있더라는 것이다. 그런데 아무리 읽어도 이해가 되지 않아 그 책을 독해할 수 있는 사람을 사방팔방으로 찾아 헤매다가 박식한 생원이 여시바윗골에 산다기에 여기까지 오게 되었다는 것이다.

수운은 그 책을 언뜻 들여다보니 잘 이해가 되질 않아 사흘의 시간을 요청했다. 그 선승은 그 책을 놓고 순순히 물러갔다. 그리고 예정대로 사흘 후에 다시 나타났다. 이때 수운은 그 책을 다 간파했으며 뜻을 알아냈다고 말했다. 그러자 선승은 너무 기뻐하면서 이 책의 진정한 주인은 당신이며 자기는 그것을 전했을 뿐이라고 말하곤 금방 나가버렸다. 수운이 뒤따라나갔으나 선승은 홀연히 사라지고 말았다 운운 ……

여기 『도원기서』의 기술을 세밀히 검토하여 보면 신비적 묘사 이외로 다음의 4가지 명백한 상식적 사실을 추론해낼 수 있다.

첫째, 이 책은 아무리 우연하고 신비한 경로를 통해 수운에게까지 전달되었을지라도 그 내용이 무슨 암호나 기호로 된 것이 아니고, 확실히 해독가능한 한문漢文으로 된 보통책이었다는 것이다. 단지 해석이 안되어 그 해석을 할 수 있는 유식자를 찾아 다녔을 뿐이지, 해독이 안되는 책은 아니었다.

둘째, 수운이 선승으로부터 그 책을 받아 보았을 때 수운은 그 책을 언뜻 훑어보았다. 그때 소감을 이렇게 적고 있다.

> **先生披覽, 則於儒於佛之書, 文理不當, 難爲解覺。**
> **수운이 그 책을 펼쳐놓고 본즉, 유교의 책이나 불교의 책의 논리로는 도무지 그 문장이 이치가 맞지않는 것이었다. 그래서 해석하기가 어려웠다.**

다시 말해서 "해독불능"이 아니라, "해석난감"의 책이었는데, 보통 한문으로 쓰여진 책이라면, 유교나 불교의 논리에 즉하는 것이다. 그런데 이 책은 분명 한문으로 쓰여졌으되 유교나 불교의 논리가 아닌 제3의 논리를 펴고 있었다는 것이다. 그래서 우선 사흘 정도의 시간이면 대충 알아볼 수 있겠다고 수운은 성실히 대답했던 것이다. 유교나 불교의 논리가 아닌 한문책! 과연 그것은 무엇이었을까? 그 해답은 매우 명백한 것이다.

셋째, 수운은 사흘만에 그 책을 대강 독파했으며, 선승에게 "나는 이미 그 뜻을 알아냈습니다吾已知之"라고 말했다. 그러자 선승은 백배사례百拜謝禮를 하면서 그 책을 가져갈 생각은 하지않고 너무도 기뻐하면서 이 책의 진짜 주인은 수운이며, 자기는 단지 전했을 뿐이라고 말했다(차서진가이생원주소수야此書眞可以生員主所受也, 소승지위전지이이小僧只爲傳之而已). 그리고 사라지기 전에 한 말은 다음의 한마디였다.

如此書行之。

이 책대로 행하시옵소서.

여기 선승의 태도는 참으로 자기가 이 책의 내용을 알고 배우려는 태도가 아니라, 이 책의 내용을 알만한 사람에게 전하는 것을 사명으로 지닌 전도사 같은 느낌을 준다. 이 구석까지 찾아온 사람은 과연 진짜 금강산 유점사 선승이었을까?

넷째, 수운은 그 선승이 남겨놓은 책을 두고두고 깊게 탐구하고 그 이치를 투철하게 깨달으려고 노력했다(其後深探透理). 그리고 내린 최후의 결론은 다음 한마디로 요약되는 것이었다.

書有祈禱之教。

그 책에는 기도의 가르침이 있었다.

결국 이 을묘천서는 수운에게 "심탐투리深探透理"의 탐구과제를 안겨주었다. 그리고 내린 결론은 "기도의 가르침"이었다. 다시 말해서 그것은 유교·불교가 아닌 새로운 종교의 가르침이었다. 그것은 자각이나 심성의 내면적 도덕을 가르치는 책이 아니라 "의타적인 기도"를 가르치는 책이었다.

이상 열거한 4가지 상황으로 볼 때 을묘천서는 마테오 리치Matteo Ricci, 1552~1610(중국이름은 리 마떠우李瑪竇)의 『천주실의天主實義』였다고 나 도올은 확정짓는다. 이것은 나 개인의 독단적 판단이 아니라 삼암장 표영삼 선생 이하 많은 동학관계 이론가들, 그리고 천도교동덕들과 토론을 거친 후에 내린 결론이며, 그들이 모두 동의하는 결론이었다.[77]

마테오 리치의 『천주실의』

마테오 리치는 이태리 중부 마체라타Macerata에서 태어난 제수이트선교회의 신부였다. 그는 1582년 8월 마카오에 당도하여 우선 중국말을 익힌다. 그리고 이듬해 1583년 선임 제수이트 선교사 미켈레 룻제리Michele Ruggieri 羅明堅, 1543~1607(1579년 마카오에 옴. "天主"라는 단어를 처음 사용. 사서를 최초로 번역. 서양 한학의 개조)의 도움을 얻어 광동성의 유서깊은 작은 도시 조경肇慶에 최초의 발판을 획득한다. 그는 1601년, 다년간의 끈질긴 노력 끝에 북경입성北京入城에 성공한다. 그의 입성入城을 막았던 이유 중의 하나가 임진왜란이었다. 중국(明)

77) 표영삼 선생은 『동학 1』(서울: 통나무, 2004), pp.72~73에서 을묘천서를 『천주실의』라고 밝히지 않고 "좀더 깊이있게 검토해 보아야 할 것이다"라고 말미를 흐리고 있는데, 그것은 단지 천도교 교단내에 있는 사람으로서 교인들에게 충격을 주기가 미안해서 그렇게 흐렸을 뿐, 당신 자신도 『천주실의』일 것으로 확신한다고 말한다. 을묘천서에 대한 묘사의 여러 정황으로 볼 때, 『천주실의』이외에 수운의 탐색의 대상이 될 만한 책은 찾아볼 수 없다. 을묘천서를 『천주실의』라고 확정지을 수 있는 것은 『동경대전』의 언어들이 『천주실의』의 문제제기를 의식하고 있다는 사실에 그 일차적 근거가 있다. 윤석산도 이와 같은 나의 추론에 충분한 가능성이 있다고 동의를 표하였다.

이 일본과 한국에서 싸우고 있었기 때문에 외국인들을 모두 스파이로 간주했기 때문이었다. 결국 입성入城에 성공했고, 1610년 북경에서 서거할 때까지 근 30년간 2500여 명의 중국인을 기독교로 개종시켰는데 그 중에는 서광계徐光啓, 이지조李之藻, 양정균楊廷筠 등 탁월한 지식인들이 포함되었다.

리치는 1584년 『천주실록天主實錄』이라는 한문으로 쓰여진 교리문답서를 룻제리와 함께 집필했는데, 리치는 이 교리문답서 판본版本을 파기하기에 이른다(1596년). 『실록實錄』은 중국인의 언어와 중국인의 마음, 그리고 중국인의 신념체계에 대한 이해가 전혀 없이 일방적으로 기독교를 주입하려는 목적으로만 집필되었기 때문에 그러한 방식으로는 전도가 불가능하다는 결론에 이르렀기 때문이었다. 리치는 1594년 중국 신유학의 대표경전인 『사서四書』를 라틴어로 완역하는 작업을 성공적으로 수행한다. 그리고 8년간의 노고 끝에 1603년(만력 31년) 북경에서 『천주실의天主實義』를 간행하기에 이른다.[78] 훗날 청조의 건륭제는 이 책을 읽고 비록 이단적 저술이기는 하나 중국인에게 큰 영향을 준 양서良書로 보고 『사고전서四庫全書』에 수록케 한다. 『천주실의』는 과연 어떤 책인가?

이 책은 상·하 2권, 모두 8편으로 174항목에 걸쳐 서사西士(서양학자)와 중사中士(중국학자)가 대화를 통하여 토론하는 형식으로 꾸며진 호교서護敎書(apologetics)이다. 그러나 이 책의 특징이랄까 대단한 점은 서학을 일방적으로 전파한 후대의 교리서와는 달리, 중국고전의 맥락 속에서 중국인의 마음의 논리를 따라 차근차근 설득력있게 논지를 전개했다는 데 있다. 격조 높은 고어古語를 구사하고, 성어성구成語成句는 가급적 오랜 원형을 찾아 사용하였고, 고사故事의 내력을 광범하게 활용하고 있다.

78) 『천주실록天主實錄』과 『천주실의天主實義』의 간본에 관해서는 제설이 분분하다. 나는 일본학자 고토오 모토미後藤基巳의 설을 따랐다. 後藤基巳, 『天主實義』(東京: 明德出版社, 1971), pp.9~19.

이 책의 최대의 논지는 서학이 말하는 천주天主가 바로 중국『시경詩經』, 『서경書經』 등 고경에서 말하는 "상제上帝"라는 것이다. 그리고 리기理氣를 말하는 근세유학은 무신론으로 폄하해버린다. 불교도 피타고라스 윤회론의 아류에 불과한 것이라고 일축해버린다. 이 책의 요지는 불佛·도道를 폄하하고 유교를 존숭하면서, 오리지날한 유교(Primitive Confucianism)는 창창한 허공을 숭배한 것이 아니라, 초월적 인격신인 상제上帝를 숭배하는 종교였다는 것을 강조하는 데 있다.

영혼불멸과 의지불멸의 신앙에 근거하여 현세의 행위의 응보가 사후에 있어서 천당·지옥의 상벌로서 나타난다는 것을 중국고경을 들어 증명하고, 진정한 효孝는 가정의 우두머리를 뛰어넘는 하나님 아버지에 대한 효순이라고 결론짓고 있는 것이다. 그러나 이 책에는 신의 존재증명을 둘러싼 토미즘Thomism(서구 중세신학의 정화. 토마스 아퀴나스의 이론체계. 카톨릭교리의 중추)의 논리가 상세하게 전개되고 있으며, 그러한 논리 속에는 아리스토텔레스의 철학논증 이래의 모든 목적론적·창조론적·구속사적·섭리사관적 사유가 함유되어 있어, 명실공한 서양문화의 사유구조의 본원이 심도있게 함장되어 있는 것이다.

이 책은 18세기 중엽에는 이미 조선에 유입되었으나 퇴계적통을 강조하는 영남유림의 분위기에는 매우 생소한 책이었을 것이다. 서학을 수용한 것은 남인 중에서도 기호남인이었다. 그리고 당시의 서학쟁이들은 탄압이 두려워 불가에 의탁한 자들도 많았다. 절간에 피신하여 있는 경우도 있었고 머리 깎고 승려를 가장하고 다니는 자도 많았다. 내가 생각키엔 을묘천서 즉『천주실의』를 가지고 수운을 찾아온 사람은 분명 천주교도였을 것이다. 그래서 "이 책대로 행하시옵소서"라 말하고 떠난 것이다. 그것은 수운이라는 호기심 많은 지식인에 대한 포교행위였다. 물론 유점사 스님이 절간에 누가 흘리고간 책 한 권이 해독이 안되어 수운을 우연히 찾게 된 인연으로 해석할 수도 있다. 그리고 그 책은 분명 낙장이 심해서 완정한 모습을 알아보기 어려웠던 책이었을 수도 있다.

이러한 사실을 왜 숨기려는가? 우선 천도교도들의 입장에서 보면, 천서가 『천주실의』라는 사실이 동학의 오리지날리티에 흠집이 가고, 서학에 귀속된다고 생각하기 때문이다. 신비한 천서가 하늘에서 뚝 떨어졌다고 해버리는 것이 마음 편하기 때문이다. 그러나 내가 보기에는 수운의 일생을 재구성하는 데 있어서 바로 이렇게 부정적으로 간주해온 측면들을 과감하게 수용하고 재해석해야 하는 것이다. 우리는 이제 야뢰夜雷식의 동학이해를 근원적으로 탈피해야 하는 것이다. 호교론적으로 나아갈수록 더욱 유치해지고 더욱 촌스러워지는 것이다. 수운은 천주학의 본질이 동학이 되어야 한다고 생각한 사람이다. 현재 동학은 세계문명사의 최첨단이다. 21세기를 향도하는 새로운 사상이다. BTS가 비틀즈를 능가하듯이 동학도 새로운 옷을 입어야 한다.

수운이 구도의 한 시점에 『천주실의』와 씨름했다는 것은 매우 중대한 사건이다. 여기서 수운은 서학이 또 하나의 단순한 서양식 무당종교가 아니라 심오하고 정연한 논리체계를 갖춘 철학이라는 사실을 발견하기에 이른다. 다시 말해서 서양종교뿐만 아니라 그 배면에 흐르고 있는 희랍철학 이래의 서양철학적 사유에 심입深入할 수 있는 절호의 기회를 얻은 것이다. 동학의 체계는 혜강의 기학이 그러했듯이, 당대의 가능한 모든 도전을 받아들여 새롭게 구성해낸 새로운 문명의 패러다임이다.

그러하기 때문에만 오늘날 우리에게까지 생명력을 전하고 있는 것이다. 이러한 패러다임의 측면은 첫 작품인 「포덕문」에서부터 명료히 드러나고 있다. 동학이 단순히 서학에 대한 아폴로지였다면 수운은 일시적 풍운으로 끝나고 말았을 것이다. 수운은 『천주실의』로부터 초월적 인격신이라는 "상제上帝"에 관한 깊은 문제의식을 발견하게 된다. 그리고 그는 이 인격체와 직접 대면해야 할 필요성을 절감케 되는 것이다.

하느님과의 대면

수운이 귀상의 10년 여로에서 느낀 문제의식은 종교적인 것이 아니라, 대부분 사회적인 것이요, 정치적인 것이요, 민중의 구체적 삶에 관한 문제였다. 그가 "팔도구경 다던지고 고향에나 돌아가서 백가시서百家詩書 외워보세"(「몽중노소문답가」)라고 한 것은, 아무리 선지식이라고 하여도 신통한 해결방안을 얻을 수 없었으므로 자기 스스로의 지력으로써 제자백가나 유교경전을 고구하여 어떤 사회적 해결을 도모하려 했던 것이다. 이러한 사회적 해결의 모색이 계속 되었더라면 수운은 또 하나의 평범한 민중봉기 주도자로 끝나고 말았을지도 모른다.

그러나 이 을묘천서의 체험, 『천주실의』와의 대결은 서양이라고 하는 강적의 정체를 깨닫게 해주었다. 그리고 왜 민중이 서학의 호소에 동요케 되는가 하는 것을 깊게 깨달았다. 그리고 조선대륙의 문제는 결코 정치적으로 해결될 문제가 아니라, 오로지 인간의 사유체계나 믿음체계, 그리고 생활의 방식이나 가치관의 전도가 일어나지 않는 한 해결될 길이 없다는 엄중한 결론에 도달케 되는 것이다. 이것은 21세기 오늘 우리에게도 일어나기 어려운 각성이다. 『천주실의』와의 만남은 그에게 구도의 뚜렷한 새 방향을 제시해주었다. 사회적 해결에서 종교적 해결로! 그것이 그가 간파看破(원래 선불교 용어)한 다음의 말이었다.

書有祈禱之教。
그 책에는 기도의 가르침이 있었다.

기도의 가르침이란, 곧 상제上帝와의 만남을 의미한다. 상제上帝와의 만남이란 곧 서양문명의 모든 것과의 만남을 의미한다. 그가 상제上帝와의 첫 만남을 기록한 「포덕문布德文」의 문장에는 이러한 맥락이 여실히 나타나 있다.

"世人謂我上帝, 汝不知上帝耶?"
세상 사람들이 날 상제라고 부르는데 너는 그 상제를 모르느냐?
"然則西道以教人乎?"
그렇다면 기독교의 교리로써 사람들을 가르치리이까?

"不然。"

그렇지 아니하다!

여기에 수운의 깊은 아이러니가 있다. 수운은 『천주실의』를 읽은 후로 리치가 제기한 문제를 해결하기 위해서는 초월적 존재자를 직접 대면할 수밖에 없다고 생각했다. 어려서부터 몸에 익힌 유학의 본질은 내면적 "체득"에 있었다. 그는 실존적 체험 속에서 이 문제를 해결해야 했고, 이 해결에서 비로소 서학에 휩쓸리고 있는 고통받는 민중들의 심성에 새로운 방향을 제시할 수 있다고 믿은 것이다. 내원암에서의 47일간의 기도(1856년), 천성산 적멸굴에서의 49일간의 기도(1857년)가 모두 이러한 대면을 시도한 고행이었다. 그러나 그러한 시도에서 아무것도 건지지 못했다. 그러한 시도의 무의미성을 발견한 것이다. 상식인으로 다시 회귀하는 길밖엔 없었다. 절망의 귀룡歸龍!

그러나 어느 순간 천지가 진동하는 듯, 공중에서 외치는 소리가 들려왔다!

"애고애고 내팔자야 무슨일로 이러한고!"(「안심가」)

여기에 바로 수운이라는 인간의 아이러니가 있다. 초월과 내재, 인격성과 비인격성, 유신과 무신, 신비체험과 일상체험, 수직과 수평, 주어중심적 사고와 술어중심적 사고, 일자와 전체, 이 모든 모순적 논리가 수운에게는 여과 없이 대결적 양상으로 나타나게 되는 것이다. 신비체험 이후에 벌어지는 수운의 사고의 발전 방향은 곧 이러한 모순을 내면화시키고 융합하고 다시 초월하고 다시 개벽하는 고뇌의 역정이었다. 이것은 결코 19세기 중엽의 조선 지식인의 문제라고 보기에는 너무도 21세기적인 과제상황이었다. 수운은 2세기를 앞서 태어난 불우한 천재였다. 그리고 그는 그의 불우한 처지에 조금도 굴복하지 않았다. 죽음으로 대면할지언정 논리의 전향을 꾀하지 않았다. 그는 조선민중뿐만이 아니라 전 인류의 아픔을 조선대륙에서 대변한 우주적 비젼의 인간(Man of Cosmic Vision)이었다.

5) 수운의 삶의 제4단계에서는 이미 언급한 대로, 그의 죽음은 의도적인 선택이었다는 사실이 명백히 지적되어야 한다. 구차하게 살기로 말하자면 그는 얼마든지 피신할 길이 있었다. 거룡과 귀룡을 반복하던 차에 그는 더 이상 유림과 관권의 마수에서 벗어날 수 없다는 것을 자각하고 용담에서 안심하고 포덕하기 시작한다. 그리고 획기적인 단안은 "접제도接制度"를 선포하고 접주接主를 임명한 사실이다. 이것은 조선왕조에 대한 최후의 항명을 의미하는 것이다. 더 이상 기존의 체제와 타협하지 않겠다는 의지를 천명한 것이다.

그리고 또 하나의 중요한 사실은 후계자를 임명했다는 사실이다. 굳이 "도통전수"라는 어마어마한 말까지 쓸 일도 없겠으나 거대한 국가체제에 항거하는 접제도 조직을 선포한 이상에는 그는 책임있는 뒷마무리를 해야만 했던 것이다. 그가 선택한 인물은 자기보다 세 살 어린 최경상崔慶翔, 1827~1898이라는 인물이었다. 그를 "북도중北道中 주인主人"으로 임명하면서 해월海月이라는 도호를 준다. 그리고 1863년 8월 15일 이른 새벽, 수운은 해월을 독대하고, 수심정기修心正氣 네 글자를 준다. 그리고 다음과 같은 시詩를 내린다.

> 龍潭水流四海源, 劒岳人在一片心。
>
> **용담의 물이 흘러흘러 사해의 근원이 되리.**
> **검등골에 한 사람 있으니 일편단심이로다.**

도통전수 그 자체는 결코 중요한 일이 아니다. 왜냐하면 인간세의 일이 도통을 내린다고 도통이 이어지는 것은 아니기 때문이다. 우리가 분명히 알아야 할 것은 해월의 도통은 해월 스스로 만들어 간 것이다. 해월의 카리스마는 해월 스스로 만들어 간 것이다. 타인들이 그 도통을 만들어 준 것이 아니다. 해월은 수운과 어깨를 겨룰 수 있는 또 하나의 거목이었다. 동학은 이 두 사람의 공동의 노력으로 오늘의 찬란한 체계를 갖추게 된 것이다. 해월이 아니었더라면,

『동경대전』도 『용담유사』도 역사에서 족적을 감추었을 것이다. 그리고 영남의 어느 뒷간에서 휴지쪽으로 소리없이 나뒹거리고 있을지도 모른다.

해월은 우리가 흔히 인도의 성자 마하트마 간디Mahatma Gandhi, 1869~1948에게 받는 성스러운 모습보다 더 실천적이고 더 서민적이며 더 치열하게 성스러운 모습이 엿보인다. 여기 내가 해월을 논구할 자리가 아니므로 부연은 삼가하겠으나, 수운의 위대성은 해월이라는 검등골(劍岳)의 지극히 평범하고 문자의 훈도를 크게 받지못한 한 노동자를 그 거대한 비젼의 후계자로 지목했다는 놀라운 사실에 있다.

여기 수운의 반주지주의적 성향, 아니, 주지주의적 편협성을 초월하는 인간 심성의 순결성과 보편성에 대한 무한한 믿음을 읽어낼 수 있다. 수운은 죽기 직전에 마지막으로 해월에게 한마디를 전했다.

> 高飛遠走!
> **높이 나르고 멀리 뛰어라!**

그 얼마나 눈물겨운 일언인가! 해월은 이 약속을 철저히 지켰다. 해월은 높게 날았고 멀리 뛰었다. 그리고 수운이 이 세상에 남긴 마지막 유시는 다음과 같다.

> 燈明水上無嫌隙, 柱似枯形力有餘。
>
> **등불이 물위에 밝았다.**
> **한 틈의 어둠도 없다.**
> **기둥은 죽어 말랐다.**
> **그러나 그러기에 힘이 남았다.**

Ⅵ

『동경대전東經大全』 판본에 관하여

내가 지금부터 역주하고자 하는 『동경대전東經大全』은 핍박 받는 역경 속에서 동학도들이 불굴의 의지로 1880년(경진庚辰)으로부터 1888년(무자戊子)에 이르기까지 발간한 4개의 판본을 대상으로 하고 있다. 여기 성주현의 도움으로 1891년에 간행된 "신묘중춘중간辛卯仲春重刊"의 목활자본을 첨가하였으나, 신묘중간본은 발문도 없고 그 간본에 대한 일체의 정보를 얻을 수 없어 논의의 대상으로 삼지 않았다. 단지 후학들의 연구를 위하여 그 판본의 모습을 알 수 있도록 성주현이 제공한 영인본의 모습 그대로 실어놓는다. 판본의 비교연구는 경진, 계미 봄·여름, 무자년의 4개 판본으로 완정한 결론에 도달할 수 있다. 우선 5개 판본의 기본정보를 소개한다.

	부르는 이름	종 류	장 소	날 짜	발견연도
1	인제경진초판본麟蹄庚辰初版本	목활자본	인제	1880. 6.	2009
2	목천계미중춘판木川癸未仲春版	목활자본	목천	1883. 2.	2009
3	경주계미중하판慶州癸未仲夏版	목활자본	경주	1883. 5.	1969
4	인제무자계춘판麟蹄戊子季春版	목활자본	인제	1888. 3.	1978
5	신묘중춘중간판辛卯仲春重刊版	목활자본	?	1891. 2.	?

사실 나는 이 제6장의 글을 수십 차례 다시 쓰고 고치고 하였다. 정보가 끊임없이 유동적이었고, 획기적인 새로운 발굴자료가 첨가되었고, 또 계속 새로운 인식체계가 편입되었다. 가장 괴로운 일은 새로운 인식체계가 자리잡는 것에 따라 문장의 설계도에 대변동이 일어난다는 것이다. 새로운 사실의 발견에 의해 자신의 기존의 설을 대폭 수정해야만 하는 상황에 대하여, 자기의 설이 가장 권위 있는 정설이라고 믿는 사람들은 기존의 설을 대폭 수정하지 않으려 들 것이고, 또 새로운 사실의 발견 그 자체를 인정하려 들지 않을 것이다.

나는 나 자신의 권위 있는 부동不動의 인식체계라는 것을 별로 가지고 있질 않다. 그래서 새로운 사실에 대하여 얼마든지 마음을 열 수 있고, 또 잘못된 해석이 있었다면 얼마든지 수정해나갈 수 있다. 그러나 그러한 과정이 매우 번거롭고 수고로운 것은 사실이다. 나는 많은 사람들이 나의 오류지적에 대하여 불쾌한 반발심만을 지니며, 자신의 잘못된 기술을 반성치 아니하는 사례를 너무도 많이 보아왔다. 『동경대전』은 진실로 문젯거리의 문헌임에 틀림이 없다. 그 추상성과 창발성과 포괄성과 간략성은 앞으로도 무궁한 해석의 여지를 남기리라고 생각한다.

그러나 "판본"의 문제는 해석의 여지가 별로 없는 과학적 사실 여부에 관한 것이다. 우선 이 판본이 목판본이냐, 목활자본이냐, 하는 것은 과학적 정밀조사와도 같은 것이며, 상식인의 상식적 판단으로써는 도무지 기준이 설 수 없는 사계의 전문인들의 감별영역에 속하는 것이다.

『동경대전』은 19세기 중엽에 성립한 문헌이지만 그것이 인쇄된 것은 19세기 말엽의 사건이며, 그것이 실제로 조선민중에게 다가간 것은 대체로 20세기의 사건이다. 20세기 조선민중에게 전통적인 선장본線裝本이 유통될 수는 없는 일이다. 1907년 천도교중앙총부는 최초의 현대식 활자책 『동경대전』을 간행한다. 이 활자책에는 해월이 쓴 계미중춘판(목천판)의 「발문」과 3세 교주인 의암 손병희의 「발문」, 그리고 구암 김연국이 쓴 「발문」이 실려있다. 나는 박맹수가 제공한 1911년 간행의 『동경대전』을 보았다(명치44년 7월). 그리고 나는 해방 후에 최초로 간행된 1956년판(포덕 97년 8월 14일 발행) 『천도교경전天道教經典』이라는 책을 소장하고 있다.

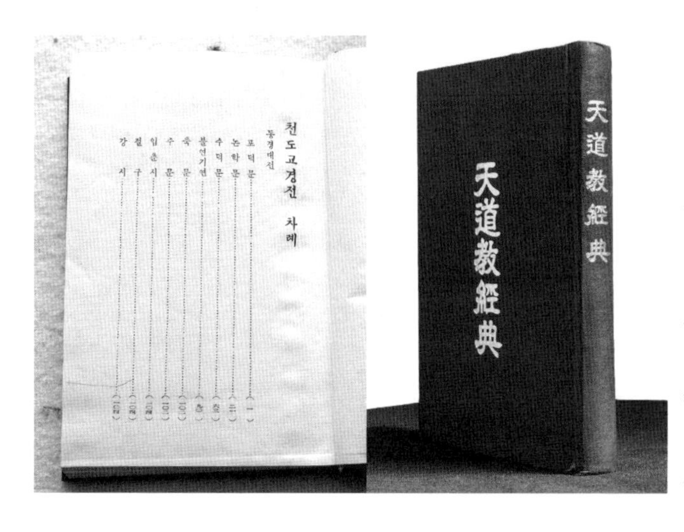

포덕 97년(1956년판) 8월 14일에 발행한 『천도교경전』. 내가 어릴 때만 해도 흔하게 구할 수 있는 경전이었는데 지금은 희귀본이다. 해방 후에 처음 나온 경전인데, 이 경전까지는 모두 계미 목천판에 근거하고 있었다.

오늘날 다양한 판본들이 발견되어 그 전모를 파악할 수 있는 상황에서 미루어볼 때, 대체로 20세기에 유통된 『동경대전』은 가장 모범적인 판본이라 할 수 있는 경주판(계미중하판)을 기준으로 했거니 생각했다. 그런데 오늘날 가장 흔하게 만날 수 있는 경주판본 그 자체가, 1969년 강원도 속초에 거주하고 있던 문용익文龍翼 씨가 자기가 소장해온 목활자본 원본을 천도교중앙총부에 제시함으로써 세상에 알려졌다는 사실을 뒤늦게 알고 놀랐다. 그러니까 1969년 이전에는 판본학적으로 가장 중요한 **1**(경진판), **2**(목천계미중춘판), **3**(경주계미중하판), **4**(무자판) 그 어느 하나도 세상사람들이 접근할 수 있는 형태로 존재하지 않았다.

그렇다면 천도교경전은 무엇을 기준으로 하여 만들어진 것일까? 1907년판, 1911년판, 1956년판을 다 비교해보면 모두 동일한 체제의 모본을 내용으로 하고 있다는 것을 알게 된다. 그 모본은 어떤 판본이었을까? 그 해답은 이미 최초의 활자본인 1907년판의 발문들 사이에서 발견된다. 해월, 의암, 구암 이 세 사람 중에서 최초의 인쇄본을 만드는 데 주도적인 역할을 한 사람은 구암 김연국, 1857~1944(삼암의 한 사람으로, 손병희와의 불화 끝에 1908년에 천도교를 탈퇴한다. 상제교를 창시함)이었고, 가장 많은 자료를 소장하고 있었다. 구암이 해월이 쓴 계미중춘판의 발문을 실었다는 사실은 구암은 계미중춘판, 즉 목천판의 필사본을 소장하고 있었고, 그것을 기준으로 천도교경전을 만들었다는 것을 알 수 있다. 그러니까 20세기에 우리 민중이 천도교를 통하여 접할 수 있었던 『동경대전』은 기본적으로 목천판 『동경대전』이었다.

오늘날에는 목천판(계미중춘판) 『동경대전』 원본을 직접 만날 수 있기 때문에, 그 원본과 20세기 천도교경전판본들을 비교해보면 모두 목천판 체제를 따르고 있다는 사실을 쉽게 확인할 수 있다.

1969년에 경주판본이 등장함으로써 『동경대전』의 내용이 확대되었다. 그리고 1978년 충남 아산군 염기면(塩峙面: 한자표기대로 읽으면 "염치면"이다) 송곡리 松谷里 244-1에 있는 삼천리육종농장三千里育種農場의 대표 박명순朴明淳 씨가 자기가 소장하고 있던 판본을 천도교중앙총부에 제출하였는데, 이 판본이 연구가들의 사랑을 받는 무자판이다. 내가 태어나기 한 갑자 전, 1888년에 인제에서 인행印行된 것이다. 이 판본은 글자체가 매우 투박하고 원시적인 느낌을 주기 때문에 남성적인 매력이 있고 글 내용도 매우 충실하다. 뿐만 아니라 인제초판본의 모습을 확인할 수 없는 상황에서 인제에서 8년 만에 중간重刊되었다는 사실은("무자계춘북접중간戊子季春北接重刊"이라는 간기가 말미에 있다) 무자판은 경진초판본의 모습을 계승한 판본이라는 막연한 신념을 정당화시켰다.

그런데 수정을 요하는 황당한 사실은 이 무자판을 연구자들이 모두 목판본으로 간주하였고, 그 글자들은 목판에 투박하게 칼로 판 모습이라는 것을 의심할 바 없는 사실로서 받아들였다. 이것은 여태까지의 동학연구가 전문성을 요구하는 영역을 상식적·인상주의적 감각으로 처리하고 말았다는 낙후된 한 측면을 나타내는 것이다. 전문적인 서지학자들의 입장에서 보면 이 무자판이야말로 조악한 목활자인쇄의 모든 특성을 여실하게 구현하고 있는 판본인 것이다. 무자판이 목판본일 수 있는 가능성은 전무하다. 무자판에 대한 성격규정이 바뀌어야 하는 것이다.

2009년에 동학 방면으로 오랜 연구를 해온 성주현 박사가 독립기념관에 근무할 때 비슷한 시기에 경진초판본(1880. 6)과 목천계미중춘판(1883. 2)의 카피본을 연구자들에게 제공했다는 것은 전술한 바와 같다. 하여튼 현 시점은 가장 중요한 4개의 초기판본이 오늘 모든 사람들의 눈에 펼쳐지게 되는 기적과도 같은 서지학적 환경이 조성된 시점이다. 민주주의가 아름답다는 사실을 나는 이러한 정보의 평민화에서도 물씬 느낀다. 경진초판본은 현재 천안 독립기념관에 소장되어 있으며, 목천판은 국사편찬위원회에 소장되어 있다고 하는데 내가 직접 확인해보지는 못했다(나의 제자 김현 교수가 국편을 샅샅이 살펴보았는데 국사편찬위원회에는 소장된 바 없다고 한다. 원래 소장자인 천안전통문화연구원 학술위원장 김종식이 아직도 소장하고 있는 것 같다).

자아! 이 4개의 판본이야말로 수운 선생의 유지를 받는 해월 선생의 숨결이 고스란히 느껴질 수 있는 눈물겨운 판본이며, 『동경대전』 텍스트의 형성사를 구성해낼 수 있는 거의 모든 정보를 제공하고 있는 것이다. 이 4개의 판본 중에서 2·3·4의 세판본은 뒤에 발행연도와 계절이 간기刊記로서 표기되어 있으므로 발행연도 확정에 별 문제가 없다. 그러나 1의 경우에는 뒷면에 간기도 없고, 발문도 없다. 이 사실은 『동경대전』 초판본의 인출자들이 이 『동경대전』을 완정한 하나의 책자로서 생각을 하지 못했으며, 더 큰 기획의 일부로서 일단 마무리지었다는 가설을 가능케 한다.

이 초판본의 발문이라 할 수 있는 것은 『도원기서』의 끄트머리에 실려있고, 발간 당시의 상황을 비교적 소상히 알려준다. 『도원기서』의 원래 풀네임이 "최선생문집도원기서崔先生文集道源記書"인데, 아마도 "최선생문집"에 해당되는 부분이 『동경대전』이었을 가능성도 배제할 수 없다. 『동경대전』과 『도원기서』를 하나의 책으로 묶으려 했는데 일이 너무 커지니까 문집의 이름을 『동경대전』으로 바꾸고, 독자적인 책으로 독립시키고, 끝에 "동경대전종東經大全終"이라는 글씨만 마지막 행간에 넣은 것으로 추론된다. 그래서 경진판은 문집 체제로 짜여졌던 것이며, 경전으로서 갖추어야 할 상당부분의 제식관련 정보나 문학적 시구들이 생략되었던 것이다.

그런데 가장 결정적인 문제는 1의 초판본이나 2의 목천판이 모두 목판본木版本이 아니라 목활자본木活字本이라는 사실에 있다. 나도 처음에는 나의 모든 동학 연구자들이 목판본이라는 주장을 의심할 바 없이 수용하고 있었기 때문에 딴 생각을 품을 수가 없었다. 그러나 이 책의 원고를 교정하는 과정에서 새로 발견된 이 두 개의 판본이 모두 목활자본이라는 사실을 추론하게 되었다.

활자를 보다 보면 전체의 축이 약간 틀어진 모습을 발견케 된다든가, 계선과 광곽이 만나는 부분에 관한 특이성이라든가, 중간의 어미魚尾와 계선의 밀착 여부라든가, 하여튼 여러 정황으로 목활자본의 특성을 느낄 수 있다. 나도 이 분야에 취미가 있어서 오래전에 천혜봉 선생의 『한국전적인쇄사』(범우사), 『한국서지학』(민음사), 『한국서지학연구』(삼성출판사), 그리고 김두종金斗鍾 선생의 『한국고인쇄기술사』(탐구당)를 사서 읽었다. 그러나 실제 감정분야에 들어오게 되면 확실한 전공자의 체험에 의존해야 한다. 이 분야의 제현들에게 의뢰한 결과, 모두가 "목활자본"이라는 의견을 제출하였다. 모두 이견의 여지가 없다는 것이다. 한국학중앙연구원의 박철민朴哲民 박사와 국립중앙도서관의 정진웅鄭陳雄 학예연구사로부터 결정적인 도움을 받았다.

이것은 도대체 무엇을 의미하는가? 아주 현실적으로 목판본과 목활자본의 큰 차이는, 목판본은 매판 한 글자 한 글자 모두 큰 나무판 위에 칼로 도장 파듯이 새기는 것이기 때문에 목판의 평면이 고를 수밖에 없고, 따라서 엄청난 시간과 돈이 소요된다. 그러나 목활자본은 인판이 고르기가 어렵고, 또 인판이 서너 개만 준비되면 수백 페이지 인쇄라도 다 감당할 수 있어서 시간과 비용이 엄청 절약된다. 인판대 위에 둘레(광곽匡郭)를 치고 밀랍을 붓고 그 위에 계선界線과 목활자를 고정시키는 것이다. 그리고 가장 결정적인 사실은 목판은 해판이라는 것이 있을 수 없으나 목활자본은 인출과 동시에 무조건 해판되어 흔적이 남지 않는다는 것이다.

동학조직에서 『동경대전』을 간행했다고 하는 기록을 보면 간행소를 차려서 인쇄를 완성하는 시간이 대개 한 달 남짓한 기간이다. 이 사태로 보면 목각이라는 것은 물리적으로 불가능하다. 『동경대전』의 모든 인쇄가, 그리고 『용담유사』의 인쇄조차도 모두 목활자본이라는 역사적 사실을 겸허하게 받아들여야 한다. 도망을 치고 다니는 동학도들의 입장에서는 목판본이라는 것은 아예 생각할 수도 없는 것이었고, 오직 목활자방식만이 그들의 사정에 적합한 것이었다. 이 책에 독자들에게 소개되는 판본들만 일별해도 알 수 있듯이, 우리나라 인쇄술이 19세기 말엽에는 민간에서 목활자인쇄가 주류를 이루었다는 사실과, 엄청 다양한 목활자체제가 성행하고 있었다는 사실을 알 수 있다. 그 간편성을 목판인쇄가 따라갈 수 없었다(목판본이라는 것을 전제로 하여 학술대회도 열리고 많은 논문이 발표되었는데 대부분 그릇된 전제 위에서 진행된 것이라서 대폭적인 수정을 요한다. 인제지역의 『동경대전』 간행터가 2016년 12월 6일자로 강원도 기념물 제89호로 지정되었다고 하는데, 그 지정은 훌륭한 일이지만 안내표지판부터 상당한 수정이 불가피할 것 같다).

그런데 혹자는 이렇게 반문할 것이다. 목판본이면 어떻고, 목활자본이면 어떠하냐? 찍는 방법이 뭐 그렇게 대수냐? 기본적인 물리적 사실에 대한 오류는 엄청난 학술적 오류를 발생시킨다.

경진판의 가치를 입증한 최초의 논문의 제목이 "새로 발견된 목판본 『동경대전』에 관하여"로 되어있다(『동학학보』 제20호, 2010년 12월). 우선 제목부터가 문제가 있다. 그리고 그 논문 제일 앞에 있는 초록에 이 목판본이 가장 오래된 판본임을 입증하는 이유가 다음과 같이 명시되고 있다:

'새로 발견된 목판본'의 표지와 계미중춘판 표지는 같은 목판에 의하여 인쇄되었다. 따라서 이 두 판본은 상당히 비슷한 시기에 판각이 되고, 또 간행이 되었음을 알 수가 있다. 그러나 두 판본을 표지와 목차를 비교해본 결과 '새로 발견된 목판본'의 표지가 원본이고, 계미중춘판의 표지가 '새로 발견된 목판본'의 표지 목판을 빌려서 사용했음을 알 수가 있다. 따라서 '새로 발견된 목판본'이 계미중춘판보다 먼저 간행이 된, 『동경대전』 목판본 중 가장 오래된 판본임이 증명이 된다.

아무리 이 말을 긍정적으로 잘 이해하려고 노력해도 이해할 수가 없다. 과연 "표지"가 무슨 의미인가? 책 껍데기 표지를 의미한다면 천안독립기념관에 소장된 책의 표지에는 아무런 글씨도 남아있지 않다. 책 껍데기 가지고 비교할 수 있는 것은 아무것도 없다. 다음에 내부 첫 장에 있는 목록페이지에 있는 "표제標題, 表題"를 의미했다면 경진판은 "동경대전총목東經大全總目"이라는 제명이 한 행에 들어가 있고, 목천판은 "동경대전東經大全"과 "목록目錄"이 각각 한 행씩 두 행에 들어가 있다. 그리고 그것은 완전히 다른 목활자들이다.

도무지 "계미중춘판의 표지가 '새로 발견된 목판본'의 표지 목판을 빌려서 사용했다"는 명제가 성립할 수가 없다. 목활자본을 운운하지 않아도, 어떻게 다른 내용을 같은 목판으로 찍는다는 도깨비 같은 이야기가 성립할 수 있는가? 경진판과 목천판은 전혀 다른 목활자본이라는 사실을 인지했더라면 이런 류의 추론은 성립하지 않았을 것이다. 경진판은 경진판으로서 해판解版된 후 사라졌다. 경진판의 목판을 목천판에서 계속 사용했다는 얘기는 너무도 기초적인 인과를 위배하는 소설 같은 이야기일 뿐이다.

잘못된 것을 잘못되었다고 지적하는 나의 가슴은 쓰라릴 뿐이다. 그러나 이러한 명백한 오류를 지적하지 않을 수 없는 이유는 너무도 많은 후학들이 그 잘못된 전제 위에서 구성한 설에 근거하여 무의식적으로 논의를 전개하기 때문이다.

그 최초의 논문은, 경진판의 가치를 발견한 최초의 논문임에도 불구하고 경진판이 선본善本임을 입증하는 하등의 논리를 제공하지 못했다. 본인의 "구송설"을 입증하기 위한 방편으로 경진판을 부실한 판본으로 규정했다. 그가 제시하는 문자의 근거는 대체적으로 역으로 말해야 옳다. 1의 글자는 2·3·4의 글자가 일치하므로 틀렸다가 아니라, 1의 글자를 2가 잘못 베낀 것을 3·4가 답습했다라고 보아야 한다는 것이다. 고전한문 문자학이나 문법학의 상식으로 볼 때 경진판의 우월성은 충분히 입증되고도 남는다.

다시 말해서 경진판이 경진판일 수 있는 이유는 "목판" 운운하는 물리적 여건 속에서는 찾아질 수 없으며, 그 문자의 정밀함과 수록문헌의 간략성에서 이미 움직일 수 없는 사실로서 입증되는 것이다. 1의 사건이 2·3·4 이후의 사건일 수는 없는 것이다.

해월은 1의 경진판을 인행한 후에 그 미비함에 안타까움을 느꼈다. 그래서 2의 목천판에서 자료를 보강하고 경전의 체제를 정비하여 새로운 에디션의 『동경대전』을 만든다. 그러나 성이 차질 않았다. 그래서 다시 공주접·인제접·목천접의 사람들이 합심하여 "경주개간慶州開刊"이라는 이름으로 경주판을 낸다. 그것이 비록 "경주개간"으로 되어있기는 하지만, 경주 부근 사람은 이름이 올라간 여덟 사람 중에서 영양접주 황재민黃在民 한 사람밖에 없으므로, 그것이 꼭 물리적으로 경주에서 발간되었다는 보장은 없다.

아마도 발간된 곳은 목천일 거라는 표영삼 선생님의 가설이 보다 적확하게 느껴진다. 그렇다면 해월은 인제경진초판본에서 목천판본, 경주판본에 이르기까지 한 3년에 걸쳐 집약적으로 문헌을 확대하고 체제를 정비하여 일단 수운 선생님의 유훈을 완성했던 것이다. "경주개간"이라는 것은 해월 입장에서 보면 수운 선생님의 유훈의 실현완성을 의미하는 사건이었을 것이다. 인판印版에서 먹을 묻힌 종이가 떨어져나갈 때마다 해월은 수운 선생님을 생각하면서 눈물을 떨구었을 것이다.

이러한 추론에서 생겨나는 재미있는 사실은 투박한 목활자 무자판이 인제초판본을 계승한 정통의 판본이라는 사실은 전혀 무근거하다는 것이다. 나는 본고를 최초로 작성하기 시작한 2004년 시기에만 해도 무자판의 매력에 빠져있었다(표영삼 선생, 박맹수 또한 그러했다). 그러나 오늘 4개의 판본을 정밀하게 분석해본 결과는 무자판은 경주판을 계승한 판본이며, 무자판의 식자공(옛말로 상판上板이라고 한다)들의 손에 경진판은 없었다는 것이다. 후대의 오류를 경진판에 의거하여 고친 사례가 없고, 경주판을 베끼는 과정에서 누락된 것이 발견되는 등(「논학문」에서 "금불문고불문지사今不聞古不聞之事"가 "금불비고불비지법今不比古不比之法"에 오버랩되어 누락되는 불상사가 일어남), 약간 불완정한 측면이 있는 판본이다.

그리고 무자판의 발문을 읽어보면, 무자판은 해월의 주도로 간행된 것은 아니며, 수운의 둘째아들 최세청의 처당숙 되는 사람인 김병내金秉鼐(자는 광문光文)가 주도하여 간행한 것이며, 그 발행의 소이연을 논한 구절에도, "권불과기허卷不過幾許, 연이미류然而彌留 ……"라고 한 것을 보면, 당시 김병내는 몸이 아팠던 것 같다("미류彌留"라는 것은 중병으로 죽을 날이 얼마 남지 않았다는 의미이다). 그리고 "책이 얼마 남지 않았다"는 얘기를 하는 것을 보면, 해월 선생이 간행한 책들이 얼마 남지 않은 상황에서 그것을 다시 간행하여 남겨야겠다는 마지막 소망으로 필사적으로 간행에 매달린 것 같다. 이 4개의 판본을 도표화하면 다음과 같다.

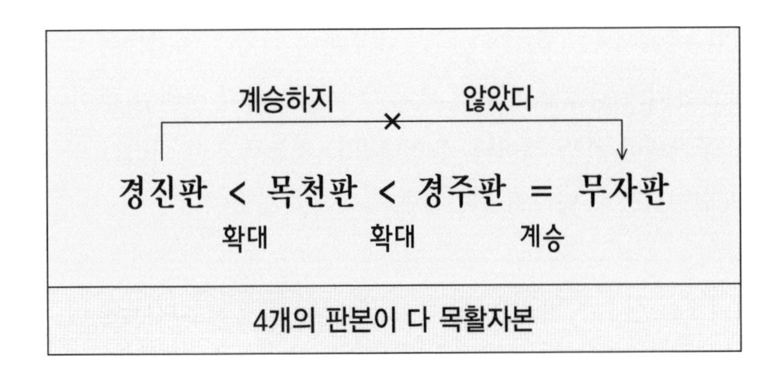

자아! 지금부터 내가 주해하려는 『동경대전』은 전체적으로 경주판의 체제를 기준으로 할 수밖에 없다. 결국 가장 완정完整한 판본이기 때문이다. 그러나 이 4개의 판본 중에서 가장 선본善本이라 할 수 있는 경진초판본과 경주판이 겹치는 부분에 있어서는 경진초판본을 우선으로 한다. 초판본이 틀리는 예는 거의 없다. 그만큼 공을 들인 판본이다. 그리고 언어도 수운의 원의에 근접한다. 자아~ 이 정도 됐으면 내가 판본에 관해 할 수 있는 말은 다한 것 같다. 그러나 결코 남아있는 과제상황이 없는 것은 아니다!

내가 본서를 집필함에 있어서 나를 사로잡고 있는 문제는 나의 실력을 과시하거나 타인의 오류나 부족함을 질타하는 데 있질 않고, 오직 많은 사람이 제대로 된, 기초가 확실한 정보 위에서 수준 높은 논의를 창조적으로 전개할 수 있는 플레이그라운드를 제공하는 데 있었다. 동학에 대하여 나는 여하한 고정된 틀을 가지고 있질 아니한다. 오로지 많은 사람들이 조선에서 탄생하고 조선에서 양육된 조선인의 사상의 바이블을 제대로 알고 관심을 가지고 자유롭게 토론할 수 있기만을 바라는 것이다.

그 가장 좋은 방법은 동학에 관하여 논문을 쓰는 것이 아니라 동학을 형성한 가장 오리지날한 경전인 『동경대전』을 번역함으로써 많은 후학들이 자유롭게 의견을 개진할 수 있도록 권위 있는 사상의 저수지를 만들어주는 것이다. 그런데 더 중요한 것은 『동경대전』의 원본자료를 만인이 볼 수 있도록 공개하는 것이다. 우리나라에서 논문을 쓴다 하는 대부분의 학자가 자기들이 의거한 출전이나 고서古書의 원양原樣을 같이 보여주지 않고 자기 구라만 풀어댄다. 항상 원사료를 공개해야 하는 것이다. 우리나라의 전통학문이 이러한 의식이 미비하여 많은 원사료들이 역사의 뒤안길로 사라지고 말았다.

김부식의 『삼국사기』가 집필되면, 그 집필에 활용된 원사료들이 사라지고 만다. 하다못해 『환단고기』만 해도 신뢰할 수 없다는 느낌을 주는 것은, 19세기 말기부터 20세기에 걸쳐서 존재했던 『환단고기』를 구성한 원사료들이 분명한 가치와 근거가 있는 사료들임에도 불구하고 그 소중한 원래 모습을 있는 그대로 전하지 않은 데에 가장 큰 문제가 있다. 문헌에 대한 정밀한 인식이 부족했던 것이다.

나는 이러한 의식 속에서 내가 입수한 자료 전부를 이 책에 실었다. 모든 연구자들이 나와 동일한 입장에서 연구를 시작할 수 있는 풀pool을 만들어주는 것이다. 그런데 이 책을 집필하는 동안 나를 계속 괴롭힌 것은 내가 입수한 자료가 원본이기는 하지만 어디까지나 제록스카피본이라는 사실이었다. 그런데 나 같은 학자는 게으른 탓도 있지만 어디 나다니기를 근본적으로 싫어한다. 집필의 시간이 절대적으로 모자라는 탓도 있지만, 자료 찾으러 기관을 다니는 것은 매우 구차스러운 측면이 있다. 어려서부터 동사무소에 가서 서류 하나 떼는 것도 부담스러워했던 나는(나의 시절에는 최말단 5급공무원 아저씨들한테도 꼭 백양담배 몇 곽이라도 들이밀어야 서류가 나왔다) 관공서를 가는 것을 사랑하지 않았다.

그러나 아무래도 경진초판본의 원본은 내 눈으로 꼭 확인해야 할 것 같았다. 그래서 천안 독립기념관 관장실로 연락을 해보니까 새로 부임한 한시준韓詩俊 관장님은 단국대 역사학과 교수 시절부터 내가 좀 아는 분이었다. 그리고 독립운동사가 전공인 그는 나의 친구 윤내현 교수의 제자일 뿐 아니라 아주 확고한 역사의식을 가지고 있는 신념 있는 사나이였다. 부임할 때 모 신문과의 인터뷰에서 기자가 우리나라 반만년 역사에서 가장 중요한 사건 하나를 찝어보라고 하니깐, 한시준 관장은 "5천년 우리역사에서 최대사건은 1919년 대한민국임시정부를 수립해서 민주공화국을 선포한 것"이라고 잘라 말했다. 역사를 보는 관점을 현대사의 시각의 원점에서 회전시킨 것이다.

한시준 관장은 나의 학문적 입장을 매우 존중하는 사람이었다. 관장실을 들어서자 방명록을 내밀길래 나는 이와 같이 썼다:

回來故鄕半百年
風致皆變人還在
獨立之路尙遠悲

아~ 고향에 돌아온 것이
반백년만이로군(나는 천안사람).
풍경은 다 변했어도
사람은 아직 있네(사람은 한 관장을 은유).
독립의 길은 아직도 머니
슬프기만 할 뿐

2021년 2월 9일

한 관장은 가능한 모든 편의를 제공해주었고, 김영임金永任 자료실 부장, 연구원들(정욱재鄭旭宰, 류완식柳完植, 진주완晋周完)도 나에게 협조를 아끼지 않았다. 덕분에 서적촬영전문카메라를 동원하여 원본을 세밀하게 촬영할 수 있었고, 그 사진원본을 이 책에 실을 수 있게 된 것을 독자들과 더불어 너무도 행복하게 생각한다. 독립기념관의 협조에 너무도 깊은 감사를 표한다.

목활자본이라는 것은 의심의 여지가 없었고 종이질도 매우 좋았고 인쇄상태가 매우 정성스럽고 양호했다. 그런데 한 가지 문제가 발생했다. 나는 의심할 바 없는 초판본을 발견했다는 기쁨에 들떠있었지만, 마음 한구석에 그 주장을 관철시키기에는 캥기는 한 장면이 등장했다. 누런 표지도 옛 표지 그대로라고 생각되었는데(선장線裝만 다시 한 듯), 그 안쪽에 배지背紙를 덧대었다. 그런데 그 배지 위에 글씨가 쓰여져 있었다. 그런데 그 종이는 본서의 인쇄과정에서 발생한 소위 "스리지"(본격적으로 인쇄하기 전에 한 번 찍어보고 버리는 교정쇄지)였다. "선생주문"이 들어가 있는 페이지가 그대로 배지로 쓰인 것이다. 그러니까 그 표지가 후대에 만들어져서 덧댄 것일 수가 없고, 이 책자를 만들 때 같이 만들어진 표지라는 것이 입증되는 것이다. 표지를 만들 때 이 책의 인쇄과정에서 발생한 파지를 배지로 활용한 것이다. 이 활용에 관해서는 우리가 토를 달 이유가 하나도 없다. 낭비를 줄이는 좋은 활용이니까. 그리고 이 책의 제작과정에 의심을 품을 단서가 생겨나지 않는다.

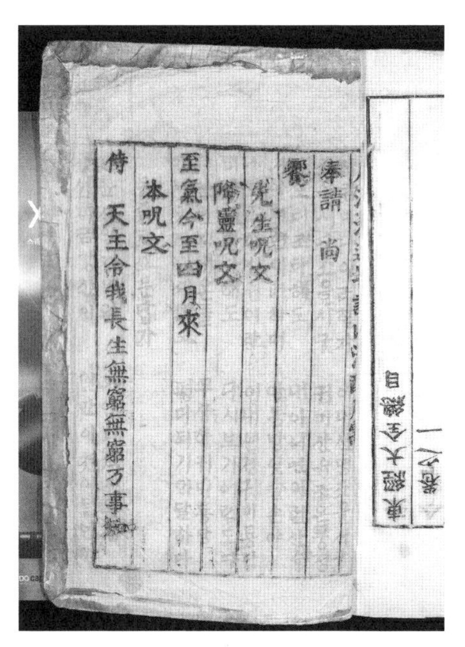
奉請 尚
饗
先生呪文
降靈呪文
至氣今至四月來
本呪文
侍天主令我長生無窮無窮万事知

東經大全

그런데 또다시 골치 아픈 사건이 생겨났다. 그 배지(본서의 한 교정쇄지)의 안쪽으로 또 하나의 배지가 비쳐 나왔는데 그 속에 있는 배지가 『용담유사』를 인쇄한 스리지였던 것이다. 내가 본 스리지는 「몽중노소문답가」가 시작하는 부분과 「용담가」가 끝나는 부분이 맞닿아있는 페이지였다. 「용담가」에서 「몽중노소문답가」로 이어지는 순서는 동학의 19세기 문헌의 공통된 관행이었다. 지금 현존하는 가장 오래된 계미중추간본(1883년 8월)도 「교훈가」→「안심가」→「용담가」→「몽중노소문답가」의 순서로 되어있다. 만약 『용담유사』 스리지가 겉에 있다면 나중에 덧붙였다고도 말할 수 있겠지만, 그것이 속의 배지로 들어가 있다는 사실은 『동경대전』초판본과 동시에 『용담유사』도 인출되었다는 것을 의미한다(비치는 『용담유사』도 목활자본으로 감정되었다).

그런데 보통 논의되는 사실은 최초의 『용담유사』는 1881년 6월에 간행되었다는 것이다. 『해월선생문집海月先生文集』에 이와같은 기사가 있다:

> 辛巳六月, 往本邑泉洞, 呂奎德家, 刊出歌詞數百卷, 頒布各處。
>
> **신사년(1881) 유월 본읍 천동 여규덕의 집으로 거처를 옮기었고, 거기서 『가사』 수백 권을 간출하여 각처에 반포하였다.**

그런데 천도교의 기록들은 정확성이 부족할 때가 있다. 여기 "본읍"이라고 한 것은 경진년 기사와 연계된 맥락상 "인제"를 가리키는데, 실제로 여기는 인제가 아니라, 단양군丹陽郡 남면南面 천동泉洞이다. 이곳은 경상도와 충청도가 경계를 이루는 소백산줄기 도솔봉兜率峰(1,342m) 북쪽 산자락에 있는 샘골이다. 하여튼 1881년 6월에 단양 천동에서 『용담유사』 수백 권(실제로 백여 권 정도였을 것이다. 수백 권이라면 오늘 단 한 부도 남아있지 않을 리가 없다)이 인출된 것은 사실로서 받아들여진다. 그러나 이 1881년 판본은 남아있지 않다. 그런데 문제는 1880년 경진판 『동경대전』의 표면배지로 쓰인 『용담유사』와는 1년의 시차가 있다는 것이다. 그렇다면 우리의 추론은 당연히 이러한 결론에 이르게 된다: "비록 기록상으로 명기는 안 되었다 할지라도 1880년 경진판 『동경대전』을 간행했을 때 이미 『용담유사』를 같이 간행한 것이 분명하다."

과연 이러한 가설을 입증할 수 있을까? 우선 쉽게 추론의 근거로 삼을 수 있는 것은 8년 후에 동일한 지역(인제)에서 발간한 무자판의 발문에 이런 말이 눈에 띈다.

幷以二秩眞諺, 卽爲重刊, 以著无極之經編, 是亦吾道之一幸。

아울러 한문과 국문으로 된 두 질을 다시 중간重刊해냄으로써 무극대도의 경편을 세상에 드러내니 이것이야말로 우리 도의 큰 행운이 아니고 무엇이리오!

여기 무자판의 발문에 『동경대전』과 『용담유사』를 한 세트로 중간重刊 즉 거듭 간행하였다고 하는 것은, 초간初刊을 할 때에도 이미 『동경대전』과 『용담유사』를 같이 하나의 경전개념으로 발간했다는 것을 의미한다. 사실 『용담유사』는 그 내용의 질과 다루는 범위의 양에 있어서 『대전』에 뒤짐이 없고, 특히 그 영향력과 파급력에 있어서는 『대전』을 훨씬 능가하는 정경正經의 자격을 지닌다. 초기 도인들은 이 『용담유사』를 주문처럼 줄줄 외웠다고 한다. 『대선생주문집』에 보면(본서 p.223) 수운이 「홍비가」를 짓고, 그것을 여러 부 친히 필서筆書하여 각지의 사람들에게 반포頒布하고, 그렇게 함으로써 도인들로 하여금 그것을 암송케 했다. 다시 말해서, 『용담유사』라는 가사, 즉 노래도 입에서 입으로 전한 것이 아니라, 반드시 문헌의 기초 위에서 암송하게 했다는 것이다.

『용담유사』는 『동경대전』과는 달리 전사가 용이했다. 그래서 한글을 아는 서민들이 사본을 많이 만들었던 것 같다. 나도 1890년대의 민간사본을 한 권 소장하고 있는데(목포해양대학교 교양학부 이준곤 교수가 1997년 11월 나에게 기증한 귀중본), 한글의 고본형태를 잘 알 수 있는 선본이다. 그런데 놀라운 것은 서민들이 막 베껴서 만든 것 같이 보이는 이러한 판본도 정확한 텍스트의 원칙을 지키고 있다. 즉 원본 텍스트에서 그 문자가 임의로 벗어나지 않는다는 것이다. 그만큼 『용담유사』에 대해서도 동학도들은 "성경의식"을 지니고 있었다는 것이다.

수운은 자기 생일에 도인들이 모였을 때 "누가 내가 일전에 반포한 「홍비가」를 숙독하여 외울 수 있는가?" 하고 질문을 던질 뿐 아니라, 그 내용을 한 줄 한 줄 강론하였다고 한다. 그러니까 『용담유사』는 필사자에 따라 다양한 판본이 있게 마련임에도 불구하고, 그 프로토텍스트proto-text의 원양이 지켜진 놀라운 사례에 속하는 문헌이라는 것을 알 수 있다(필사자의 버릇에 따른 사투리적인 변양變樣 등의 문제는 전혀 문제제기의 대상이 되지 않는다). 그러므로 우리는 『동경대전』을 최초로 간행할 때 『용담유사』도 같이 간행했다는 것을 쉽게 추론할 수 있다. 수운 큰선생님께서 해월에게 간행을 부탁한 것은 비단 『동경대전』뿐만이 아니었고 『용담유사』를 같이 부탁했음에 틀림이 없다. 『대전』과 『유사』는 뗄레야 뗄 수 없는 하나의 경전이었다. 그만큼 수운은 한글가사에 대한 선구적인 의식이 있다.

『천도교서天道敎書』라는 문헌이 있다. 이 문헌은 동학의 경전과 역사를 다 기록한 후대의 문헌인데, 후대라 해도 3·1혁명의 시련을 거치면서 새롭게 각성한 청년들 220명을 소집하여 "천도교청년임시교리강습회"를 열게 되는데, 그때 가리방프린트물로서 나누어준 것을 책으로 묶은 것이다. 1920년 4월 1일에 편집을 완료했고, 책으로서 배포된 것은 1921년이다. 그런데 이 책은 누가 집필했는지를 알 수가 없다. 그리고 이전의 자료를 모아 만든 것임이 분명하나, 그 편집내용이 매우 유익한 것도 있지만 매우 임의적으로 가필한 흔적도 많다. 1880년 경진년 초판본이 간행되어 나올 시점의 정황을 『천도교서』가 기록한 것을 한번 살펴보자!

> **포덕이십일년**布德二十一年 **경진오월**庚辰五月**에 신사**神師**, 경문간행소**經文刊行所**를 인제군**麟蹄郡 **갑둔리**甲遁里 **김현수가**金顯洙家**에 설**設**하시다. 대구참변후**大邱慘變後**로 대신사**大神師**의 소저간책**所著簡册**이 화신중**火燼中**에 소진**燒盡**되고 일**一**도 가고**可考**할바 무**無**하더니, 시시**是時**에 신사**神師 **친**親**히 수집**蒐集**하실새, 본래**本來 **문식**文識**이 무**無**함으로 기술**記述**치 못하시고, 천사**天師**째 고**告**하사 강화**降話**의 교**敎**로써 경문**經文**을 구송**口誦**하야 인**人**으로 하야곰 서**書**케하야 창간**創刊**하시다.**

이것은 참으로 황당하기 그지없는 내용이다. 그러나 여태까지 많은 연구자들을 미혹케 만든 "구송설"의 진상, 그 진원을 명료하게 보여주는 문헌이기 때문에 나는 이 구절을 독자들에게 한번 소개하고 싶었다. 20세기를 통하여 "구송설"을 주장해온 사람들의 논의의 근거가 대체로 이러한 신화적 상상력에 뿌리박고 있는 것이다. 우선 수운이 지은 간책이 모두 화재로 불타버려 단 한 글자도 읽어볼 만한 것이 남지 않았다는 설화는 수운의 죽음과는 상관성이 있을 여지가 없고, 또 전혀 사실무근이다.

관에서는 동학의 전파를 막기 위하여 수운의 신체적 죽음만을 원했을 뿐, 그의 사상이 담긴 책이나 서찰을 온전히 훼멸시키기 위한 노력을 기울인 바가 없다. 수운이 참형을 당할 당시에는 수운의 저술로서 단일화된 서책은 있지도 않았고, 몰수된 문건이라고 해봐야 자질구레한 문건과 서찰뿐이었다. 그것도 형벌을 위한 증거로 압수된 것이지 근원적인 인멸을 위한 것이 아니었다. 수운의 사상은 이미 수많은 제자들에게 필사를 통하여 배분되었기 때문에 그것을 하나도 남기지 않고 소진燒盡시킨다는 것 자체가 물리적으로 불가능한 픽션에 속하는 터무니 없는 낭설인 것이다.

그래서 그것을 해월이 다시 수집하려고 해도, 해월은 무식해서 그것을 알아볼 수도 없었고 기술할 능력도 없었다고 했다. 『천도교서』의 언어의 임의성과 논리적 모순은, "수집한다"는 행위와 "문식文識이 없어 기술記述치 못한다"는 행위가 서로 전혀 논리적 인과성이 없다는 사실에서도 명백히 드러난다. 흩어져 숨은 자료를 다시 수집하는 것은 어디까지나 수집(collecting)일 뿐, 기술(writing)이 아니다. 수집은 문식이 없어도 할 수 있는 일이다. 무식하다고 수집을 못하는 것은 아니다. 그리고 해월은 실제로 수집을 할 수 없을 정도로 무식하지도 않았다.

"수집"에서 "기술하지 못한다"는 말로 비약한 후에 『천도교서』의 저자는 또 이런 황당한 논리를 편다. 해월은 수운이 쓴 글을 다시 써낼 수 있는 문식文

識이 없었으므로, 하늘로 올라간 스승님("천사天師"라는 표현을 쓴다)께 고하여, 가르쳐달라고 기도를 하니깐 하늘의 스승님으로부터 강화降話의 교教가 있었다는 것이다. 해월은 접신하여 혀를 떨게 되었다는 것이다. 이렇게 하여 일자무식한 해월이 경문經文을 구송口誦해내었다.

그리고 해월이 구송하는 것을 유식한 제자들이 글로 옮겨내어 『동경대전』의 원고를 만들어내었다는 것이다. 그리고 그것을 목활자로 간행한 것이 경진년의 초판본이라는 것이다. 이것이 사실이라고 한다면 『동경대전』은 수운의 작품이 아니고 해월의 작품이 된다. 수운이 이 땅에서 직접 쓴 인간의 내음새가 풍기는 글이 아니라, 수운이라는 알라가 가브리엘천사를 통하여 뇌까리는 말을 해월이라는 마호메트가 구송한 경전이 되는 것이다.

만약 수운의 필적이 한 글자도 남김없이 불에 타버린 사건(물론 이런 일은 물리적으로 불가능한 사태이다)이 사실이라고 한다면, 정확한 기록을 남기기를 좋아하는 동학운동가들이 그 역사적 사실을 기록하지 않을 리가 없다. 우선 『도원기서』를 비롯하여, 『대선생사적』이나, 천도교회월보에 연재된 『본교역사』(1914년 11월호로 마감된 글), 그리고 『시천교종역사』(1915)에 이르기까지, 일체 자료 소실이나 망실에 대한 기록도, 비슷한 언급도 없다. 그런데 어찌하여 가장 늦게 편찬된(1921) 『천도교서』에 이런 터무니없는 이야기가 등장하는가?

이러한 문제상황은 동학–천도교역사 자체 내에 존재하는 다양한 굴절의 필연적 전변轉變을 통하여 설명될 수 있다. 해월이 순도하고 의암이 도통을 이은 후 동학운동의 최대위기는 일진회라는 사이비 친일단체의 등장으로 동학운동의 정맥을 이은 진보회가 오히려 일진회에 흡수통합되는 아이러니에 있었다.

이러한 터무니없는 흐름에 단호하게 쐐기를 박고 천도교를 선포하고 동학의 현도시대顯道時代(종교자유시대)를 개開한 것은 실로 의암 손병희의 옳은 결단이요, 선견지명이요, 새시대의 서막이었다. 이러한 결단에 의하여 새로운 현도의 역사가 시작되었고(1905년 2월 10일), 3·1운동을 주도하게 되는 저력을 축적할 수 있었다. 그러나 이러한 과정에서 동학은 여러 갈래로 찢겨져서 분파가 생겨났고, 3·1운동 이후의 일제의 박해상황은 이루 말할 수 없는 처참한 곤경을 초래하였던 것이다. 이러한 아픔 속에서 천도교청년교리강연부가 창립되었고(1919년 9월 2일), 잡지 『개벽』이 창간되었다(1920년 6월 25일 창간호 발행). 이러한 상황 속에서 등장한 것이 바로 이 『천도교서』이다.

『천도교서』를 집필한 자가 누구인지를 알 수는 없으나, 그 인물은 이러한 새로운 문명의 전환의 시대에 실증적 휴매니즘의 정신을 소유한 깨인 정신의 인물이 아니라, 동학을 천도교라는 종교(a religion)로서 전환시킴으로써 청년들의 마음을 이 종교에 예속시키고자 하는 정열에 불탔던 인물이었던 것 같다. 이 "구송설"의 삽입만 해도 해월을 "문식文識이 없는" 무식한 인물로 비하시키려는 데 그 의도가 있는 것이 아니라, 해월의 신통력을 신비화시키기 위한, 그러니까 해월을 그리스도화("그리스도"는 고유명사가 아니라 "기름부음을 받은 자," "세상을 구원하는 자"라는 희랍어 일반명사)하기 위한 목적으로 삽입된 것이다. 『천도교서』를 읽어보면 도처에 그러한 "신비화"의 의도는 곳곳에 드러나고 있다. 임의로 펴본 페이지에도 이러한 이야기가 있다.

1864년 갑자 2월에 수운이 피착被捉된 후, 영중營中의 교졸校卒 50여 명이 돌연히 검곡에 들이닥쳤다. 그리고 해월을 잡아가려고 샅샅이 뒤지며 엄색嚴索하고 있었다. 이런 소동 속에서도 해월은 방 한가운데 정의단좌正衣端坐하여 주문을 묵송하기만 하였는데 교졸들이 아무도 그를 볼 수가 없었다는 것이다. 해월은 이미 신적인 그림자 같은 존재로서 그려지고 있는 것이다. 교졸들이 서성거리는 사이에, 해월은 천천히 보步를 운運하야 문門에 출出하였건만 교졸 한 사람도 그를 알아차리지 못했다고 적고 있다.

하여튼 긴 말을 하지 않겠으나 동학이 천도교로 바뀐 것은 시대적 요청이요,

필연이라 하겠으나, 동학을 천도교라는 종교로서 인지한 자들에 의하여 변형되어간 언어들은 깨끗이 세척해버려야 할 오구汚垢에 불과하거늘 그것에 기초하여 썰을 풀고 앉아있는 학인들의 모습은 가련키 그지없다.

그런데 나의 본 의도는 『천도교서』를 성토하자는 데 있지 아니하다. 『교서』는 여러 판본이 있는데 그 중 한 판본은 경진초판본에 관하여 이런 기록을 남기고 있다.

> 선시先時에 『동경東經』과 『유사遺詞』가 대신사의 피해被害되심을 경經하여 이미 화신火燼에 속하고 무여無餘한지라 신사 염구영회念久靈會하시다가 곧 『동경東經』과 『유사遺詞』를 구호口呼하사 인人으로 하여금 서書케 하시다(표영삼, 『동학2』, p.101).

표현이 더 간결하고 내용도 동일한 내용을 전하고 있지만, 여기서는 구송과 간행의 대상이 『동경대전』과 『용담유사』 한 세트였다는 것이다. 하여튼 내가 독립기념관에서 본 『동경대전』의 표지의 열쇠를 풀 수 있는 최초의 문헌적 근거를 발견한 셈이다. 하여튼 인제에서 경전을 초간했을 때 『동경대전』과 『용담유사』를 함께 발간했을 가능성은 의심의 여지가 없다.

그런데 또 하나의 문제가 발생했다. 내가 목천 독립기념관으로 가기 전에 나는 서지학에 정통한 박철민 박사로부터 전화를 받았다. 박철민은 독립기념관에 소장된 『동경대전』과 동일한 판본이 서울 서초동 국립중앙도서관에도 소장되어 있다는 정보를 나에게 제공하였다. 자신의 목활자인쇄의 판정의 근거로써 두 개의 판본을 비교연구 하였다는 것이다.

나는 갑자기 황당해짐을 느꼈다. 또 하나의 초판본이라니! 그렇다면 혹시 2009년에 독립기념관에서 초판본을 기증받기도 전에 이미 국립중앙도서관에 또 하나의 초판본이 있었던 것은 아닐까? 단지 사람들의 주목을 받지 못한 채 사장되어 있었다면 하여튼 2009년의 "초판본 발견 사건"은 조금 빛바랜 사건이 되고 말 것이다. 그만큼 우리 동학연구가 부실했다는 것, 너무도 기초적인 박학樸學적 연구가 쌓여있질 않았다는 것을 입증하는 사건이 되고 만다.

나는 목천 독립기념관에서 돌아온 후, 판본들을 뒤적이며 이 생각 저 생각에 밤을 지새우다시피 했다. 박철민은 독립기념관, 중앙도서관의 두 판본이 동일한 목활자 조판의 다른 인출이라고 증명해내었다. 그는 심지어 인출할 때 나란히 박혀있던 두 개의 "출出" 목활자가 밀랍판에서 떨어져 나왔을 때, 그것을

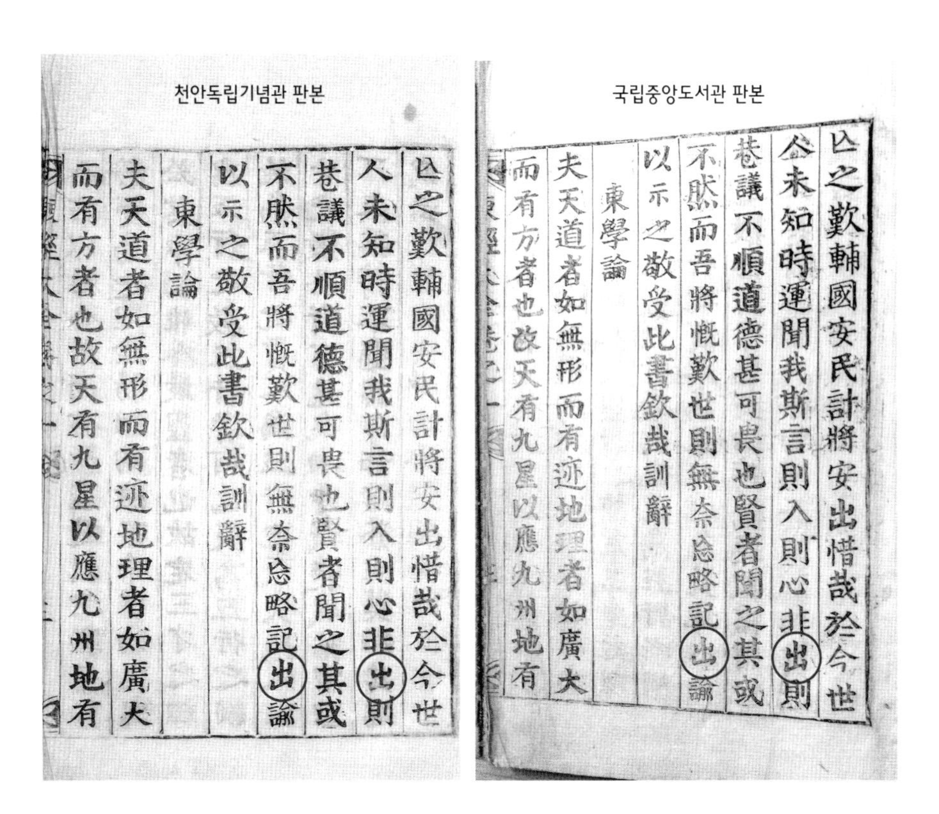

왼쪽이 천안독립기념관 판본이고, 오른쪽이 같은 페이지의 국립중앙도서관 판본이다. 동일한 조판의 두 인쇄지인데, "출出"자의 위치가 서로 바뀌어 있다. 이것은 인출과정에서 활자가 묻어나온 것을 다시 끼는 과정에서 위치가 바뀐 것이다. 이것은 목활자본임을 입증하는 100% 증거자료가 된다.

다시 밀랍판에 꽂는 과정에서 "바꿔치기" 현상이 일어난 사례(의미의 변화는 없다)까지 정밀하게 감식해냈다. 목활자본이라는 것은 움직일 수 없는 사실이었다.

나는 그 다음날(2021년 2월 10일) 출근시간이 되자마자 국립중앙도서관으로 전화를 걸어 고문헌과 학예연구사 정진웅鄭陳雄과 통화를 하는 데 성공했다.

"제가 찾고 있는 그 『동경대전』이 중앙도서관에 실물로 보관되어 있나요?"

"있습니다."

"청구기호가 어떻게 되나요?"

"고古1912-19, 1책冊 30장張입니다."

"제 관심은 이것이 언제 어떻게 중앙도서관으로 들어왔냐 하는 것입니다."

"잠깐 기다려주시겠습니까? ~ 아~ 1986년에 납본되었고 1987년에 등록되었으며 1994년에 컴퓨터용 목록으로 올라갔습니다."

"그럼 누구든지 컴퓨터로 빼볼 수가 있겠네요."

"네~ 무료서비스로 공개되어 있습니다."

"그것이 목판입니까? 목활자본입니까?"

"목활자본입니다. 목판본으로 간주할 여지가 없습니다."

“자아~ 그렇다면 그 목활자본이 1986년에 어떻게 국립중앙도서관에 들어오게 되었는지 그 사유를 말해주실 수 있습니까?”

“그런 것은 학예연구사인 저도 자세히 알 수는 없는 문제이고, 또 공개되어야만 하는 정보도 아닙니다. 단지 선생님께 말씀드릴 수 있는 사실은 1986년에 국립중앙도서관이 구매했다는 것이죠.”

“너무 너무 감사합니다.”

학예연구사 정진웅은 진지했고 나에게 정확한 정보를 제공해주었다. 정말 대한민국은 옛날에 내가 알고 있었던 대한민국이 아니었다. 공적 서비스가 매우 발달한 나라였다. 나는 글을 쓰자 하니 궁둥이가 들먹거려서 글을 쓸 수가 없었다. 탐색의 여지를 남겨놓은 상태에서, 전체정보를 장악하지 않은 상태에서 미지근한 글을 쓸 수는 없었다. 나는 학예연구사 박선희에게 책열람을 신청했고, 즉각 서초동으로 차를 몰았다. 나는 차간에서 나의 제자 안민석 의원에게 전화를 걸었다.

“국립중앙도서관의 서혜란徐惠蘭 관장님 혹시 안면이 있는지 …… 나는 직접 만난 기억이 없어서 ……”

“잘 알죠. 무슨 일이세요?”

“지금 중앙도서관에 가고 있는데 혹시 기회가 되면 관장님을 만나보고 싶기도 하고 ……”

“그거야 가시면 되겠지요. 저에게 전화하실 것까지도 없는 일이네요. 하여튼 가신다고 연락은 해놓겠습니다.”

내가 중앙도서관에 도착했을 때는 이미 점심시간이 가까웠다. 나는 문간에서 서혜란 관장님을 뵐 수 있었다. 서 관장님은 점심약속이 있어서 잠깐 나가지만, 자료실에서 원하시는 책을 열람하신 후 즈음에는 빨리 되돌아와 있겠다고 말씀하시는 것이었다. 나는 박선희 학예연구사의 도움으로 5층 자료열람실로 올라갔다. 그곳을 담당하는 지도고문헌 전문가 이기봉李起鳳은 마침 도올서원 제1림 출신이었다. 반가웠다. 학예연구사 이기봉은 내가 중앙도서관 『동경대전』을 충분히 감식할 수 있도록 모든 편의를 제공했다. 그것은 진실로 놀라운 발견이었다.

천안 독립기념관 『동경대전』과 국립중앙도서관 『동경대전』은 완전히 동일한 목활자조판 위에 같은 종이 재질로, 같은 먹으로 인출한 동일판본의 두 책자임이 분명하다. 그렇다면 『동경대전』 초판본의 발견은 독립기념관보다 국립중앙도서관이 무려 23년 빠르다. 표영삼 선생이 이 자료를 인지 못하였다는 것이 매우 안타깝지만 혹시 스쳐지나갔다 할지라도 다양한 편견으로 인해 그 진가를 인식 못했을 수도 있다. 그러나 표 선생님은 이 자료를 보지 못하신 것 같다.

우선 얼핏 보기에 종이가 얇은 편이며 인쇄수준과 보존상태가 매우 양호하다는 것을 트집잡아 이것이 1880년판이 아니라고 우기는 사람이 있을 수도 있지만, 내가 알고 있는 당시의 다양한 종이재질로 보아(1883년의 경주판 인쇄도 비슷하게 얇은 종이로 인쇄되었다), 그리고 해월이라는 인간이 바로 제지공장에서 일한 종이제작전문가였다는 사실을 전제로 할 때 별 문제가 되지 않는다. 그리고 놀라운 사실은 두 책의 표지가 동일한 방식으로 만들어진 동일한 재질의 표지라는 것이다.

중앙도서관의 표지도 이면에 배지가 되어있는데 그 배지背紙가 독립기념관에 있는 것과 같은 『용담유사』 스리지를 사용하고 있는 것이다. 앞면 배지는 「몽중노소문답가」의 "태평성세 다시정해~ 불견기처 되었더라"까지의 부분이 명료하게 인쇄되어 있고, 뒷면 배지는 「도수사」의 “제목부터~ 교법교도 하다가서”까지의 첫 부분이 인쇄되어 있다.

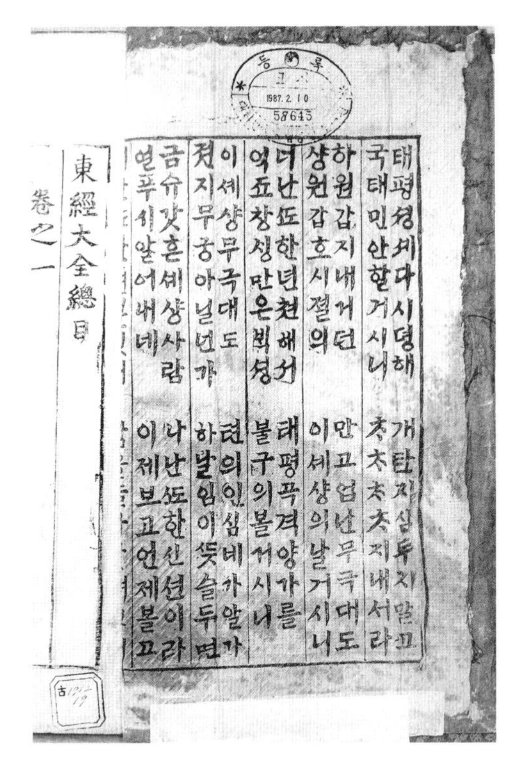
東經大全總目

卷之一

태평셩세다시뎡해 국태민안할거시니

개탄지심두지말고 차차차차지내서라

하원갑지내거던 상원갑호시졀의

만고업난무극대도 이셰샹의날거시니

너난또한년쳔해서 억됴창싱만은빅셩

태평곡격양가를 불구의볼거시니

이셰샹무극대도 쳔지무궁아닐넌가

텬의인심네가알가 하날님이뜻을두면

금슈갓흔셰샹사람 연푸시알어내네

나난또한신션이라 이제보고언제볼꼬

국립중앙도서관 『동경대전』 앞표지 안쪽 배지

그런데 이 배지로 쓰인 『용담유사』의 특징은 계선 한 칸 속에 두 행의 글자가 상·하 양단으로 짜여져 있다는 것이다. 현재 우리가 쉽게 구해볼 수 있는 계미癸未(1883)판이나 계사癸巳(1893)판의 한 계선 한 행의 짜임새와는 다르다는 것이다. 하여튼 우리는 현재 『용담유사』 모 에디션의 4페이지(독립기념관 『동경대전』에는 「용담가」 두 페이지가 실려있다)를 확보하고 있는 셈이다. 이 『용담유사』 에디션과 『동경대전』 초판본의 연대확정은 불가분의 관계를 맺고 있다고 할 것이다.

나는 열람을 끝낸 후에 관장실로 올라가서 거의 점심약속을 취소하다시피 하고 나를 기다리고 계신 서혜란 관장님을 만났다. 고문서실의 실장 봉성기奉成奇 학예연구관이 같이 기다리고 있었다. 우리는 이 문헌이 너무도 소중한 우리 민족의 문화자산이며, 우리민족의 현대사적 정체성의 사상적 뿌리이기 때문에 충분히 국보로서 지정될 수 있는 가치가 있다는 데 의견을 모았다.

국보가 지나치게 오래된 시대의 유물에 치우쳐있고, 남대문이나 금관과 같은 가시적 물체에 치중하고 있는 현실을 고려할 때 이러한 무형의 사상적 작품을 국보로 지정한다는 것은 우리민족의 21세기 문화적 정체성의 획기적 전환점이 될 뿐 아니라 한류를 본원에서 백업할 수 있는 새로운 계기가 될 수 있다고 의견을 모았다. 서혜란 관장님은 사계의 전문가로서(문헌정보학과 교수) 처음 관장이 되신 분이기 때문에 도서의 가치에 대하여 깊은 이해를 가지고 있었다. 이 자리를 빌어 나의 연구에 도움을 주신 국립중앙도서관 제현께 감사를 표한다.

나는 집에 돌아와서도 자신있는 글을 쓸 수가 없었기 때문에 평생을 문자학·음운학·음성학 연구에 헌신해온 나의 부인 최영애 교수와 함께 경진판 표지이면의 『용담유사』와 현존하는 계미판 『용담유사』와 계사판 『용담유사』의 언어학적 비교연구에 매달렸다. 그리고 박철민 박사의 도움을 얻어 판본에 대한 중요한 사실들을 발견했다. 첫째 우리가 접하는 모든 『동경대전』이나 『용담유사』가 다 목활자본이라는 것이다.

그런데 단 하나의 예외가 있었다. 그것은 계미년(1883)에 인출한 『동경대전』의 중춘판(목천판), 중하판(경주판)이 모두 목활자본인데, 바로 그해 가을에 간행한 중추판 『용담유사』 단 한 권만이 목판본이라는 것이다. 다시 말해서 해월이 직접 주관하여 인행한 판본 중에서 가장 돈과 시간과 정성이 많이 들어간 판본이 『동경대전』이 아니라 『용담유사』라는 사실은 우리의 주목을 요하는 것이다. 『용담유사』는 판의 면수가 54장이나 되므로 『동경대전』(계미중하판은 26장)보다 훨씬 더 많다. 그러니까 해월이 1880~83년 4해 동안 인제 갑둔리에서 시작해서 계미중추북접신간癸未仲秋北接新刊『용담유사』에 이르는 치열한 간행의 역사는 참으로 기적적인, 아니 차라리 눈물겨운 고행의 대업이었다.

유일한 목판본의 모습, 계미중추북접신간. 우선 계선과 둘레 광곽의 선이 짝짝 붙어있다. 한 평면임을 알 수 있다. 그리고 어미와 계선도 붙어있다. 두째 줄 "출세후"의 "세"자와 "후"자가 겹쳐있다. 세 번째 줄의 "세세유젼"도 마찬가지. 그렇게 겹치는 현상을 여기저기 찾아낼 수 있다. 완벽한 목판본이다.

『용담유사』 간행의 여정

제목	1. 경진초판본(추정) 庚辰初版本	2. 신사개간본 辛巳開刊本	3. 계미중추본 癸未仲秋本
연도	1880년 6월	1881년 6월	1883년 8월
장소	인제군 갑둔리 김현수의 집	단양군 남면 천동 여규덕의 집	목천에서
판본성격	목활자본	목활자본?	목판본
계승	⇓ 개도해가본 開道解歌	현존하지 않음	⇓ 계사간본 癸巳刊本

최 교수와 나는 경진초판본 표지 배면의 『용담유사』와 그에 해당되는 계미판(1883), 계사판(1893)의 문자를 비교연구 한 결과, 계미판과 계사판은 거의 같으므로 상호비교의 대상이 되지 않으나, 경진판 배지 『용담유사』의 언어와 계미판 『용담유사』를 비교해볼 때, 배지背紙의 언어가 우선 아래아현상이 적고 전반적으로 구개음화가 더 진행된 듯이 보이지만, 구개음화가 덜 진행된 부분에 있어서의 고어적 느낌, 그리고 한자음의 표기에 있어서 보다 옛스러운 느낌은 일률적으로 배지의 언어가 계미판의 언어보다 후대라는 판단을 내릴 수는 없게 만든다는 결론에 도달했다.

경진초판본 『동경대전』 배지背紙	계미중추본癸未仲秋本 『용담유사』
도슈ᄉᆞ	도수사
광대한　이텬디의	광ᄃᆡ훈　이텬디에
뎡쳐업시　발졍하니	졍쳐업시　발졍ᄒᆞ니
울울한　이내회포	울울훈　이ᄂᆡ회포
붓칠곳　바이업서	붓칠곳　바이업셔

나의 전공영역이 아니기 때문에 일일이 전문적인 설명을 가할 수 없지만, 누가 보든지간에 발음표기의 원칙이 서로 섞여있기 때문에 두 개의 판본이 각기 어떤 일관된 원칙에 의하여 표기되었다는 생각을 할 수 없다. "도수사道修詞"의 "수"를 예로 들면, 『광주천자문』(1575), 『석봉천자문』(1601), 『주해천자문』(1804)이 모두 "슈"로 되어있다. 배지의 "도슈ᄉᆞ"가 계미판의 "도수사"보다는 보다 옛스럽다. 이중모음이 단모음화되는 현상은 후대의 현상이다. 아래아가 배지에는 별로 나타나지 않는다고 하지만 "도수사"의 "사"는 "ᄉᆞ"로 표기되

었다. "정처定處"도 계미판은 "정쳐"라 했지만 배지는 "뎡쳐"로 표기되었다. 배지에 오히려 구개음화가 미실현된 것이다.

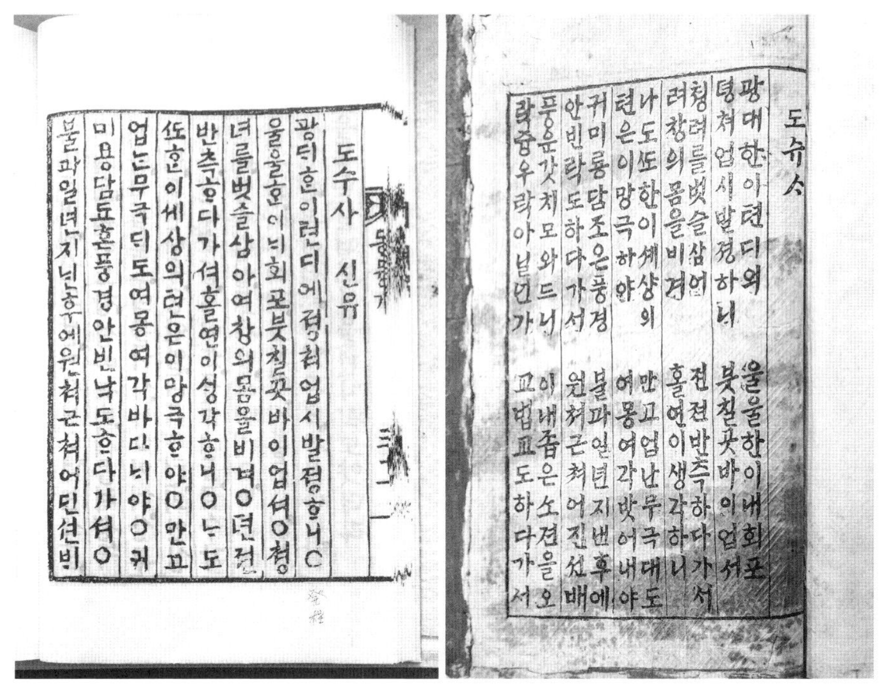

도수사 신유

광ᄃᆡᄒᆞᆫ이런ᄃᆡ에정쳐업시발정ᄒᆞ니○
울울ᄒᆞᆫ이ᄂᆡ회포붓칠곳바이업셔○쳥
녀를벗슬삼아여창의몸을비겨○젼젼
반측ᄒᆞ다가셔홀연이셩각ᄒᆞ니○누도
또ᄒᆞᆫ이세상의련은이망극ᄒᆞᆫ야○만고
업ᄂᆞᆫ무극ᄃᆡ도여몽여각바ᄃᆞ니야○귀
미용담도ᄒᆞᆫ풍경안빈낙도ᄒᆞ다가셔○
불과일년지ᄂᆡᆫ후에원쳐군쳐어딘션비

도슈ᄉᆞ

광대한이련디와 울울한이내회포
뎡쳐업시발졍하니 붓칠곳바이업서
쳥려를벗슬삼어 전전반측하다가서
려창의몸을비겨 홀연이생각하니
나도또한이세상의 만고업난무극대도
련은이망극하야 여몽여각밧어내야
귀미룡담조은풍경 불파일년지낸후에
안빈락도하다가서 원쳐근쳐어진선배
풍운갓치모와드니 이내좁은소견을오
락즁우락아닐넌가 교법교도하다가서

계미중추북접신간(1883) 용담유사

국립중앙도서관 경진초판본(1880) 『동경대전』 뒷표지에 배접된 『용담유사』 일부

최영애 교수는 불과 3년의 차이를 놓고 두 텍스트의 표기방식의 선후를 가리는 것은 불가하다고 말한다. 그리고 또 중요한 것은 경진판 『용담유사』는 목판본이 아닌 목활자본이기 때문에 상판上板, 즉 문선文選을 하는 사람이 자신의 습관대로 활자를 뽑을 수 있기 때문에 개인의 기호가 반영되었을 수도 있다는 것이다. 하여튼 텍스트의 문자현상만으로 시대적 선후를 단정하기는 곤란하다는 것이다.

우리는 둘이서 이 텍스트의 분석을 놓고 씨름하던 차에 여러 문헌을 참고하는 중에 1917년에 청림교에서 "개도해가開道解歌"(길을 열어 사람을 해방시키는 노래)라는 이름으로 『용담유사』를 간행하였다는 사실을 알게 되었다. 언뜻 그 모습을 보니 경진초판본의 배지背紙의 모습과 흡사하였다. 즉 한 계선 내에 두 행이 양단으로 배열되어 있는 것이다. 나는 가슴이 덜컹 내려앉아 버렸다. 만약 배지의 『용담유사』가 『개도해가』의 그것과 동일한 것이라면 경진초판본 자체가 1917년의 작품이 되어버릴 수도 있기 때문이다.

표지만 후대에 만들어진 것이라고 억지춘향을 펼 수도 있겠지만 천안 독립기념관판의 배지에는 『동경대전』 판본 자체의 스리지가 덮어씌워 있기 때문에 경진년의 작품임을 주장하기가 곤란해진다. 나는 『개도해가』가 천도교총부자료실에 한 부 보관되어 있다는 소리를 듣고 부리나케 달려갔다. 지암芝菴 이창번李昌蕃 관장님과 강선녀姜善女 실장님 두 분이 나를 반갑게 맞이해주셨다. 『개도해가』 원본은 없었으나 그 사본이 한 부 있어 그것을 빌려내올 수 있었다.

그리고 집에 앉아서 박철민 박사와 토론을 계속했다. 『개도해가』는 이름이 다르다 해도 그것은 『용담유사』와 완전히 동일한 내용이다. 그리고 『개도해가』는 경진판 배지본의 『용담유사』를 번각했다 할 정도로 동일한 모습을 지니고 있으나 두 판이 모두 목활자본이며 완전히 다른 조판본이다. 문자상의 출입出入까지 있다(다른 글자를 썼다). 그러니까 『개도해가』의 판본이 어느 판본을 계승한 것인지에 관해 사계에서 "모른다"로 일관해왔는데, 나의 연구로 인하여 『개도해가』는 경진판 초판본 『용담유사』를 계승한 것임이 확실해진다. 『용담유사』는 경진년에 『동경대전』과 함께 간행되었고, 그 초판본이 고귀한 것이기에 청림교에서 개도開道의 상징으로 『개도해가』라는 이름으로 『용담유사』를 새로 간행한 것이 바로 오늘 남아있는 『개도해가』일 것이다.

이 『개도해가』에 관해서는 『동학학보』 제36호에 실린 안미애의 논문, "동학가사집 『기도히가』에 대한 국어학적 고찰 — 표기와 음운론적 특성을 중심으로"가 있다. 관심 있는 사람들은 참고해볼 수가 있다. 안미애는 『개도해가』가 목판본이 아닌 목활자본이라는 것을 알지 못했다. 그러나 안미애의 논문내용에 그것은 아무런 영향을 미치지 않는다. 상당히 훌륭한 국어학적 고찰이라고 생각한다. 안미애의 연구도 나의 생각을 부정할 수 있는 하등의 실마리를 제공하지는 않는다. 단정을 보류하는 신중한 학자적 양식을 과시하고 있다.

나는 진실로 지쳤다. 내가 말할 수 있는 것은 여기까지다. 나의 최종결론은 그 텍스트의 물리적 사실이 여하하든지간에 경진초판본의 내용은 아주 오리지날한 수운의 숨결이 담겨진 가장 아름다운 선본善本이라는 것이다. 국보의 가치가 있다고 생각한다.

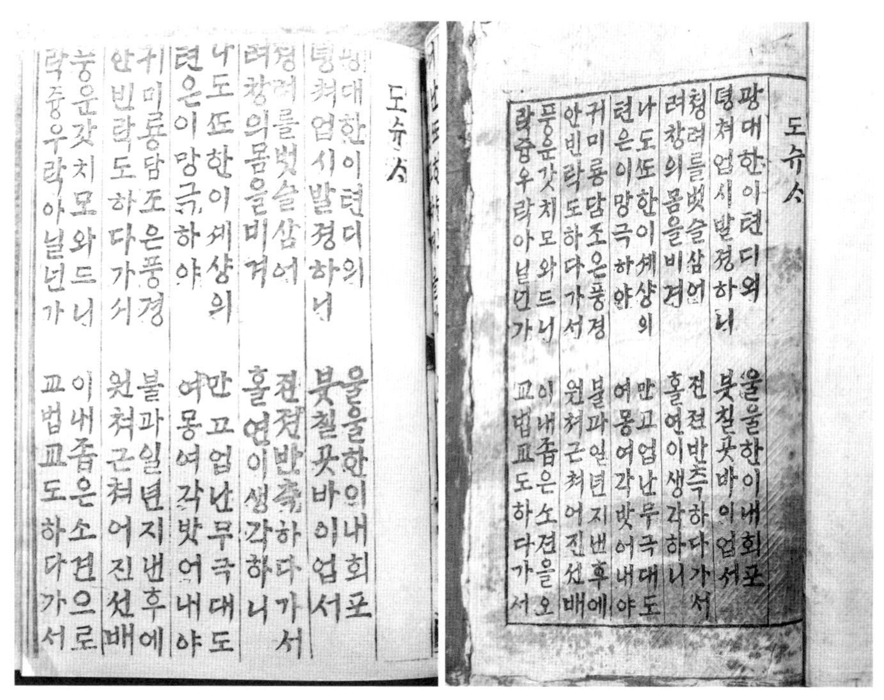

도슈ᄉᆞ

광대한이텬디의 울울한이내회포
뎡쳐업시발졍하니 븟칠곳바이업셔
쳥려를벗슬삼어 젼젼반측하다가셔
려창의몸을비겨 홀연이생각하니
나도또한이셰상의 만고업난무극대도
텬은이망극하야 여몽여각밧어내야
귀미룡담조은풍경 불파일년지낸후에
안빈락도하다가셔 원쳐근쳐어진션배
풍운갓치모와드니 이내좁은소견을오
락중우락아닐넌가 교법교도하다가셔

『개도해가』(1917) 「도수사」 경진초판본(1880) 『동경대전』 뒷표지 배접지

두 개의 판본을 비교해보면 놀라운 형식적 유사성을 발견할 수 있으며, 내용적으로도 같은 계열의 표기임을 알 수 있다. 그러나 두 판본이 모두 목활자본이며 양자는 같은 조판에서 나온 인쇄물일 수 없다. 제일 마지막 줄 하단에 배지의 "소견을오"가 『개도해가』본에서는 "소견으로"로 표기되었다. 보다 현대국어에 가까운 표기를 선택했다. 『개도해가』는 국립중앙도서관에 있는 『동경대전』 배접지 『용담유사』를 계승한 판본임은 명약관화하다.

나의 고향 천안에 있는 독립기념관에서 연구원들과 함께. 2021년 2월 9일

Ⅶ

"용담유사"는 "龍潭諭詞"다

『용담유사』는 수운이 지은 한글가사 8편을 묶어서 부르는 말이다. 『용담유사』라는 명칭도 본시 순수 한글로 전해내려져 오던 것이다. 그런데 어느샌가 그것이 『용담유사龍潭遺詞』로 표기되어 버렸다. 이것 또한 매우 잘못된 것임을 말해둔다.

우리는 이제 "자기비하의 역사"에서 벗어나야 한다. 동학을 구성하는 용어나 사상이 자기비하의 의식에 물들어 있는데도, 동학을 사랑하는 사람들조차 그것을 자각하지 못하는 상황이 많다. 『용담유사龍潭遺詞』가 그 대표적인 유례이다.

흔히 "유사遺詞"를 말하는 사람들은 무의식적으로 『삼국유사三國遺事』에서 영향을 받고 별 생각없이 그렇게 쓰는 것이다. 그렇게 쓰면 더 권위롭게 보인다고 생각하는 것이다. 그런데 『삼국유사三國遺事』의 경우는 『삼국사기三國史記』라는 정사가 전제되어 있고 "거기에 빠진 것을 모아 담은 이야기"라는 뜻이 내포되어 있다. "유遺"는 "남겼다"라는 뜻도 있지만 "빠졌다"라는 뜻이 더 강렬하게 배어있다. 그런데 『용담유사』는 결코 빠진 이야기도 아니요, 어쩌다가 남겨진 이야기도 아니다. 그것은 수운이 의도적으로 오히려 한문텍스트인 『동경대전東經大全』보다 앞서 민중에게 직접 자기의 체험의 의미를 전달키 위하여 쓴 정전正傳이다. 그것은 유전遺傳이 아니다!

1890년대까지만 해도 김연국·손천민·손병희의 집단지도체제에서 공문이 나갈 때 반드시 "유사諭詞" 혹은 "유사諭辭"라는 표현을 썼다. 규장각에 보관된 관몰문서에도 "유사遺詞"가 아닌 "유사諭詞"로 되어있다. "유사諭詞"의 "유諭"는 "깨우친다"는 뜻이다. 수운이 우리 민족의 깨우침을 위하여 쓴 가사라는 뜻이다.

"용담유사龍潭諭詞"는 곧 "용담연원을 민중에게 깨우치기 위하여 쓴 가사"이다. 어찌 이 "유사諭詞"의 뜻을 "용담에 남긴 노래"니 "한문정전에서 빠진 가사들"이니 하는 따위의 자기비하적 상투어로써 그 의미부여를 할까보냐? 참으로 어리석고 어리석은 일이다. 나 도올은 이 역주작업을 하면서 다음의 두 가지 사태에 관해서만은, 앞으로 오는 이 민족의 후세들을 위하여, 20세기의 그릇된 관념을 버리고 본래의 모습을 찾아줄 것을 도유들께 요청한다.

심고心告.

한울님 → 하늘님(하느님)
『龍潭遺詞』 → 『龍潭諭詞』

57

此山客不知雲深之處童應招採藥之行一以助工課之懈弛一以聞家事之否安心有清遣之意此日之光景露蹤於一世人心不知我心之故所當初不善處卞之故耶各處諸益或有事而來或無事而從聞風而來者非學論而處者半客亦自知其一主會不知其數此將奈何如許窮山貧谷饗賓之道都

58

不過一二三家而已宅若處多則其或不然而産若饒居則窩中有樂然而況此若然之中老人以詩而心動少年以禮而強挽何者以詩心動都非心動學勸拱扶之心也以禮強挽不當強挽難忍諫忠之誼也主人孰能無子貢之心從客亦誤知孟嘗之禮豈不歎哉豈不惜哉雖有裘虔之資吾不堪吾事雖

59

有百結之憂人亦忘人事若此不已則末由不知可境故不日發程豈非悶然之事耶當此潦雨之節揚風灑雨草長衣添不足惜也竟顧良朋之懸望悵在不已之中故茲以數行書慰以諭之以此恕諒如何歸斯似在初冬勿爲苦俟極爲修道以待良時好面千萬企望

60

辛卯仲春重刊

東經集大全畢

53

東乃愛人心之不同無裏表於作制安心正
氣始畫[illegible]法在於一點前期來於筆毫磨墨
數斗可也擇紙鳥而成字法有違於大小先
始威而主正形如泰山磨巖

流高吟

高峯屹立蔡[illegible]統率之像流水不息百川都
會之意明月[illegible]蕭如節夫之分合黑雲騰空

54

修筆位之歲威地細業士五穀之有餘人修
道德百用之不衍

通文

右文爲通論事當初教人之意病人勿藥自
效小兒得筆輔聰化善其中豈非世美之事
耶已過數年吾無禍生之疑不意受辱於治
[illegible]之下者此何否也邑所謂雖[illegible]者惡言不

55

施者害行若此不已則無根說話去益搆捏
末流之禍不知至於何境況此若是善道同
歸於西東之學切非羞恥之事耶何以泰禮
義之鄉何以泰吾家之業乎自此以後雖親
戚之病勿爲教人而曾者傳道之人窮查極
覓遁于此處盡爲棄道更無受辱之弊故茲
明數行書布以示之千萬幸甚

56

通諭

壹无通諭之事而二有不然之端故三有不
得已之行四有不忍情之書千萬深量無書
中一失施行如何前歲傳[illegible]之行本非遊江
上之清風與山間之明月察其世道之乖常
惟其指目之嫌修其無極之大道惜其布德
之心歲換月踰幾至五朔入境之初意只在

49

雲飛魚變成龍潭育魚風導林虎姑從風〻
來看送去無跡月前顧後無是前烟遮去路
踏無跡雲加峯上尺不高山在人多不日仙
十爲皆丁未謂軍月夜溪石去雲數風庭花
枝舞蝎尺人入房中風出外舟行岸頭山來
水
花扉自開春風來竹籬無疎秋月去影沉綠

詩 二十五

50

水衣無濕鏡對佳人語不和勿水脫乘 美利
龍問門犯虎那無樹
半月山頭梳傾蓮水面扇
烟鎖池塘柳燈增海棹鉤
燈明水上無嫌隙柱似枯形力有餘
纔得一條路步〻涉險難山外更見山水外
又逢水來渡水外水僅越山外山且到野廣

51

處始覺有大道苦待春消息春光終不來非
無春光好不來即非時茲到當來節不待自
然來春風吹去夜萬木一時知一日一花開
二日二花開三百六十日三百六十開一身
皆是花一家都是春
瓶中有仙酒可活百萬人釀出千年前藏之
備用處無然一開封臭散味亦薄今我爲道

52

者守口如此瓶

偶吟

風過雨過枝風雨霜雪來風雨霜雪過去後
一樹花發萬歲春

法筆

修而成於筆法其理在於一心象吾國之木
局數不失於三絶生於斯術於斯故以爲先

45

明仙出自然來頭百事同歸一理他人細過
勿論我心我心小慧以施於人如斯大道勿
誠小事臨懟盡料自然有助風雲大手隨其
器局玄機不露勿爲心急功成他日好作仙
緣心今本虛應物無迹心修來而知德德惟
明而是道在德不在於人在信不在於工在
近不在於遠在誠不在於求

46

詩

題書

得難求難實是非難心和氣和以待春和

八節 二首

不知明之所在遠不求而修我不知德之所
在料吾身之化生不知命之所在顧吾心之
明明不知道之所在處吾信之一如不知誠
之所致數吾心之不失不知敬之所爲暫不

47

弛於慕仰不知吾之所爲念至公之無私
不知心之得失察用處之公私

又

不知明之所在送余心於其地不知德之所
在欲言浩而難言不知命之所在理杳然於
授受不知道之所在我爲我而非他不知誠
之所致是自知而自怠不知敬之所爲恐吾

48

心之悟昧不知畏之所爲無罪地而如罪不
知心之得失在今思而昨非

詠宵

也羞俗娥翻覆態一生高名廣漢殿幽心惟
有清風知送白雲使藏玉面蓮花倒水魚爲
蝶月色入海雲赤地杜鵑花笑杜鵑啼鳳凰
臺後鳳凰遊白鷺渡江乘影去皓月欲逝鞭

41

青松之青青兮洗耳處士爲友明月之明明
兮日太白之所抱耳得爲聾目色盡是閑談
古今

訣 六句

問道今日何所知意在新元癸亥年成功幾
時又作時莫爲恨晩其爲然時有其時恨奈
何新朝唱韻待好風去歲西北靈友尋後知

42

吾家此日期春來消息應有知地上神仙聞
爲近此日此時靈友會大道其中不知心[illegible]

偶吟 十六句

南辰圓滿北河回大道如天脫刼灰鏡投萬
里眸先覺月上三更意忽開何人得雨能人
活一世從風飮去來淸宵月明無他意好笑
好言古來風人生世間有何得問道今日何

43

得問道今日授與受有理其中姑未覺志在
賢門必我同天生萬民道又生各有氣像吾
不知通于肺腑無違志大小事間疑不在馬
上寒食非古地欲歸吾家友昔事義與信兮
又禮智凡作吾若一會中來人去人又何時
同坐閑談願上才世來消息又不知其然非
然聞欲先雲捲西山諸益會善不處卞名不

44

秀何來此地好相見談且書之意益深不是
心泛久不此又作他鄕賢友看鹿失秦庭吾
何華鳳鳴周室爾應知

歎道儒心急

山河大運盡歸此道其源極深其理甚遠固
我心柱乃知道味一念在茲萬事如意消除
濁氣兒養淑氣非徒心至惟在正心隱隱聰

37

河清鳳鳴孰能知運自何方吾不知平生受命千年運聖德家承百世業龍潭水流四海源龜岳春回一世花

又

不見天下聞九州空使男兒心上遊聽流覺非洞庭湖坐榻疑在岳陽樓吾心極思杳然間疑隨太陽流照影

38

座箴 四句

吾道博而約不用多言義別無他道理誠敬信三字這裏做工夫透後方可知不怕塵念起惟恐覺來知

和訣詩 十八句

方方谷谷行行盡水〻山〻箇〻知老鶴生子布天下飛去飛來慕仰極運兮運兮得否

39

時云時云覺者鳳兮鳳兮賢者河兮河兮聖人秦宮桃李夭〻兮智士男兒樂樂哉萬壑千峯高高兮一登二登小小吟明明其運各各明同同學味念〻同萬年枝上花千朶四海雲中月一鑑登樓人如鶴背仙泛舟馬若天上龍人無孔子意如同書非萬卷志能大松松栢栢青〻立枝〻葉葉萬萬節片片飛

40

飛兮紅花之紅耶枝〻發發兮綠樹之綠耶霏〻紛紛兮白雪之白耶浩浩茫〻兮清江之清耶泛〻桂棹兮波不興沙十里路柳閒談兮月山東風北時泰山之峙〻兮夫子登臨何時清風之徐徐兮五柳先生覺非清江之浩浩兮蘇子與客風流池塘之深深兮是濂溪之所樂綠竹之綠〻兮爲君子之非俗

祝文

生居朝鮮忝處人倫 叩感

天地蓋載之恩荷蒙日月照臨之德未曉歸

真之路久沉苦海心多忘失今玆聖世道

覺 先生懺悔從前之過願隨一切之善

永侍不忘道有心學幾至修煉今以吉

朝良辰淨潔道場謹以清酌庶需 奉請

尚

饗

先生呪文 二章

降靈呪文

至氣今至四月來

本呪文

侍天主令我長生無窮〻〻萬事知

弟子呪文 三章

初學呪文

爲天主顧我情永世不忘萬事宜

降靈呪文

至氣今至願爲大降

本呪文

侍天主造定定永世不忘萬事知

降詩 一句

圖來三七字降盡世間魔

立春詩 一句

道氣長存邪不入世間衆人不同歸

絶句 二首

29

於人爲人臆知斯之忖度兮由其然而看之
則其然如其然探不然而思之則不然于不
然何者太古兮天皇氏豈爲人豈爲王斯人
之無根兮胡不曰不然也世間孰能無父母
之人考其先則其然其然又其然之故也然
而爲世作之君作之師君者以法造之師者
以禮教之君無傳位之君而法綱何受師無

30

受訓之師而禮義安效不知也不知也生以
知之而然耶無爲化也而然耶以知而言之
心在於暗々之中以化而言之理遠於茫々
之間夫如是則不知不然故不曰不然乃知
其然故乃恃其然者也於是而揣其末究其
本則物爲物理爲理之大業幾遠矣哉况又
斯世之人兮胡無知々々々數定之幾年兮

31

運自來而復之古今之不變兮豈謂運豈謂
復於萬物之不然兮數之而明之記之而鑑
之四時之有序兮胡爲然胡爲然山上之有
水兮其可然其可然赤子之穉々兮不言知
夫父母胡無知々々々斯世人兮胡無知聖
人之以生兮河一清千年運自來而復歟水
自知而變歟耕牛之聞言兮如有心如有知

32

以力之足爲兮何以苦何以死烏子之反哺
兮彼亦知夫孝悌玄鳥之知主兮貧亦歸貧
亦歸是故難必者不然易斷者其然比之於
究其遠則不然不然又不然之事付之於造
物者則其然々々又其然之理哉

25

子貢之禮歌詠而舞豈非仲尼之徒仁義禮
智先聖之所教修心正氣惟我之更家一番
致祭永侍之重盟萬惑罷去守誠之故也衣
冠正齊君子之行路食手後賤夫之事道家
不食一四足之惡肉陽身所害又寒泉之急
坐有夫女之防塞國大典之所禁臥高聲之
誦呪我誠道之大慢然而肆之是爲之則矣

26

是吾道之行投筆成字人亦疑王羲之迹開
口唱韻孰不服樵夫之前懺咎斯人慾不及
石氏之貲極誠其兒更不羨師曠之聰容貌
之幻態意仙風之吹臨宿病之自效忘盧醫
之良名雖然道成立德在誠在人或聞流言
而修之或聞流呪而誦焉豈不非哉敢不悶
然憧憧我思靡日不切彬彬聖德或恐有誤

27

是亦不面之致也多數之故也遠方照應而
亦不堪相思之懷近欲敍情而必不無指目
之嫌故作此章布以示之賢我諸君愼聽吾
言大抵此道心信爲誠以信爲幼人而言之
言之其中曰可曰否取可退否再思心定定
之後言不信曰信如斯修之乃成其誠誠與
信兮其則不遠人言以成先信後誠吾今明

28

諭豈非信言敬以誠之無違訓辭

不然其然

歌曰而千古之萬物兮各有成各有形所見
以論之則其然而似然所自以度之則其遠
而甚遠是亦杳然之事難測之言我思我則
父母在玆後思後則子孫存彼來世而比之
則理無異於我思我去世而尋之則惑難分

21

倸石月城金鰲之北龍湫之清潭寶溪古都
馬龍之西園中桃花恐知漁子之舟屋前滄
波意在太公之釣檻臨池塘無違濂溪之志
亭號龍潭豈非慕葛之心難禁歲月之如流
哀臨一日之化仙孤我一命年至二八何以
知之無異童子先考平生之事業無痕於火
中子孫不肖之餘恨落心於世間豈不痛哉

22

豈不惜哉心有家庭之業安知稼穡之役書
無工課之篤意墜青雲之地家産漸衰未知
末稍之如何年先漸荒可歎身勢之將拙料
難八字又有寒飢之慮念來四十宫無不感
之歎巢穴未定誰云天地之廣大所業変遷
自憐一身之難藏自是由來擺脫世間之紛
撓責去曾海之珊結龍潭古舍家嚴之丈席

23

東都新府惟我之故鄉率妻子還巢之日巳
未之十月乘其運道受之節庚申之十月是
亦憂疑之事難狀之言察其易卦大定之數
審諦三代敬天之理於是乎惟知先儒之從
命自歎後學之忘却修而煉之莫非自然覺
來夫子之道則一理之所定也論其惟我之
道則大同而小異也去其疑訝則事理之常

24

然察其古今則人事之所爲不意希德之心
極念致成之端然而彌留更逢辛酉時惟六
月序屬三夏良朋滿座先定其法賢士問我
又勸布德曾藏不死之藥考乙其形口誦長
生之呪三七其字開門納客其數其然肆筵
設法其味其如冠子進退悅若有三千之班
童子拜拱依然有六七之詠年高於我是亦

17

也曰斯人者不足擧論也曰胡不擧論也曰
敬而遠之曰前何心而後何心也曰草上之
風也曰然則何以降靈也曰不擇善惡也曰
無害無德耶曰堯舜之世民皆爲堯舜斯世
之運與世同歸有害有德在於　天主不在
於我也一〻究心則害及其身未詳知之然
而斯人享福不可使聞於他人非君之所問

18

也非我之所關也嗚呼噫〻諸君之問道何
若是明明也雖我拙文未及於精義正宗然
而矯其人修其身養其才正其心豈可有歧
貳之端乎凡天之無窮之數道之無極之理
皆載此書惟我諸君敬受此書以助聖德於
我比之則怳若甘受和白受采吾今樂道不
勝欽歎故論而言之諭以示之明而察之不

19

失玄機

修德文

元亨利貞天道之常惟一執中人事之察故
生而知之夫子之聖質學而知之先儒之相
傳雖有困而得之淺見薄識皆由於吾師之
聖德不失於先王之古禮余出自東方無了
度日僅保家聲未免寒士先祖之忠義節有

20

餘於龍山吾王之聖德歲復回於壬丙若是
餘蔭不絶如流家君出世名盖一道無不士
林之共知德承六世豈非子孫之餘慶噫學
士之平生先隂之春夢年至四十工知芭蘺
之邊物心無青雲之大道一作以歸去來之
辭一以詠覺非是之句携笻理履怳若處士
之行山高水長莫非先王之風龜尾之奇峯

13

無異者乎曰同道言之則名其西學也曰不
然吾亦生於東受於東道雖天道學則東學
況地分東西々何謂東々何謂西孔子生於
魯風於鄒々魯之風傳遺於斯世吾道受於
斯布於斯豈可謂以西名之者乎曰呪文之
意何也曰至爲 天主之字故以呪言之今
文有古文有曰降靈之文何爲其然也曰至

14

者極焉之謂至氣者虛靈蒼々無事不涉無
事不命然而如形而難狀如聞而難見是亦
渾元之一氣也今至者於斯入道知其氣接
者也願爲者請祝之意也大降者氣化之願
也侍者內有神靈外有氣化一世之人各知
不移者也主者稱其尊而與父母同事者也
造化者無爲而化也定者合其德定其心也

15

永世者人之平生也不忘者存想之意也萬
事者數之多也知者知其道而受其知也故
明々其德念々不忘則至化至氣至於至聖
曰天心卽人心則何有善惡也曰命其人貴
賤之殊定其人苦樂之理然而君子之德氣
有正而心有定故與天地合其德小人之德
氣不正而心有移故與天地違其命此非盛

16

衰之理耶曰一世之人何不敬 天主也曰
臨死呼天人之常情而命乃在天天生萬民
古之聖人之所謂而尚今彌留然而似然非
然之間未知詳然之故也曰毁道者何也曰
猶或可也曰何以可也曰吾道今不聞古不
聞之事今不比古不比之法也修者如虛而
有實聞者如實而有虛也曰反道而歸者何

9

化工之迹然而以思言之惟爲不見之事以工言之亦爲難狀之言何者於古及今其中未必者也夫庚申之年建巳之月天下紛亂民心淆薄莫知所向之地又有怪違之說崩騰于世間西洋之人道成立德及其造化無事不成攻鬪干戈無人在前中國消滅豈可無唇亡之患耶都緣無他斯人道稱西道學

10

稱 天主教則聖教此非知天時而受天命耶擧此一〻不已故吾亦悚然只有恨生晩之際身多戰寒外有接靈之氣內有降話之教視之不見聽之不聞心尙怪訝修心正氣而問曰可爲若然也曰吾心卽汝心也人何知之知天地而無知鬼神〻〻者吾也及汝無窮〻〻之道修而煉之制其文教人五其

11

法布德則令汝長生昭然于天下矣吾亦幾至一歲修而度之則亦不無自然之理故一以作呪文一以作降靈之法一以作不忘之詞次第道法猶爲二十一字而已轉至辛酉四方賢士進我而問曰今天靈降臨先生何爲其然也曰受其無往不復之理曰然則何道以名之曰天道也曰與洋道無異者乎曰

12

洋學如斯而有異如呪而無實然而運則一也道則同也理則非也曰何爲其然也曰吾道無爲而化矣守其心正其氣率其性受其教化出於自然之中也西人言無次第書無皂白而頓無爲 天主之端只祝自爲身之謀身無氣化之神學無 天主之教有形無迹如思無呪道近虛無學非 天主豈可謂

5

疾不得執症言不得難狀之際有何仙語忽入耳中驚起探問則曰勿懼勿恐世人謂我上帝汝不知上帝耶問其所然曰余亦無功故生汝世間教人此法勿疑勿疑曰然則西道以教人乎曰不然吾有靈符其名仙藥其形太極又形弓弓受我此符濟人疾病受我呪文教人爲我則汝亦長生布德天下矣吾

6

亦感其言受其符書以呑服則潤身差病方乃知仙藥矣到此用病則或有差不差故莫知其端察其所然則誠之又誠至爲 天主者每每有中不順道德者一一無驗此非受人之誠敬耶是故我國惡疾滿世民無四時之安是亦傷害之數也西洋戰勝攻取無事不成而天下盡滅亦不無脣亡之歎輔國安

7

計將安出惜哉於今世人未知時運聞我斯言則入則心非出則巷議不順道德甚可畏也賢者聞之其或不然而吾將慨歎世則無奈忘略記出諭而示之敬受此書欽哉訓辭

論學文

夫天道者如無形而有迹地理者如廣大而有方者也故天有九星以應九州地有八方

8

以應八卦而有盈虛迭代之數無動靜變易之理陰陽相均雖百千萬物化出於其中獨惟人最靈者也故定三才之理出五行之數五行者何也天爲五行之綱地爲五行之質人爲五行之氣天地人三才之數於斯可見矣四時盛衰風露霜雪不失其時不變其序如露蒼生莫知其端或云 天主之恩或云

1

東經大全單

2

3

布德文

蓋自上古以來春秋迭代四時盛衰不遷不易是亦 天主造化之迹昭然于天下也愚夫愚民未知雨露之澤知其無爲而化矣自五帝之後聖人以生日月星辰天地度數成出文卷而以定天道之常然一動一靜一盛一敗付之於天命是敬天命而順天理者也

4

故人成君子學成道德道則天道德則天德明其道而修其德故乃成君子至於至聖豈不欽歎哉又此挽近以來一世之人各自爲心不順天理不顧天命心常悚然莫知所向矣至於庚申傳聞西洋之人以爲 天主之意不取富貴攻取天下立其堂行其道故吾亦有其然豈其然之疑不意四月心寒身戰

동경대전

【신묘중춘중간판 辛卯仲春重刊版】

(1891년 2월)

58 57

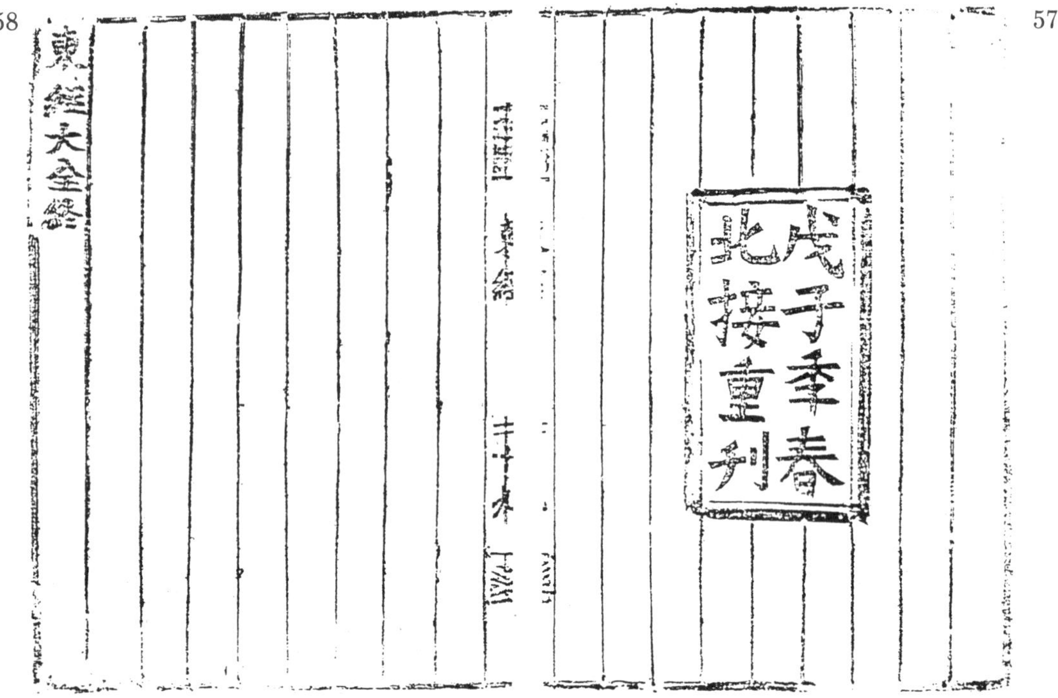
東經大全終

癸巳季春
北接重刊

53

布德式 凡有願入者則先入者傳道之時正衣冠禮以授之事

入道式 入道之時或向東或向北設位致誠行祀焚香四拜後以初入呪文敬以受之事

致祭式 入道後致祭節次設 位四拜後讀祝而卽誦 降靈呪及本呪文事

祭需式 設冥醴酒餠麪魚物果種脯羞菜蔬香燭用之而以肉種論之雖則

54

例用猪則或用祭需之多小隨其力行之也

先生布德之初以牛羊猪肉通用矣至於癸亥八月 先生顧子傳道之日此道兼儒佛僊三道之 教故不用肉種事

55

於戲 先生布德當世恐其聖德之有誤及于癸亥親與時亨常有鋟梓之教有志未就越明年甲子 先生不幸運否歲久道微迨將十八年之久矣至於庚辰時亨極念前日之 教命謹與同齋發論詢約新爲開刊而書或有漏闕卷不過幾許然而彌留自丁亥季冬至於戊子秉虔心尙槪歎忘其孤陋謹與八九諸益於誓同極力大成剞劂之功

56

并以二秩眞訣卽爲重刊以著无極之經編是亦吾道之一幸接中之大事也玆豈非慕 先生之教而遂弟子之願哉

49

通諭

一無通諭之事而二有不然之端故三
有不得已之行四有不忍情之書千萬
深量無書中一失施行如何前歲仲冬
之行本非遊江上之淸風與山間之明
月察其世道之乖常惟其指目之嫌修
其無極之大道惜其布德之心歲換月
踰幾至五朔入境之初意只在此山客
不知雲深之處童應指採藥之行一以

50

盼工課之懈弛一以聞家事之否安心
有消遣之意此日之光景露蹤於三岐
遐名於一世人心不知我心之故耶當
初不善處卞之故耶各處諸益或有尊
而來或無事而從聞風而來者半學論
爲處者半客亦自知其一主會不知其
數此將奈何如許窮山貧谷饗賓之道
都不過一二三家而已宅若處多則其
或不然而産若餘居則窟中有樂然而

51

況此若然之中老人以詩而心動小弄
以禮而强挽何者以詩心動都非心動
學勸撫扶之心也以禮强挽不當强挽
難忍謀忠之誼也主人孰能無子貢之
心從容亦謂知孟嘗之禮豈不歎哉豈
不惜哉雖有裴度之資吾不堪吾事雖
有百結之憂人亦忘人事若此不已則
末由不知何境故不日發程豈非惆然
之事耶當此潦雨之節揚風灑雨草長

52

衣濕不足惜也竟顧良朋之懸望恒在
不已之中故玆以數行書慰以諭之以
此恕諒如何歸期似在初冬勿爲苦待
極爲修道以待良時好面千萬企望

45

筆法

修而成於筆法其理在於一心象吾國
之本局數不失於三絶生於斯得於斯
故以為先東方發人心之不同無衰表
於作制矣心正氣始晝萬法在於一點
前期柔於筆毫磨墨數斗可也擇紙厚
而成字法有違於大小先始感而主正
形如泰山層巖

46

流高吟

高峯跡立群山繞亭之像流水不息百
川都會之意明月殿落如節符之分合
黑雲騰空似軍伍之嚴威地納糞土至
穀之有餘人修道德百用之不衍

偶吟

風過雨過枝霜雨霜雪來風雨靈雪過
去後一樹花發萬世春

47

通文

右文為通論事當初教人之意病人勿
藥自效小兒得筆輔驗化善其中豈非
世美之事耶已過數年吾無禍生之認
不意受辱於治賊之下者此何厄也是
所謂難禁者惡言不施者善行若此不
已則無根說話去益搆捏末流之禍不
知至於何境況此若是善道同歸於西
蜀之學均非善駐之事耶何以為禮義

48

之鄉何以示吾家之素手自此以後餘
親戚之病勿為教人而曾者傳道之人
窮查極覓通于此意書為棄道更無
受辱之弊故茲明數行書示以示之千
萬幸甚

41

八節

不知明之所在 遠不求而修我 不知德之所在 料吾身之化生 不知命之所在 顧吾心之明明 不知道之所在 度吾信之一如 不知誠之所致 數吾心之不失 不知敬之所爲 暫不弛於慕仰 不知畏之所爲 念至公之無私 不知心之得失 察用處之公私

又

42

不知明之所在 送余心於其地 不知德之所在 欲言浩而難言 不知命之所在 理著然於授受 不知道之所在 我爲我而非他 不知誠之所致 是自知而自怠 不知敬之所爲 恐吾心之昭晰 不知畏之所爲 無罪地而如罪 不知心之得失 在今思而昨非

題書

得難求難實是非難 心和氣和以待春和

43

詠宵

也羞俗娥翻覆態 一生高明廣漢殿 此心惟有淸風知 送自雲使藏玉面 蓮花倒水魚爲蝶 月色入海雲亦地 杜鵑花笑杜鵑啼 鳳凰臺役鳳凰遊 白鷺渡江乘影去 皓月欲逝鞭雲飛 魚變成龍潭有魚 風導林虎從風風 來有迹去無迹 月前顧後每是前 烟遮去路踏見跡 雲加峯上尺不高 山在人多不曰仙 十爲

44

皆丁未 謂運月夜溪石去 雲數風庭花枝舞蝴尺 人入房中風出外 舟行岸頭山來水

花扉自開春風來 竹籬輝疎秋月去 影沉綠水衣無濕 鏡對佳人語不和 勿泳脫乘美利龍 問門把虎那無樹

半月山頭梳 傾蓮水面扇

烟鎖池塘柳 燈增海棹鉤

燈明水上無嫌隙 柱似枯形力有餘

37

且到野廣處始覺有大道苦待春消息
春光終不來非無春光好不來郤非時
旣到當來節不待自然來春風吹去夜
萬木一時知一日一花開二日二花開
三百六十日三百六十開一身皆是花
一家都是春
瓶中有仙酒可活百萬人釀出千年前
藏之備用處無然一開封臭散味亦薄
今我爲道者守口如此瓶

38

訣

問道今日何所知意在新元癸亥年成
功幾時又作時莫爲恨晩其爲然時有
其時恨奈何新朝唱韻待好風去歲西
北靈友尋後知吾家此日期春來消息
應有知地上神仙聞爲近此日此時靈
友會大道其中不知心

偶吟

南辰圓滿北河回大道如天脫劫灰鏡

39

投萬里眸先覺月上三更意忽開何人
得雨能人活一世從風任去來百疊塵
埃吾欲滌飄然騎鶴向仙臺淸宵月明
無他意好笑好言古來風人生世間有
何得問道今日授與受有理其中諸未
覺志在賢門必我同天生萬民道又生
各有氣像吾不知通于肺腑無違志大
小事間疑不在馬上寒食非故地欲歸
吾家友昔事義與信兮又禮智凡作吾

40

君一會中來人去人又何時同坐閑談願
上才世來消息又不知其然非然聞說
何狀此地好相見談且書之意益深不
是心泛久不此又作他鄕賢友看鹿失秦
庭吾何爲鳳鳴周室爾應知
不見天下聞九州空使男兒心上遊聽
流覺非洞庭湖坐榻疑在岳陽樓吾心
極思杳然間疑隨太陽流照影

33

坐子布天下飛來飛去慕仰極運兮運
兮得否時云時云覺者鳳兮鳳兮賢者
河兮河兮聖人春宮桃李夭夭兮智士
男兒樂樂哉萬壑千峯高高兮一登二
登小小吟明明其運各各明同同學味
念念同萬年枝上花千朶四海雲中月
一鑑登樓人如鶴背仙泛泛舟馬若天上
龍人無孔子意如同萬卷志能大
片片飛飛兮紅花之紅耶枝枝發發兮

34

綠樹之綠耶霏霏紛紛兮白雪之白耶
浩浩茫茫兮淸江之淸耶泛泛桂棹兮
波不興沙十里路遊閑談兮月山東風
北時泰山之峙峙兮夫子登臨何時淸
風之徐徐兮五柳先生覺非淸江之浩
浩兮蘇子與客風流池塘之深深兮是
濂溪之所樂綠竹之綠綠兮爲君子之
非俗靑松之靑靑兮洗耳處士爲友明
月之明明兮曰太白之所抱耳得爲聲

35

目色盡是閑談古今
萬里白雪紛紛兮千山歸鳥飛飛絶東
山欲登明明兮西峯何事遮遮路

歎道儒心急

山河大運盡歸此道其源極深其理甚
遠固我心柱乃知道味一念在玆萬事
如意消除濁氣兒養淑氣非徒心至惟
在正心隱隱聰明仙出自然來頭百事
同歸一理他人細過勿論我心我心小

36

慧以施於人如斯大道勿誠小事臨勢
盡料自然有助風雲大手隨其器局玄
機不露勿爲心急功成他日好作仙緣
心兮本虛應物無迹心修來而知德德
惟明而是道在德不在於人在信不在
於工在近不在於遠在誠不在於求不
然而其然似遠而非遠
總得一條路步步涉險難山外更見山
水外又逢水幸渡水外水僅越山外山

29

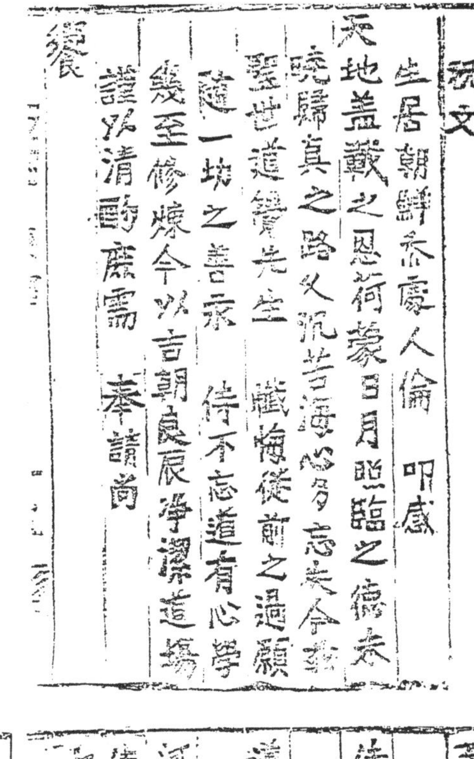

祝文

生居朝鮮忝處人倫 叩感

天地盖載之恩荷蒙日月照臨之德未

曉歸眞之路久沉苦海心多忘失今玆

聖世道覺先生 膩悔從前之過願

隨一切之善永 侍不忘道有心學

幾至修煉今以吉朝良辰淨潔道場

謹以淸酌庶需 奉請尙

饗

30

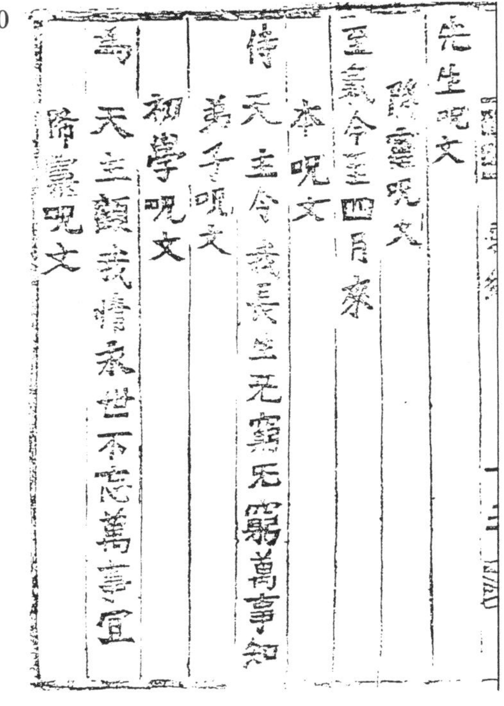

先生呪文

降靈呪文

至氣今至四月來

本呪文

侍天主令我長生无窮无窮萬事知

弟子呪文

初學呪文

爲天主顧我情永世不忘萬事宜

降靈呪文

31

至氣今至願爲大降

本呪文

侍天主造化定永世不忘萬事知

立春詩

道氣長存邪不入世間衆人不同歸

絶句

河淸鳳鳴孰能知運自何方吾不知

平生受命千年運聖德家承百世業龍潭

水流四海源龜岳春回一世花

32

降詩

圖來三七字降盡世間魔

座箴

吾道博而約不用多言義別無他道理

誠敬信三字這裏做工夫透後方可知

不怕塵念起惟恐覺來知

和訣詩

方方谷谷行行盡水水山山箇箇知 松

松栢栢靑靑立枝枝葉葉萬萬節 老鶴

25

不然其然

歌曰而千古之萬物兮各有成各有形所見以論之則其然而似然所自以度之則其遠而甚遠是亦杳然之事難測之言我思我則父母在玆後思後則子孫存彼來世而比之則理無異於我思我去世而尋之則或難分於人爲人噫如斯之忖度兮由其然而看之則其然如其然探不然而思之則不然于不然

26

何者太古兮 天皇氏豈爲人豈爲王斯人之無根兮胡不曰不然也世間孰能無父母之人考其先則其然其然又其然之故也然而爲世作之君作之師君者以法造之師者以禮敎之君無傳位之君而法綱何受師無受訓之師而禮義安效不知也不知也生以知之而然耶無爲化也而然耶以知而言之心在於暗暗之中以化而言之理遠於茫

27

茫之間夫如是則不知不然故不曰不然乃知其然故乃恃其然者也於是而揣其末究其本則物爲物理爲理之大業幾遠矣哉況又斯世之人兮胡無知胡無知數定之幾年兮運自來而復之古今之不變兮豈謂運豈謂復於萬物之不然兮數之而明之記之而鑑之四時之有序兮胡爲然胡爲然山上之有水兮其可然其可然赤子之穉穉兮不

28

言知夫父母胡無知胡無知斯世人兮胡無知聖人之以生兮河一淸千年運自來而復歟水自知而變歟耕牛之聞言兮如有心如有知以力之足爲兮何以苦何以死烏子之反哺兮彼亦知夫孝悌玄鳥之知主兮貧亦歸貧亦歸是故難必者不然易斷者其然比之於究其遠則不然不然又不然之事付之於造物者則其然其然又其然之理哉

21

然覺來夫子之道則一理之所定也論
其惟我之道則大同而小異也去其疑
訝則事理之常然察其古今則人事之
所爲不意布德之心極念致誠之端然
而彌留更逢辛酉時維六月序屬三夏
良朋滿座先定其法賢士問我又勸布
德胸藏不死之藥弓乙其形口誦長生
之呪三七其字開門納客其數其然肆
筵設法其味其如冠子進退怳若有三

22

千之班童子拜拱倚然有六七之詠年
高於我是亦子貢之禮歌詠而舞豈非
仲尼之蹈仁義禮智先聖之所教修心
正氣惟我之更定一番致祭永侍之重
盟萬惑罷去守誠之故也衣冠正齊君
子之行路食手後賤夫之事道家不食
一四足之惡肉陽身所害又寒泉之急
坐有夫女之防塞國大典之所禁臥高
聲之誦呪我誠道之太慢然而肆之是

23

爲之則美哉吾道之行投筆成字人亦
疑王羲之跡開口唱韻孰不服樵夫之
前戱咎斯人慾不及石氏之貲極誠其
兒更不羨師曠之聰容貌之幻態意倦
風之吹臨宿病之自效忘盧醫之良名
雖然道成德立在誠在人或聞流言而
修之或聞流呪而誦焉豈不非哉敢不
憫然憧憧我思靡日不切彬彬聖德或
恐有誤是亦不面之致也多數之故也

24

遠方照應而亦不堪相思之懷近欲敍
情而必不無指目之嫌故作此章布以
示之賢我諸君愼聽吾言大抵此道心
信爲誠以信爲幻人而言之言之其中
曰可曰否取可退否再思心定定之後
言不信曰信如斯修之乃成其誠誠與
信兮其則不遠人言以成先信後誠吾
今明諭豈非信言敬以誠之無違訓辭

17

修德文

元亨利貞天道之常惟一執中人事之察故生而知之夫子之聖質學而知之先儒之相傳雖有困而得之淺見薄識皆由於吾師之盛德不失於先王之古禮余出自東方無了度日僅保家聲未免寒士先祖之忠義節有餘於龍山吾王之盛德歲復回於壬丙若是餘蔭不絶如流家君出世名蓋一道無不士林

18

之共知德承六世豈非子孫之餘慶噫學士之平生光陰之春夢年至四十工知芭籬之邊物心無靑雲之大道一以作歸去來之辭一以詠覺非是之句携筇理履疑若處士之行山高水長莫非先生之風龜尾之奇峯怪石月城金鰲之北龍湫之淸潭寶溪古都馬龍之西園中桃花恐知漁子之舟屋前滄波意在太公之釣檻臨池塘無違濂溪之志

19

亭號龍潭豈非慕葛之心難禁歲月之如流哀臨一日之化仙孤我一命年至二八何以知之無異童子先考平生之事業無痕於火中子孫不肖之餘恨落心於世間豈不痛哉豈不惜哉心懷家庭之業安知稼穡之役書無工課之篤意墮靑雲之地家産漸衰未知末稍之如何年光漸益可歎身勢之將拙料難八字又有寒飢之慮念來四十豈可不

20

成之歎巢穴未定誰云天地之廣大所業交違自憐一身之難藏自是由來擺脫世間之紛撓責去胸海之弸結龍潭古舍家嚴之丈席東都新府惟我之故鄕率妻子還捿之日己未之十月乘其運道受之節庚申之四月是亦夢寐之事難狀之言察其易卦大定之數審誦三代敬天之理於是乎惟知先儒之從命自歎後學之忘却修而煉之莫非自

13

氣接者也願爲者請祝之意也大降者
氣化之願也侍者內有神靈外有氣化
一世之人各知不移者也主者稱其尊
而與父母同事者也造化者無爲而化
也定者合其德定其心也永世者人之
平生也不忘者存想之意也萬事者數
之多也知者知其道而受其知也故明
明其德念念不忘則至化至氣至於至
聖曰天心卽人心則何有善惡也曰命

14

其人貴賤之殊定其人苦樂之理然而
君子之德氣有正而心有定故與天地
合其德小人之德氣不正而心有移故
與天地違其命此非盛衰之理耶曰一
世之人何不敬 天主也曰臨死號天
人之常情而命乃在天天生萬民古之
聖人之所謂而尙今彌留然而似然非
然之間未知詳然之故也曰毁道者何
也曰猶或可也曰何以可也曰吾道今

15

不比古不比之法也修者如虛而有實
聞者如實而有虛也曰反道而歸者何
也曰斯人者不足擧論也曰胡不擧論
也曰敬而遠之曰前何心而後何心也
曰草上之風也曰然則何以降靈也曰
不擇善惡也曰無害無德耶曰堯舜之
世民皆爲堯舜斯世之運與世同歸有
害有德在於 天主不在於我也一一
究心則害及其身未詳知之然而斯人

16

享福不可使聞於他人非君之所問也
非我之所關也嗚呼噫噫諸君之問道
何若是明明也雖我拙文未及於精義
正宗然而矯其人修其身養其才正其
心豈可有岐貳之端乎凡天地無窮之
數道之無極之理皆載此書惟我諸君
敬受此書以助聖德於我比之則怳若
甘受和白受采吾今樂道不勝欽歎故
論而言之諭而示之明而察之不失玄機

9

脣亡之患耶都緣無他斯人道稱西道
學稱 天主敎則聖敎此非知天時而
受天命耶擧此一一不已故吾亦悚然
只有恨生晩之際身多戰寒外有接靈
之氣內有降話之敎視之不見聽之不
聞心尙怪訝修心正氣而問曰何爲若
然也曰吾心卽汝心也人何知之知天
地而無知鬼神鬼神者吾也及汝無窮
無窮之道修而煉之制其文敎人正其

10

法布德則令汝長生昭然于天下矣吾
亦幾至一歲修而度之則亦不無自然
之理故一以作呪文一以作降靈之法
一以作不忘之詞次第道法猶爲二十
一字而已轉至辛酉四方賢士進我而
問曰今天靈降臨 先生何爲其然也
曰受其無往不復之理曰然則何道以
名之曰天道也曰與洋道無異者乎曰
洋學如斯而有異如呪而無實然而運

11

則一也道則同也理則非也曰何爲其
然也曰吾道無爲而化矣守其心正其
氣率其性受其敎化出於自然之中也
西人言無次第書無皂白而頓無爲
天主之端只祝自爲身之謀身無氣化
之神學無 天主之敎有形無迹如思
無呪道近虛無學非 天主豈可謂無
異者乎曰同道言之則名其西學也曰
不然吾亦生於東受於東道雖天道學

12

則東學况地分東西西何謂東東何謂
西孔子生於魯風於鄒鄒魯之風傳遺
於斯世吾道受於斯布於斯豈可謂以
西名之者乎曰呪文之意何也曰至爲
天主之字故以呪言之今文有古文有
曰降靈之文何爲其然也曰至者極焉
之爲至氣者虛靈蒼蒼無事不涉無事
不命然而如形而難狀如聞而難見是
亦渾元之一氣也今至者於斯入道知其

5

上帝汝不知上帝耶問其所然曰余亦无功故生汝世間教人此法勿疑勿疑曰然則西道以教人乎曰不然吾有靈符其名仙藥其形太極又形弓弓受我此符濟人疾病受我呪文教人爲我則汝亦長生布德天下矣吾亦感其言受其符書以吞服則潤身差病方乃知僊藥矣到此用病則或有差不差故莫知其端察其所然則誠之又誠至爲天主

6

者每每有中不順道德者一一無驗此非受人之誠敬耶是故我國惡疾滿世民無四時之安是亦傷害之數也西洋戰勝攻取無事不成而天下盡滅亦不無脣亡之歎輔國安民計將安出惜哉於今世人未知時運聞我斯言則入則心非出則巷議不順道德甚可畏也賢者聞之其或不然而吾將慨歎世則無奈忘略記出諭以示之敬受此書欽哉訓辭

7

論學文

夫天道者如無形而有跡地理者如廣大而有方者也故天有九星以應九州地有八方以應八卦而有盈虛迭代之數無動靜變易之理陰陽相均雖百千萬物化出於其中獨惟人最靈者也故定三才之理出五行之數五行者何也天爲五行之綱地爲五行之質人爲五行之氣天地人三才之數於斯可見矣

8

四時盛衰風露霜雪不失其時不變其序如露蒼生莫知其端或云天主之恩或云化工之迹然而以恩言之惟爲不見之事以工言之亦爲難狀之言何者於古及今其中未必者也夫庚申之年建巳之月天下紛亂民心淆薄莫知所向之地又有怪違之說崩騰于世間西洋之人道成立德及其造化無事不成攻鬪干戈無人在前中國燒滅豈可無

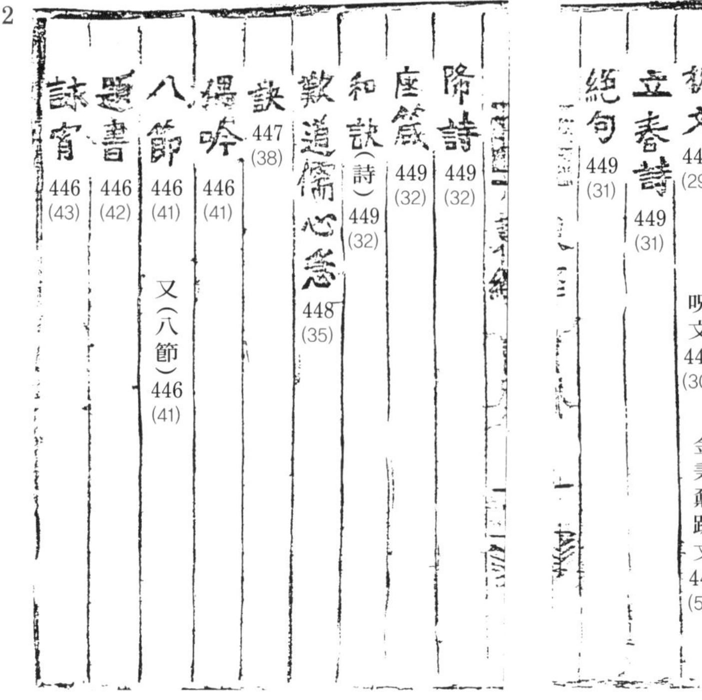

1

東經大全

目錄

3

布德文

蓋自上古以來春秋迭代四時盛衰不遷不易是亦天主造化之迹昭然于天下也愚夫愚民未知雨露之澤知其無為而化矣自五帝之後聖人以生日月星辰天地度數成出文卷而以定天道之常然一動一靜一盛一敗付之於天命是敬天命而順天理者也故人成君子學成道德道則天道德則天德明其

4

道而修其德故乃成君子至於至聖豈不欽歎哉又此挽近以來一世之人各自為心不順天理不顧天命心常悚然莫知所向矣至於庚申傳聞西洋之人以為天主之意不取富貴攻取天下立其堂行其道故吾亦有其然豈其然之疑不意四月心寒身戰疾不得執症言不得難狀之際有何仙語忽入耳中驚起探問則曰勿懼勿恐世人謂我

동경대전

【인제무자계춘판麟蹄戊子季春版】

(1888년 3월)

49

於戲 先生布德當世恐其聖德之有誤及于癸亥親與時亨常有鋟梓之 敎有志未就越明年甲子不幸之後歲沉道微迨將二十餘年之久矣而極念前日之 敎命謹與同志發論詢約數年前自東峽與木川雖是齊誠刋出實無慶州之判刻爲名此亦似欠於道內而惟我慶州本 先生受道之地布德之所則似不可不以慶州刋出爲名故自湖西公州接內發論設施與嶺南東峽并力刋出以著无極之經編而謹與二三同志不顧世嫌掃萬除百暫同極

50

力大成剞劂之功玆豈非慕 先生之 敎而遂弟子之願哉特以三人別錄于篇左

歲在癸未仲夏道主月城崔時亨謹誌

道主 崔時亨

成廣鏞

尹相鎬

李萬基

51

接主 黃在民

金善玉

全時凰

有司 安敎善

尹相五

52

東經大全終

癸未仲夏

慶州開刊

45

不堪吾事雖有百結之憂人亦忘人事若此不已則末由不知何境故不日發程豈非憫然之事耶當此潦雨之節揚風灑雨草長衣添不足惜也覓顧良朋之懸望恒在不已之中故茲以數行書慰以諭之以此恕諒如何歸期似在初冬勿爲苦俟極爲修道以待良時好面千萬企望

東經大全 二十三

46

東經大全

47

布德式 入有願入者則先入者傳道之時正衣冠禮以授之事

入道式 入道之時或向東或向北設 位致誠行祀焚香四拜後以初入呪文敬以受之事

致祭式 入道後致祭節次設 位四拜後讀祝而即誦 降靈呪及本呪文事

祭需式 設其醴酒餠麵魚物果種脯藿菜蔬香燭用之而以肉種論之雉則例用猪則或用祭需之多小隨其力行之也

東經大全 二十四

48

先生布德之初以牛羊猪肉通用矣至於癸亥八月先生顧予傳道之日此道兼儒佛僊三道之 教故不用肉種事

東經大全

41

通文

右文為通諭事當初敎人之意病人勿藥自效小兒得筆補聰化善其中豈非世美之事耶已過數年吾無禍生之疑不意受辱於治賊之下者此何厄也是所謂難禁者惡言不施者善行若此不已則無根說話去益搆揑末流之禍不知至於何境況此若是善道同歸於西夷之學㓛非齊趾之事耶何以叅禮義之鄕何以叅吾家之業乎自此以後雖親戚之病勿爲教人而曾者傳道之人窮查極覓通于此意盡爲

42

棄道更無受辱之弊故玆明數行書布以示之千萬幸甚

43

通諭

壹以通諭之事而二有不然之端故三有不得已之行四有不忍情之書千萬深量無害中一失施行如何前歲仲冬之行本非遊江上之清風與山間之明月察其世道之乖常惟其指目之嫌修其無極之大道惜其布德之心歲換月踰幾至五朔入境之初意只在此山客不知靈深之處重應指採樂之行一以助工課之懈弛一以聞家事之否安心有消遣之意此日之光景蹤跡於三岐遁名於一世人心不知我

44

心之故耶當初不善處下之故耶各處諸益或有事而來或無事而從聞風而來者半學論而處者半客亦自知其一主會不知其數此將奈何如許窮山貧谷饗賓之道都不過一二三家而已宅若處多則其或不然而產若饒居則窩中有樂然而況此若然之中老人以詩而心動少年以禮而強挽何者以詩心動都非心動學勸拱扶之心也以禮強挽不啻強挽難忍謀忠之誼也主入孰能無子貢之心從客亦誤知孟嘗之禮豈不歎哉豈不惜哉雖有裴度之資吾

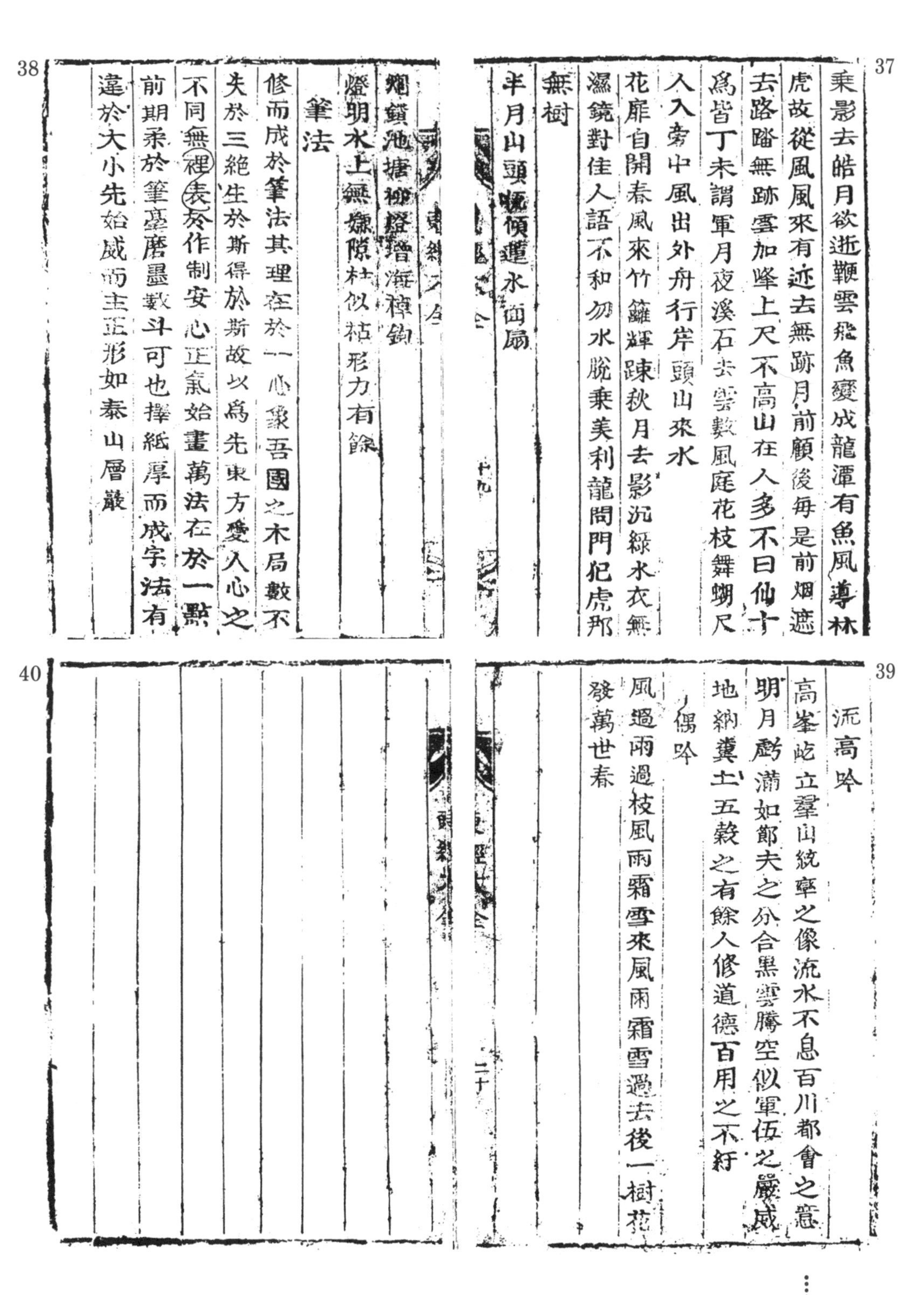

37

乘影去皓月欲逝鞭雲飛魚變成龍潭有魚風導林
虎故從風風來有迹去無跡月前顧後每是前烟遮
去路踏無跡雲加峰上尺不高山在人多不曰仙十
爲皆丁未謂軍月夜溪石去雲數風庭花枝舞蝴尺
人入旁中風出外舟行岸頭山來水
花扉自開春風來竹籬輝踈秋月去影沉緑水衣無
濕鏡對佳人語不和勿水脫乘美利龍間門犯虎邦
無樹
半月山頭嘘傾蓮水面扇

十九

38

翔鎭池塘柳燈增海棹鈎
燈明水上無爍隙杜似枯形力有餘
筆法
修而成於筆法其理在於一心象吾國之木局數不
失於三絶生於斯得於斯故以爲先東方變入心之
不同無裡表於作制安心正氣始畫萬法在於一點
前期柔於筆臺磨墨數斗可也擇紙厚而成字法有
違於大小先始成而主正形如泰山層巖

39

流高吟
高峯屹立羣山統率之像流水不息百川都會之意
明月虧滿如鄭夫之分合黑雲騰空似軍伍之嚴威
地納糞土五穀之有餘人修道德百用之不紆
偶吟
風過雨過枝風雨霜雪來風雨霜雪過去後一樹花
發萬世春

二十

40

應有知地上神仙聞爲近此日此時靈友會大道其中不知心

偶吟

南辰圓滿北河回大道如天脫劫灰鏡投萬里眸先覺月上三更意忽開何人得雨能人活一世從風任去來百疊塵埃吾欲滌飄然騎鶴向仙臺淸宵月明無他意好笑好言古來風人生世間有何得問道今日授與受有理其中姑未覺志在賢門必我同天生萬民道又生各有氣像吾不知通于肺腑無違志大

小事閒疑不在馬上寒食非故地欲歸吾家友昔事義與信兮又禮智凡作吾君一會中來人去人又何時同坐閒談願上才世來消息又不知其然非然聞欲先雲捲西山諸益會吾不處卞名不秀何來此地好相見談且書之意益深不是心泛久不此又作他鄉賢友看鹿失秦庭吾何羣鳳鳴周室爾應知不見天下聞九州空使男兒心上遊聽流覺非洞庭湖坐榻疑在岳陽樓吾心極思杳然閒疑隨太陽流照影

八節

不知明之所在遠不求而修我不知德之所在料吾身之化生不知命之所在顧吾心之明明不知道之所在度吾信之一如不知誠之所致數吾心之不失不知敬之所爲暫不弛於慕仰不知畏之所爲念至公之無私不知心之得失察用處之公私

又

不知明之所在送余心於其地不德之所在欲言浩而難言不知命之所在理杳然於授受不知道之所

在我爲我而非他不知誠之所致是自知而自怠不知敬之所爲恐吾心之寤昧不知畏之所爲無罪地而如罪不知心之得失在今思而昨非

題書

得難求難實是非難心和氣和以待春和

詠宵

也羞俗娥翻覆態一生高明廣漢殿此心惟有淸風知送白雲使藏玉面蓮花倒水魚爲蝶月色入海雲亦地杜鵑花笑杜鵑啼鳳凰臺役鳳凰遊白鷺渡江

29

萬壑千峰高高兮一登二登小小吟明明其運各各
明同同學味念念同萬年枝上花千朶四海雲中月
一鑑登樓人如鶴背仙泛舟馬若天上龍人無孔子
意如同書非萬卷志能大
片片飛飛兮紅花之紅耶枝枝發發兮綠樹之綠耶
霏霏紛紛兮白雪之白耶浩浩茫茫兮淸江之淸耶
泛泛桂棹兮波不興沙十里路遊閑談兮月山東風
北時泰山之峙峙兮夫子登臨何時淸風之徐徐兮
五柳先生覺非淸江之浩浩兮蘇子與客風流池塘

東經大全　十五

30

之深深兮是濂溪之所樂綠竹之綠綠兮爲君子之
非俗靑松之靑靑兮洗耳處士爲友明月之明明兮
曰太白之所抱耳得爲聲目色盡是閑談古今
萬里白雪紛紛兮千山歸鳥飛飛絶東山欲登明明
兮西峯何事遮遮路

歎道儒心急

山河大運盡歸此道其源極深其理甚遠固我心柱
乃知道味一念在玆萬事如意消除濁氣兒養淑氣
非徒心至惟在正心隱隱聰明仙出自然來頭百事

東經大全

31

同歸一理他人細過勿論我心我心小慧以施於人
如斯大道勿誠小事臨勳盡料自然有助風雲大手
隨其器局玄機不露勿爲心急功成他日好作仙緣
心兮本虛應物無迹心修來而知德德惟明而是道
在德不在於人在信不在於工在近不在於遠在誠
不在於求不然而其然似遠而非遠
纔得一條路步步涉險難山外更見山水外又逢水
幸渡水外水僅越山外山且到野廣處始覺有大道
苦待春消息春光終不來非無春光好不來卽非時

東經大全　十六

32

玆到當來節不待自然來春風吹去夜萬木一時知
一日一花開二日二花開三百六十日三百六十開
一身皆是花一家都是春
甁中有仙酒可活百萬人釀出千年前藏之備用處
無然一開封臭散味亦薄今我爲道者守口如此甁

訣

問道今日何所知意在新元癸亥年成功幾時又作
時莫爲恨晩其爲然時有其時恨奈何新朝唱韻待
好風去歲西北靈友尋後知吾家此日期春來消息

東經大全

25

祝文

生居朝鮮忝處人倫 叩感

天地蓋載之恩荷蒙日月照臨之德未曉歸真之路

久沉苦海心多忘失今玆聖世道覺 先生懺悔一

從前之過願隨一切之善永 侍不忘道有心學

幾至修煉今以吉朝良辰淨潔道場謹以清酌庶

需 奉請尚

饗

先生呪文

26

降靈呪文

至氣今至四月來

本呪文

侍 天主令我長生無窮無窮萬事知

弟子呪文

初學呪文

爲 天主顧我情永世不忘萬事宜

降靈呪

至氣今至願爲大 降

27

本呪文

侍 天主造化定永世不忘萬事知

立春詩

道氣長存邪不入世間衆人不同歸

絶句

河清鳳鳴孰能知運自何方吾不知平生受命千年

運聖德家承百世業龍潭水流四海源龜岳春回一

世花

降詩

28

圖來三七字降盡世間魔

座箴

吾道博而約不用多言義別無他道理誠敬信三字

這裏做工夫透後方可知不怕塵念起惟恐覺來知

和訣詩

方方谷谷行行盡水水山山箇箇知松松栢栢青青

立枝枝葉葉萬萬節老鶴生子布天下飛來飛去慕

仰極運兮運兮得否時云時云覺者鳳兮鳳兮賢者

河兮河兮聖人春宮桃李夭夭兮智士男兒樂樂哉

21

不然其然

歌曰而千古之萬物兮各有成各有形所見以論之
則其然而似然所自以度之則其遠而甚遠是亦杳
然之事難測之言我思我則父母在玆後思後則子
孫存彼來世而比之則理無異於我思我去世而尋
之則惑難分於人爲人噫如斯之忖度兮由其然而
看之則其然如其然探不然而思之則不然于不然
何者太古兮天皇氏豈爲人豈爲王斯人之無根
兮胡不曰不然也世間孰能無父母之人考其先則

東經大全 十二

22

其然其然又其然之故也然而爲世作之君作之師
君者以法造之師者以禮敎之君無傳位之君而法
綱何受師無受訓之師而禮義安效不知也不知也
生以知之而然耶無爲化也而然耶以知而言之心
在於暗暗之中以化而言之理遠於茫茫之間夫如
是則不知不然故不曰不然乃知其然故乃恃其然
者也於是而揣其末究其本則物爲物理爲理之大
業幾遠矣哉況又斯世之人兮胡無知胡無知數定
之幾年兮運自來而復之古今之不變兮豈謂運豈

23

謂復於萬物之不然兮數之而明之記之而鑑之四
時之有序兮胡爲然胡爲然山上之有水兮其可然
其可然赤子之穉穉兮不言知夫父母胡無知胡無
知斯世人兮胡無知聖人之以生兮河一淸千年運
自來而復歟水自知而變歟耕牛之聞言兮如有心
如有知以力之足爲兮何以苦何以死烏子之反哺
兮彼亦知夫孝悌玄鳥之知主兮貧亦歸貧亦歸是
故難必者不然易斷者其然比之於究其遠則不然
不然又不然之事付之於造物者則其然其然又其

東經大全 十二

24

然之理哉

17

書無工課之篤意墜青雲之地家産漸衰末知末梢之如何年光漸益可歎身勢之將拙料難八字又有寒飢之慮念來四十豈無不成之歎巢穴未定誰云天地之廣大所業交違自憐一身之難藏自是由來擺脫世間之紛撓責去胸海之弸結龍潭古舍家嚴之丈席東都新府惟我之故鄕率妻子還棲之日己未之十月乘其運道受之節庚申之四月是亦夢寐之事難狀之言察其易卦大定之數審誦三代敬天之理於是乎惟知先儒之從命自歎後學之忘却修

18

而煉之莫非自然覺來夫子之道則一理之所定也論其惟我之道則大同而小異也去其疑訝則事理之常然察其古今則人事之所爲不意布德之心極念致誠之端然而彌留更逢辛酉時維六月序屬三夏良朋滿座先定其法賢士問我又勸布德胸藏不死之藥弓乙其形口誦長生之呪三七其字開門納客其數其然肆筵設法其味其如冠子進退怳若有三千之班童子拜拱倚然有六七之詠年高於我是亦子貢之禮歌詠而舞豈非仲尼之蹈仁義禮智先

19

聖之所教修心正氣惟我之更定一番致祭永侍之重盟萬惑罷去守誠之故也衣冠定齊君子之行路食手後賤夫之事道家不食一四足之惡肉陽身所害又寒泉之急坐有夫女之防塞國大典之所禁臥高聲之誦呪我誠道之太慢然而肆之是爲之則美哉吾道之行投筆成字人亦疑王羲之跡開口唱韻孰不服樵夫之前懺咎斯人亦不及石氏之貴極誠其兒更不羨司曠之聰容貌之幻態意仰風之吹噓宿病之自效忘盧醫之良名雖然道成德立在誠在

20

人或聞流言而修之或聞流呪而誦焉豈不非哉敢不憫然憧憧我思靡日不切彬彬聖德或恐有誤是亦不面之致也多數之故也遠方照應而亦不堪相思之懷近欲敍情而必不無指目之嫌故作此章布以示之賢我諸君愼聽吾言大抵此道心信爲誠以信爲誠人而言之言之其中曰可曰否取可退否再思心定定之後言不信曰信如斯修之乃成其誠誠與信兮其則不遠人言以成先信後誠吾今明諭豈非信言敬以誠之無違訓辭

13

何以可也 曰吾道今不聞古不聞之事 今不比古不比之法也 修者如虛而有實 聞者如實而有虛也 曰反道而歸者何也 曰斯人者不足擧論也 曰胡不擧論也 曰敬而遠之 曰前何心而後何心也 曰草上之風也 曰然則何以降靈也 曰不擇善惡也 曰無害無德耶 曰堯舜之世 民皆爲堯舜 斯世之運 與世同歸 有害有德 在於 天主 不在於我也 一一究心則害及其身 未詳知之 然而斯人享福 不可使聞於他人 非君之所問也 非我之所關也 嗚呼噫噫 諸君之問

七

14

道何若是明明也 雖我拙文 未及於精義正宗 然而矯其人 修其身 養其才 正其心 豈可有岐貳之端乎 凡天地无窮之數 道之無極之理 皆載此書 惟我諸君 敬受此書 以助聖德 於我比之則 怳若甘受和 白受采 吾今樂道 不勝欽歎 故論而言之 諭而示之 明而察之 不失玄機

15

修德文

元亨利貞 天道之常 惟一執中 人事之察 故生而知之 夫子之聖質 學而知之 先儒之相傳 雖有困而得之 淺見薄識 皆由於吾師之盛德 不失於先王之古禮 余出自東方 無了度日 僅保家聲 未免寒士 先祖之忠義 節有餘於龍山 吾王之盛德 歲復回於壬丙 若是餘蔭 不絕如流 家君出世 名盖一道 無不士林之共知 德承六世 豈非子孫之餘慶 噫 學士之平生 光陰之春夢 年至四十 工知巴巖之邊物 心無青雲

八

16

之大道 一以作歸去來之辭 一以詠覺非是之句 携節理履 怳若處士之行 山高水長 莫非 先生之風 龜尾之奇峯怪石 月城金鰲之北 龍湫之淸潭寶溪 古都馬龍之西 園中桃花 恐知漁子之舟 屋前滄波 意在太公之釣 檻臨池塘 無違濂溪之志 亭號龍潭 豈非慕葛之心 難禁歲月之如流 哀臨一日之化仙 孤我一命 年至二八 何以知之 無異童子 先考平生之事業 無痕於火中 子孫不肖之餘恨 落心於世間 豈不痛哉 豈不惜哉 心有家庭之業 安知稼穡之役

又問曰何爲若然也曰吾心卽汝心也人何知之知
天地而無知鬼神鬼神者吾也及汝無窮無窮之道
修而煉之制其文敎人正其法布德則令汝長生昭
然于天下矣吾亦幾至一歲修而度之則亦不無自
然之理故一以作呪文一以作降靈之法一以作不
忘之詞次第道法猶爲二十一字而已轉至辛酉四
方賢士進我而問曰今天靈降臨 先生何爲其然
也曰受其無往不復之理曰然則何道以名之曰天
道也曰與洋道無異者乎曰洋學如斯而有異如呪

而無實然而運則一也道則同也理則非也曰何爲
其然也曰吾道無爲而化矣守其心正其氣率其性
受其敎化出於自然之中也西人言無次第書無皂
白而頓無爲 天主之端只祝自爲身之謀身無氣
化之神學無 天主之敎有形無迹如思無呪道近
虛無學非 天主豈可謂無異者乎曰同道言之則
名其西學也曰不然吾亦生於東受於東道雖天道
學則東學況地分東西西何謂東東何謂西孔子生
於魯風於鄒鄒魯之風傳遺於斯世吾道受於斯布

於斯豈可謂以西名之者乎曰呪文之意何也曰至
爲 天主之字故以呪言之今文有古文有曰降靈
之文何爲其然也曰至者極焉之爲至氣者虛靈蒼
蒼無事不涉無事不命然而如形而難狀如聞而難
見是亦渾元之一氣也今至者於斯入道知其氣接
者也願爲者請祝之意也大降者氣化之願也侍者
內有神靈外有氣化一世之人各知不移者也主者
稱其尊而與父母同事者也造化者無爲而化也定
者合其德定其心也永世者人之平生也不忘者存

想之意也萬事者數之多也知者知其道而受其知
也故明明其德念念不忘則至化至氣至於至聖曰
天心卽人心則何有善惡也曰命其人貴賤之殊定
其人苦樂之理然而君子之德氣有正而心有定故
與天地合其德小人之德氣不正而心有移故與天
地違其命此非盛衰之理耶曰一世之人何不敬
天主也曰臨死號天人之常情而命乃在天天生萬
民古之聖人之所謂而尚今彌留然而似然非然之
間未知詳然之故也曰毁道者何也曰猶或可也曰

亦感其言受其符書以呑服則潤身差病方乃知仙
藥矣到此用病則或有差不差故莫知其端察其所
然則誠之又誠至爲 天主者每每有中不順道德
者一一無驗此非受人之誠敬耶是故我國惡疾滿
世民無四時之安是亦傷害之數也西洋戰勝攻取
無事不成而天下盡滅亦不無脣亡之歎輔國安民
計將安出惜哉於今世人未知時運聞我斯言則入
則心非出則巷議不順道德甚可畏也賢者聞之其
或不然而吾將慨歎世則無奈故略記出諭以示之

敬受此書欽哉訓辭

論學文

夫天道者如無形而有迹地理者如廣大而有方者
也故天有九星以應九州地有八方以應八卦而有
盈虛迭代之數無動靜變易之理陰陽相均雖百千
萬物化出於其中獨惟人最靈者也故定三才之理
出五行之數五行者何也天爲五行之綱地爲五行
之質人爲五行之氣天地人三才之數於斯可見矣
四時盛衰風露霜雪不失其時不變其序如露蒼生
莫知其端或云 天主之恩或云化工之跡然而以

恩言之惟爲不見之事以工言之亦爲難狀之言何
者於古及今其中未必者也夫庚申之年建巳之月
天下紛亂民心淆薄莫知所向之地又有怪違之說
崩騰于世間西洋之人道成立德及其造化無事不
成攻鬪干戈無人在前中國燒滅豈可無脣亡之患
耶都緣無他斯人道稱西道學稱 天主教則聖教
此非知天時而受天命耶擧此一一不已故吾亦悚
然只有恨生晩之際身多戰寒外有接靈之氣內有
降話之敎視之不見聽之不聞心尙怪訝修心正氣

3

布德文

蓋自上古以來春秋迭代四時盛衰不遷不易是亦
天主造化之迹昭然于天下也愚夫愚民未知雨露
之澤知其無爲而化矣自五帝之後聖人以生日月
星辰天地度數成出文卷而以定天道之常然一動
一靜一盛一敗付之於天命是敬天命而順天理者
也故人成君子學成道德道則天道德則天德明其
道而修其德故乃成君子至於至聖豈不欽歎哉又
此挽近以來一世之人各自爲心不順天理不顧天

4

命心常悚然莫知所向矣至於庚申傳聞西洋之人
以爲 天主之意不取富貴攻取天下立其堂行其
道故吾亦有其然豈其然之疑不意四月心寒身戰
疾不得執症言不得難狀之際有何仙語忽入耳中
驚起探問則曰勿懼勿恐世人謂我 上帝汝不知
上帝耶問其所然曰余亦無功故生汝世間敎人此
法勿疑勿疑曰然則西道以敎人乎曰不然吾有靈
符其名僊藥其形太極又形弓弓受我此符濟人疾
病受我呪文敎人爲我則汝亦長生布德 天下矣吾

동경대전

【경주계미중하판 慶州癸未仲夏版】

(1883년 5월)

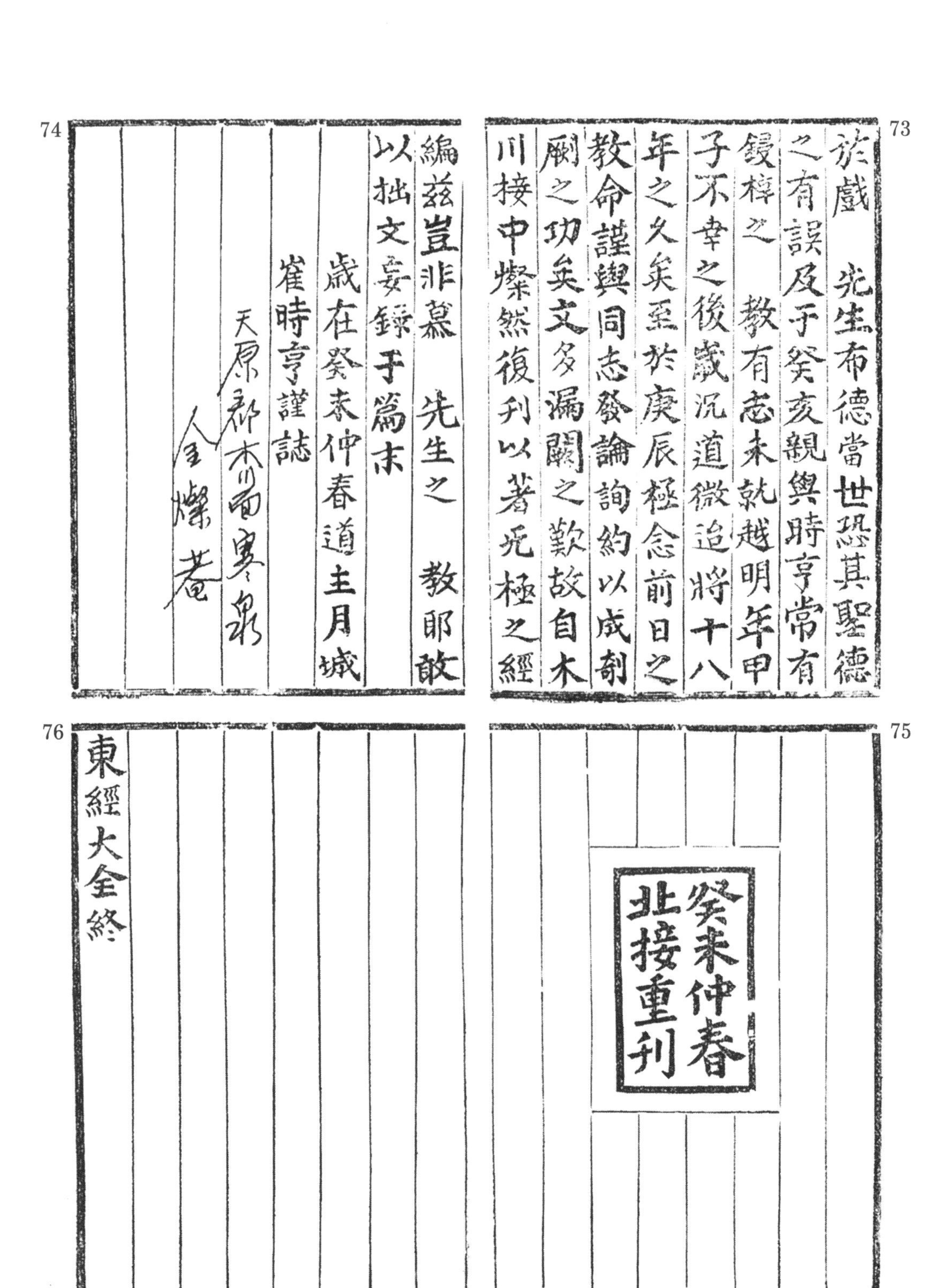

73

於戲 先生布德當世恐其聖德之有誤及于癸亥親與時亨常有鋟梓之 教有志未就越明年甲子不幸之後歲沉道微迨將十八年之久矣至於庚辰極念前日之 教命謹與同志發論詢約以成剞劂之功矣文多漏闕之歎故自木川接中燦然復刊以著无極之經

74

編玆豈非慕 先生之 教耶敢以拙文妄錄于篇末

歲在癸未仲春道主月城

崔時亨謹誌

天原郡木川面實泉

全燦菴

75

癸未仲春
北接重刊

76

東經大全終

69

以諭之以此懇諒如何歸期似在
初冬勿爲苦俟極爲修道以待良
時好面千萬企望

70

71

布德式　人有願入者則先入者
傳道之時正衣冠禮以授之事
入道式　入道之時或向東或向
北設　位致誠行祀焚香四拜
後以初入呪文敬以受之事
致祭式　入道後致祭節次設
位四拜後讀祝而卽誦　降靈
呪及本呪文事

72

祭需式　設其醴酒餠麪魚物果
種脯藿菜蔬香燭用之而以肉
種論之雉則例用猪則或用祭
需之多小隨其力行之也
先生布德之初以牛羊猪肉通用
矣至於癸亥八月
先生顧予傳道之日此道兼儒佛
仙三道之　教故不用肉種事

65

壹是通諭之事而二有不然之端
故三有不得已之行四有不忍情
之書千萬深量無書中一失施行
如何前歲仲冬之行本非遊江上
之清風與山間之明月察其世道
之乖常惟其指目之嫌修其无極
之大道惜其布德之心歲換月踰
幾至五朔入境之初意只在此山

66

客不知雲深之處童應指採藥之
行一以助工課之懈弛一以聞家
事之否安心有消遣之意此日之
光景露蹤於三歧遯名於一世人
心不知我心之故耶當初不善處
下之故耶各處諸益或有事而來
或無事而從聞風而來者半學論
而處者半客亦自知其一主會不

67

知其數此將奈何如許窮山貧谷
饗賓之道都不過一二三家而已
宅若處多則其或不然而産若饒
居則窟中有樂然而況此若然之
中老人以詩而心動少年以禮而
強挽何者以詩心動都非心動學
勸拱扶之心也以禮強挽不啻強
挽難忍謀忠之誼也主人孰能無

68

子貢之心從客亦誤知孟嘗之禮
豈不歎哉豈不惜哉雖有裴度之
資吾不堪吾事雖有百結之憂人
亦忘人事若此不已則末由不知
何境故不日發程豈非憫然之事
耶當此潦雨之節揚風洒雨於千長
衣添不足惜也竟顧良朋之懸望
恒在不已之中故玆以數行書慰

61

烟鎖池塘柳燈增海棹鉤
燈明水上無嫌隙枉似枯形力有
餘

筆法

修而成於筆法其理在於一心象
吾國之木局數不失於三絕生於
斯得於斯故以爲先東方愛人心
之不同無裏表於作制安心正氣

62

始畫萬法在於一點前期柔於筆
毫磨墨數斗可也擇紙厚而成字
法有違於大小先始威而主正形
如泰山層巖

63

通文

右文爲通諭事當初教人之意病
人勿藥自效小兒得筆輔聰化善
其中豈非世義之事耶已過數年
吾無禍生之疑不意受辱於治賊
之下者此何厄也是所謂難禁者
惡言不施者善行若此不已則無
根說話去益搆揑未流之禍不知

64

至於何境況此若是善道同歸於
西夷之學切非蒭貎之事耶何以
參禮義之鄉何以忝吾家之業乎
自此以後雖親戚之病勿爲教人
而曾者傳道之人窃查極覓通于
此意盡爲棄道更無受辱之弊故
玆明數行書布以示之千萬幸甚
通諭

57

念至公之無私不知心之得失察
用處之公私
又
不知明之所在送余心於其地不
知德之所在欲言浩而難言不知
命之所在理杳然於授受不知道
之所在我爲我而非他不知誠之
所致是自知而自怠不知敬之所

58

爲恐吾心之悟昧不知畏之所爲
無罪地而知罪不知心之得失在
今思而昨非
題書
得難求難實是非難心和氣和以
待春和
詠宵
也易俗娥翻覆態一生高明廣漠

59

殿此心惟有清風知送白雲使
玉面蓮花倒水魚爲蝶月色入海
雲亦地杜鵑花笑杜鵑啼鳳凰臺
役鳳凰遊白鷺渡江衆影去皓月
欲逝鞭雲飛魚變成龍潭有魚風
導林虎故從風風來有迹去無跡
月前顧後每是前烟遮去路踏無
跡雲加峯上尺不高山在人多不

60

曰仙十爲皆丁未謂軍月夜溪后
去雲數風庭花枝舞蝴尺人八旁
中風出外舟行岸頭山來水
花扉自開春風來竹籬輝疎秋月
去影沉綠水衣無濕鏡對佳人語
不和仍水脫衆義利龍問門犯虎
那無樹
半月山頭梳傾蓮水面扇

53

道其中不知心

偶吟

南辰圓滿北河回大道如天脫刼
灰鏡投萬里眸先覺月上三更意
忽開何人得雨能人活一世從風
任去來百疊塵埃吾欲滌飄然騎
鶴向仙臺清宵月明無他意好笑
好言古來風人生世間有何得問

54

道今日授與受有理其中姑未覺
志在賢門必我同天生萬民道又
生各有氣像吾不知通于肺腑無
違志大小事間疑不在馬上寒食
非故地欲歸吾家友昔事義與信
今又禮智兀作吾君一會中來人
去人又何時同坐閒談頷上才世
來消息又不知其然非然間欲先

55

雲捲西山諸益會善不處卞名不
秀何來此地好相見談且書之意
益深不是心泛久不此又作他鄉
賢友看麁失秦庭吾何羣鳳鳴周
室爾應知

不見天下聞九州空使男兒心上
遊聽流覺非洞庭湖坐榻疑在岳
陽樓吾心極思杳然間疑隨太陽

56

流照影

八節

不知明之所在遠不求而修我不
知德之所在料吾身之化生不知
命之所在顧吾心之明明不知道
之所在度吾信之一如不知誠之
所致數吾心之不失不知敬之所
爲暫不弛於慕仰不知畏之所爲

49

氣非徒心至惟在正心隱隱聰明仙出自然來頭百事同歸一理他人細過勿論我心我心小慧以施於人如斯大道勿誠小事臨勳盡料自然有助風雲大手隨其器局玄機不露勿爲心急功成他日好作仙緣心兮本虛應物無迹心修來而知德德惟明而是道在德不

50

在於人在信不在於工在近不在於遠在誠不在於求不然而其然似遠而非遠

纔得一條路步步涉險難山外更見山水外又逢水幸渡水外水僅越山外山且到野廣處始覺有大道苦待春消息春光終不來非無春光好不來卽非時玆到當來節

51

不待自然來春風吹去夜萬木一時知

一日一花開二日二花開三百六十日三百六十開一身皆是花一家都是春

甁中有仙酒可活百萬人釀出千年前藏之備用處無然一開封臭散味亦薄今我爲道者守口如此甁

52

訣

問道今日何所知意在新元癸亥年成功幾時又作時莫爲恨晩其爲然時有其時恨奈何新朝唱韻待好風去歲西北靈友尋後知吾家此日期春來消息應有知地上神仙聞爲近此日此時靈友會大

45

方方谷谷行行盡水水山山箇箇
知松松栢柏青青立枝枝葉葉萬
萬節老鶴生子布天下飛來飛去
慕仰極運兮運兮得否時去時云
覺者鳳兮鳳兮賢者河兮河兮聖
人春宮桃李夭夭兮智士男兒樂
樂哉萬壑千峯高高兮一登二登
小小吟明明其運各各明同同學

46

味念念同萬年枝上花千朶四海
雲中月一鑑登樓人如鶴背仙泛
舟馬若天上龍人無孔子意如同
書非萬卷志能大
片片飛飛兮紅花之紅耶枝枝發
發兮綠樹之綠耶霏霏紛紛兮白
雪之白耶浩浩蕩蕩兮清江之清
耶泛泛椎棹兮波不興沙十里路

47

路遊閒談兮月山東風北時泰山
之峙峙兮夫子登臨何時清風之
徐徐兮五柳先生覺非清江之浩
浩兮蘇子與客風流池塘之淡淡
兮是濂溪之所樂綠竹之綠綠兮
爲君子之非俗青松之青青兮洗
耳處士爲友明月之明明兮曰太
白之所抱耳得爲聲目色盡是閒

48

談古今
萬里白雪紛紛兮千山歸鳥飛飛
絕東山欲登明明兮西峯何事遮
遮路

歎道儒心急

山河大運盡歸此道其源極深其
理甚遠固我心柱乃知道味一念
在茲萬事如意消除濁氣兒養淑

41

先生呪文
降靈呪文
至氣今至四月來
本呪文
侍 天主令我長生无窮无窮萬
事知
弟子呪文
初學呪文

42

爲 天主顧我情永世不忘萬事
宜
降靈呪文
至氣今至願爲大 降
本呪文
侍 天主造化定永世不忘萬事
知

43

立春詩
道氣長存邪不入世間衆人不同
歸
絶句
河淸鳳鳴孰能知運自何方吾不
知平生受命千年運聖德家承百
世業龍潭水流四海源龜岳春回
一世花

44

降詩
圖來三七字降盡世間魔
座箴
吾道博而約不用多言義別無他
道理誠敬信三字這裏做工夫透
後方可知不怕塵念起惟恐覺來
知
和訣詩

37

其可然其可然赤子之穉穉兮不
言知夫父母胡無知胡無知斯世
人兮胡無知聖人之以生兮河一
清千年運自來而復歟水自知而
變歟耕牛之聞言兮如有心如有
知以力之足爲兮何以苦何以死
烏子之反哺兮彼亦知夫孝悌玄
鳥之知主兮貪亦歸貪亦歸是故

38

難必者不然易斷者其然比之於
究其遠則不然不然又不然之事
付之於造物者則其然其然又其
然之理哉

39

祝文
生居朝鮮忝處人倫　叩感
天地盖載之恩荷蒙日月照臨之
德未曉歸眞之路久沉苦海心
多忘失今茲聖世道覺　先生
懺悔從前之過願隨一切之善
永侍不忘道有心學幾至修
煉今以吉朝良辰淨潔道場謹

40

以清酌庶需　奉請尙
饗

言以成先信後誠吾今明諭豈非
信言敬以誠之無違訓辭

不然其然

歌曰而千古之萬物兮各有成各
有形所見以論之則其然而似然
所自以度之則其遠而甚遠是亦
杳然之事難測之言我思我則父
母在玆後思後則子孫存彼來世

而比之則理無異於我思我去世
而尋之則惑難分於人爲人噫如
斯之忖度兮由其然而看之則其
然如其然探不然而思之則不然
于不然何者太古兮 天皇氏豈
爲人豈爲王斯人之無根兮胡不
曰不然也世間孰能無父母之人
考其先則其然其然又其然之故

也然而爲世作之君作之師君者
以法造之師者以禮敎之君無傳
位之君而法綱何受師無受訓之
師而禮義安效不知也不知也生
以知之而然耶無爲化也而然耶
以知而言之心在於暗暗之中以
化而言之理遠於茫茫之間夫如
是則不知不然故不曰不然乃知

其然故乃恃其然者也於是而揣
其末究其本則物爲物理爲理之
大業幾遠矣哉況又斯世之人兮
胡無知胡無知數定之幾年兮運
自來而復之古今之不變兮豈謂
運豈謂復於萬物之不然兮數之
而明之記之而鑑之四時之有序
兮胡爲然胡爲然山上之有水兮

29

我又勸布德胷藏不死之藥弓乙
其形口誦長生之呪三七其字開
門納客其數其然肆筵設法其味
其如冠子進退怳若有三千之班
童子拜拱倚然有六七之詠年高
於我是亦子貢之禮歌詠而舞豈
非仲尼之蹈仁義禮智先聖之所
教修心正氣惟我之更定一番致

30

祭永侍之重盟萬惑罷去守誠之
故也衣冠正齊君子之行路食手
後賤夫之事道家不食一四足之
惡肉陽身所害又寒泉之急坐有
夫女之防塞國大典之所禁臥高
聲之誦呪我誠道之太慢然而肆
之是爲之則美哉吾道之行投筆
成字人亦疑王羲之跡開口唱韻

31

孰不服樵夫之前爛咎斯人慾不
及后氏之賢極誠其兒更不羨司
曠之聰容貌之幻態意仙風之吹
臨宿病之自效忘盧醫之良名雖
然道成德立在誠在人或聞流言
而修之或聞流呪而誦焉豈不非
哉敢不憫然憧憧我思靡日不切
彬彬聖德或恐有誤是亦不面之

32

致也多數之故也遠方照應而亦
不堪相思之懷近欲敍情而必不
無指目之嫌故作此章布以示之
賢我諸君愼聽吾言大抵此道心
信爲誠以信爲幻人而言之言之
其中曰可曰否取可退否再思心
定定之後言不信曰信如斯修之
乃成其誠誠與信兮其則不遠人

25

先生之風龜尾之奇峯怪石月城金鰲之北龍湫之淸潭寶溪古都馬龍之西園中桃花恐知漁子之舟屋前滄波意在太公之釣檻臨池塘無違濂溪之志亭號龍潭豈非慕葛之心難禁歲月之如流哀臨一日之化仙孤我一命年至二八何以知之無異童子先考平生

26

之事業無痕於火中子孫不肖之餘恨落心於世間豈不痛哉豈不惜哉心有家庭之業安知稼穡之役書無工課之篤意墜靑雲之地家産漸衰未知末稍之如何年光漸益可歎身勢之將拙料難八字又有寒飢之慮念來四十豈無不成之歎巢穴未定誰云天地之廣

27

大所業交違自憐一身之難藏自是由來擺脫世間之紛撓責去胷海之弸結龍潭古舍家嚴之丈席東都新府惟我之故鄕率妻子還棲之日己未之十月乘其運道受之節庚申之四月是亦夢寐之事難狀之言察其易卦大定之數審誦三代敬天之理於是乎惟知先

28

儒之從命自歎後學之忘却修而煉之莫非自然覺來夫子之道則一理之所定也論其惟我之道則大同而小異也去其疑訝則事理之常然察其古今則人事之所爲不意布德之心極念致誠之端然而彌留更逢辛酉時維六月序屬三夏良朋滿座先定其法賢士問

21

諸君之問道何若是明明也雖我拙文未及於精義正宗然而矯其人修其身養其才正其心豈可有岐貳之端乎凡天地无窮之數道之無極之理皆載此書惟我諸君敬受此書以助聖德於我比之則況若甘受和白受采吾今樂道不勝欽歎故論而言之諭而示之明

22

而察之不失玄機

23

修德文

元亨利貞天道之常惟一執中人事之察故生而知之夫子之聖質學而知之先儒之相傳雖有困而得之淺見薄識皆由於吾師之盛德不失於先王之古禮余出自東方無了度日僅保家聲未免寒士先祖之忠義節有餘於龍山吾王

24

之盛德歲復回於壬丙若是餘蔭不絶如流家君出世名盖一道無不士林之共知德承六世豈非子孫之餘慶噫學士之平生光陰之春夢年至四十工知芭籬之邊物心無青雲之大道一以作歸去來之辭一以詠覺非是之句携笻理屨怳若處士之行山高水長莫非

17

內有神靈外有氣化一世之人各知不移者也主者稱其尊而與父母同事者也造化者無爲而化也定者合其德定其心也永世者人之平生也不忘者存想之意也萬事者數之多也知者知其道而受其知也故明明其德念念不忘則至化至氣至於至聖曰天心卽人

18

心則何有善惡也曰命其人貴賤之殊定其人苦樂之理然而君子之德氣有正而心有定故與天地合其德小人之德氣不正而心有移故與天地違其命此非盛衰之理耶曰一世之人何不敬 天主也曰臨死號天人之常情而命乃在天天生萬民古之聖人之所謂

19

而尚今彌留然而似然非然之間未知詳然之故也曰毁道者何也曰猶或可也曰何以可也曰吾道今不聞古不聞之事今不比古不比之法也修者如虛而有實聞者知實而有虛也曰反道而歸者何也曰斯人者不足擧論也曰胡不擧論也曰敬而遠之曰前何心而

20

後何心也曰草上之風也曰然則何以降靈也曰不擇善惡也曰無害無德耶曰堯舜之世民皆爲堯舜斯世之運與世同歸有害有德在於 天主不在於我也一一究心則害及其身未詳知之然而斯人享福不可使聞於他人非君之所問也非我之所關也嗚呼噫噫

13

矣吾亦幾至一歲修而度之則亦
不无自然之理故一以作呪文一
以作降靈之法一以作不忘之詞
次第道法猶爲二十一字而已轉
至辛酉四方賢士進我而問曰今
天靈降臨 先生何爲其然也曰
受其无往不復之理曰然則何道
以名之曰天道也曰與洋道無異

14

者乎曰洋學如斯而有異如呪而
無實然而運則一也道則同也理
則非也曰何爲其然也曰吾道無
爲而化矣守其心正其氣率其性
受其教化出於自然之中也西人
言無次第書無皂白而頓無爲
天主之端只祝自爲身之謀身无
氣化之神學無 天主之教有形

15

無迹如思無呪道近虛無學非
天主豈可謂無異者乎曰同道言
之則名其西學也曰不然吾亦生
於東受於東道雖天道學則東學
況地分東西西何謂東東何謂西
孔子生於魯風於鄒鄒魯之風傳
遺於斯世吾道受於斯布於斯豈
可謂以西名之者乎曰呪文之意

16

何也曰至爲 天主之字故以呪
言之今文有古文有曰降靈之文
何爲其然也曰至者極焉之爲至
氣者虛靈蒼蒼無事不涉無事不
命然而如形而難狀如聞而難見
是亦渾元之一氣也今至者於斯
入道知其氣接者也願爲者請祝
之意也大降者氣化之願也侍者

9

論學文

夫天道者如無形而有迹地理者如廣大而有方者也故天有九星以應九州地有八方以應八卦而有盈虛迭代之數無動靜變易之理陰陽相均雖百千萬物化出於其中獨惟人最靈者也故定三才之理出五行之數五行者何也天

10

爲五行之綱地爲五行之質人爲五行之氣天地人三才之數於斯可見矣四時盛衰風露霜雪不失其時不變其序如露蒼生莫知其端或云 天主之恩或云化工之跡然而以恩言之惟爲不見之事以工言之亦爲難狀之言何者於古及今其中未必者也夫庚申之

11

年建巳之月天下紛亂民心淆薄莫知所向之地又有怪違之說崩騰于世間西洋之人道成立德及其造化無事不成攻鬪干戈無人在前中國燒滅豈可無唇亡之患耶都緣無他斯人道稱西道學稱天主教則聖教此非知天時而受天命耶擧此一一不已故吾亦悚

12

然只有恨生晩之際身多戰寒外有接靈之氣內有降話之教視之不見聽之不聞心尙怪訝修心正氣而問曰何爲若然也曰吾心卽汝心也人何知之知天地而無知鬼神鬼神者吾也及汝無窮無窮之道修而煉之制其文教人正其法布德則令汝長生昭然于天下

5

下立其堂行其道故吾亦有其然
豈其然之疑不意四月心寒身戰
疾不得執症言不得難狀之際有
何仙語忽入耳中驚起探問則曰
勿懼勿恐世人謂我 上帝汝不
知 上帝耶問其所然曰余亦無
功故生汝世間教人此法勿疑勿
疑曰然則西道以教人乎曰不然

6

吾有靈符其名仙藥其形太極又
形弓弓受我此符濟人疾病受我
呪文教人爲我則汝亦長生布德
天下矣吾亦感其言受其符書以
呑服則潤身差病方乃知仙藥矣
到此用病則或有差不差故莫知
其端察其所然則誠之又誠至爲
天主者每每有中不順道德者一

7

一無驗此非受人之誠敬耶是故
我國惡疾滿世民無四時之安是
亦傷害之數也西洋戰勝攻取無
事不成而天下盡滅亦不無脣亡
之歎輔國安民計將安出惜哉於
今世人未知時運聞我斯言則入
則心非出則巷議不順道德甚可
畏也賢者聞之其或不然而吾將

8

慨歎世則無奈忘略記出諭以示
之敬受此書欽哉訓辭

1

東經大全

目錄

2

3

布德文

盖自上古以來春秋迭代四時盛
衰不遷不易是亦　天主造化之
迹昭然于天下也愚夫愚民未知
雨露之澤知其無爲而化矣自五
帝之後聖人以生日月星辰天地
度數成出文卷而以定天道之常
然一動一靜一盛一敗付之於天

4

命是敬天命而順天理者也故人
成君子學成道德道則天道德則
天德明其道而修其德故乃成君
子至於至聖豈不欽歎哉又此挽
近以來一世之人各自爲心不順
天理不顧天命心常悚然莫知所
向矣至於庚申傳聞西洋之人以
爲　天主之意不取富貴攻取天

동경대전

【목천계미중춘판 木川癸未仲春版】

(1883년 2월)

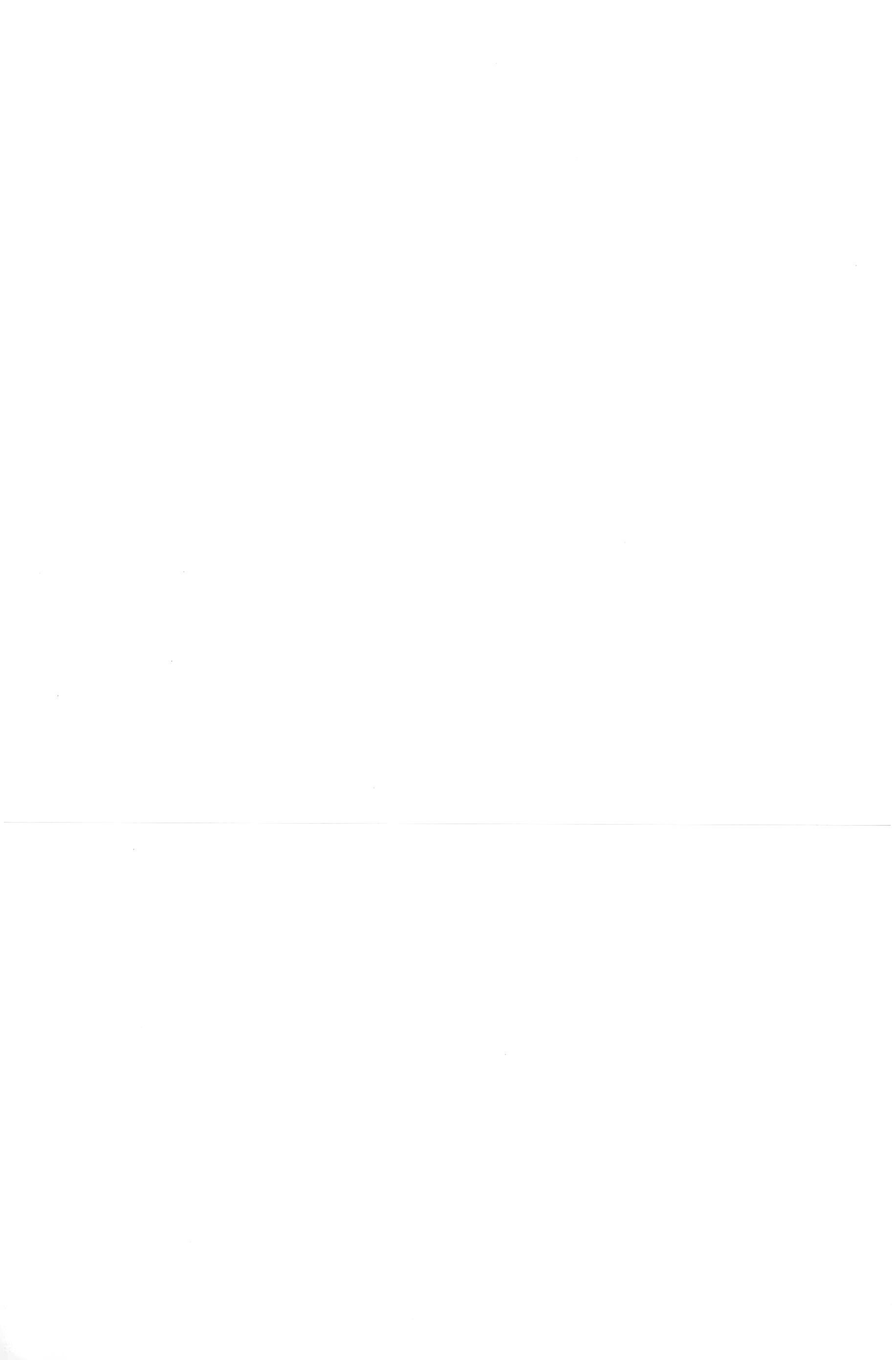

之懸望恒在不已之中故玆以數行書慰
以諭之以此恕諒如何歸期似在初冬勿
爲苦俟極爲修道以待良時好面千万企
望

東經大全終

而彊挽何者以詩心動都非心動學勸扶
扶之心也以禮彊挽不啻彊挽難忍謀忠
之誼也主人孰能無子貢之心從容亦誤
知孟嘗之禮豈不歎哉豈不惜哉雖有裘
度之資吾不甚吾事雖有百結之憂人亦
忿人事若此不已則未由不知何境故不
日發程豈非憫然之事耶當此潦雨之節
揚風灑雨草長衣濕不足惜也竟顧良朋

景露蹤於三歧遯名於一世人心不知我
心之故耶當初不善處下之故耶各處諸
益或有事而來或無事而從聞風而來者
半學論而處者半客亦自知其一主會不
知其數此將奈何如許窮山貧谷饗賓之
道都不過一二三家而已宅若處多則其
或不然而產若饒居則[illegible]中有樂然而況
此若然之中老人以詩而心動少年以禮

不得已之行四有不忍情之書千万淺量
無書中一失施行如何前歲仲冬之行本
非遊江上之清風與山間之明月察其世
道之乖常惟其指目之嫌修其无極之大
道惜其布德之心歲換月逾幾至五朔入
境之初意只在此山客不知雲溪之處量
應指採藥之行一以助工課之懈弛一以
聞家事之否安心有消遣之意此日之光

此若是善道同歸於西夷之學切非羞恥
之事耶何以參禮義之鄉何以忝吾家之
業乎自此以後雖親戚之病勿爲敎人而
曾者傳道之人竊査極覓通于此意盡爲
棄道更無受辱之弊故茲明數行書布以
示之千万幸甚

通諭

一無通諭之事而二有不然之端故三有

東經大全卷之七

通文

右文爲通諭事當初教人之意病人勿藥
自效小兒得筆輔聽化善其中豈非世美
之事耶已過數年吾無禍生之疑不意受
辱於治賊之下者此何厄也是所謂難禁
者惡言不施者善行若此不已則無根說
話去益構捏末流之禍不知至於何境況

東經大全卷之

三

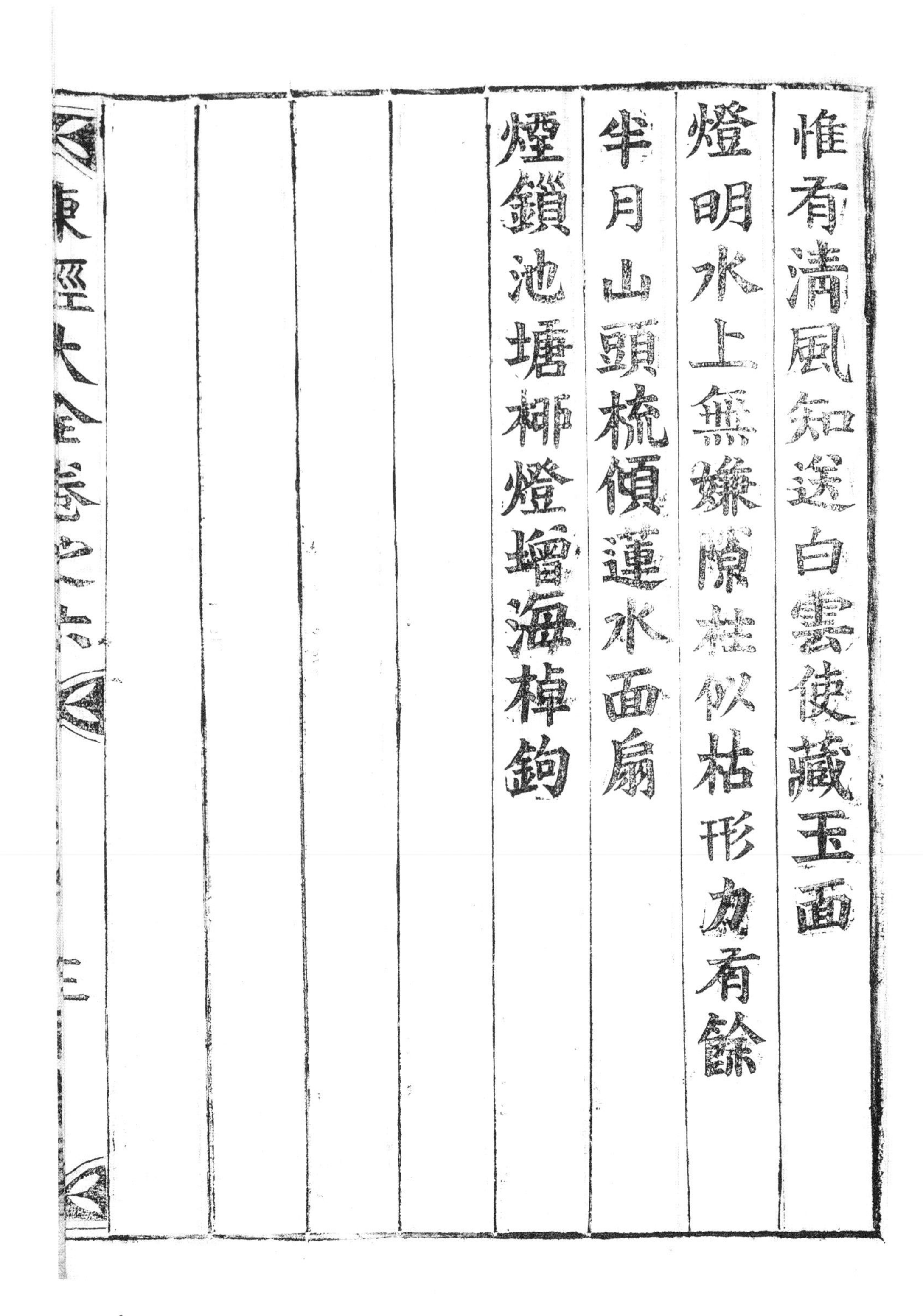

惟有淸風知送白雲使藏玉面
燈明水上無嫌隙柱似枯形力有餘
半月山頭梳傾蓮水面扇
煙鎖池塘柳燈增海棹鉤

東經大全
三

此又作他鄉賢友看鹿失秦庭吾何羣鳳
鳴周室爾應知

絶句

不見天下聞九州空使男兒心上遊聽流
覺非洞庭湖坐榻疑在岳陽樓
吾心極思杳然間疑隨太陽流照影

咏宵

也羞俗娥翻覆態一生高明廣漢殿此心

然未覺志在賢門必我同天生万民道又
生各有氣像吾不知通于肺腑無違志大
小事間疑不在馬上寒食非故地欲歸吾
家友昔事義與信兮又禮智凡作吾君一
會中來人去人又何時同坐閑談願上才
世來消息又不知其然非然間欲先天卷
西山諸益會善不處卞名不秀何來此地
好相見談且書之意益深不是心泛久不

偶吟

南辰圓滿北河回大道如天脫劫灰鏡投
万里眸先覺月上三更意忽開何人得雨
能人活一世從風任去來百疊塵埃吾欲
滌飄然騎鶴向仙臺

偶吟

清宵月明無他意好笑好言古來風人生
世間有何得問道今日授與受有理其中

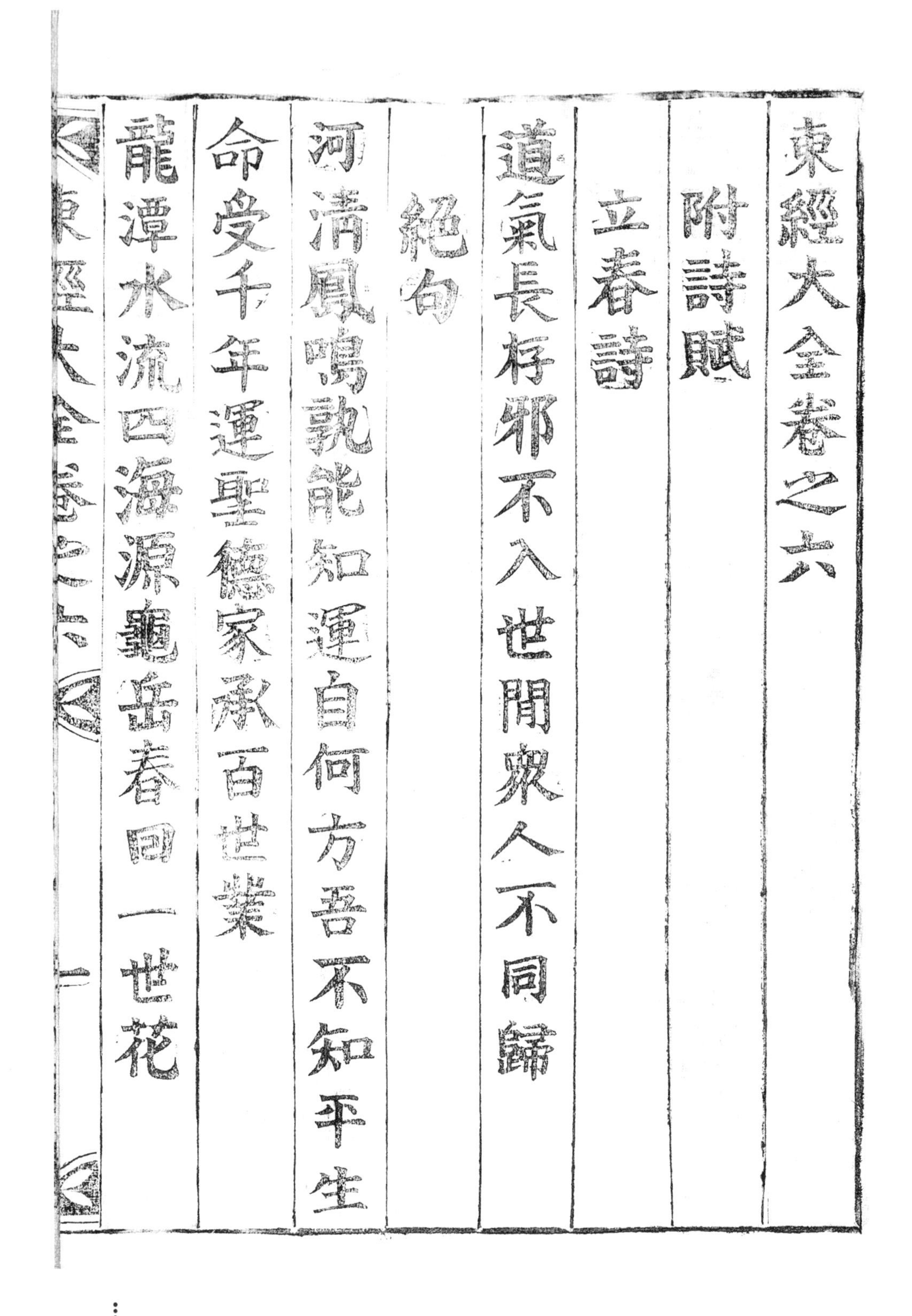
東經大全卷之六

附詩賦

立春詩

道氣長存邪不入世間衆人不同歸

絶句

河淸鳳鳴孰能知運自何方吾不知平生

命受千年運聖德家承百世業

龍潭水流四海源龜岳春回一世花

東經大全卷之六 一

幾時又作時莫爲恨晩其爲然時有其時
恨奈何新朝唱韻待好風去歲西北靈友
尋後知吾家此日期春來消息應有知地
上神仙聞爲近此日此時靈友會大道其
中不知心

題書

得難求難實是非難心和氣和以待春和

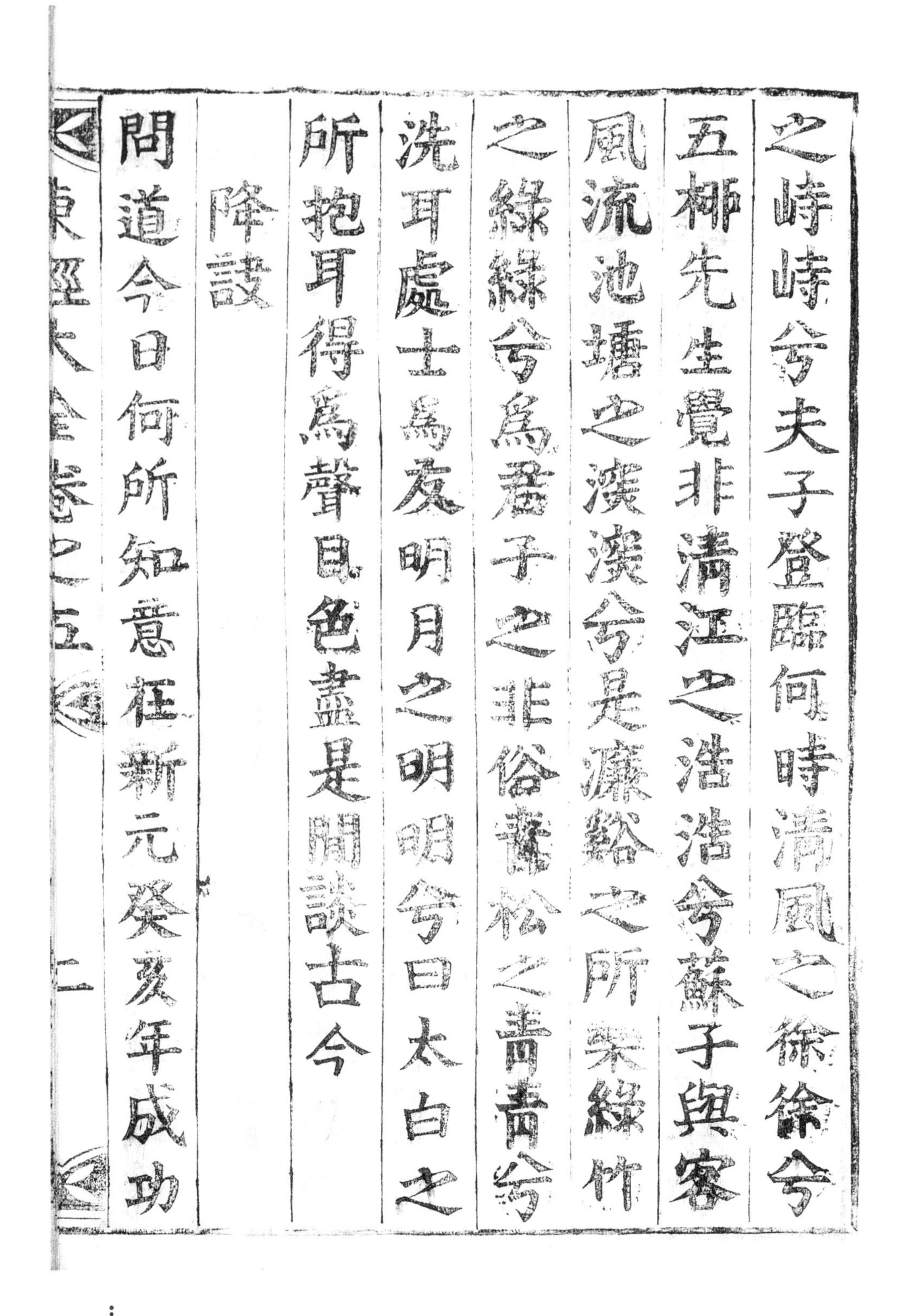
之峙峙兮夫子登臨何時淸風之徐徐兮
五柳先生覺非淸江之浩浩兮蘇子與客
風流池塘之深深兮是濂溪之所樂綠竹
之綠綠兮爲君子之非俗靑松之靑靑兮
洗耳處士爲友明月之明明兮曰太白之
所抱耳得爲聲目色盡是閑談古今

降訣

問道今日何所知意在新元癸亥年成功

東經大全卷之五　二

其運各各明同同學味念念同万年枝上
花千朶四海雲中月一鑑登樓人如鶴背
仙泛舟馬若天上龍人無孔子意如同書
非万卷志能大

片片飛飛兮紅花之紅耶枝枝發發兮綠
樹之綠耶霏霏紛紛兮白雪之白耶浩浩
茫茫兮清江之清耶泛泛桂棹兮波不興
沙十里路遊閒談兮月山東風北時泰山

東經大全卷之五

和訣詩

方方谷谷行行盡水水山山箇箇知松松
柏柏青青立枝枝葉葉万節老鶴生子
希天下飛來飛去慕仰極運兮運兮得否
時云時云覺者鳳兮鳳兮賢者河兮河兮
聖人春宮桃李夭夭兮智士男兒樂樂哉
万壑千峯高高兮一登二登小小吟明明

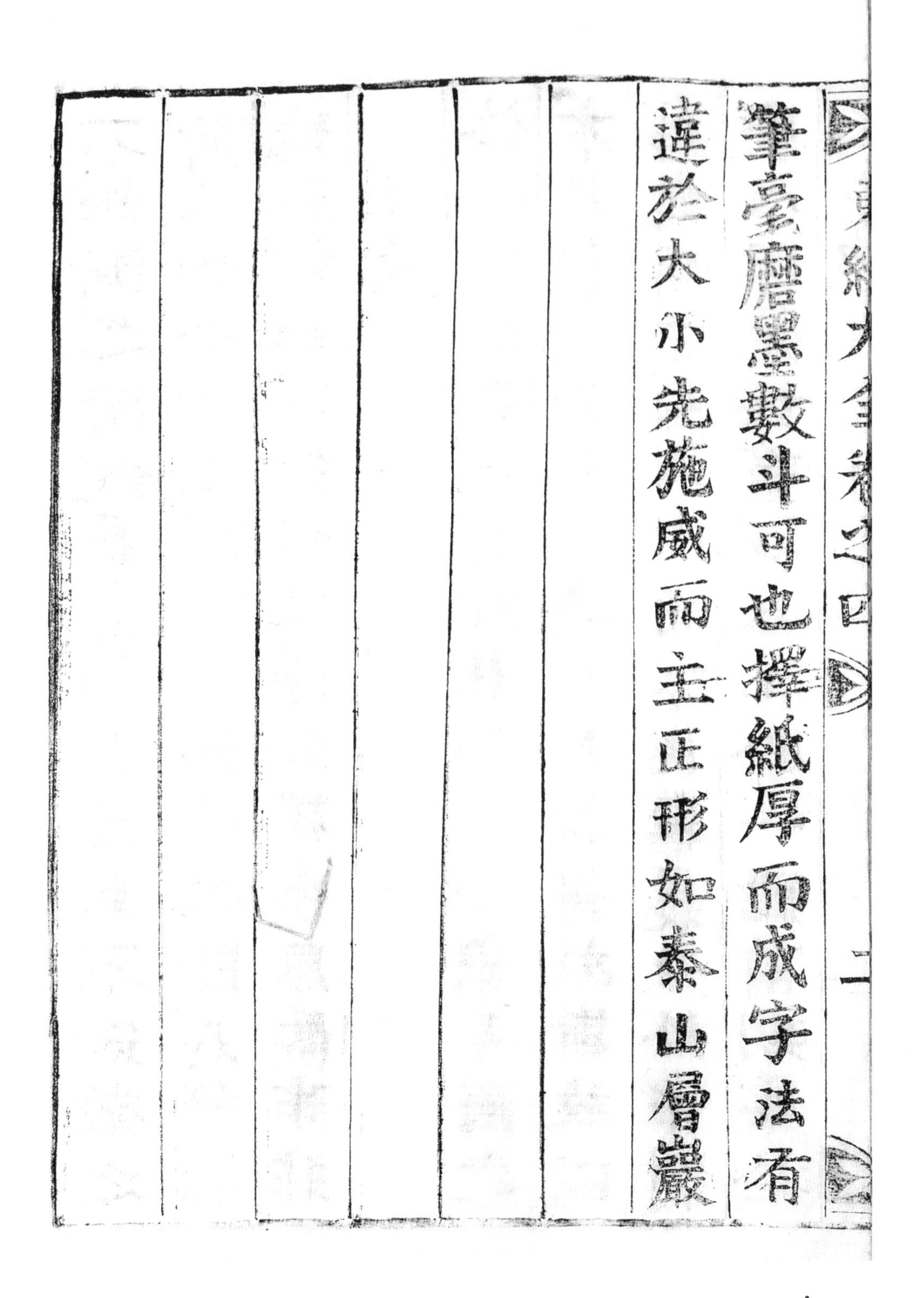

東經大全 卷之四 二

筆毫磨墨數斗可也擇紙厚而成字法有

達於大小先施威而主正形如泰山層巖

不知誠之所致是自知而自息不知敬之所爲恐吾心之寤寐不知畏之所爲無罪地而知罪不知心之得失在今思而昨非

筆法

修而成於筆法其理在於一心象吾國之木局數不失於三絶生於斯得於斯故以爲先東方愛人心之不同無裏表於作制安心正氣始畫万法在於一點前期柔於

心之明明不知道之所在度吾信之一如
不知誠之所致數吾心之不失不知敬之
所爲暫不弛於慕仰不知畏之所爲念至
公之無私不知心之得失察用處之公私

又

不知明之所在送余心於其地不知德之
所在欲言浩而難言不知命之所在理者
然於授受不知道之所在我爲我而非他

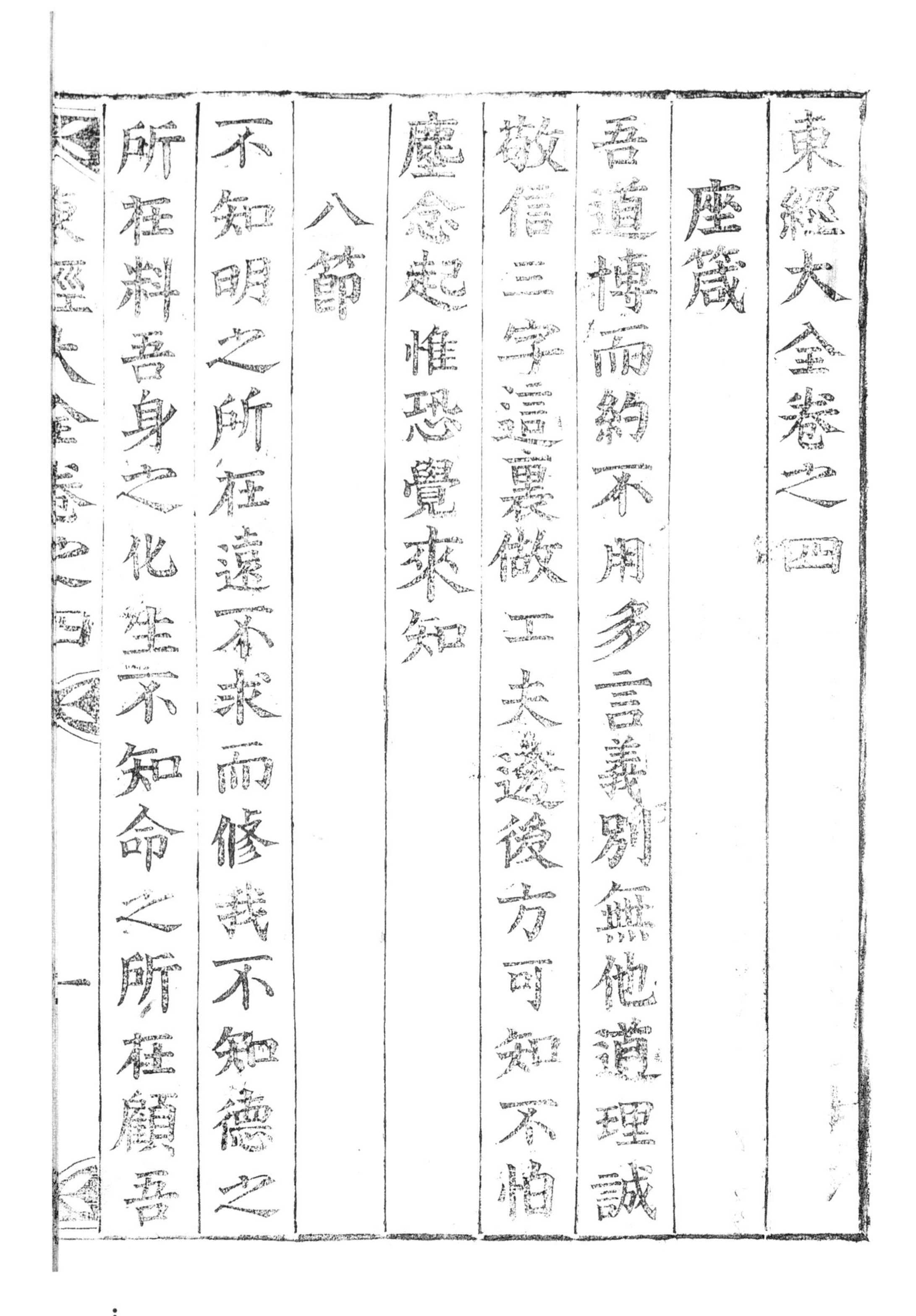

東經大全卷之四

座箴

吾道博而約不用多言義別無他道理誠敬信三字這裏做工夫透後方可知不怕塵念起惟恐覺來知

八節

不知明之所在遠不求而修我不知德之所在料吾身之化生不知命之所在顧吾

圖來三七字降盡世間魔

弟子呪文

初學呪文

爲天主顧我情永世不忘万事空

降靈呪文

至氣今至願爲大降

本呪文

侍天主造化定永世不忘万事知

降詩

辰淨潔道場謹以清酌庶需

奉請 尚

饗

先生呪文

降靈呪文

至氣今至四月來

本呪文

侍天主令我長生無窮無窮万事知

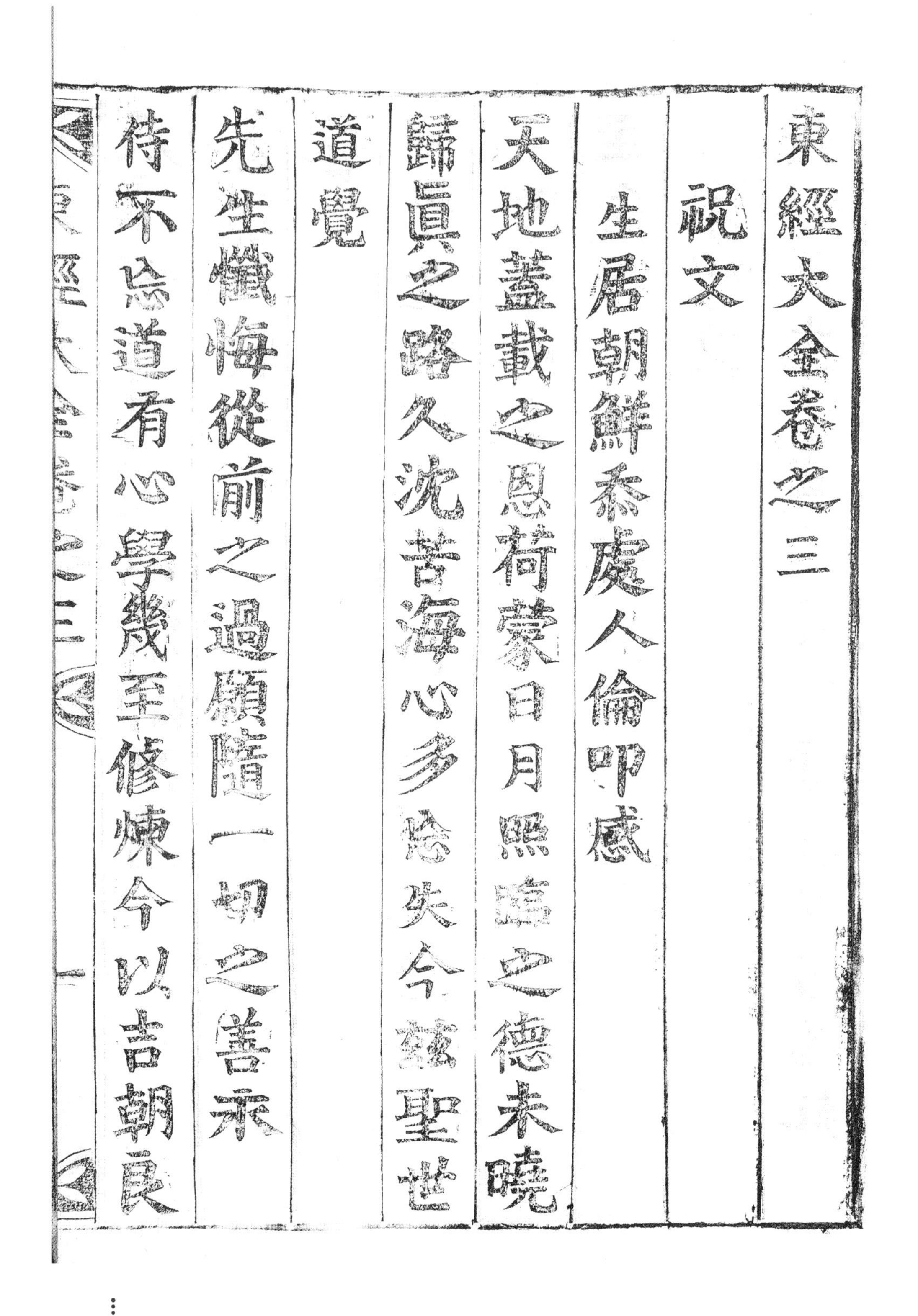
東經大全卷之三

祝文

生居朝鮮忝處人倫叩感

天地蓋載之恩荷蒙日月照臨之德未曉
歸眞之路久沈苦海心多忘失今玆聖世
道覺
先生懺悔從前之過願隨一切之善永
侍不忘道有心學幾至修煉今以吉朝良

東經大全卷之二

於人在信不在於工在近不在於遠在誠
不在於求不然而其然似遠而不遠

固我心柱乃知道味一念在兹万事如意
消除濁氣兒養淑氣非徒心至惟在正心
隱隱聰明仙出自然來頭百事同歸一理
他人細過勿論我心我心小慧以施於人
如斯大道勿誠小事臨動盡料自然有助
風雲大手隨其器局玄機不露勿爲心急
功成他日好作仙緣心兮本虛應物無迹
心修來而知德德惟明而是道在德不在

牛之聞言兮如有心如有知以力之足爲
兮何以苦何以死烏子之反哺兮彼亦知
夫孝悌玄鳥之知主兮貧亦歸貧亦歸是
故難必者不然易斷者其然比之於究其
遠則不然不然又不然之事付之於造物
者則其然其然又其然之理哉

歎道儒心急

山河大運盡歸此道其源極深其理甚遠

況又斯世之人兮胡無知胡無知數定之幾年兮運自來而復之古今之不變兮豈謂運豈謂復於万物之不然兮數之而明之記之而鑑之四時之有序兮胡爲然胡爲然山上之有水兮其可然其可然赤子之穉穉兮不言知夫父母胡無知胡無知斯世之人兮胡無知聖人之以生兮河一淸千年運自來而復歟水自知而變歟耕

作之師君者以法造之師者以禮敎之君無傳位之君而法綱何受師無受訓之師而禮義安效不知也不知也生而知之而然耶無爲化也而然耶以知而言之心在於暗暗之中以化而言之理遠於茫茫之間夫如是則不知不然故不曰不然乃知其然故乃恃其然者也於是而揣其末究其本則物爲物理爲理之大業幾遠矣哉

思我則父母在玆後思後則子孫存彼來
世而比之則理無異於我思我去世而尋
之則或難分於人爲人噫如斯之忖度兮
由其然而看之則其然如其然探不然而
思之則不然于不然何者太古兮天皇氏
豈爲人豈爲王斯人之無根兮胡不曰不
然也世間孰能無父母之人考其先則其
然其然又其然之故也然而爲世作之君

其中曰可曰否取可退否再思心定定之
後言不信曰信如斯修之乃成其誠誠與
信兮其則不遠人言以成先信後誠吾今
明諭豈非信言敬以誠之無違訓辭

不然其然

歌曰而千古之万物兮各有成各有形所
見以論之則其然而似然所自以度之則
其遠而甚遠是亦杳然之事難測之言我

病之自效忽慮醫之良名雖然道成立德
在誠在人或聞流言而修之或聞流呪而
誦焉豈不非哉敢不憫然憧憧我息靡日
不切彬彬聖德或恐有誤是亦不面之致
也多數之故也遠方照應而亦不堪相息
之懷近欲敍情而必不無指目之嫌故作
此章布以示之賢我諸君愼聽吾言大抵
此道心信爲誠以信爲幻人而言之言之

齊君子之行路食手後賤夫之事道家不
食一四足之惡肉陽身所害又寒泉之急
坐有夫女之防塞國大典之所禁臥高聲
之誦呪我誠道之太慢然而肆之是爲之
則美哉吾道之行投筆成字人亦疑王羲
之之迹開口唱韻孰不服樵夫之前懺咎
斯人然不及石氏之貲極誠其兒豈不羨
師曠之聰容貌之幻態意仙風之吹臨宿

其法賢士問我又勸布德胷藏不死之藥
弓乙其形口誦長生之呪三七其字開門
納客其數其然肆筵設法其味其如冠子
進退悦若有三千之班童子拜拱倚然有
六七之咏年高於我是亦子貢之禮歌咏
而舞豈非仲尼之蹈仁義禮智先聖之所
教修心正氣惟我之更定一番致祭永
侍之重盟万惑罷去守誠之故也衣冠整

寐之事難狀之言察其易卦大定之數審
誦三代敬天之理於是乎惟知先儒之從
命自歎後學之忘却修而煉之莫非自然
覺來夫子之道則一理之所定也論其惟
我之道則大同而小異也去其疑訝則事
理之常然察其古今則人事之所爲不意
布德之心極念致誠之端然而彌留更逢
辛酉時維六月序屬三夏良朋滿座先定

地家産漸衰未知末梢之如何年光漸益
可歎身勢之將拙料難八字又有寒飢之
慮念來四十豈無不成之歎巢穴未定誰
云天地之廣大所業交違自憐一身之難
藏自是由來擺脫世間之紛繞責去胷海
之弸結龍潭古舍家嚴之丈席東都新府
惟我之故鄉率妻子還棲之日己未之十
月乘其運道受之節庚申之四月是亦夢

之西園中桃花恐知漁子之舟屋前滄波意在太公之釣檻臨池塘無違濂溪之志亭號龍潭豈非慕葛之心難禁歲月之如流哀臨一日之化仙孤我一命年至二八何以知之無異童子 先考平生之事業無痕於火中子孫不肖之餘恨落心於世間豈不痛哉豈不惜哉心有家庭之業安知稼穡之役書無工課之篤意墜靑雲之

復回於壬丙若是餘蔭不絕如流家君出世名蓋一道無不士林之共知德承六世豈非子孫之餘慶噫學士之平生光陰之春夢年至四十工知笆籬之邊物心無青雲之大道一以作歸去來之辭一以咏覺非是之句擕笻理履悅若處士之行山高水長莫非先生之風龜尾之奇峯怪石月城金鰲之北龍湫之淸潭寶谿古都馬龍

東經大全卷之二

修德文

元亨利貞天道之常惟一執中人事之察故生而知之夫子之聖質學而知之先儒之相傳雖有困而得之淺見薄識皆由於吾師之聖德不失於先王之古禮余出自東方無了度日僅保家聲未免寒士先祖之忠義節有餘於龍山吾 王之盛德歲

未及於精義正宗然而矯其人修其身養
其才正其心豈可有歧貳之端乎凡天地
無窮之數道之无極之理皆載此書惟我
諸君敬受此書以助聖德於我比之則怳
若甘受和白受采吾今樂道不勝欽歎故
論而言之諭而示之明而察之不失玄機

前何心而後何心也曰草上之風也曰然
則何以　降靈也曰不擇善惡也曰無害
無德耶曰堯舜之世民皆爲堯舜斯世之
運與世同歸看害看德在於
天主不在於我也一一究心則害及其身
未詳知之然而斯人享福不可使聞於他
人非君之所問也非我之所關也嗚呼噫
噫諸君之問道何若是明明也雖我拙文

天主也曰臨死號天人之常情而命乃在
天天生万民古之聖人之所謂而尚今彌
留然而似然非然之間未知詳然之故也
曰毁道者何也曰猶或可也曰何以可也
曰吾道今不聞古不聞之事今不比古不
比之法也修者如虛而有實聞者如實而
有虛也曰反道而歸者何也曰斯人者不
足擧論也曰胡不擧論也曰敬以遠之曰

意也万事者數之多也知者知其道而受其知也故明明其德念念不忘則至化至氣至於至聖曰天心即人心則何有善惡也曰命其人貴賤之殊定其人苦樂之理然而君子之德氣有正而心有定故與天地合其德小人之德氣不正而心有移故與天地違其命此非盛衰之理耶曰一世之人何不敬

至氣者虛靈蒼蒼無事不涉無事不命然
而如形而難狀如聞而難見是亦渾元之
一氣也今至者於斯入道知其氣接者也
願爲者請祝之意也大降者氣化之願也
侍者內有神靈外有氣化一世之人各知
不移者也主者稱其尊而與父母同事者
也造化者無爲而化也定者合其德定其
心也永世者人之平生也不忘者存想之

天主豈可謂無異者乎曰同道言之則名
其西學也曰不然吾亦生於東受於東道
雖天道學則東學況地分東西西何謂東
東何謂西孔子生於魯風於鄒鄒魯之風
傳遺於斯世吾道受於斯布於斯豈可謂
以西名之者乎曰呪文之意何也曰至爲
天主之字故以呪言之今文有古文有曰
降靈之文何爲其然也曰至者極焉之爲

無實然而運則一也道則同也理則非也
曰何爲其然也曰吾道無爲而化矣守其
心正其氣率其性受其敎化出於自然之
中也西人言無次第書無皂白而頓無爲
天主之端只祝自爲身之謀身無氣化之
神學無
天主之敎有形無迹如思無呪道近虛無
學非

然於天下矣吾亦幾至一歲修而度之則
亦不無自然之理故一以作呪文一以作
降靈之法一以作不忘之詞次第道法猶
爲二十一字而已轉至辛酉四方賢士進
我而問曰今 天靈降臨
先生何爲其然也曰受其無往不復之理
曰然則何道以名之曰 天道也曰與洋
道無異者乎曰洋學如斯而有異如呪而

天主敎則聖敎此非知天時而受天命耶
擧此一一不已故吾亦悚然只有恨生晚
之際身多戰寒外有接 靈之氣內有降
話之 敎視之不見聽之不聞心尙怪訝
修心正氣而問曰何爲若然 曰吾心卽
汝心也人何知之知天地而無知鬼神鬼
神者吾也及汝無窮無窮之道修而煉之
制其文敎人正其法布德則令汝長生昭

天主之恩或云化工之迹然而以恩言之
惟爲不見之事以工言之亦爲難狀之言
何者於古及今其中未必者也夫庚申之
年建巳之月天下紛亂民心淆薄莫知所
向之地又有怪違之說崩騰于世間西洋
之人道成立德及其造化無事不成攻鬪
干戈無人在前中國燒滅豈可無脣亡之
患耶都緣無他斯人道稱西道學稱

八方以應八卦而有盈虛迭代之數無動靜變易之理陰陽相均雖百千万物化出於其中獨惟人最靈者也故定三才之理出五行之數五行者何也天爲五行之綱地爲五行之質人爲五行之氣天地人三才之數於斯可見矣四時盛衰風露霜雪不失其時不變其序如露蒼生莫知其端

或云

亾之歎輔國安民計將安出惜哉於今世
人未知時運聞我斯言則入則心非出則
巷議不順道德甚可畏也賢者聞之其或
不然而吾將慨歎世則無奈忿略記出諭
以示之敬受此書欽哉訓辭

東學論

夫天道者如無形而有迹地理者如廣大
而有方者也故天有九星以應九州地有

人爲我則汝亦長生布德天下矣吾亦感
其言受其符書以呑服則潤身差病方乃
知仙藥矣到此用病則或有差不差故莫
知其端察其所然則誠之又誠至爲
天主者每每有中不順道德者一一無驗
此非受人之誠敬耶是故我國惡疾滿世
民無四時之安是亦傷害之數也西洋戰
勝攻取無事不成而天下盡滅亦不無脣

其道故吾亦有其然豈其然之疑不意四
月心寒身戰疾不得執症言不得難狀之
際有何仙語忽入耳中驚起探問則曰勿
懼勿恐世人謂我 上帝汝不知 上帝
耶問其所然曰余亦無功故生汝世間教
人此法勿疑勿疑曰然則西道以教人乎
曰不然吾有靈符其名仙藥其形太極又
形弓弓受我此符濟人疾病受我呪文教

一敗付之於天命是敬天命而順天理者
也故人成君子學成道德道則天道德則
天德明其道而修其德故乃成君子至於
至聖豈不欽歎哉又比挽近以來一世之
人各自爲心不順天理不顧天命心常悚
然莫知所向矣至於庚申傳聞西洋之人
以爲
天主之意不取富貴攻取天下立其堂行

東經大全卷之一

布德文

蓋自上古以來春秋迭代四時盛衰不遷不易是亦

天主造化之迹昭然于天下也愚夫愚民未知雨露之澤知其無爲而化矣自五帝之後聖人以生日月星辰天地度數成出文卷而以定天道之常然一動一靜一盛

東經大全卷之一

通諭

497

東經大全目

東經大全總目

東經大全總目 一

동경대전

【인제경진초판본麟蹄庚辰初版本】

(1880년 6월)

찾아보기

인명 · 지명 · 도서명

【사】

【아】

【자】

【차】

【카】

【타】

【파】

【하】

동경대전 1 — 나는 코리안이다

2021년 4월 11일 초판 발행
2021년 4월 19일 1판 2쇄
2021년 4월 28일 1판 3쇄
2021년 5월 18일 1판 4쇄
2023년 5월 10일 1판 5쇄

지은이 · 도올 김용옥
펴낸이 · 남호섭

편집책임 _김인혜
편집 _임진권 · 신수기
제작 _오성룡
표지디자인 _박현택
인쇄판출력 _토탈프로세스
라미네이팅 _금성L&S
인쇄 _봉덕인쇄
제책 _우성제본

펴낸곳 · 통나무
서울특별시 종로구 동숭동 199-27
전화: 02) 744-7992
출판등록 1989. 11. 3. 제1-970호

값 29,000원
ISBN 978-89-8264-149-7 (04150)
ISBN 978-89-8264-148-0 (전2권)